CADERNOS O DIREITO

8 (2014)

CADERNOS O DIREITO

O DIREITO

Propriedade de JURIDIREITO – Edições Jurídicas, Lda.
Sede e Redação: Faculdade de Direito de Lisboa – Alameda da Universidade – 1649-014 Lisboa
Editora: Edições Almedina, SA
Rua Fernandes Tomás n.os 76-80
3000-167 Coimbra – Portugal
Telef.: 239 851 904 – Fax: 239 851 901
www.almedina.net · editora@almedina.net

Coordenação e revisão: Veloso da Cunha
Execução gráfica: Edições Almedina, SA
Depósito legal: 254088/07

TEMAS DE DIREITO BANCÁRIO I

ÍNDICE

Sigilo bancário: fica a saudade?[*]

PROF. DOUTOR ANTÓNIO MENEZES CORDEIRO

I – **Introdução**

1. ***A voz dos tempos e o Direito da crise I***

I. No outono de 2012, a Nação vive dominada por um intenso clamor. A crise financeira e económica, motivada pela inadaptação do euro às realidades dos países do Sul, é enfatizada *ad nauseam*, numa comunicação social monocolor. Verberam-se os governos e os partidos políticos e dá-se a palavra a quantos recusam as medidas destinadas a debelar a situação existente. Não se apresentam alternativas. E em boa verdade, todos sabem que uma solução, inconfessável, politicamente incorreta e de execução muito difícil é a saída do

[*] O presente original destina-se aos Estudos em Honra do Prof. Doutor José Lebre de Freitas.

euro. Um pouco de paciência: a História consignará o epílogo, por certo não muito distante.

II. A face visível da crise toma corpo no *Memorando de Entendimento sobre as Condicionalidades de Política Económica*, assinado a 17 de maio de 2011 entre o Governo da República e os representantes do Fundo Monetário Internacional, do Banco Central Europeu e da Comissão Europeia (vulgo: Troika).

O Memorando contém múltiplas disposições sobre o sistema financeiro, sobre a fiscalidade e sobre a agilização dos tribunais. Nada diz, e *expressis verbis*, sobre o tema do sigilo bancário. Todavia, o Direito da crise comporta diversos diplomas que, de facto, vieram restringir o sigilo bancário.

III. A crise, primeiro internacional e financeira e, depois, nacional e económica, atingiu o País em 2008. Confrontado com fenómenos inexpectáveis, o Governo reagiu tarde e algo dispersamente. Foram, numa primeira fase pré-Troika, adotadas as medidas legislativas seguintes (Direito da crise I):

– o Aviso do Banco de Portugal de 14-out.-2008[1], quanto a fundos próprios;
– a Lei n.º 60-A/2008, de 20 de outubro, que estabeleceu a possibilidade de concessão extraordinária de garantias pessoais, pelo Estado, no âmbito do sistema financeiro; esta Lei foi regulamentada pela Portaria n.º 1219-A/2008, de 23 de outubro;
– o Decreto-Lei n.º 211-A/2008, de 3 de novembro, que veio, entre diversos outros aspetos, reforçar os deveres de informação e de transparência no âmbito do sector financeiro e que elevou, de € 25.000 para € 100.000, o limite de cobertura do Fundo de Garantia de Depósitos e do Fundo de Garantia do Crédito Agrícola Mútuo; este diploma, através de alterações introduzidas nos artigos 77.º e 77.º-C do RGIC, ampliou as informações a prestar aos consumidores de produtos financeiros; foram ainda visadas informações sobre produtos financeiros complexos;
– a Lei n.º 62-A/2008, de 11 de novembro, que nacionalizou o BPN; os seus novos estatutos foram aprovados pelo Decreto-Lei n.º 5/2009, de 6 de janeiro;
– a Lei n.º 63-A/2008, de 24 de novembro, que estabeleceu medidas de reforço da solidez financeira das instituições de crédito no âmbito da iniciativa para o reforço da estabilidade financeira e da disponibilização de liquidez nos mercados financeiros;

[1] DR 2.ª série, n.º 202, de 17-out.-2008, 42500-42503; este Aviso republica, em Anexo, o Aviso n.º 12/92.

– o Aviso do Banco de Portugal n.º 10/2008, de 9 de dezembro, que fixou os deveres de informação e de transparência a observar pelas instituições de crédito[2];
– Aviso n.º 1/2009, de 17 de fevereiro, do Banco de Portugal[3], que altera o n.º 5/2007, quanto a fundos próprios;
– Decreto-Lei n.º 64/2009, de 20 de março, que através de esquemas de redução do capital ou de redução do valor nominal das ações, veio permitir emissões abaixo do par;
– Portaria n.º 493-A/2009, de 8 de maio: define os procedimentos necessários para o reforço da estabilidade financeira da instituição de crédito previsto na Lei n.º 63/2008, de 24 de novembro;
– Decreto-Lei n.º 142/2009, de 16 de junho, altera o Regime Jurídico do Crédito Agrícola Mútuo, aprovado pelo Decreto-Lei n.º 24/91, de 11 de janeiro e republica em anexo, esse regime;
– Lei n.º 28/2009, de 19 de junho: estabelece um regime relativo à política de remunerações dos membros dos órgãos de administração e fiscalização das sociedades de interesse público e procede à revisão do regime sancionatório para o sector financeiro, alterando o RGIC, o CVM e o RGES;
– Decreto-Lei n.º 162/2009, de 20 de julho: altera os sistemas de garantia dos depósitos e de indemnização aos investidores;
– Aviso n.º 4/2009, do Banco de Portugal, de 11 de agosto: dever de informação relativo a depósitos bancários[4];
– Aviso n.º 5/2009, do Banco de Portugal: dever de informação relativo a produtos financeiros complexos[5];
– Aviso n.º 6/2009, do Banco de Portugal: depósitos bancários[6];
– Decreto-Lei n.º 192/2009, de 17 de agosto: toma medidas relativas ao crédito à habitação;
– Aviso n.º 7/2009, do Banco de Portugal, de 1 de setembro, relativo a *offshores* não cooperantes[7];
– Lei n.º 94/2009, de 1 de setembro: aprova, entre outras, medidas de derrogação de sigilo bancário;
– Decreto-Lei n.º 222/2009, de 11 de setembro: estabelece medidas de proteção do consumidor na celebração de contratos de seguro de vida associados ao crédito à habitação;

[2] DR 2.ª série, n.º 246, de 22-dez.-2008, 50893-50896.
[3] DR 2.ª série, n.º 45, de 5-mar.-2009, 8525.
[4] DR 2.ª série, n.º 161, de 20-ago.-2009, 34.015 a 34.018.
[5] DR 2.ª série, n.º 161, de 20-ago.-2009, 34.018 a 34.022.
[6] DR 2.ª série, n.º 161, de 20-ago.-2009, 34.022 a 34.023; foi revogado pelo Aviso n.º 7/2010, de 30 de dezembro, DR 2.ª série, n.º 253, de 31-dez..-2010, 63.818-(46)-63.818-(49).
[7] DR 2.ª série, n.º 180, de 16-set.-2009, 37.913.

– Decreto-Lei n.º 49/2010, de 19 de maio, que veio permitir a emissão de ações sem valor nominal;
– Aviso n.º 7/2010, do Banco de Portugal, de 30 de dezembro: substitui o Aviso n.º 6/2009.

IV. Tentando um balanço, poderemos dizer que, no seu conjunto, as medidas tomadas para enfrentar a crise não tiveram uma dimensão sistemática. A lógica do conjunto mantém-se ausente, tendo as medidas incidido em aspetos pontuais. No Verão de 2009, assistiu-se a uma multiplicação de iniciativas: a associar ao final de legislatura. Ao longo de 2010, as modificações legislativas rarearam.

Pelo prisma dos particulares: por um lado, procurou-se ampliar a sua tutela – caso da elevação para 100.000 euros, do montante coberto pelo Fundo de Garantia de Depósitos; por outro, delimitou-se a área dos créditos e dos investimentos protegidos, afastando-se, pelo menos em parte, certas operações *off shore*.

2. *O Direito da crise II*

I. À assinatura do Memorando da Troika, em 17 de maio de 2011, seguiu-se uma campanha eleitoral e uma eleição parlamentar que deu azo a uma maioria diferente. O novo Primeiro-Ministro foi nomeado pelo Decreto do Presidente da República n.º 54-B/2011, de 21 de junho, seguindo-se a dos restantes membros do Governo. Houve, pois, um período dilatado sem medidas legislativas que executassem o Memorando. Apenas surgiu a RCM n.º 13/2011, de 30 de junho, relativa aos Governos Civis e visando a sua eliminação.

II. Passados cerca de dois meses, temos as primeiras medidas. Assinalamos:

– Decreto-Lei n.º 96/2011, de 19 de agosto: altera o Decreto-Lei n.º 2/2010, de 5 de janeiro, que aprova a reprivatização do BPN;
– Lei n.º 48/2011, de 26 de agosto: altera a Lei n.º 55-A/2010, de 31 de dezembro (OGE), no âmbito da iniciativa de reforço da estabilidade financeira; foram feitas transferências e aumentados os patamares relativos às garantias do Estado e ao seu endividamento;
– Lei n.º 49/2011, de 7 de setembro: aprova uma sobretaxa extraordinária sobre os rendimentos sujeitos a IRS, em 2011 (de 3,5%);
– Lei n.º 50/2011, de 14 de setembro: altera a Lei Quadro das Privatizações.

III. Nos finais de setembro, surgem algumas diretrizes e diplomas já denotando a presença de um novo programa sufragado pelo eleitorado. Temos:

- RCM n.º 40/2011, de 22 de setembro, que aprova os princípios orientadores e os eixos estruturantes da reforma da administração local, invocando expressamente o Acordo da Troika;
- Lei n.º 52/2011, de 13 de outubro, que altera, pela sexta vez, a lei de enquadramento orçamental;
- Lei n.º 53/2011, de 14 de outubro: altera o Código do Trabalho, estabelecendo um novo sistema de compensação em diversas modalidades de cessação do contrato de trabalho, quanto a contratos celebrados para o futuro;
- RCM n.º 43/2011, de 25 de outubro: aprova os Princípios Orientadores de Recuperação Extrajudicial de Devedores;
- Decreto-Lei n.º 106-A/2011, de 26 de outubro: aprova a 8.ª fase de reprivatização da EDP;
- Decreto-Lei n.º 106-B/2011, de 3 de novembro: aprova a 2.ª fase de reprivatização da REN;
- RCM n.º 95/2011, de 10 de novembro: aprova o Plano Estratégico dos Transportes, para o horizonte 2011-2015; são aí tidas em conta as situações deficitárias de várias empresas;
- Lei n.º 55/2011, de 15 de novembro: altera a Lei n.º 53-F/2006, de 29 de dezembro, relativa ao sector empresarial local e suspende a possibilidade de criação de novas empresas.

Como se vê, são tomadas medidas pontuais, em execução do Acordo da Troika.

IV. No termo de 2011, apontamos:

- Lei n.º 58/2011, de 28 de novembro: autoriza o Governo a rever o regime aplicável ao saneamento e liquidação de instituições sujeitas à supervisão do Banco de Portugal;
- Lei n.º 59/2011, de 28 de novembro: cria equipas extraordinárias de juízes tributários;
- Decreto-Lei n.º 111/2011, de 28 de novembro: define orientações para a reformulação do sector público de capital de risco e o respetivo contributo para a dinamização da economia;
- Lei n.º 60-A/2011, de 30 de novembro: altera, pela segunda vez, o OGE para 2011 e outros diplomas com fins de consolidação orçamental;
- Lei n.º 62/2011, de 12 de dezembro: cria um regime de composição de litígios, na área da propriedade industrial;
- Lei n.º 63/2011, de 14 de dezembro: aprova a Lei da Arbitragem Voluntária;
- Portaria n.º 306-A/2011, de 20 de dezembro: aprova as taxas moderadoras do SNS, invocando expressamente o Acordo da Troika;
- Lei n.º 64-A/2011, de 30 de dezembro: aprova as Grandes Opções do Plano, para 2012-2015;

– Lei n.º 64-B/2011, de 30 de dezembro: adota o Orçamento Geral do Estado para 2012;
– Lei n.º 64-C/2011, de 30 de dezembro: aprova a estratégia e os procedimentos a adotar no âmbito da lei de enquadramento orçamental;
– Decreto-Lei n.º 127/2011, de 31 de dezembro: procede à transmissão, para o Estado, das responsabilidades com pensões previstas no regime de segurança social substitutivo constantes de instrumento de regulamentação coletiva de trabalho vigente no sector bancário.

V. Passando ao ano de 2012, assinalamos o seguinte:

– Lei n.º 1/2012, de 3 de janeiro: determina a realização de um censo, quanto às fundações, para decidir relativamente à sua manutenção ou à sua extinção;
– Lei n.º 3/2012, de 10 de janeiro: estabelece um regime de renovação extraordinária dos contratos com termo certo, bem como o regime de compensação aplicável;
– Lei n.º 4/2012, de 11 de janeiro: altera a Lei n.º 63-A/2008, de 24 de novembro, com vista ao reforço da solidez financeira das instituições de crédito;
– Decreto-Lei n.º 8/2012, de 18 de janeiro: altera o regime do gestor público;
– Decreto-Lei n.º 31-A/2012, de 10 de fevereiro: altera o Regime Geral das Instituições de Crédito, que republica em anexo, e outros diplomas, no uso da autorização legislativa aprovada pela Lei n.º 58/2011, de 28 de novembro;
– Decreto-Lei n.º 32/2012, de 13 de fevereiro: estabelece normas de execução para o OGE de 2012;
– RCM n.º 16/2012, de 14 de fevereiro: aprova critérios de determinação do vencimento dos gestores públicos, com expressa menção do Acordo da Troika;
– Decreto-Lei n.º 40/2012, de 20 de fevereiro: altera o regime jurídico dos bilhetes do tesouro, referindo, também, o Acordo em causa;
– Lei n.º 8/2012, de 21 de fevereiro: aprova as regras aplicáveis à assunção de compromissos e aos pagamentos em atraso das entidades públicas;
– Lei n.º 16/2012, de 20 de abril: altera o Código da Insolvência;
– Lei n.º 24/2012, de 9 de julho: adota a Lei-Quadro das fundações e altera o Código Civil;
– Decreto-Lei n.º 169/2012, de 1 de agosto: cria o sistema de indústria responsável;
– Decreto-Lei n.º 112/2012, de 20 de maio: altera as regras sobre participação no sistema elétrico nacional;
– Decreto-Lei n.º 128/2012, de 21 de junho: modifica o sistema de taxas moderadoras;
– Decreto-Lei n.º 132/2012, de 27 de junho: estabelece o regime de recrutamento e mobilidade do pessoal docente do ensino básico e secundário;
– Decreto-Lei n.º 137/2012, de 2 de julho: regula o regime de autonomia e administração dos estabelecimentos de ensino;
– Decreto-Lei n.º 139/2012, de 5 de julho: rege os princípios orientadores de organização e de gestão dos currículos e de avaliação dos conhecimentos;

- Lei n.º 20/2012, de 14 de maio: altera o Orçamento Geral do Estado para 2012, com diversos reflexos fiscais;
- Lei n.º 23/2012, de 25 de junho: altera o Código do Trabalho;
- Leis n.º 30/2012, n.º 31/2012 e n.º 32/2012, todas de 14 de agosto, que procederam à reforma do arrendamento.

VI. Correm trabalhos preparatórios relativos a uma nova reforma do Processo Civil[8] e do Processo Penal. Aguardam-se, ainda, novidades nas áreas das autarquias e da justiça.

3. *Síntese; a natureza do "Direito da crise"*

I. O exame das dezenas de diplomas, acima elencados, cuja *ratio legis* pode ser endossada à crise e ao Acordo com a Troika, permite algumas conclusões.

Em primeiro lugar, torna-se patente a sua natureza fragmentária. Se pretendermos encontrar um edifício completo e coerente, teremos de remontar ao próprio Memorando de 17-mai.-2011. Os diplomas, em si, não surgem articulados: falta uma grande "lei de bases da crise", que fixe princípios e ordene, depois, as medidas legislativas adotadas em sua execução. Não se veja, por aqui, uma crítica especial ao legislador: os meandros da crise são complexos e devem ser atalhados, com pragmatismo, na periferia. Mas é evidente que uma visão de conjunto permite melhor interpretar e aplicar a matéria.

II. Como segundo ponto, avulta a natureza inicialmente financeira da generalidade das medidas. O grande objetivo do Acordo da Troika foi o restabelecimento do equilíbrio orçamental. Para tanto, cabia diminuir a despesa e aumentar a receita: o que vem sendo feito.

III. Um terceiro ponto diz respeito às reformas sociais. A Troika movimentou-se nos quadros da economia do mercado. A opção pode ser criticada, em termos políticos[9]: mas não há alternativas credíveis, pelo menos de momento. Por isso, fez opções que, pela lógica do capitalismo, levam, a médio prazo, ao relançar das empresas e à criação de trabalho.

[8] *Vide* António Santos Abrantes Geraldes, *O memorando de entendimento e a reforma do processo civil*, ROA 2011, 977-992.

[9] *Vide* o interessante estudo de António Manuel Hespanha, *A revolução neoliberal e a subversão do "modelo jurídico". Crise, Direito e argumentação jurídica*, RMP 2012, 9-80.

IV. Pois bem: como diretriz interpretativa, não oferece dúvidas reter a necessidade de, dentro das boas regras, conciliar os valores básicos levados, pelo legislador, para o palco do nosso sistema jurídico, tendo em vista a realização do Acordo da Troika. Apesar de fragmentárias, as diversas medidas não devem ser interpretadas de forma a entrarem em colisão, anulando-se, nos efeitos práticos pretendidos.

V. A natureza jurídica do acordo com a Troika pode ser discutida[10]. De todo o modo, parece pacífico que o seu eventual não cumprimento por razões constitucionais[11] ou, *a fortiori*, por razões políticas, não isentaria o Estado português das consequências que, daí, derivariam.

O acordo com a Troika tem a força dos factos. Nenhuma norma pode manter-se caso a sua execução seja impossível.

O sistema terá de acomodar-se, apertando os direitos de todos, dentro de um prisma de igualdade, até que seja possível repô-lo, na sua plenitude. A admissibilidade de regras de emergência, para enfrentar situações inesperadas é, hoje, pacificamente admitida.

4. *O sigilo bancário*

I. Com relevo para o sigilo bancário, anotemos os diplomas seguintes:

- Lei n.º 94/2009, de 1 de setembro: aprova medidas de derrogação do sigilo bancário;
- Lei n.º 36/2010, de 2 de setembro: altera o Regime Geral das Instituições de Crédito e Sociedades Financeiras (RGIC), sendo de reter seu artigo 79.º, relativo às exceções ao dever de segredo bancário;
- Lei n.º 37/2010, de 2 de setembro: derroga o sigilo bancário, na área tributária;
- Lei n.º 55-A/2010, de 31 de dezembro (orçamento do Estado para 2011): altera, no seu artigo 30.º, os artigos 63.º-A e 63.º-B da LGT (Lei Geral Tributária), fixando esquemas de "informação automática";
- Lei n.º 20/2012, de 14 de maio (orçamento intercalar para 2012): altera os artigos 63.º-A e 63.º-C da LGT, acentuando essa vertente.

[10] Eduardo Correia Baptista, *Natureza jurídica dos memorandos com o FMI e com a União Europeia*, ROA 2011, 476-488.
[11] *Idem*, 486.

O Decreto-Lei n.º 85/2011, de 29 de junho, veio aditar um artigo 8.º-A ao Decreto-Lei n.º 105/2004, de 8 de maio, relativo aos contratos de garantia financeira. O novo preceito permite que os devedores de créditos sobre terceiros possam renunciar validamente aos direitos decorrentes das regras de segredo bancário.

II. No espaço de três anos, surgiram cinco diplomas "derrogadores" do sigilo bancário. Subjacente, eles têm a ideia de que o sigilo bancário potencia fraudes de natureza fiscal e de que o esquema legal vigente para o seu levantamento representa um obstáculo para o funcionamento do Justiça.

A matéria não é nova. Há muito podemos apontar uma oscilação entre medidas destinadas a reforçar o sigilo bancário, como modo de defender os direitos das pessoas e a confiança no sistema financeiro e iniciativas tendentes a conhecer e a publicitar os movimentos patrimoniais dos cidadãos: com fins de polícia, tributários ou de puro voyeurismo político e social.

Importa recordar a evolução registada, a natureza do sigilo e os valores por ele tutelados.

II – **Sigilo bancário: justificação e natureza**

5. ***O segredo em geral***

I. Diz-se obrigação de sigilo ou segredo o dever de não revelar determinados conhecimentos ou informações. Trata-se de um dever de *non facere*; o seu cumprimento pode, todavia, num plano acessório, exigir atuações positivas: fechar portas e gavetas, usar cofres ou codificar elementos, consoante a intensidade do dever. No campo contratual, o dever de segredo é, à partida, um dever acessório, cominado pela boa-fé. Todas as informações ou conhecimentos que um co-contratante obtenha, por via do contrato, não devem ser usados, fora do âmbito do contrato, para prejudicar a outra parte ou fora das expectativas dela[12].

A regra do sigilo contratual corresponde a uma concretização da tutela da confiança. Pode dizer-se que a confiança é tanto mais forte quanto maior for a personalização da relação.

[12] Quanto ao segredo em geral, no Direito, *vide Le secret et le droit*, TAHC XXV (*Journées Libanaises*) (1974), com múltiplos contributos. Para mais elementos, que agora atualizamos, *vide* o nosso *Manual de Direito bancário*, 4.ª ed. (2010), 327 ss..

II. O dever de sigilo manifestou-se, historicamente, em concreto. Pensemos no segredo de confissão dos padres católicos, de dimensão sacra. No campo jurídico, a posição de certas profissões como a dos médicos ou dos advogados, que têm acesso à mais íntima esfera dos seus clientes, é elucidativa. O dever de segredo, aqui, para além de uma resultante contratual, é, ainda, imposto por deontologias profissionais, sancionadas, em certos casos, por comissões e órgãos deontológicos próprios. Movemo-nos, aqui, num estrito plano pessoal.

III. O segredo deixa, progressivamente, de ser uma exigência da tranquilidade contratual e da confiança bilateral, surgida entre os contratantes. Ele assume a dimensão de uma exigência pública, necessária para o funcionamento das instituições. Ninguém irá, tranquilo, a um hospital se pensar que pode ser violentado, em público, na sua sensibilidade ou no seu pudor. Ninguém confiará no seu advogado se tiver a ideia que este poderá revelar, fora do que exija a defesa dos interesses, quanto lhe confiar.

O passo seguinte tem a ver com a oponibilidade do sigilo a terceiros. Desta feita, o problema põe-se não já perante indiscrições do cocontratante, mas em face de outras entidades que, a qualquer título, tenham – ou possam ter – acesso às informações. Nessas condições está, desde logo, o próprio Estado.

O segredo aproxima-se, desta forma, do direito à intimidade sobre a vida privada[13] e, mais latamente, dos direitos fundamentais relativos à personalidade[14]. Estes, por seu turno, também sofreram uma evolução. No primeiro tempo eram, essencialmente, destinados a deter o Estado; posteriormente, eles vieram a mostrar-se eficazes, na tutela das diversas posições *erga omnes*.

IV. O desenvolvimento da Ciência do Direito e dos meios jurisdicionais de garantia das posições das pessoas vieram, progressivamente, a assegurar efetivas áreas de segredo profissional. O Estado e as ancestrais tendências invasivas humanas que se lhe acolhem vieram, daí, a desencadear uma contra-ofensiva. Sob bandeiras como as da investigação criminal ou da voracidade fiscal, o

[13] Sobre este direito, Paulo Mota Pinto, *O direito à reserva sobre a intimidade da vida privada*, BFD 69 (1993), 479-585 e *Tratado de Direito civil* IV (2011), 259 ss..

[14] Hans-Peter Schwintowski, *Bankrecht*, 3.ª ed. (2011), 53-54, G. Michael Beckhusen, *Bankgeheimnis*, em Derleder/Knops/Bamberger, *Handbuch zum deutschen und europäischen Bankrecht*, 2.ª ed. (2009), § 6 (153-177) e Wolfgang Gössmann, *Bankgeheimnis, Bankauskunft*, em Reinhard Welter/Volker Lang, *Handbuch der Informationspflichten im Bankverkehr* (2005), 637-679 (639); as dúvidas que terão existido, na Alemanha, quanto à base constitucional do segredo bancário parecem, assim, dissipar-se. No Direito francês: Richard Routier, *Obligations et responsabilités du banquier*, 2.ª ed. (2008), 328 ss..

Estado tem vindo a multiplicar as iniciativas tendentes a limitar ou, até, a abolir diversos segredos profissionais. Para isso, dispõe de elementos poderosos e de uma opinião pública facilmente mobilizável para cruzadas retorcivas e niveladoras.

Estamos perante um dos grandes dilemas da nossa época: é importante que os juristas defendam os seus valores. Vamos ver como se comporta o Direito bancário.

6. *Evolução geral da base positiva*

I. O segredo bancário terá acompanhado, desde sempre, a profissão de banqueiro. Encontramos referências implícitas, nesse domínio, na antiga Babilónia[15]. Subsequentemente, o segredo impôs-se nos usos da banca, sendo severamente sancionado pela prática: nenhum banqueiro conhecido pela indiscrição seria procurado pelos clientes.

O aparecimento de instituições bancárias formais levou à consignação, em textos estatutários e em cláusulas contratuais gerais, do dever de segredo. Como as mais antigas, surgem referidas as experiências do Banco de Santo Ambrósio, de Milão, em 1593[16] e do artigo 6.° das cláusulas da *Hamburger Bank*, de 1619[17]. Em França, prescrições sobre segredo bancário datam de 1726[18], enquanto os estatutos do Banco, instituído, em 1756, por Frederico o Grande, da Prússia, no artigo 19.°, faziam severas injunções nesse sentido[19].

[15] ANSELMO RODRIGUES, *Sigilo bancário e Direito constitucional*, em DIOGO LEITE DE CAMPOS e outros, *Sigilo bancário/Colóquio Luso-Brasileiro sobre Sigilo Bancário* (cit. *Colóquio*) (1997), 47-60 (49 ss.). Quanto à história do segredo bancário em geral cf. SIEGFRIED SICHTERMANN, *Das Bankgeheimnis in Deutschland* (1965), 25 ss. e RABINDRANATH CAPELO DE SOUSA, *O segredo bancário/Em especial, face às alterações fiscais da Lei n.° 30-G/2000, de 29 de Dezembro*, Estudos em Honra do Prof. Doutor Inocêncio Galvão Telles, 2 (2002), 157-223 (157 ss.).

[16] SIEGFRIED SICHTERMANN, *Bankgeheimnis und Bankauskunft/Systematische Darstellung mit besonderer Berücksichtigung der Rechtsprechung und unter Heranziehung ausländischen Rechts* (1966), 51.

[17] SCHWINTOWSKI, *Bankrecht*, 3.ª ed., cit., 55.

[18] GERALDO DE CAMARGO VIDIGAL, *As centrais de risco e o sigilo bancário*, em *Colóquio* cit., 19-32 (23).

[19] CARSTEN PETER CLAUSSEN, *Bank- und Börsenrecht*, 4.ª ed. (2008), 100 e SIEGFRIED SICHTERMANN, *Bankgeheimnis und Bankauskunft* (1966), 55.

II. No tocante ao Direito bancário privado, a necessidade do segredo deu azo a prescrições legislativas ou a simples – mas eficazes – consignações contratuais[20].

No Direito alemão, o segredo bancário, derivado, pela doutrina, da confiança e apoiado na Constituição está formalmente consagrado no artigo 2.°/1 das cláusulas contratuais gerais dos bancos[21]. Em França dispunha o artigo 57.° da Lei Bancária de 1984[22], o qual remetia ainda para a lei penal as hipóteses de violação. Hoje, esse mesmo preceito consta do artigo L 511-33 do Código Monetário e Financeiro[23]. Em Itália, o segredo bancário tem sido reconduzido aos usos, integrados no contrato por via do artigo 1374.° do Código Civil; aponta-se, ainda, uma consagração indireta na Nova Lei Bancária, de 1993[24]. No Luxemburgo cabe referir uma consagração legislativa expressa[25], enquanto na Suíça, a um uso muito arreigado, foram acrescentadas prescrições legislativas, historicamente destinadas a evitar as arremetidas de agentes nacional-socialistas[26].

III. O segredo bancário tem ainda sido objeto de considerações a propósito do aparecimento de bases de dados informatizadas e de diversos diplomas des-

[20] Importantes elementos comparatísticos podem ser vistos em Capelo de Sousa, *O segredo bancário* cit., 161 ss..

[21] No tocante aos departamentos do Estado, o segredo tem base legal; assim o § 9.° do KWG; cf. Fülbier, BFS-KWG (2000), § 9 (266 ss.). Quanto às cláusulas contratuais gerais *vide* Hermann-Josef Bunte, *Bankgeheimnis*, em Schimansky/Bunte/Lwowski, *Bankrechts-Handbuch* I, 2.ª ed. (2007), § 7 (141 ss.) e Mathias Casper, em Derleder/Knops/Bamberger, *Handbuch*, 2.ª ed. cit., § 3, Nr. 10 ss. (52 ss.).

[22] Cf. Rives-Lange/Contamine-Raynaud, *Droit bancaire,* 6.ª ed. (1995), 160, Lamy, *Droit du financiement* (2001), n.° 2385 ss. (1068 ss.), com múltiplas indicações e Christian Gavalda/Jean Stoufflet, *Droit bancaire*, 7.ª ed. (2008), 134 ss..

[23] Na ed. comentada por Alice Prazard, *Code monétaire et financier* (2009), 773, dando nota da alteração introduzida pela Lei n.° 2008/776, de 4 de agosto; quanto ao preceito em si: Thierry Bonneau, *Droit bancaire*, 7.ª ed. (2007), 307 ss..

[24] Enrico Gianfelici, *Il segreto bancario* (1996), 1-2 e Francesco Giorgianni/Carlo-Maria Tardivo, *Manuale do diritto bancario*, 2.ª ed. (2009), 436 ss.. Quanto à consagração no "Texto Único", cf. Ferro-Luzzi/Castaldi, *La nuova legge bancaria* 1 (1996), 132 ss. (134 ss.) e Molle/Desiderio, *Manuale di diritto bancario*, 7.ª ed. (2005), 34 ss..

[25] E. Storck, *Das Bankgeheimnis in Luxemburg*, Bank 1993, 364-366.

[26] Anselmo Rodrigues, *Sigilo bancário e Direito constitucional* cit., 51. Quanto à experiência suíça, por último, Beat Kleiner, *Entwicklung im Schweizer Bankrecht 1995*, ÖBA 1996, 199-200 e Peter C. Honeger/Thomas A. Frick, *Das Bankgeheimnis im Konzern und bei Übernahmen*, SZW 1996, 1-10, com referência à Lei de 15-fev.-1995.

tinados a tutelar os direitos das pessoas, perante os perigos daí resultantes[27]. As fusões de bancos, quando impliquem novos acessos às bases de dados preexistentes, põem problemas a esse nível[28], o mesmo sucedendo com o *outsourcing*[29]. Na própria vida dos negócios, em geral, a informação passa a ser um bem com níveis pessoais, a manusear com cautela[30].

A teia de interesses contrapostos, no campo do segredo bancário, tem ainda vindo a complicar-se: o próprio banqueiro, quando pretenda informações sobre o seu cliente ou quando, sem responsabilidades, procure prestar informações desse teor[31], contribui para apor limites no segredo e nas obrigações que o reforçam.

IV. Algo deve ser acrescentado, no tocante à base jurídico-positiva do segredo bancário. A sua radicação em lei expressa, a tanto destinada, parece deixá-lo à mercê do legislador. Deve no entanto ficar claro que o segredo bancário tem sedes mais profundas: elas podem ser cumulativas.

Desde logo, o segredo bancário tem base contratual[32]: seja no contrato bancário geral, seja nos diversos negócios bancários que venham a ser celebrados. Trata-se de uma solução que pode emergir diretamente do contrato – quando as partes combinem o segredo, não vemos pretexto para incumprimentos – ou que pode ocorrer por via dos usos – solução italiana – ou de cláusulas contratuais gerais – solução alemã – como foi visto. Ora o Estado não pode intervir arbitrariamente nos contratos celebrados entre privados: eles estão genericamente protegidos pelos artigos 62.°/1 (propriedade privada), 80.°, *c*) (iniciativa privada) e 86.°/2 (não-intervenção na gestão das empresas), todos da Constituição.

[27] Wolfgang Zöllner, *Datenschutzrechtliche Aspekte der Bankauskunft*, ZHR 149 (1985), 179-196 e Hans-Joachim Stange, *Reform des Datenschutzes im Kreditinformationssystem*, ZIP 1986, 488-493.

[28] Georg Wengert/Katharina Wengert/Andreas Widmann, *Bankfusionen und Datenschutz*, NJW 2000, 1289-1295.

[29] *Vide* o nosso *Manual de Direito bancário*, 4.ª ed. cit. 213.

[30] Eberhard Heincke, *Geheimhaltungspflichten im Wirtschaftsrecht*, WM 1998, 749-757.

[31] Jürgen Wolff, *Bankgeheimnis und Kreditauskunft*, AG 1968, 286-291 (291) e Roland Kirchherr/Rudolf Stützle, *Aktuelle Probleme zu Bankgeheimnis und Bankauskunft*, ZIP 1984, 515-523.

[32] Dieter Rehbeim, *Rechtsfragen zum Bankgeheimnis*, ZHR 149 (1985), 139-150 (140 ss.).

De seguida, o segredo bancário sempre surgiria como concretização do dever de boa-fé [33]: não sendo específico da realidade bancária ele assume, aí, um relevo profundo fácil de entender.

Finalmente, o segredo bancário tem a ver com direitos de personalidade e com a inerente tutela constitucional [34]: direitos do cliente, sobretudo mas, também, direitos do banqueiro [35]. Trata-se duma posição dominante na doutrina [36] que encontra acolhimento na melhor jurisprudência nacional [37] e que, como é evidente, não é incompatível com certas limitações.

7. *A experiência portuguesa e a sua evolução até ao RGIC*

I. Documentam-se, no século XVIII, referências portuguesas ao segredo no domínio comercial [38]. Seria, no entanto, necessário aguardar o aparecimento dos bancos para que tal segredo tomasse corpo. O Regulamento Administrativo do Banco de Portugal, de 28 de janeiro de 1847, dispunha, no seu artigo 83.° [39]:

> As operações do Banco, e os depósitos particulares, são objecto de segredo.
> O empregado que o revelar será reprehendido, se da revelação não resultar damno; resultando será despedido.

O "Regulamento administrativo do banco de Portugal" aprovado em 23 de abril de 1891 e revogado, apenas, pelo artigo 3.° do Decreto-Lei n.° 337/90,

[33] ERNST STEINDORFF, *Zivilrechtliche Grundfragen von Bankgeheimnis, Bankauskunft und Persönlichkeitsschutz*, ZHR 149 (1985), 151-164 (153).

[34] S. SICHTERMANN, *Das Bankgeheimnis als Teil des allgemeinen Persönlichkeitsrechtes*, MDR 1965, 697-700, STEINDORF, *Zivilrechtliche Grundfragen von Bankgeheimnis* cit., 154 ss., PETER LERCHE, *Bankgeheimnisverfassungsrechtliche Rechtsgrundlagen*, ZHR 149 (1985), 165-176, CAROLIN JUNKER, *Aktuelle Rechtsfragen zum Bankgeheimnis und zur Bankauskunft*, DStR 1996, 224-229 (224 ss.), SCHWINTOWSKI, *Bankrecht*, 3.ª ed. cit., 54 e GÖSSMANN, *Bankgeheimnis* cit., 639.

[35] Em especial, CLAUS-WILHELM CANARIS, *Bankvertragsrecht*, 1, 3.ª ed. (1988), 25.

[36] Além das indicações já dadas e a dar, *vide* JOAQUIM MALAFAIA, *O segredo bancário como limite à investigação criminal*, ROA 1999, 413-445 (417 ss.) e IVES GANDRA DA SILVA MARTINS, *Sigilo bancário e tributário*, SI 2001, 49-67 (49 ss.).

[37] Assim: STJ 14-jan.-1997 (CARDONA FERREIRA), CJ/Supremo V (1997) 1, 44-46 (45/1) e RLx 28-jan.-1997 (SIMÕES RIBEIRO, com decl. de voto de CARMONA DA MOTA), CJ XXII (1997) 1, 154-156 (155/2).

[38] CAMARGO VIDIGAL, *As centrais de risco* cit., 23. Outros elementos podem ser confrontados em CAPELO DE SOUSA, *O segredo bancário* cit., 172 ss..

[39] Citado também em MARIA CÉLIA RAMOS, *O sigilo bancário em Portugal/Origens, evolução e fundamentos* em *Colóquio* cit., 115-137 (118), nos precisos termos transcritos.

de 30 de outubro – portanto: uma vigência de quase cem anos! – dispunha, no seu artigo 221.º[40]:

> As operações do banco e os depositos dos particulares serão assumptos de segredo para todo o pessoal da séde e das delegações, qualquer que seja a sua categoria.
>
> Os empregados que as revelarem serão reprehendidos, se da revelação não resultar damno; resultando, serão despedidos.

Para além destas regras, cumpre assinalar a inexistência de tutela penal bancária, perante os Códigos Penais de 1852 e de 1884[41]. O que bem se compreende: o segredo bancário era, então, matéria privada, do foro do banqueiro e do seu cliente.

II. A História mostra que a consagração, em lei formal, do segredo bancário ocorre por via de crises ou de graves agressões à deontologia e à arte da banca. Admitimos que a popularização da banca tenha, também, contribuído para isso. Num cenário de estreito relacionamento pessoal entre o banqueiro e o cliente, o segredo era evidente: mal haveria que reafirmá-lo. A massificação perturbou esse esquema. Por um lado, o banqueiro rodeia-se de empregados de formação diversa, todos com acesso, real ou potencial, aos segredos da profissão. Por outro, a própria multiplicação dos clientes gera um ambiente de descuido e de desconsideração pela pessoa de cada um.

III. A evolução do segredo bancário, em Portugal, segue esta linha[42]. Num primeiro tempo, ele seria derivado dos contratos e da boa-fé. Além disso, ele assentava na invocação dos usos comerciais.

A primeira consagração legislativa do sigilo bancário data de 1967: o Decreto-Lei n.º 47.909, de 7 de Setembro desse ano, que criou o Serviço de

[40] CLP 1891, 154-174 (172). No entanto – Célia Ramos, *O sigilo bancário* cit., 126 127 – este preceito do *Regulamento* terá sido implicitamente revogado pelos artigos 64.º e 54.º da Lei Orgânica do Banco de Portugal aprovada pelo Decreto-Lei n.º 644/75, de 15 de novembro, que regulou, de novo, a matéria do segredo bancário relacionada com o Banco Central.

[41] Célia Ramos, *O sigilo bancário* cit., 121.

[42] Cumpre citar além de Célia Ramos, *O sigilo bancário* cit., 122 ss. e Capelo de Sousa, *O segredo bancário* cit., 174 ss.: Alberto Luís, *O segredo bancário em Portugal*, ROA 41 (1981), 451-474 (459 ss.), Maria Eduarda Azevedo, *O segredo bancário*, CTF 346-348 (1987), 73-124 (75 e 79 ss.) e Jorge Patrício Paúl, *O sigilo bancário/Sua extensão e limites no Direito português*, RB 12 (1989), 71-96 (72 ss.). Uma referência muito especial deve ainda ser feita a Augusto de Athayde, *Curso de Direito bancário* 1, 2.ª ed. (2009), 496 ss..

Centralização de Riscos de Crédito, – artigo 1.º/1, "...com o objeto de centralizar os elementos informativos respeitantes aos riscos da concessão e aplicação do crédito bancário e parabancário..."[43].

Segundo o artigo 3.º/1, as instituições de crédito ficavam obrigadas a fornecer, ao Banco de Portugal, os elementos informativos pedidos. Continuava o n.º 2:

> Estes elementos não poderão ser utilizados para outros fins que não sejam os do Serviço de Centralização (...) ou os de elaboração para estatística (...)

Rematando:

> Não podem, em qualquer caso, os elementos informativos fornecidos pelas instituições ser suscetíveis de difusão violadora do princípio do segredo bancário que deve proteger as operações de crédito em causa.

O artigo 5.º, do mesmo diploma, também relevava, em termos de segredo bancário:

> 1. As informações prestadas pelo Banco de Portugal não poderão conter qualquer indicação acerca das localidades em que os créditos foram outorgados, nem das instituições que os concederam. (...)
>
> 2. Estas informações serão exclusivamente destinadas à instituição requerente, sendo-lhe vedada a sua transmissão, total ou parcial, a terceiros.

O sigilo era sancionado pelo artigo 6.º:

> 1. A violação do dever de segredo (...) por parte de administradores, membros do conselho fiscal, diretores, gerentes, empregados e outros servidores das instituições de crédito (...) constitui crime de violação do segredo profissional (...).

Tratava-se duma remissão para o artigo 290.º do Código Penal de 1886, que tutelava o dever de segredo dos "empregados públicos".

IV. Durante a Revolução de 1974-75, o segredo bancário nem sempre terá sido respeitado, pelas pessoas que tinham acesso às informações. Segundo a voz corrente, muitos clientes ter-se-ão acolhido a instituições estrangeiras, dentro e

[43] O Decreto-Lei n.º 47.909, de 7 de Setembro de 1967, vigorou até ser revogado pelo artigo 8.º/1 do Decreto-Lei n.º 29/96, de 11 de abril, que reorganizou, já à luz da Lei Orgânica do Banco de Portugal de 1990, o Serviço de Centralização de Riscos de Crédito.

fora do País, para prevenir fugas de informação. Além disso, recorria-se ao entesouramento de moeda que, desta forma, ficava arredada do circuito bancário [44].

Nessas condições, não admira que o legislador tenha intervindo no sentido de reforçar o segredo bancário. Este surge nos artigos 63.° e 64.°, da Lei Orgânica do Banco de Portugal, aprovada pelo Decreto-Lei n.° 644/75, de 15 de novembro e nos artigos 7.° e 8.°, do Decreto-Lei n.° 729-F/75, de 22 de dezembro, que se ocupou da orgânica de gestão e fiscalização das instituições de crédito nacionalizadas. O segredo bancário foi, ainda, diretamente visado por uma Resolução do Conselho de Ministros de 19 de dezembro de 1975 e, de modo indireto, pela reformulação do artigo 290.° do Código Penal de 1886, levada a cabo pelo Decreto-Lei n.° 475/76, de 16 de junho [45].

V. Havia que ir mais longe. Assim, o Decreto-Lei n.° 2/78, de 9 de janeiro, veio, formalmente, estabelecer o segredo bancário[46]. Do seu preâmbulo, retiram-se as seguintes e eloquentes afirmações:

> Ponderando que a reconstrução do País implica o estabelecimento de um clima de confiança na banca que permita a captação e recuperação do dinheiro entesourado, vem o Governo (...)
>
> É, pois, chegado o momento de se ensaiar [um] diploma de âmbito geral, caracterizador do segredo bancário, até porque, por um lado, se impõe, também, abranger as instituições de crédito não nacionalizadas e, por outro, a Lei Orgânica do Banco de Portugal e o texto regulador da orgânica de gestão e fiscalização das instituições nacionalizadas não alcançaram, na matéria, a desejável uniformidade. Passa, deste modo, Portugal a enfileirar no numeroso grupo de países nos quais estão em vigor disposições regulando, expressamente, o segredo bancário.

O artigo 1.°, muito esclarecedor, tinha a seguinte redação:

> 1. Os membros dos conselhos de administração, gestão ou de direção ou de quaisquer órgãos, e bem assim todos os trabalhadores de instituições de crédito, não podem revelar ou aproveitar-se de segredo cujo conhecimento lhes advenha exclusivamente por virtude do exercício das suas funções.
>
> 2. Estão, designadamente, sujeitos a segredo os nomes dos clientes, contas de depósito e seus movimentos, operações bancárias, cambiais e financeiras realizadas, licenciamentos de operações concedidos e elementos relativos a processos em curso na Inspeção de Crédito do Banco de Portugal.

[44] Célia Ramos, *O sigilo bancário* cit., 125-126, onde podem ser confrontadas sugestivas transcrições do *Relatório e Contas do Banco de Portugal* de 1975.

[45] *Idem*, 127-128.

[46] Transcrito, p. ex., em Patrício Paúl, *O sigilo bancário* cit., 72-73.

VI. A violação do dever de segredo era sancionada, civil e criminalmente – artigo 3.°. O Decreto-Lei n.° 2/78 só previa dispensa mediante autorização dada pelo órgão de direção do banco, quando se tratasse de factos atinentes à instituição – artigo 2.°/1 – ou pelo cliente, quando estivessem em jogo relações a este respeitantes – artigo 2.°/2.

A solução estabelecida foi considerada *forte*, dentro dos diversos sistemas de tutela do sigilo bancário. Havendo recusa do próprio, apenas era possível aceder à informação nos casos em que lei especial o permitisse e mediante decisão do Tribunal[47].

8. *O regime do RGIC*

I. A evolução posterior foi marcada por um certo enfraquecimento do segredo bancário. Tal enfraquecimento deu-se, no entanto, *perante o Estado*, por exigências policiais e fiscais e não, propriamente, perante os particulares.

O Decreto-Lei n.° 2/78 manteve-se em vigor, até ser revogado pelo Decreto-Lei n.° 298/92, de 31 de dezembro – artigo 5.°/1 – que aprovou o RGIC. Tal revogação ficou a dever-se ao facto de o próprio RGIC ter chamado a si a matéria, regulando-a, aliás, em termos mais aperfeiçoados[48].

II. O RGIC dedicou, ao *segredo profissional*, o Capítulo II, do Título VI. Dispõe o seu artigo 78.°:

> 1. Os membros dos órgãos de administração ou de fiscalização das instituições de crédito, os seus empregados, mandatários, comitidos e outras pessoas que lhes prestem serviços a título permanente ou ocasional não podem revelar ou utilizar informações sobre factos ou elementos respeitantes à vida da instituição ou às relações desta com os seus clientes cujo conhecimento lhes advenha exclusivamente do exercício das suas funções ou da prestação dos seus serviços.
>
> 2. Estão designadamente, sujeitos a segredo os nomes dos clientes, as contas de depósito e os seus movimentos e outras operações bancárias.
>
> 3. O dever de segredo não cessa com o termo das funções ou serviços.

[47] PGR n.° 138/83, de 5-abr.-1984 (António Caeiro), BMJ 342 (1985), 55-82.

[48] Fernando Conceição Nunes, *Os deveres de segredo profissional no regime geral das instituições de crédito e sociedades financeiras*, RB 29 (1994), 39-63 (39). Para uma aplicação destas regras, cf. Germano Marques da Silva/Isabel Cristina da Silva, *Sobre a admissibilidade de empresas privadas de centralização de informações sobre riscos de crédito*, RB 44 (1997), 21-50 (32 ss.). *Vide*, ainda, Ana Pessoa Pinto, *Sigilo bancário*, em *Temas de Direito bancário* (1999), 223-267 e Armindo Saraiva Matias, *Regime sancionatório em Direito bancário*, ROA 2002, 605-619 (610 ss.).

O artigo 79.° só permite a revelação, mediante autorização do cliente – n.° 1. O n.° 2 admitia as seguintes exceções: revelações ao Banco de Portugal, à Comissão do Mercado de Valores Mobiliários e ao Fundo de Garantia de Depósitos – *a*), *b*) e *c*); revelações nos termos previstos na lei penal e de processo penal – *d*); perante disposição legal que limite expressamente o dever de segredo – *e*). A Lei n.° 94/2009, de 1 de Setembro, abaixo analisada, introduziu uma nova alínea *e*), passando a antiga a *f*). Essa nova alínea permite a revelação dos factos sujeitos a segredo "à administração tributária, no âmbito das suas atribuições".

III. Tem interesse relevar os preceitos penais que delimitem o dever de segredo. Quanto ao Código Penal[49], consigne-se o artigo 195.°, na versão aprovada pelo Decreto-Lei n.° 48/95, de 15 de março[50]:

ARTIGO 195.°
(Violação de segredo)

Quem, sem consentimento, revelar segredo alheio de que tenha tomado conhecimento em razão do seu estado, ofício, emprego, profissão ou arte é punido com pena de prisão até 1 ano ou com pena de multa até 240 dias.

Repare-se que desapareceu a anterior exclusão de ilicitude, prevista no revogado artigo 185.° do Código Penal. Embora o sistema vigente permita consignar algumas situações de exclusão de ilicitude, através do esquema geral do artigo 36.° do Código Penal, perante o conflito de deveres[51], parece-nos claro que, da reforma de 1995, resultou um reforço da tutela penal do segredo profissional e, para o caso, do segredo bancário[52].

9. *A defesa do segredo bancário; fundamentos*

I. O segredo bancário deve ser preservado, nas nossas sociedades. Em termos jurídico-positivos, o segredo bancário começa por se apoiar na própria

[49] MIGUEL PEDROSA MACHADO, *Sigilo bancário e Direito Penal*, *Colóquio* cit., 71-100 (82 ss.).

[50] *Vide* a anotação de MANUEL DA COSTA ANDRADE ao artigo 195.°, *Comentário Conimbricense ao Código Penal, Parte especial*, Tomo I/Artigos 131.° a 201.° (1999), 771-802.

[51] JÚLIO DE CASTRO CALDAS, *Sigilo bancário: problemas actuais*, *Colóquio* cit. 33-45 (39).

[52] RODRIGO SANTIAGO, *Sobre o segredo bancário – uma perspectiva jurídico-criminal e processual penal*, RB 42 (1997), 23-76.

Constituição e, designadamente, nos seus artigos 26.°/1 (intimidade da vida privada e familiar) e 25.° (integridade moral das pessoas).

Como ponto de partida, recordamos que a propriedade privada é expressão e é condição da liberdade das pessoas: sem possibilidade de decisão económica e de livre autonomia patrimonial – autonomia que, para o ser, requer pelo menos alguns meios – não há liberdade em nenhuma aceção. A aventura das "democracias populares" demonstrou-o, em todos os níveis.

Pois bem: uma esfera de resguardo e de tranquilidade, para o ser, pressupõe também o resguardo da propriedade ou de alguma propriedade. Esta, na Idade Média, traduzia-se em terras, incluindo a cabana ou a courela. Atualmente, a "propriedade" é disponibilidade de meios económicos, dotados, em regra, de expressão bancária.

II. O Direito bancário acompanha, hoje, quase todas as operações patrimoniais praticadas pelas pessoas. O banqueiro pode, através da análise dos movimentos das contas de depósitos ou dos movimentos com cartões, seguir a vida dos cidadãos. O banqueiro – até por ter muitos milhares de clientes – não o fará: não o deve fazer. Mas facultar tais elementos a terceiros é pôr cobro à intimidade das pessoas.

Além do problema da intimidade privada, o desrespeito pelo segredo bancário põe ainda em causa a integridade moral das pessoas atingidas. A revelação de depósitos, movimentos e despesas pode ser fonte de pressão, de troça ou de suspeição. Os movimentos que labutam pelo fim do segredo bancário distinguem-se, ainda, pelo apelo público à delação e à denúncia: algo que ainda há pouco seria considerado indigno. Numa sociedade humanista, tudo isto é impensável.

III. Sendo assim, o segredo bancário só cessa com o consentimento do cliente[53]: é o que resulta do artigo 79.°/1 do RGIC e do artigo 195.° do Código Penal. Tal consentimento equivale a uma limitação voluntária de um direito de personalidade – o direito à reserva sobre a intimidade da vida privada, artigo 80.° do Código Civil – dotado de cobertura constitucional – artigos 25.°/1 e 26.°/1, ambos da Constituição e relativos aos direitos à integridade moral e à reserva da intimidade da vida privada e familiar.

Há, por isso, que lhe aplicar o regime do artigo 81.° do Código Civil, donde resulta que:

[53] Este é o "dono" do segredo (*Geheimnisherr*); cf. Buchner, *Bankgeheimnis* cit., § 39, Nr. 8 (643).

– o consentimento é nulo por contrário à ordem pública, isto é, se surgir de tal modo que envolva um atentado a valores injuntivos da ordem jurídica; designadamente: o consentimento terá de ser minimamente delimitado, quanto aos atos a revelar e quanto ao período a que respeitem: ninguém se pode despojar, ilimitadamente, do "seu" segredo bancário;
– o consentimento é sempre revogável ainda que envolva uma obrigação de indemnizar.

IV. O segredo bancário deriva, ainda, da existência de uma relação jurídica bancária, de base contratual. Ao concluir a abertura de conta, o banqueiro e o seu cliente, explícita ou implicitamente, assentam em que o sigilo será respeitado. Quando o não façam: o sigilo sempre se imporia como dever acessório, imposto pela boa-fé (762.°/2, do Código Civil).

O banqueiro, ao quebrar o sigilo, viola a relação bancária básica. Além disso – e salvo o que abaixo se dirá sobre as circunstâncias especiais que justificam o levantamento do segredo – não vemos a que título poderá um terceiro – seja ele o Estado – imiscuir-se numa relação contratual, quebrando o segredo. Os contratos também são "propriedade privada": devem ser respeitados pelo Estado. Eles disfrutam da proteção resultante do artigo 62.°/1, da Constituição[54].

V. Temos, ainda, razões públicas que recomendam a defesa do segredo bancário. A experiência de 1975 vai-se desvanecendo: na altura, parecia bem que ativistas políticos devassassem as contas bancárias das pessoas com quem não concordassem politicamente. O Estado estabeleceu um segredo máximo, para defender o sistema.

Hoje, os "ativistas" reivindicam-se de democracia. Todavia: é *naïf* pensar que, por via bancária, se vão descobrir as grandes manigâncias e os grandes tráfegos. Umas e outros podem ser mascarados de movimentos legítimos e titulados ou deslocalizados, para paraísos sem interferência. Apanham-se, sim, os (pequenos) incautos e incomoda-se muita gente, por puro sensacionalismo ou por retorção pessoal ou política.

VI. O perigo de ingerência dos Estados modernos na vida das pessoas, ainda que a coberto de boas causas, como o combate ao branqueamento ou à fuga fiscal, abaixo referidos, é muito real. Os juristas devem defender a sua Ciência. Apenas valores claramente superiores – e, em princípio, de natureza

[54] Quanto à tutela constitucional dos contratos, *vide* o nosso *A Lei dos direitos dos utentes das auto-estradas e a Constituição (Lei n.° 24/2007, de 18 de Julho)*, ROA 2007, 529-572 (566 ss.).

não-patrimonial – poderão consentir, sempre sob a forma de lei com cobertura constitucional, limitações ao segredo bancário; além disso, tais limitações são claramente excecionais[55].

Nada fazer é deixar perfilar, no horizonte, o vulto orweliano do grande irmão!

10. *A proteção de dados pessoais face à informática*

I. O segredo bancário vem, ainda, a ser tutelado pela Lei de Proteção de Dados Pessoais Face à Informática, aprovada pela Lei n.° 10/91, de 29 de abril, com as alterações introduzidas pela Lei n.° 28/94, de 29 de agosto. Estes diplomas foram substituídos pela Lei n.° 67/98, de 26 de outubro[56] – a Lei de Proteção de Dados Pessoais – a qual transpôs para a ordem interna a Diretriz n.° 95/46/CE, do Parlamento Europeu e do Conselho, de 24 de outubro.

Efetivamente, os elementos tutelados pelo segredo bancário constam de ficheiros automatizados, de bases e bancos de dados pessoais. A constituição de tais bases e a sua atualização fora do estritamente permitido pelos clientes submete-se à apreciação da Comissão Nacional de Proteção de Dados (CNPD), que funciona junto da Assembleia da República[57].

II. Também se deve referir a Lei n.° 41/2004, de 18 de agosto, que veio transpor a Diretriz n.° 2002/58/CE, de 12 de julho, relativa ao tratamento de dados pessoais e à proteção da privacidade no sector das comunicações eletrónicas. Esta Lei foi alterada pela Lei n.° 46/2012, de 29 de agosto, a qual transpôs a Diretriz 2009/136.

Temos, aqui, uma instância de proteção que, além do seu papel intrínseco, confere mais uma linha significativa ao sistema, no seu todo: não pode, o legislador, desfazer sem critério o que, laboriosamente, vai construindo. O intérprete, por seu turno, deve ater-se ao sentido global do ordenamento.

[55] Cf. a importante intervenção de Diogo Leite de Campos, *O sigilo bancário*, em *Colóquio* cit., 13-17 (17).

[56] Ret. n.° 22/98, de 28 de novembro.

[57] A CNPD dispunha de um Regulamento aprovado pela Resolução da Assembleia da República n.° 53/94, de 19 de agosto, em termos que deixam clara a sua independência e a especial dignidade que assumem as suas funções. Hoje, a sua organização e o seu funcionamento são regulados pela Lei n.° 43/2004, de 18 de agosto, cujo artigo 20.° foi alterado pelo artigo 184.° da Lei n.° 55-A/2010, de 31 de dezembro.

III – Limitações ao sigilo bancário: branqueamento e fiscalidade

11. *O regime processual do levantamento*

I. O sigilo bancário conhece algumas exceções[58]. Perante o Direito privado, o segredo só cede em face de quem tenha um direito bastante relativo ao bem que esteja – ou possa estar – na posse do banqueiro. É o que sucede em face dos sucessores do cliente ou os seus credores, em processo executivo.

No Direito público, para além dos casos específicos do branqueamento e da fuga fiscal, abaixo examinados, a quebra do segredo exige imperiosas razões de interesse geral, a confirmar pelo tribunal.

É totalmente insuficiente afirmar que "a administração da justiça deve prevalecer sobre a proteção do consumidor de serviços financeiros e da confiança na banca", demasiado divulgada na jurisprudência atual: por essa linha, admitir-se-ia o soro da verdade, o polígrafo imposto ou a tortura. O segredo protege a personalidade, no sentido pleno do termo.

II. O regime processual da quebra do sigilo mostra o cuidado posto pelo ordenamento, nesta matéria. O artigo 135.° do Código de Processo Penal, na redação dada pelo Decreto-Lei n.° 317/95, de 28 de novembro e, por último, pela Lei n.° 48/2007, de 29 de agosto, sob a epígrafe "segredo profissional", dispõe:

> 1. Os ministros de religião ou confissão religiosa e os advogados, médicos, jornalistas, membros de instituições de crédito e as demais pessoas a quem a lei permitir ou impuser que guardem segredo podem escusar -se a depor sobre os factos por ele abrangidos.
>
> 2. Havendo dúvidas fundadas sobre a legitimidade da escusa, a autoridade judiciária perante a qual o incidente se tiver suscitado procede às averiguações necessárias. Se, após estas, concluir pela ilegitimidade da escusa, ordena, ou requer ao tribunal que ordene, a prestação do depoimento.
>
> 3. O tribunal superior àquele onde o incidente tiver sido suscitado, ou, no caso de o incidente ter sido suscitado perante o Supremo Tribunal de Justiça, o pleno das secções criminais, pode decidir da prestação de testemunho com quebra do segredo profissional sempre que esta se mostre justificada, segundo o princípio da prevalência do interesse preponderante, nomeadamente tendo em conta a impres-

[58] Além das diversas obras gerais, cumpre referir: Sichtermann, *Das Bankgeheimnis und seine Grenzen*, MDR 1952, 143-146, Manfred Mielke, *Das Bankgeheimnis gegenüber Behörden*, AG 1964, 182-183, Dieter Ungnade, *Bankgeheimnis gegenüber Strafverfolgungsbehörden*, WM 1976, 1210-1220 e Hans Ehlers, *Durchsuchung – Beschlagnahme – Bankgeheimnis*, BB 1978, 1513-1518.

cindibilidade do depoimento para a descoberta da verdade, a gravidade do crime e a necessidade de proteção de bens jurídicos. A intervenção é suscitada pelo juiz, oficiosamente ou a requerimento.

4. Nos casos previstos nos n.os 2 e 3, a decisão da autoridade judiciária ou do tribunal é tomada ouvido o organismo representativo da profissão relacionada com o segredo profissional em causa, nos termos e com os efeitos previstos na legislação que a esse organismo seja aplicável.

5. O disposto nos n.os 3 e 4 não se aplica ao segredo religioso.

III. Como se vê, a lei de processo penal pôs a maior dignidade na quebra do segredo. O artigo 519.°/4 do Código de Processo Civil remete a quebra do sigilo, para o disposto no processo penal.

Resta sublinhar que a "prevalência do interesse preponderante" deve ser tomada em termos substantivos e valorativos: apenas os interesses subjacentes a um crime grave prevalecem sobre os bens de personalidade em jogo no segredo: ela deve limitar-se ao *minimum* necessário enquanto o segredo se mantém como tal, fora do processo onde foi revelado.

12. *O levantamento perante os tribunais*; a) *Situações públicas, até 1-mar.-2011*

I. Aparentemente, a quebra do segredo profissional, a decidir pelos tribunais nos termos das leis de processo, acima indicadas, prestar-se-ia a dúvidas. A "prevalência do interesse preponderante" surge, na verdade, como um conceito indeterminado, a concretizar perante os problemas a decidir.

Adiantamos, todavia que, na prática, as situações que justificam a quebra do segredo – para o caso: bancário – acabam por ser bastante consensuais.

Vamos proceder a um levantamento ilustrativo, principiando pelas situações de interesse público[59]: antes da reforma de 2010, que subverteu todo este sistema.

II. Num primeiro momento, os tribunais vieram reafirmar o sentido firme da tutela do segredo, nos termos do Decreto-Lei n.° 2/78.

Segundo dois acórdãos do Supremo Tribunal de Justiça, de 10-abr.-1980[60] e 20-out.-1988[61], o sigilo só cederia quando a lei o determinasse.

[59] *Vide*, com elementos gerais, Joaquim Malafaia, *O segredo bancário como limite à investigação criminal* cit., 425 e ss..

[60] STJ 10-abr.-1980 (Abel de Campos), BMJ 296 (1980), 190-192.

[61] STJ 20-out.-1988 (Abel Delgado), BMJ 380 (1988), 492-494.

III. Os tribunais foram, depois, assumindo uma feição mais favorável à quebra do segredo bancário, perante o problema dos crimes. Assim:

STJ 12-nov.-1986: havendo um crime público, o processo deve prosseguir, sendo indiferente o modo por que o mesmo chegou ao conhecimento do Ministério Público e isso ainda que tenha havido violação do sigilo bancário[62];
REv 6-fev.-1990: admite a quebra do sigilo, para se averiguar um caso de levantamento criminoso de vales do correio[63].

Subsequentemente, referem-se as situações nas quais se justifica a quebra do segredo[64], particularmente quanto a factos que originem processo-crime[65]. O artigo 185.° do Código Penal, na versão anterior à reforma de 1995, e a afirmação de que o "interesse na boa administração da justiça prevalece sobre o da proteção do consumidor de serviços financeiros e da confiança na banca" passaram, depois, a animar a jurisprudência sobre segredo bancário: RCb 6-jul.-1994[66], RPt 13-jul.-1994[67], REv 11-out.-1994[68], RLx 23-nov.-1994[69], REv 14-fev.-1995[70], REv 28-mar.-1995[71] e RPt 14-mai.-1997[72]. Trata-se duma orientação reforçada pela alteração, introduzida no artigo 135.°/3, do Código de Processo Penal, pelo Decreto-Lei n.° 317/95, de 28 de novembro, que permite ao Tribunal decidir, em certos casos, de prestação de testemunho, com quebra do segredo profissional, quando tal se mostre justificado face ao "princípio da prevalência do interesse preponderante"[73].

IV. Alguma jurisprudência chega mesmo a proclamar que o *ius puniendi* se sobrepõe ao sigilo bancário – RPt 29-mar.-1995[74] – enquanto os esquemas que

[62] STJ 12-nov.-1986 (Vasconcelos Carvalho), BMJ 361 (1986), 253-258.
[63] REv 6-fev.-1990 (Lopes Cardoso), CJ XV (1990) 1, 314-315.
[64] RPt 11-nov.-1991 (Calheiros Lobo), CJ XVI (1991) 5, 215-216.
[65] REv 12-mai.-1992 (Manuel Osório), CJ XVII (1992) 3, 353-354.
[66] RCb 6-jul.-1994 (Ferreira de Sousa), CJ XIX (1994) 4, 46-48.
[67] RPt 13-jul.-1994 (Fonseca Guimarães), CJ XIX (1994) 4, 228-229.
[68] REv 11-out.-1994 (Sidarta Sousa), CJ XIX (1994) 4, 286-287.
[69] RLx 23-nov.-1994 (Carlos Sousa), CJ XIX (1994) 5, 156-160.
[70] REv 14-fev.-1995 (Lopes Cardoso), CJ XX (1995) 1, 286-287.
[71] REv 28-mar.-1995 (Abílio Cardoso), CJ XX (1995) 2, 277.
[72] RPt 14-mai.-1997 (Costa Mortágua), CJ XXII (1997) 3, 229-231 (230/I).
[73] RCb 17-abr.-1996 (Maio Macário), CJ XXI (1996) 2, 57-58 (58) e RLx 28-jan.-1997 (Simões Ribeiro), CJ XXII (1997) 1, 154-156.
[74] RPt 29-mar.-1995 (Costa Mortágua), CJ XX (1995) 2, 230-232.

permitam decidir a quebra vêm sendo aperfeiçoados – REv 23-mai.-1995[75]. É muito importante a posição do Supremo, expressa em STJ 17-fev.-1998:

> Com base no dever de colaboração para a descoberta da verdade, a parte não pode ser forçada, em princípio, a prescindir de direitos de que seja beneficiária, como é o direito a que os bancos respeitem o dever de sigilo bancário (art. 519.° do CPC)[76].

V. Na evolução mais recente sobre o levantamento do segredo por razões públicas, encontramos algumas flutuações. Em RLx 5-jul.-2000, decidiu-se que não era lícito, ao juiz, notificar o requerente de apoio judiciário para apresentar extratos de contas bancárias de que seja titular[77], enquanto em 8-jul.-2004 se tomou uma posição inversa[78].

A banca pode ainda ser usada para obter informações que já não respeitam a saldos ou a movimentos. Assim, em RLx 4-out.-2001 entendeu-se que o banqueiro podia prestar informações sobre a residência de um seu cliente, para efeitos de execução de uma prestação de alimentos[79], enquanto em RLx 6-jun.-2002, o levantamento visou a remessa da ficha de assinaturas do cliente para uma peritagem no Laboratório de Polícia Científica[80].

Da jurisprudência mais recente, podemos respigar as seguintes diretrizes:

– a recusa legítima, de uma instituição de crédito revelar elementos abrangidos pelo segredo bancário só pode ser ultrapassada pela via do artigo 135.°/3 do Código de Processo Penal[81];
– pode recorrer a instituição de crédito a quem tenham sido solicitados elementos cobertos pelo sigilo[82];
– justifica-se a quebra do sigilo bancário, para investigar crimes fiscais[83];

[75] REv 23-mai.-1995 (Políbio Flor), CJ XX (1995) 3, 303-304.

[76] STJ 17-fev.-1998 (Martins da Costa), CJ/Supremo VI (1998) 1, 75-77 (77/I).

[77] RLx 5-jul.-2000 (Ponce de Leão; vencido: Luís da Fonseca), CJ XXV (2000) 4, 90-91.

[78] RLx 8-jul.-2004 (Fátima Galante), CJ XXIX (2004) 4, 71-73 (73/II).

[79] RLx 4-out.-2001 (Urbano Dias), CJ XXVI (2001) 4, 116-117.

[80] RLx 6-jun.-2002 (Pais do Amaral), CJ XXVII (2002) 3, 98-100: houvera um embargo de executado em que se invocara a falsidade de determinada assinatura; a diligência da remessa visava esclarecer o assunto.

[81] RGm 19-fev.-2007 (Nazaré Saraiva), CJ XXXI (2007) 1, 290-291.

[82] RLx 28-mar.-2007 (Conceição Gonçalves), CJ XXXII (2007) 2, 128-131.

[83] RPt 26-mar.-2008 (Élia São Pedro), CJ XXXIII (2008) 2, 226-228.

– *idem*, num caso em que um contribuinte adquiriu quotas por um valor muito superior aos rendimentos declarados e sem explicar a sua proveniência[84].

Mesmo para além do sigilo bancário, retemos, quanto ao segredo profissional:

– pode justificar-se o levantamento do segredo de advogado[85];
– num caso de abuso de criança, o consentimento do representante desta exclui o dever de sigilo do médico[86].

VI. Em todos estes casos, temos:

– uma ponderação de interesses que revela a prevalência dos valores públicos;
– essa prevalência não é automática: antes ressalta em concreto;
– a ponderação é levada a cabo por um tribunal da Relação[87].

Como se vê, toda esta matéria tem um peso e uma dignidade que não se compadeciam com ligeirezas.

13. *Segue*; b) *Após 1-mar.-2011*

I. A Lei n.º 36/2010, de 2 de setembro, em conjunto com a Lei n.º 37/2010, do mesmo dia, constitui um pacote "anti-sigilo bancário". Comecemos pela primeira que, prevendo 180 dias de *vacatio*, entrou em vigor em 1 de março de 2011.

No essencial, ela veio dar uma nova redação ao artigo 79.º/2, *d*), do RGIC. Onde antes se dizia que, fora de autorização do particular visado, os elementos cobertos pelo dever de segredo só podiam ser revelados "nos termos previstos na lei penal e do processo penal" veio dizer-se, agora, que tal poderia ocorrer "às autoridades judiciais, no âmbito de um processo penal".

[84] RLx 14-out.-2008 (Ana Resende), CJ XXXIII (2008) 4, 106-109.
[85] RPt 3-nov.-2004 (Onélia Madaleno), CJ XXIX (2004) 5, 207-209.
[86] STJ 17-mai.-2007 (Arménio Sottomayor), CJ/Supremo XV (2007) 2, 191-197.
[87] RLx 9-jan.-2002 (Adelino Salvado), CJ XXVIII (2002) 1, 132-133, explica que a subida à 2.ª Instância só se justifica se houver dúvidas na 1.ª.

II. Aparentemente, desapareceram as cautelas processuais existentes e, designadamente, as do artigo 135.º do Código de Processo Penal, que obrigavam a um específico incidente de levantamento, a decidir pelo tribunal superior.

Efetivamente, passou a ser esse o entendimento da jurisprudência:

- RCb 19-out.-2011: numa investigação em processo penal, deixou de ser necessária a autorização prévia do tribunal superior[88];
- RPt 19-out.-2011: a partir de 1-mar.-2011, a quebra do segredo cabe ao MP ou ao juiz de instrução[89];
- REv 25-out.-2011: a CGD forneceu elementos ao MP, porque o artigo 135.º do Código de Processo Penal deixou de ter aplicação[90];
- RCb 2-nov.-2011: a prévia autorização de um tribunal superior deixa de ser necessária[91];
- RCb 2-nov.-2011: a Lei n.º 36/2010 concretizou o que os tribunais vinham decidindo: harmonizou o sigilo com a justiça, pondo termo ao incidente do levantamento[92];
- RGm 14-nov.-2011: após a Lei n.º 36/2010, os bancos devem solicitar ao MP os elementos pedidos em inquérito criminal[93];
- RCb 16-nov.-2011: após essa mesma lei, não se aplica o incidente do levantamento do sigilo em investigação criminal[94];
- RLx 20-dez.-2011: o direito à intimidade cede perante o *ius puniendi*; o legislador pretendeu, com a Lei n.º 36/2010, combater a morosidade processual[95].

III. A medida faz sentido: o incidente de levantamento do sigilo, em investigações criminais urgentes, podia prejudicar o processo. Todavia, a banalização do levantamento a qualquer investigação, decidida apenas pelo MP e isso numa altura em que o segredo de justiça atingiu a estaca zero, afigura-se demasiado. Exigir-se-ia, sempre, uma decisão do juiz, perante um pedido devidamente justificado.

A partir de agora, corremos o risco de qualquer investigação de conteúdo patrimonial começar logo com um levantamento de sigilo. E isso quando é mais do que evidente que o prevaricador terá colocado os seus fundos em bancos que respeitem o segredo, designadamente em *off shores*.

[88] RCb 19-out.-2011 (Jorge Dias), Proc. 1688/09.

[89] RPt 19-out.-2011 (Eduardo Lobo), Proc. 10228/08.

[90] REv 25-out.-2011 (João Gomes de Sousa), Proc. 756/10.

[91] RCb 2-nov.-2011 (Isabel Valongo), Proc. 262/10.

[92] RCb 2-nov.-2011 (Belmiro Andrade), Proc. 614/09.

[93] RGm 14-nov.-2011 (Lígia Moreira), Proc. 344/10.

[94] RCb 16-nov.-2011 (Maria José Nogueira), Proc. 288/10.

[95] RLx 20-dez.-2011 (Artur Vargues), Proc. 828/11.

14. ***Segue***; c) ***Situações privadas***

I. Nas relações privadas, o levantamento do sigilo bancário só pode ocorrer em conjunturas muito particulares. No fundo, o que se verifica é uma situação global que faz, ao sigilo, perder o seu alcance. Assim:

- o sigilo não pode ser oposto aos herdeiros do cliente do banqueiro: STJ 28-jun.-1994[96], RCb 21-nov.-1995[97], RPt 7-mar.-1996[98], STJ 10-dez.-1997[99], RLx 9-nov.-1999[100], STJ 21-mar.-2000[101], RLx 14-nov.-2000[102], RLx 28-fev.-2002[103] e RGm 15-nov.-2011[104];
- quando um dos cônjuges recuse o levantamento do sigilo, há que recorrer ao suprimento judicial previsto no artigo 1684.°/3, do Código Civil: STJ 19-abr.-1995[105]; de todo o modo, o sigilo do marido cede perante o interesse da mulher em conhecer os bens existentes, em ação de partilha dos bens do casal[106] ou num divórcio litigioso[107/108];
- o sigilo cessa perante o arrolamento: RCb 7-nov.-1989[109], STJ 31-out.-1995[110] e RPt 10-jan.-2012[111]; neste último caso, o Supremo teve o cuidado de explicar que se tratava, apenas, de revelar o essencial, sem pormenores; também em RLx 13-mai.-1999 se entendeu que, no arrolamento de conta bancária, dado o segredo, bastava indicar o estabelecimento e o nome do titular[112];

[96] STJ 28-jun.-1994 (Miranda Gusmão), CJ/Supremo II (1994) 2, 163-165.
[97] RCb 21-nov.-1995 (Pires da Rosa), CJ XX (1995) 5, 36-38.
[98] RPt 7-mar.-1996 (Oliveira Barros), CJ XXI (1996) 2, 179-182.
[99] STJ 10-dez.-1997 (Torres Paulo), CJ/Supremo V (1997) 3, 170-171.
[100] RLx 9-nov.-1999 (Santana Guapo), CJ XXIV (1999) 5, 78-80 (79/II).
[101] STJ 21-mar.-2000 (Pinto Monteiro), CJ/Supremo VI (2000) 1, 130-132 (132/II).
[102] RLx 14-nov.-2000 (Santos Martins), CJ XXV (2000) 5, 95-96: os herdeiros nem serão terceiros, perante o segredo.
[103] RLx 28-fev.-2002 (Lino Pinto), CJ XXVII (2002) 1, 130-131 (131), com idêntico reparo.
[104] RGm 15-nov.-2011 (Fernando Fernandes Freitas), Proc. 134/09.
[105] STJ 19-abr.-1995 (Santos Monteiro), CJ/Supremo III (1995) 2, 37-39.
[106] RLx 5-mar.-2002 (Rua Dias), CJ XXVII (2002) 2, 71-74.
[107] RLx 16-nov.-2006 (Santos Jorge), CJ XXXI (2006) 5, 89-91.
[108] RTGm 10 nov. 2011 (António Sobrinho), Proc. 855/10.
[109] RCb 7-nov.-1989 (Pereira da Silva), CJ XIV (1989) 5, 45-46.
[110] STJ 31-out.-1995 (Cardona Ferreira), CJ/Supremo III (1995) 3, 88-90.
[111] RPt 10-jan.-2012 (Henrique Araújo), Proc. 5336/10.
[112] RLx 13-mai.-1999 (Carlos Valverde), CJ XXIV (1999) 3, 99-100 (100/I).

– o sigilo cede perante a penhora: RLx 22-Set.-1994[113], RPt 12-jun.-1995[114], RLx 22-jun.-1995[115]; RLx 30-nov.-1995[116], REv 18-jun.-1996[117], RLx 8-out.-1996[118], STJ 14-jan.-1997[119], STJ 8-abr.-1997[120], REv 4-nov.-1997[121], REv 20-nov.-1997[122], RLx 18-dez.-2002[123], RLx 5-jun.-2003[124] e RPt 15-mai.-2012[125];
– o sigilo não vigora nas relações internas entre o banco e o seu trabalhador: o arguido de depósitos irregulares na própria conta pode ver o empregador inspecionar a mesma, para efeitos disciplinares: tal o caso de RLx 5-jul.-1989[126], confirmado pelo STJ 29-mar.-1991[127]; em STJ 2-dez.-2004 entendeu-se, porém, que o sigilo pode impedir o exercício da ação disciplinar[128];
– o sigilo pode ceder para se apurar a validade de certos negócios jurídicos[129], para se fixarem alimentos[130] ou para averiguar uma mega-fraude[131];
– não pode, com base no sigilo, recusar-se a indicação de quem são os sócios de uma cooperativa de crédito[132].

II. De todo o modo, a jurisprudência atual deixa sempre pairar a exigência de uma concreta ponderação de interesses[133], nunca devendo a quebra do

[113] RLx 22-Set.-1994 (Pires Salpico), CJ XIX (1994) 4, 92-93.
[114] RPt 12-jun.-1995 (Antero Ribeiro), CJ XX (1995) 3, 235-237.
[115] RLx 22-jun.-1995 (Pires Salpico), CJ XX (1995) 3, 134-136.
[116] RLx 30-nov.-1995 (Luís Fonseca; vencido: Noronha Nascimento, mas não nesse ponto), CJ XX (1995) 5, 129-130.
[117] REv 18-jun.-1996 (Pita de Vasconcelos), CJ XXI (1996) 3, 276-278.
[118] RLx 8-out.-1996 (Ferreira Pascoal), CJ XXI (1996) 4, 134-126.
[119] STJ 14-jan.-1997 (Cardona Ferreira), CJ/Supremo V (1997) 1, 44-46.
[120] STJ 8-abr.-1997 (Martins da Costa), CJ/Supremo V (1997) 2, 37-39 (38).
[121] REv 4-nov.-1997 (Pita de Vasconcelos), CJ XXII (1997) 5, 258-260 (259/II).
[122] REv 20-nov.-1997 (Ribeiro Luiz), BMJ 471 (1997), 481 (o sumário).
[123] RLx 18-dez.-2002 (Sousa Grandão), CJ XXVII (2002) 5, 115-117 (117/I).
[124] RLx 5-jun.-2003 (Ezaguy Martins), CJ XXVIII (2003) 3, 105-107 (107/I).
[125] RPt 15-mai.-2012 (Vieira e Cunha), Proc. 1911/08.
[126] RLx 5-jul.-1989 (Roberto Valente), CJ XIV (1989) 4, 176-178.
[127] STJ 29-mar.-1991 (Barbieri Cardoso), BMJ 407 (1991), 308-310.
[128] STJ 2-dez.-2004 (Victor Mesquita), CJ/Supremo XII (2204) 3, 276-286.
[129] RGm 26-abr.-2007 (Espinheira Baltar), CJ XXXII (2007) 2, 276-277.
[130] RPt 7-abr.-2005 (Oliveira Vasconcelos), CJ XXX (2005) 2, 177-181 e RGm 10-nov.-2011 (Helena Melo), Proc. 460/11.
[131] RPt 13-nov.-2006 (Fonseca Ramos), CJ XXXI (2006) 5, 171-174.
[132] REv 22-mar.-2012 (José António Penetra Lúcio), Proc. 194/09.
[133] Assim, em STJ 8-fev.-1990 (Cabral de Andrade), BMJ 394 (1990), 417-421, entendeu-se que o sigilo bancário prevalecia sobre os interesses fiscais sucessórios.

sigilo, ir além do necessário [134]. Trata-se de uma orientação que merece inteiro aplauso. O segredo é concedido, em primeira linha, em benefício do cliente: não do banqueiro[135], embora surja evidente que este, para além do dever, tem também todo o interesse na sua defesa.

III. Parece ainda resultar um certo abrandamento no tocante à litigiosidade ligada ao segredo bancário. Os operadores jurídicos – particularmente as partes interessadas – têm uma consciência crescente dos limites privados do segredo. Assim, quando solicitadas, prestam espontaneamente as informações pedidas.

15. ***Segue***; d) ***Aspetos processuais***

I. Os tribunais têm vindo a aperfeiçoar os aspetos atinentes ao sigilo e ao seu levantamento. Torna-se possível, nessa base, fixar grandes parâmetros.

Suscitado um problema de segredo bancário, cabe verificar se existe alguma disposição legal que expressamente a afaste, tal como ocorre com o cheque sem provisão, com a criminalidade organizada e com o branqueamento de capitais. Não a havendo, compete ao tribunal ponderar os interesses em presença[136].

Cabe ao tribunal da causa decidir se a invocação do sigilo é legítima[137], havendo recurso da sua decisão[138]. Quando legítima, pode o tribunal conformar-se, desistindo da informação[139]; quando não se conforme, terá de lançar mão do processo previsto no artigo 135.º/3 do Código de Processo Penal[140]. Havendo caso julgado, não cabe à Relação pronunciar-se[141].

[134] Tal o caso decidido em RPt 6-mai.-1993 (Carlos Matias), CJ XVIII (1993) 3, 195-196, já com invocação do RGIC: em processo executivo, apenas havia que revelar o saldo de uma conta e não os depósitos anteriores. Também em RLx 17-fev.-2000 (Carlos Valverde), CJ XXV (2000) 1, 121-123, a propósito da concessão de apoio judiciário, pode o Tribunal pedir a indicação (apenas) do saldo.

[135] STJ 16-abr.-1998 (Sousa Inês), CJ/Supremo VI (1998) 2, 37-38 (38/I).

[136] RPt 26-mar.-2008 (Élia São Pedro) cit., 226.

[137] RLx 6-fev.-2007 (Vieira Lamim), CJ XXXII (2007) 1, 136-138; RLx 28-mar.-2007 (Conceição Gonçalves) cit., 128.

[138] RLx 6-mar.-2008 (Fernando Estrela), CJ XXXIII (2008) 2, 137-140 (139/II)

[139] RLx 6-fev.-2007 (Vieira Lamim) cit., 136.

[140] RGm 19-fev.-2007 (Nazaré Saraiva), CJ XXXII (2007) 1, 290-291.

[141] RCb 20-mar.-2012 (António Beça Pereira), Proc. 137-08.8TBAGN.

II. No âmbito desta matéria, o Pleno das Secções Criminais do Supremo, em acórdão de 13 de fevereiro de 2008, uniformizou a seguinte jurisprudência[142]:

> 1) Requisitada a instituição bancária, no âmbito de inquérito criminal, informação referente a conta de depósito, a instituição interpelada só poderá legitimamente escusar-se a prestá -la com fundamento em segredo bancário;
>
> 2) Sendo ilegítima a escusa, por a informação não estar abrangida pelo segredo, ou por existir consentimento do titular da conta, o próprio tribunal em que a escusa for invocada, depois de ultrapassadas eventuais dúvidas sobre a ilegitimidade da escusa, ordena a prestação da informação, nos termos do n.º 2 do artigo 135.º do Código de Processo Penal;
>
> 3) Caso a escusa seja legítima, cabe ao tribunal imediatamente superior àquele em que o incidente se tiver suscitado ou, no caso de o incidente se suscitar perante o Supremo Tribunal de Justiça, ao pleno das secções criminais, decidir sobre a quebra do segredo, nos termos do n.º 3 do mesmo artigo.

III. Os nossos tribunais superiores permitem, ainda, outros ensinamentos procedimentais, com relevo substantivo, que devem ser retidos. Assim:

- a recusa de um banco não legitima, de imediato, uma ordem de busca[143];
- a quebra do sigilo bancário é excecional, não se justificando para apurar uma burla que não chega aos 50 euros[144];
- *idem*, quando a excecionalidade, no tocante ao segredo do advogado[145];
- ao arguido, que não está obrigado a prestar declarações, não é aplicável o artigo 135.º/1 do Código de Processo Penal[146];
- o parecer da Ordem dos Advogados sobre o segredo profissional não é vinculativo para os tribunais[147];
- o regime específico sobre buscas a escritórios de advogados não se aplica quanto à apreensão de documentos contabilísticos em departamento de contabilidade, ainda que chefiado por advogado[148].

[142] STJ(P) 13-fev.-2008 (Eduardo Maia Costa), DR I Série, n.º 63, de 31-mar.-2008, 1879-1885 (1884-1885).

[143] RPt 21-mar.-2007 (Luís Gominho), CJ XXXII (2007) 2, 201-203.

[144] RPt 26-Set.-2007 (Luís Gominho), CJ XXXII (2007) 4, 218-220.

[145] RGm 11-out.-2004 (Nazaré Saraiva), CJ XXIX (2004) 4, 295-297; *vide*, ainda, RLx 21-Set.-2005 (Varges Gomes), CJ XXX (2005) 4, 137-139 (138/I, com elementos históricos)

[146] RLx 9-jul.-2008 (Sérgio Gonçalves Poças), CJ XXXIII (2008) 3, 143-145.

[147] RLx 24-Set.-2008 (Nuno Silva Garcia), CJ XXXIII (2008) 4, 134-136.

[148] RLx 3-dez.-2008 (Nuno Silva Garcia), CJ XXXIII (2008) 5, 143-145 (145/I).

16. *O branqueamento de capitais*

I. O branqueamento designa, em geral, a utilização de banqueiros para dissimular a origem criminosa da obtenção de fundos[149]. Temos elementos interessantes na Alemanha[150], em França[151] e em Itália[152] e, ainda, em países que não pertencem à União Europeia[153].

O problema liga-se ao crime organizado e ao tráfego de droga, depois aplicados.

O artigo 368.°-A do Código Penal, aditado pela Lei n.° 11/2004, de 27 de março, refere:

> (...) factos ilícitos típicos de lenocínio, abuso sexual de crianças ou de menores dependentes, extorsão, tráfico de estupefacientes e substâncias psicotrópicas, tráfico

[149] Na literatura nacional, cf. António de Campos, *Luta contra a "lavagem de dinheiro"/Participação do sistema financeiro nessa luta*, RB 15 (1990), 127-158, Jorge Patrício Paúl, *A banca perante o branqueamento de capitais*, RB 26 (1993), 41-71, José Maria Pires, *Direito bancário* cit., 2, 78-95, Vasco Soares da Veiga, *Direito bancário* cit., 225-272 e Joaquim Malafaia, *O segredo bancário* cit., 425 ss..

[150] Na Alemanha (*Geldwäsche*) a Diretriz n.° 91/308 foi transposta pelo *Gesetz über das Aufspüren von Gewinnen aus schweren Straftaten* ou *Geldwäschegesetz*, de 25-out.-1993. Além das obras gerais e sob o signo da prevenção contra uma excessiva ingerência de tipo policial no segredo bancário, cf. Felix Herzog, *Der Banken als Fahnder? Von der Verdachtsanzeige zur systematischen Verdachtsgewinnung/Entwicklungstendenzen der Geldwäschenbekämpfung*, WM 1996, 1753-1763, Joachim Dahm, *Banken im Spannungsfeld zwischen Staat und Kunden/Der Versuch einer Standortbestimmung am Beispiel der Weitergabe von Daten an staatliche Stellen*, ZIP 1996, 1285-1292, Erwin Ruff, *Wahrung des Bankeheimnisses*, Sparkasse 1996, 190 e Helmut Bruchner, *Geldwäsche*, em Schimansky/Bunte/Lwowski, *Bankrechts-Handbuch* 1 (1997), § 42, 718 ss., com muita literatura. Com elementos atualizados. Michael Findelsen, *Geldwäschegesetz*, em Derleder/Knops/Bamberger, *Handbuch zum deutschen und europäischen Bankrecht*, 2.ª ed. (2009), 2121-2141.

[151] Em França (*blanchissement*), já antes da Diretriz n.° 91/308 haviam sido tomadas medidas pela Lei de 12-Jul.-1990; cf. Rives-Lange/Contamine-Raynaud, *Droit bancaire*, 6.ª ed. cit., 165 ss., Lamy, *Droit du financement* (2001), n.° 2496 (1246), Olivier Jerez, *Le blanchiment de l'argent*, 2.ª ed. (2003), 396 pp. e Gavalda/Stoufflet, *Droit bancaire*, 6.ª ed. (2005), 131 ss..

[152] Em Itália (*riciclaggio*), cf. Gianfelici, *Il segreto bancario* cit., 217 ss., Francesco Vella, *Attività bancaria internazionale e sistema di vigilanza: la nuova disciplina comunitaria*, BBTC 48 (1995), 749--784 (752 ss.) e Molle/Desiderio, *Manuale di diritto bancario*, 7.ª ed. (2005), 36 ss..

[153] Fora da União Europeia, registam-se, também, medidas de tipo policial restritivas do segredo bancário. Assim, nos Estados Unidos, cf. Heribert Hirte/Karsten Otto, *Die Rechtsentwicklung im Bankrecht in den Vereinigten Staaten im Jahre 1993*, ZBB 1994, 189-190 (189), onde se relata um caso em que se admitiu a denúncia dum banqueiro (o *Chemical Bank*) em relação a um cliente que, através de depósitos em *cash* e em cheques de viagem, traficava em divisas, enquanto, na Suíça, encontramos em SchwBG 16-ago.-1993, SZW 1994, 97, uma decisão judicial restritiva, por razões fiscais.

de armas, tráfico de órgãos ou tecidos humanos, tráfico de espécies protegidas, fraude fiscal, tráfico de influência e demais infrações referidas no n.° 1 do artigo 1.° da Lei n.° 36/94, de 29 de Setembro.

A dimensão assumida por estes temas levou ao aparecimento de instrumentos internacionais determinados a combatê-lo, com relevo para a Diretriz n.° 91/308/CEE, do Conselho, de 10 de junho[154]. Esta Diretriz foi transposta para a ordem interna pelo Decreto-Lei n.° 313/93, de 15 de Setembro[155/156]. A Diretriz n.° 91/308, de 10 de junho, foi alterada pela Diretriz n.° 2001/97, de 4 de dezembro. Esta foi transposta pela Lei n.° 11/2004, de 27 de março.

Entre outros aspetos, este diploma previa o seguinte:

– uma obrigação do banqueiro de identificar o seu cliente habitual ou o ocasional que efetue uma transação que atinja ou ultrapasse os 12.500 euros e de apurar, na hipótese de atuação por conta de outrem, que é o *dominus* (artigo 15.°)[157];
– um dever do banqueiro de denunciar à autoridade judiciária competente suspeitas de operações capazes de implicar o crime de branqueamento (artigo 18.°)[158];
– um dever de não praticar atos de branqueamento (artigo 4.°).

[154] Outros esquemas se seguem: a lavagem do dinheiro atinge níveis cada vez mais subtis; cf. JOACHIM VALH/ANDRE SCHMIDT, *Geldwäschebekämpfung: Stringende Gefährdungsanalyse erhöt Erfolgsquote*, Bank 2003, 622-625 e OLIVIER JEREZ, *Le blanchissement*, 2.ª ed. cit., 71 ss. e 128 ss..

[155] Ret. n.° 231/93, de 30 de novembro. Este diploma foi alterado pelo Decreto-Lei n.° 323/2001, de 17 de dezembro.

[156] Na Alemanha, a transposição foi feita pela Lei de 25 out. 1993, conhecida por *Geldwäschegesetz* ou GwG, alterada pela Lei de 4 mai. 1998; cf. KURT DITTRICH, *Die gesetzlichen Regelung der Geldwäsche und ihre Reform/Eine Praxisanalyse*, DStR 1998, 342 347 e THORSTEN HÖCHE, *Neues Instrumentarium zur Geldwäschebekämpfung*, Bank 1998, 618 624.

[157] Esta obrigação de identificar o cliente vem impedir a prática – de resto nunca existente entre nós, nem na generalidade dos países, como na Alemanha – das contas numeradas, isto é: das contas identificadas, apenas, por um número, de tal modo que nem o banqueiro conhecia a identidade do cliente. As contas numeradas na Suíça eram, na realidade, contas identificadas, mas cujo titular apenas era conhecido por dois ou três quadros superiores do banco; os empregados apenas conheciam o titular pelo número, num esquema destinado a reforçar o segredo; em compensação, na Áustria admitiam-se verdadeiras contas numeradas, num esquema que surge prejudicado pela legislação comunitária sobre lavagem de dinheiro; cf. HANNS FRITZ, *Anonymität, Identitätfeststellung und Bankgeheimnisses*, ÖBA 1996, 409-428, assaz crítico em relação à devassa das contas. A jurisprudência, por seu turno, sublinha a necessidade de o banqueiro conferir a veracidade dos elementos apresentados: Paris 21-jan.-1997, RTDComm 50 (1997), 296-297.

[158] Trata-se de um dever que não pode ser tomado como missão policial: não é essa a função do banqueiro. Quando encontra uma situação grave, que preencha o tipo legal, o banqueiro comunica-o: mas não lhe cabe realizar investigações. *Vide* FELIX HERZOG, *Der Banker als Fahnder?* [i. é:

II. O Decreto-Lei n.° 325/95, de 2 de dezembro, viera punir o branqueamento de fundos provenientes de crimes de terrorismo, tráfego de armas, extorsão de fundos, rapto, lenocídio, corrupção e outras infrações. Além disso – artigo 3.° – alargou a estas situações os deveres do banqueiro já impostos quanto à matéria dos fundos provenientes do tráfego de droga. Tudo isto deve ser articulado, no processo, de modo a permitir a defesa dos arguidos[159]. O Decreto-Lei n.° 325/95 foi diversas vezes alterado, a última das quais pela Lei n.° 10/2002, de 11 de fevereiro. Acabaria por ser revogado pela Lei n.° 11/2004, de 27 de março, que absorveu as suas regras, Lei essa que foi substituída pela Lei n.° 25/2008, de 5 de junho.

Temos, hoje, toda uma produção legislativa referente à matéria do branqueamento. Assim:

– a Lei n.° 32/95, de 18 de agosto, veio autorizar o Governo a legislar no âmbito do branqueamento de capitais e de outros bens provenientes de crimes;
– o Decreto-Lei n.° 325/95, de 2 de dezembro, veio fazer uso desta autorização;
– a Lei n.° 65/98, de 2 de Setembro, que alterou o Código Penal, bem como o Decreto-Lei n.° 325/95;
– o Decreto-Lei n.° 323/2001, de 17 de dezembro, que alterou os Decretos-Leis n.° 313/93, de 15 de Setembro e n.° 325/95, de 2 de dezembro;
– a Lei n.° 5/2002, de 11 de janeiro[160], que estabelece medidas de combate à criminalidade organizada e económico-financeira, estabelecendo ainda, em certos casos, um regime especial de recolha de prova, de quebra do segredo profissional e de perda de bens a favor do Estado[161];
– Lei n.° 10/2002, de 11 de fevereiro[162], que altera o Decreto-Lei n.° 325/95;
– Lei n.° 11/2002, de 27 de março, que estabelece o regime sancionatório aplicável a situações de incumprimento das sanções impostas por regulamentos comunitários e estabelece procedimentos cautelares de extensão do seu âmbito material[163];
– Decreto-Lei n.° 148/2003, de 11 de julho, que transpõe a Diretriz n.° 2000/52, de 26 de julho, que altera a Diretriz n.° 80/723, de 25 de junho,

O banqueiro como indagador?] cit., 1753 ss., chamando a atenção para a necessidade de evitar excessos, nesta via.

[159] Hans Christoph Schaefer/Günther Wittig, *Geldwäsche und Strafverteidiger*, NJW 2000, 1387-1389.

[160] Ret. n.° 5/2002, de 6 de fevereiro.

[161] *Vide* Jorge Dias Duarte, *Lei n.° 5/2002, de 11 de Janeiro/Breve comentário aos novos regimes de segredo profissional e de perda de bens a favor do Estado*, RMP 2003, 141-154.

[162] Ret. n.° 11/2002, de 14 de março.

[163] O artigo 6.° desta Lei remete para as disposições especiais relativas ao branqueamento de capitais.

relativa à transparência das relações financeiras entre as entidades públicas dos Estados Membros e as empresas públicas;
- Lei n.° 11/2004, de 27 de março, que estabelece o regime de prevenção e de repressão do branqueamento de vantagens de proveniência ilícita, alterando o Código Penal e o Decreto-Lei n.° 15/93, de 22 de janeiro, revogando os Decretos-Leis n.° 313/93, de 15 de Setembro e n.° 325/95, de 2 de dezembro;
- Lei n.° 27/2004, de 16 de julho, que altera a Lei n.° 11/2004;
- Decreto-Lei n.° 120/2005, de 26 de julho, que altera os artigos 1.°, 4.°, 6.° e 7.° do Decreto-Lei n.° 148/2003, de 11 de julho;
- Lei n.° 25/2008, de 5 de junho, que estabelece o novo regime, revogando a Lei n.° 11/2004;
- Decreto-Lei n.° 317/2009, de 30 de outubro, que a propósito das instituições de pagamento, alterou os artigos 3.° e 24.° da Lei n.° 25/2008;
- Lei n.° 46/2011, de 24 de junho, criadora de tribunais especializados e que modificou o artigo 57.° da Lei n.° 25/2008.

III. A matéria do branqueamento vem surgindo como parte de um subsistema – o do Direito penal financeiro – cujo manuseio exige, hoje, um conhecimento e uma prática cada vez mais especializados. A globalização da economia e a facilidade com que se transferem fundos para qualquer ponto do Planeta torna agudos problemas antigos, merecendo a atenção dos legisladores. O terrorismo internacional constituiu mais um ensejo, nesse sentido.

O legislador europeu reformulou os seus quadros. Foi adotada a Diretriz n.° 2005/60, de 26 de outubro[164], relativa à prevenção da utilização do sistema financeiro para efeitos de branqueamento de capitais e de financiamento do terrorismo. Esse diploma prevê um dever dos Estados-Membros de prevenir o branqueamento do dinheiro, através da "vigilância da clientela" (8.°/1). Os mecanismos, para esse feito, foram afinados, tendo sido revogada a anterior Diretriz n.° 91/308.

A Diretriz n.° 2005/60 foi objeto de "medidas de execução" adotadas pela Diretriz n.° 2006/70, de 1 de agosto[165] e, ainda (ligeiramente), alterada pela Diretriz n.° 2008/20, de 11 de março[166].

[164] JOCE N. L-309, 15-36, de 25-nov.-2005.
[165] JOCE N. L-214, 29-34, de 4-ago.-2006
[166] JOCE N. L-76, 46-47, de 19-mar.-2008.

As Diretrizes n.º 2005/60 e n.º 2006/70 foram transpostas pela Lei n.º 25/2008, de 5 de junho. Este diploma aplica-se a entidades financeiras (3.º) e não financeiras, tais como casinos e pagadoras de apostas (4.º), sujeitando-as aos seguintes deveres gerais (6.º), depois explicitados:

a) Dever de identificação;
b) Dever de diligência;
c) Dever de recusa;
d) Dever de conservação;
e) Dever de exame;
f) Dever de comunicação;
g) Dever de abstenção;
h) Dever de colaboração;
i) Dever de segredo;
j) Dever de controlo;
l) Dever de formação.

No fundo, está em causa um dever de conhecer a realidade financeira a que se reportem e de comunicar as anomalias às entidades competentes. São proibidas as relações com bancos de fachada (30.º/1). Os próprios advogados e solicitadores devem comunicar ao bastonário da Ordem e ao presidente da Câmara dos Solicitadores, respetivamente, as "operações suspeitas", as quais, "sem filtragens" as retransmitirão ao Procurador-geral da República e à Unidade de Informação Financeira (35.º/1). A fiscalização dos deveres em jogo é atribuída, quanto às entidades financeiras, ao Banco de Portugal, à CMVM e ao Instituto de Seguros de Portugal, conforme as atribuições – 38.º, *a*). Fica previsto todo um esquema sancionatório aplicável, inclusive, aos advogados (58.º/1).

Foi alterada a Lei n.º 52/2003, de 22 de agosto (61.º), revogando-se a Lei n.º 11/2004, de 27 de março (65.º). A própria Lei n.º 25/2008, de 30 de outubro, foi alterada pelo Decreto-Lei n.º 317/2009, de 30 de outubro e pela Lei n.º 46/2011, de 24 de junho.

IV. Estamos perante normas graves, que vêm bulir com a deontologia de várias profissões. O jurista deverá considerá-las justificadas, pelo menos enquanto se mantiverem os perigos graves que pretendem enfrentar. Importa, agora, divulgar essas regras, de modo que não mais se faça passar a ideia de uma inação do Direito, em face do grande crime internacional, esteja ele, ou não, sob a capa de credos terroristas.

17. *A fiscalização tributária*

I. O segundo ponto que poderá exigir a quebra do sigilo fiscal é o da fiscalização tributária[167].

Classicamente, apenas em casos muito pontuais[168] a Administração e a Fiscalização Tributárias tinham acesso a elementos bancários ou similares dos contribuintes[169].

De resto, vigoravam os artigos 108.° do CIRC e 125.° do CIRS que permitem o livre acesso dos funcionários da DGCI, encarregados da fiscalização, aos mais diversos locais, mas sem especificar os banqueiros e as suas instalações.

II. Uma linha mais radical, quer por, do segredo bancário, ter uma ideia – francamente oposta à atual panorâmica da doutrina – contrária à da sua aproximação dos direitos fundamentais[170], quer por subscrever uma aplicação isolada do princípio da tributação pelo lucro real[171], entende que os aludidos poderes limitam o segredo bancário. De modo algum: segundo o artigo 34.°/3 do Decreto-Lei n.° 363/78, de 28 de novembro, todos esses poderes só podem ser exercidos contra a vontade do contribuinte *quando ordenado pela autoridade judicial competente em pedido fundamentado pelo respetivo funcionário da fiscalização tributária*[172].

Não se vislumbrava nenhuma intenção normativa de revogar o citado artigo 34.°/3. Além disso, era gravemente disfuncional admitir que, para investigar um crime, o próprio juiz tenha de se socorrer do artigo 135.° do Código de Processo Civil, pedindo autorização a um tribunal superior, enquanto o funcionário fiscal o poderia fazer livremente. Finalmente: admitir que a Administração pudesse aceder, sem prévio controlo judicial, a *tudo* quanto respeite aos cidadãos, sem o prévio consentimento destes – portanto: pela força – seria um extraordinário retrocesso na ideia de Estado de Direito e da separação dos poderes. Em suma: a defesa dos direitos de personalidade e dos direitos fundamentais requer, sempre, lei expressa e via jurisdicional, como modo de limitar certos direitos, entre os quais o sigilo bancário e o que ele representa. Diversos

[167] Joachim Wieland, *Zinsbesteuerung und Bankgeheimnis*, JZ 2000, 272-275.

[168] Assim o artigo 137.° do revogado Código da Sisa. Para outros elementos sobre esta matéria e a sua evolução: Capelo de Sousa, *O segredo bancário* cit., 210 ss..

[169] A evolução legislativa desta problemática pode ser seguida em Jorge Patrício Paúl, *O sigilo bancário e a sua relevância fiscal*, ROA 2002, 573-603 (578 ss.).

[170] Benjamim Rodrigues, *O sigilo bancário e o sigilo fiscal*, em *Colóquio* cit., 101-113.

[171] Saldanha Sanches, *Segredo bancário e tributação do lucro real*, CTF n.° 375 (1995), 25-42.

[172] Cf. Vasco Soares da Veiga, *Direito bancário* cit., 268.

preceitos constitucionais o exigem, com relevo para os artigos 32.°/6 e 34.°, além, naturalmente, dos 25.°/1 e 26.°/1, todos da nossa lei fundamental.

Nessa linha, o artigo 63.°/2 da Lei Geral Tributária, aprovada pelo Decreto-Lei n.° 398/98, de 17 de dezembro, só permitia a quebra do sigilo bancário pelas autoridades fiscais mediante prévia autorização judicial, sem exceções.

III. Processou-se, depois, todo um debate relativo a uma reforma fiscal que limitaria o segredo bancário. Seria a forma de reduzir uma alegada fuga fiscal, demagogicamente apresentada, por forças políticas opostas, como sendo a causa do défice das contas públicas.

Assim se chega à Lei Orçamental n.° 30-G/2000, de 29 de dezembro[173], que alterou o artigo 63.° da Lei Geral Tributária, permitindo a derrogação do dever de sigilo bancário pela administração tributária, sem prévia autorização judicial, nos casos previstos na lei. E logo o artigo 63.°-B/1 prevê, de facto, essa derrogação em várias situações, designadamente perante benefícios fiscais e em face da impossibilidade de comprovar direta e exatamente a matéria tributária ou quando haja um afastamento dos padrões de rendimento que seria de esperar.

A constitucionalidade desta medida é contestável[174]: basta ver que se pretende reduzir a um tema fiscal algo que se prende visceralmente com direitos fundamentais. No século XXI, essa defesa não passa pela proibição de torturas ou de confiscos, de puro relevo histórico: processa-se, sim, no controlo do Estado e na vida e sossego privados de cada um.

E fundamentalmente: não conseguimos entender por que não pode a Administração Fiscal passar pelo juiz – até se podia prever um processo acelerado para o efeito – acedendo, então, aos "segredos" de contribuinte e isso quando a própria investigação criminal tem de o fazer, pedindo mandados e validando escutas!

IV. A matéria foi novamente alterada pela Lei n.° 55-B/2004, de 30 de dezembro, que deu a seguinte redação ao artigo 63.°-B da Lei Geral Tributária, epigrafado "acesso a informações e documentos bancários":

[173] Aprovada, em termos caricatos, devido à abstenção de um deputado que pretendia defender o *queijo limiano*.

[174] Capelo de Sousa, *O segredo bancário* cit., 222-223: este Autor opta pela inconstitucionalidade na parte em que sejam atingidas pessoas singulares. Tem razão. Só que também as pessoas coletivas têm direitos de personalidade, podendo-lhes ser estendido o regime constitucional reforçado.

1 – A administração tributária tem o poder de aceder a todas as informações ou documentos bancários sem dependência do consentimento do titular dos elementos protegidos:

a) Quando existam indícios da prática de crime em matéria tributária;
b) Quando existam factos concretamente identificados indiciadores da falta de veracidade do declarado.

2 – A administração tributária tem, ainda, o poder de aceder diretamente aos documentos bancários, nas situações de recusa da sua exibição ou de autorização para a sua consulta:

a) Quando se trate de documentos de suporte de registos contabilísticos dos sujeitos passivos de IRS e IRC que se encontrem sujeitos a contabilidade organizada;
b) Quando o contribuinte usufrua de benefícios fiscais ou de regimes fiscais privilegiados, havendo necessidade de controlar os respetivos pressupostos e apenas para esse efeito.

3 – A administração tributária tem, ainda, o poder de aceder a todos os documentos bancários, exceto às informações prestadas para justificar o recurso ao crédito, nas situações de recusa de exibição daqueles documentos ou de autorização para a sua consulta:

a) Quando se verificar a impossibilidade de comprovação e qualificação direta e exata da matéria tributável, nos termos do artigo 88.°, e, em geral, quando estejam verificados os pressupostos para o recurso a uma avaliação indireta;
b) Quando se verificar a situação prevista na alínea *f*) do artigo 87.° ou os rendimentos declarados em sede de IRS se afastarem significativamente, para menos, sem razão justificada, dos padrões de rendimento que razoavelmente possam permitir as manifestações de riqueza evidenciadas pelo sujeito passivo, nos termos do artigo 89.°-A;
c) Quando seja necessário, para fins fiscais, comprovar a aplicação de subsídios públicos de qualquer natureza.

4 – As decisões da administração tributária referidas nos números anteriores devem ser fundamentadas com expressa menção dos motivos concretos que as justificam e são da competência do diretor-geral dos Impostos ou do diretor-geral das Alfândegas e dos Impostos Especiais sobre o Consumo, ou seus substitutos legais, sem possibilidade de delegação.

5 – Os atos praticados ao abrigo da competência definida no número anterior dependem da audição prévia do contribuinte nos casos previstos nos n.ºs 2 e 3 e são suscetíveis de recurso judicial com efeito meramente devolutivo, exceto nas situações previstas no n.° 3, em que o recurso possui efeito suspensivo.

6 – Nos casos de deferimento do recurso previsto no número anterior, os elementos de prova entretanto obtidos não podem ser utilizados para qualquer efeito em desfavor do contribuinte.

7 – As entidades que se encontrem numa relação de domínio com o contribuinte ficam sujeitas aos regimes de acesso à informação bancária referidos nos n.os 1, 2 e 3.

8 – O acesso da administração tributária a informação bancária relevante relativa a familiares ou terceiros que se encontrem numa relação especial com o contribuinte depende de autorização judicial expressa, após audição do visado, obedecendo aos requisitos previstos no n.° 4.

9 – O regime previsto nos números anteriores não prejudica a legislação aplicável aos casos de investigação por infração penal e só pode ter por objeto operações e movimentos bancários realizados após a sua entrada em vigor, sem prejuízo do regime vigente para as situações anteriores.

10 – Para os efeitos desta lei, considera-se documento bancário qualquer documento ou registo, independentemente do respetivo suporte, em que se titulem, comprovem ou registem operações praticadas por instituições de crédito ou sociedades financeiras no âmbito da respetiva atividade, incluindo os referentes a operações realizadas mediante utilização de cartões de crédito.

O presente preceito apresenta-se como uma autêntica salada: o que não admira, se tivermos em conta as circunstâncias rocambolescas que presidiram à aprovação e à promulgação do Orçamento do Estado para 2005 e ao salto em frente que o então já demissionário Governo decidiu dar.

O n.° 1 do transcrito artigo 63.°-B já permite, à Administração Fiscal aceder aos elementos bancários que entender: dará as justificações que lhe aprouver, sem hipótese de recurso judicial (n.° 5, *a contrario*), nem mesmo devolutivo.

Tratava-se de um preceito claramente inconstitucional: viola o artigo 26.°/1 (direito à reserva da intimidade da vida privada)[175]. Mas além disso, viola o artigo 19.°/1 – há uma suspensão de direitos, liberdades e garantias, fora do que a Constituição permite –, o artigo 20.°/1 – acesso à justiça e tutela jurisdicional efetiva – o artigo 103.°/2 – princípio da tipicidade tributária – e o artigo 266.°/2 (princípio da proporcionalidade): todos da Constituição. Esta não pode ser invocada quando convenha e esquecida nos restantes casos.

Independentemente das (naturais) divergências de pensamento, cremos que este tema deve ser despartidarizado. É pouco provável que o artigo 63.°-B da Lei Geral Tributária, mesmo a não ser declarado inconstitucional, tenha grande

[175] Jorge Miranda/Rui Medeiros, *Constituição Portuguesa Anotada*, I (2005), 290-291.

aplicação: prevalecerá o bom senso da Administração Tributária. Além disso, tecnicamente, o País pode fazer melhor.

V. A jurisprudência dos Tribunais Centrais Administrativos veio, pacientemente, a integrar as regras apontadas nos quadros de um moderno Estado de Direito. Assim:

- exigência de indícios da prática de crime doloso e não meras suspeitas de inveracidade das declarações[176];
- necessidade de fundamentação requer razões adequadas e credíveis[177];
- essa fundamentação, no âmbito dos artigos 63.º/2, 63.º-A e 63.º-B, aditados pela Lei n.º 30-G/2000, de 29 de novembro, deve indicar factos concretos[178];
- tais factos devem estar provados[179];
- cabe à Administração Tributária o ónus da prova[180];
- tratando-se de uma vantagem patrimonial ilegítima, o seu montante concreto deve ser indicado[181];
- o recurso judicial tem efeito suspensivo da derrogação de sigilo[182].

O Supremo Tribunal Administrativo reforçou esta postura jurídico-científica. Assim:

- o acesso da Administração Tributária à informação relevante de familiares ou terceiros, entre os quais os administradores de sociedades visadas, depende de autorização judicial expressa (63.º-B/7 da LGT)[183];
- a Administração Fiscal só tem o poder de derrogação do sigilo bancário quando existam indícios de prática de crime doloso[184];
- a derrogação do sigilo, devidamente fundamentada, deve ser ponderada à luz da proporcionalidade, da adequação e da necessidade[185];

[176] TCAS 20-dez.-2006 (Valente Torrão), Proc. 01480/06; também TCAS 30-out.-2006 (Lucas Martins), Proc. 01371/06.

[177] TCAS 20-mai.-2008 (Lucas Martins), Proc. 02401/08.

[178] TCAS 11-mar.-2008 (Eugénio Sequeira), Proc. 02265/08.

[179] TCAS 16-out.-2008 (Manuel Malheiros), Proc. 02036/07.

[180] TCAS 7-Jul.-2007 (José Correia), Proc. 01930/07.

[181] TCAS 23-jan.-2007 (Ivone Martins), Proc. 01585/07.

[182] TCAS 5-dez.-2006 (Pereira Gameiro), Proc. 01485/06.

[183] STA 26-abr.-2007 (António Calhau), Proc. 0187/07.

[184] STA 2-mai.-2007 (Jorge Lino), Proc. 0292/07; STA 14-mar.-2007 (Lúcio Barbosa), Proc. 0189/07.

[185] STA 3-out.-2007 (António Calhau), Proc. 0630/07; STA 9-jan.-2008 (Miranda de Pacheco), Proc. 01022/07.

– deduzida oposição com base em sigilo profissional, a Administração Tributária só pode aceder à informação bancária com autorização judicial, nos termos do artigo 61.º/5 da LGT)[186];
– as decisões da Administração Tributária de acesso às informações e documentos bancários (63.º-B, da LGT) devem ser fundamentadas, diretamente ou por remissão, com motivos concretos[187].

VI. Novas tentativas de reforço do levantamento do sigilo bancário, por via tributária, foram preventivamente afastadas, pelo Tribunal Constitucional[188].

Curiosamente, de novo num ambiente de pré-campanha eleitoral, são aprovadas "novas medidas" de derrogação de sigilo bancário, por invocadas razões fiscais. Tal o sentido da Lei n.º 94/2009, de 1 de Setembro. Este diploma alterou os artigos 63.º, 63.º-A, 87.º e 89.º-A da LGT e revogou as alíneas *b*) e *d*) do artigo 63.º/6 e os números 3 e 8 do artigo 63.º-B, do mesmo diploma. De um modo geral, foram coartadas as garantias dos administrados, ainda subsistentes perante a lei anterior e foi alargada a facilidade com que a Administração Fiscal pode aceder a elementos sob sigilo. Os recursos judiciais (só) têm efeito suspensivo quando apresentados por terceiros, visados pelo levantamento (63.º-B/5).

Mantemos, reforçadas, as apreciações feitas, há anos, às leis anteriores. Compreende-se que a conjuntura, mormente numa altura em que a opinião pública clama por responsáveis pela crise de 2007/2010, seja favorável a medidas demagógicas, contra os titulares de contas bancárias. Mas sobre tudo isso deve prevalecer o Direito, os seus princípios e a sua Ciência. A Justiça deixará de o ser quando prosseguida por meios atentatórios aos direitos de personalidade.

Além disso, é de recear que o facilitismo no acesso a números faça, à Administração Tributária, perder capacidade para, no terreno, verificar a realidade de factos. E é ainda seguro que medidas como as do novo artigo 63.º-A/2 da LGT, pelas quais as instituições de crédito devem comunicar, todos os meses[189], as transferências financeiras que tenham como destinatário entidade localizada em país, território ou região com regime de tributação mais favorável, irão conduzir à fuga ou à não-entrada, no sistema financeiro nacional, de capitais que poderiam ser úteis.

[186] STA 20-ago.-2008 (Miranda de Pacheco), Proc. 0715/08.
[187] STA 19-mar.-2009 (Pimenta do Vale), Proc. 0135/09.
[188] Veja-se o importante acórdão do TC n.º 442/2007, de 14-ago.-2007 (Sousa Ribeiro). Nos casos de fiscalização concreta, o TC evitou, por razões processuais várias, uma posição de fundo.
[189] Em "declaração de modelo oficial, aprovada por portaria do Ministro das Finanças"!

Fica uma nossa expectativa no bom senso da Administração Tributária, na isenção dos tribunais e no papel pedagógico da Ciência do Direito.

IV – **As reformas de 2010-2012: o cenário orwelliano**

18. ***A Lei n.º 37/2010, de 2 de setembro***

I. O segredo bancário não encontrou públicos defensores. Além disso, o ambiente reinante de perseguição seletiva e de fixação de bodes expiatórios para a incapacidade política de assumir erros e de encontrar soluções para a crise facilita a compressão dos direitos de personalidade.

A Lei n.º 37/2010, de 2 de setembro, não exigida, como vimos, no Memorando da Troika, intitula-se expressamente "derrogação do sigilo bancário", posicionando-se no campo das alterações à Lei Geral Tributária. O que haveria, ainda, para derrogar?

II. O artigo 63.º da LGT (inspeção) foi alterado de modo a permitir, mais facilmente, a quebra do sigilo bancário em cenários de inspeção. Os demais segredos mantêm o regime da prévia autorização judicial. Quanto ao sigilo bancário: desde logo ficou clara a sua derrogação, através da remissão feita para os artigos 63.º-A, 63.º-B e 63.º-C, todos do RGT, feita pelo artigo 63.º em causa, na redação dada pela Lei n.º 37/2010.

III. O artigo 63.º-A/7, *a*) e *b*) vem distinguir, para efeitos de formalidades, a derrogação do sigilo bancário decidida pela Administração tributária diretamente, sem e com audição prévia do sujeito passivo ou de familiares e terceiros que, com ele, estejam em relação especial.

IV. O artigo 63.º-B/1, que fixava os casos em que a Administração tributária pode aceder a todas as informações ou documentos bancários sem consentimento do titular dos elementos protegidos, veio acrescentar uma nova alínea: a *g*). O acesso é também facultado quando existam dívidas à administração fiscal e à segurança social.

Os levantamentos de sigilo operados devem ser comunicados à Assembleia da República, para efeitos estatísticos (novo 63.º-B/11).

V. Os novos números 4 e 5 do artigo 63.º-C da LGT, aditados pela Lei n.º 37/2010, permitem que, sem consentimento, a Administração tributária possa aceder a todas as informações ou documentos relativos a contas afetas exclusivamente à atividade empresarial.

19. *A Lei n.º 55-A/2010, de 31 de dezembro*

I. Seguiu-se, no campo ora em estudo, a Lei n.º 55-A/2010, de 31 de dezembro, que aprovou o orçamento geral do Estado para 2011.

O artigo 30.º dessa lei veio alterar preceitos da LGT, precisamente na área do sigilo bancário.

II. Em síntese, podemos dizer que:

- o novo artigo 63.º-A/1 veio sujeitar as instituições de crédito a mecanismos de informação automática, relativamente a contribuintes cuja situação não esteja regularizada ou que estejam inseridos em situação de risco; tal informação automática abrange a abertura e a manutenção de contas e certas transferências transfronteiriças;
- o novo artigo 63.º-A/3 veio sujeitar as mesmas instituições a mecanismos de informação automática periódica, quanto a fluxos de pagamentos por cartão de débito ou de crédito, sem identificar os titulares.

III. A novidade passa, aqui, pelos mecanismos de informação automática. Agora já não se trata de facilitar a fiscalização, por parte das entidades de inspeção. O próprio sistema financeiro funciona como órgão indireto do Fisco.

20. *A Lei n.º 20/2012, de 14 de maio*

I. A Lei n.º 20/2012, de 14 de maio, veio alterar a Lei n.º 64-B/2011, de 30 de dezembro: *vulgo*, orçamento intercalar. O seu artigo 11.º dedicou-se, de novo, aos artigos 63.º-A e 63.º-C da Lei Geral Tributária.

II. Segundo o novo artigo 63.º-A/4,

> (...) as instituições de crédito e sociedades financeiras têm ainda a obrigação de fornecer, a qualquer momento, a pedido do diretor-geral da Autoridade Tributária e Aduaneira ou do seu substituto legal, ou do conselho diretivo do Instituto de Gestão Financeira da Segurança Social, I. P., as informações respeitantes aos fluxos de pagamentos com cartões de crédito e de débito, efetuados por seu intermédio

aos sujeitos passivos referidos no número anterior que sejam identificados no referido pedido de informação, sem por qualquer forma identificar os titulares dos referidos cartões.

III. O novo artigo 63.º-C/3, por seu turno, veio dispor:

> 3 – Os pagamentos respeitantes a faturas ou documentos equivalentes de valor igual ou superior a € 1000 devem ser efetuados através de meio de pagamento que permita a identificação do respetivo destinatário, designadamente transferência bancária, cheque nominativo ou débito direto.

IV. Acentua-se o aspeto já sublinhado, a propósito da Lei n.º 55-A/2010: está em jogo não tanto o sigilo bancário e a sua derrogação mas, antes, a utilização direta das instituições de crédito como órgãos coadjuvantes da Administração fiscal.

As apreciações que vínhamos já fazendo às leis anteriores, designadamente à Lei n.º 94/2009, de 1 de setembro, ficam reforçadas. O objetivo da Lei esquece, agora e por inteiro, os direitos das pessoas: à sua intimidade e ao seu sossego. Sem que nenhuma infração tenha sido provada ou, sequer, formulada, qualquer cidadão pode-se ver constrangido a dar, a estranhos, pormenores da sua vida pessoal.

O passo seguinte será o da monitorização automática e permanente de todas as despesas de cada um. Temos George Orwell: não em 1984, mas em 2012/2014.

21. *Um problema de harmonia da Ordem Jurídica e de estratégia bancária*

I. O segredo bancário não é absoluto: deve ceder por razões públicas ou por razões privadas, perante situações que, concretamente, o justifiquem. Em última instância, caímos no domínio dos conflitos de direitos, há muito equacionados pela Ciência do Direito[190] e que encontra, no artigo 335.º do Código Civil, um sistema geral de composição equilibrada[191]. No segredo aqui em causa, há regras processuais seguras: o Direito português tem mecanismos que permitem proceder ao seu levantamento, por decisão dos tribunais.

[190] *Tratado de Direito civil* I/4 (2005), 379 ss..

[191] *Idem*, 384 ss. e 389 ss.. Em RGm 10-nov.-2011 (Jorge Teixeira), Proc. 637.09.2, faz-se apelo a esse preceito.

A atual cruzada contra o segredo bancário, como modo de estabelecer a justiça fiscal, sem controlo judicial é (ela sim) uma anomalia, no panorama geral do nosso Direito. Ela entra em contradição com a defesa dos direitos fundamentais de personalidade e, ainda, com o próprio regime do sigilo profissional, tão rigoroso, em geral e como foi visto.

II. O segredo bancário deve ser inserido no local que lhe é próprio: o Direito bancário. Os agentes da banca não devem ser transformados em prestadores gratuitos de serviços policiais: não é esse o seu papel nem, para tal, têm formação.

Deve haver uma estratégia bancária global para o País: não faz sentido que as mais graves decisões sejam tomadas ao sabor das frustrações de alguma classe política.

Portugal, no plano da União Europeia, poderia ter boas condições para atrair capitais reprodutivos: deveria apresentar um Direito bancário simples, claro, eficaz, diferenciado e seguro. A segurança passa pelo segredo bancário, a ceder perante o branqueamento e as fugas fiscais, mas sempre com prévia autorização judicial.

III. A divulgação de um sistema aberto ao fisco e acompanhado por públicos apelos à delação só pode prejudicar o País e o seu desenvolvimento. A nossa Terra tem características próprias, que todos conhecemos[192]. Não há alternativa para a vida bancária de cada um: a não ser a marginalização do campo económico[193]. Não é *fair* aproveitar uma necessidade básica para fins a ela alheios, alijando, com isso, a responsabilidade de, em sede própria e pelas vias legais, se proceder às investigações fiscais que a lei preveja.

IV. Ainda um alerta. A fiscalidade, como é sabido, tem limites. A partir de certa taxa global efetiva, as punções fiscais regridem. Pois o mesmo sucede com a derrogação do sigilo bancário. A partir de certo patamar, a vida patrimonial das pessoas torna-se opaca. Trocas diretas; dinheiro aforrado em espécie; contas no estrangeiro ou em nome de terceiros: esses e outros esquemas vão-se popularizando, tornando impossível uma fiscalização tributária equilibrada.

De novo apelamos aos órgãos de aplicação do Direito: há, sempre, que ponderar situações, de modo a, no concreto, salvaguardar os valores fundamentais.

[192] *Vide* as considerações de Capelo de Sousa, *O segredo bancário* cit., 220 ss..

[193] Beckhusen, *Bankgeheimnis* cit., 114.

Da oponibilidade da compensação legal em caso de insolvência das instituições de crédito

DR.ª ANA SOFIA SILVA*

SUMÁRIO: *Introdução: § A. Objeto de estudo; § B. Plano de exposição. Capítulo I – Da compensação: § 1. Génese evolutiva e Direito comparado; § 2. Noção e assento legal; § 3. Requisitos da compensação legal; § 4. Efetivação e efeitos da compensação; § 5. Natureza Jurídica. Capítulo II – Da insolvência das instituições de crédito: § 6. Indicação e sentido geral das fontes; § 7. O saneamento das instituições de crédito; § 8. Breve caracterização do estado de insolvência; § 9. O processo de liquidação; § 10. A garantia dos depósitos; § 11. Efeitos do processo de liquidação judicial da instituição de crédito insolvente: 11.1. Enquadramento da relação bancária; 11.2. Breves considerações acerca dos efeitos da declaração de insolvência sobre os créditos e sobre os negócios em curso ao abrigo do CIRE; 11.3. Solução proposta. Capítulo III – Oponibilidade da compensação no processo de liquidação judicial de instituições de crédito: § 12. Indicação sumária da questão; § 13. O regime do CIRE; § 14. Princípio geral de admissibilidade da compensação no caso de insolvência das instituições de crédito; § 15. Arguição da compensabilidade e efetivação da compensação nos casos em que é admitida: 15.1. Contas diferentes do mesmo titular; 15.2. Contas coletivas; 15.3. Contas "a prazo"; 15.4. Contas com entregas fiduciárias; 15.5. Contas caucionadas; § 16. Da compensação nos casos em que as dívidas dos clientes se encontram especialmente afetas a determinadas operações bancárias: 16.1. A titularização de créditos; 16.2. As obrigações hipotecárias; § 17. Breves reflexões em torno da função de garantia da compensação. Conclusões.*

* Mestranda em Ciências Jurídicas na Faculdade de Direito da Universidade de Lisboa e advogada associada na Cuatrecasas, Gonçalves Pereira, Sociedade de Advogados, R.L.

Abreviaturas

Ac. – Acórdão
AAVV – Vários Autores
BdP – Banco de Portugal
BMJ – Boletim do Ministério da Justiça
Cap. – Capítulo
CCiv. – Código Civil Português
CCom. – Código Comercial
CIRE – Código da Insolvência e da Recuperação de Empresas
CJ – Colectânea de Jurisprudência
CJ-STJ – Colectânea de Jurisprudência – Acórdãos do Supremo Tribunal de Justiça.
CMVM – Comissão do Mercado de Valores Mobiliários
CPEREF – Código dos Processos Especiais de Recuperação da Empresa e de Falência
CS – Código Civil Português de 1867 (de Seabra)
CVM – Código dos Valores Mobiliários
DAGF – Diretiva dos Acordos de Garantia Financeira
LOH – Lei das Obrigações Hipotecárias (Decreto-Lei n.º 59/2006, de 20 de março)
LTC – Lei da Titularização de Créditos (Decreto-Lei n.º 453/99, de 5 de novembro, na redação do Decreto-Lei n.º 211-A/2008, de 3 de novembro)
RGICSF – Regime Geral das Instituições de Crédito e Sociedades Financeiras
RLC – Relação de Coimbra
RLE – Relação de Évora
RLICSF – Regime da Liquidação das Instituições de Crédito e Sociedades Financeiras (Decreto-Lei n.º 199/2006, de 25 de outubro alterado pelo Decreto-Lei n.º 31-A/2012, de 10 de fevereiro)
RLP – Relação do Porto
RLX – Relação de Lisboa
STJ – Supremo Tribunal de Justiça
UE – União Europeia

Introdução

§ A. *Objeto de estudo*

I. A compensação constitui uma das causas de extinção das obrigações além do cumprimento, nos termos da qual se permite que, perante créditos recíprocos de duas pessoas, se opere a eliminação dos mesmos nas esferas dos respetivos credores, até ao limite do crédito de menor valor, sem que haja lugar a quaisquer fluxos de liquidez entre ambos, contanto que se verifiquem determinados requisitos.

Esta figura, cuja origem remonta ao Direito Romano, tem, ao longo dos tempos, sido objeto de uma vasta laboração teórico-dogmática, na medida em que suscita questões complexas não só quanto ao seu objeto e à sua efetivação mas também quanto à sua qualificação jurídica.

Não obstante as diferentes modalidades que a compensação pode assumir – legal, convencional, judicial e, dentro desta última, ainda a chamada compensação eventual – a *factispecie* compensativa desenvolve-se na observância de um princípio condutor unitário, atenta a função económico-social desempenhada por este instituto[1]. Ao permitir que o credor compensante se "livre" da sua obrigação, sem necessidade de ficar investido nas vestes de demandante, a compensação representa um mecanismo autosatisfativo. Uma das situações em que esse mecanismo se revelará com maior acuidade será no caso de insolvência do devedor compensado.

II. A possibilidade de recurso à compensação no âmbito da relação jurídica bancária e o modo pelo qual atuará, enquanto forma de extinção das obrigações recíprocas entre o banco e o seu cliente, encontra-se normalmente prevista nas cláusulas que enformam o contrato de abertura de conta, mas nem sempre isso acontece, sendo, neste último caso, que se revela particularmente importante a análise deste instituto.

Não temos, no entanto, a pretensão, até porque a mesma se revelaria impossível neste contexto, de fazer uma análise exaustiva de todas as questões que se colocam em torno da admissibilidade da compensação no Direito Bancário, uma vez que a resposta a esta questão, no plano da relação jurídica complexa existente entre os bancos e os seus clientes, é um problema transversal a todo o Direito Bancário material.

Pelo exposto, e no contexto da crise financeira que atravessamos, marcado pela insolvência de várias instituições de crédito nos Estados Unidos e na Europa[2], consideramos ser de curial atualidade o estudo da oponibilidade da compensação legal declarada pelo cliente bancário em caso de insolvência da instituição de crédito depositária.

III. A insolvência de um banqueiro, conforme infelizmente hoje sabemos, tem repercussões extremamente delicadas em todo o sistema financeiro, na medida em que põe em causa, não apenas os operadores comerciais que lidam com a instituição, mas também os titulares de contas bancárias na instituição insolvente bem como os demais investidores e intervenientes do mercado, incluindo o(s) próprio(s) Estado(s).

[1] Neste sentido, cf. Perlingieri, *Dei modi di estinzione delle obbligazione diversi dall' adempimento*, 267 e Ramos Alves, *Sobre a função de garantia da compensação*, 1020.

[2] Sobre a crise planetária, cf. Menezes Cordeiro, *A crise planetária de 2007-2010 e o governo das sociedades*, 236-286.

Pelas razões apontadas, de modo a proteger os interesses dos depositantes[3], investidores e outros credores e a salvaguardar as condições normais de funcionamento do mercado monetário, financeiro e cambial, no nosso ordenamento jurídico, as normas que regulam a intervenção precoce do BdP (mediante a implementação de mecanismos que permitam, em situação de grave desequilíbrio financeiro, recuperar a instituição de crédito ou preparar a sua liquidação ordenada) e a liquidação das instituições de crédito têm sede própria no RGICSF e no Decreto-Lei n.º n.º 199/2006, de 25 de outubro[4], respetivamente, conferindo-se ao CIRE um âmbito de aplicação de natureza subsidiária.

IV. A questão da admissibilidade da compensação nas contas bancárias não é nova, sobre ela se pronunciando a generalidade da doutrina e sobre a mesma existindo vasta laboração jurisprudencial. Contudo, a realidade analisada assenta no funcionamento regular das instituições de crédito, no regime jurídico específico associado às diversas modalidades de contas bancárias e na invocação da compensação pelo banco contra créditos dos depositantes.

A realidade com que se debate o presente estudo é distinta, o que se revela, desde logo, pelo facto de o processo de insolvência das instituições de crédito se iniciar com a revogação, pelo BdP, da autorização da instituição insolvente para o exercício da atividade bancária. Tal circunstância levanta, desde logo, a questão de saber se, declarada pelo credor *ex deposito* a vontade de compensar uma dívida que tenha perante a massa insolvente, ainda estaremos perante um crédito compensante emergente de verdadeiras e próprias "contas bancárias", com um regime jurídico próprio, nomeadamente quanto às regras sobre a respetiva movimentação e exigibilidade ou se, pelo contrário, deveremos considerar tal crédito já sem fazer apelo ao regime jurídico aplicável às diversas modalidades de contas bancárias.

V. Finalmente, e atenta a prática atualmente generalizada de recurso, pelas instituições de crédito, a técnicas de engenharia financeira para se financiarem,

[3] Ao longo do presente estudo, a utilização das expressões *depositante* e *depositário* será feita por comodidade, sendo certo, por um lado, que, em sentido amplo, a noção de depósito bancário abrange vários contratos cuja natureza jurídica é, segundo alguns AA., como adiante se verá, muito diversa, podendo a designação das partes em presença não corresponder, em termos técnico-jurídicos, a estas, e, por outro lado, que no depósito de disponibilidades monetárias, o termo depositante é ambíguo, pois abrange igualmente a pessoa que efetua uma entrega de fundos, ainda que esta seja estranha ao contrato de depósito.

[4] Doravante referido, *brevitatis causa*, por RLICSF.

nomeadamente mediante a realização de operações de titularização de créditos e de emissão de obrigações hipotecárias, necessário será também analisar em que termos tais factos inviabilizarão, ou não, o recurso ao instituto da compensação pelos depositantes, devedores cedidos dos créditos titularizados ou devedores dos créditos afetos à garantia da emissão de obrigações hipotecárias, respetivamente, em caso de insolvência da instituição bancária.

VI. Assim, o presente estudo incidirá sobre a oponibilidade da compensação legal, em caso de insolvência da instituição de crédito depositária, uma vez que indagaremos unicamente da admissibilidade da compensação nos casos em que o depositante, por ato unilateral, a pretenda declarar, no âmbito do processo de liquidação judicial, utilizando para o efeito o crédito que detém sobre o banco insolvente, materializado no saldo do(s) seu(s) depósito(s) junto da referida instituição, para, desse modo, extinguir, total ou parcialmente, o contra-crédito (passivo) que o banco insolvente detém sobre si[5].

Considerando, no entanto, os diferentes regimes jurídicos associados às diversas modalidades de contas bancárias, cingir-nos-emos, na nossa análise, aos depósitos de disponibilidades monetárias.

§ B. *Plano de exposição*

I. Este texto encontra-se dividido em três capítulos. O primeiro trata da compensação. O segundo trata do regime jurídico da insolvência das instituições de crédito. O terceiro trata da oponibilidade da compensação legal declarada pelo depositante no caso de insolvência da instituição de crédito.

II. A estrutura dos dois primeiros capítulos é bastante semelhante, na medida em que se pretende enquadrar o instituto da compensação legal e o regime da insolvência das instituições de crédito, de modo a fundar os alicerces em que se baseará a análise posterior.

Tendo em conta os objetivos que presidem a este trabalho, não é possível analisar, neste contexto, todas as questões relacionadas com a admissibilidade

[5] A reciprocidade de créditos, impõe uma maior precisão terminológica. Assim, e na senda de MENEZES CORDEIRO, *Da compensação*, 9, ao crédito da pessoa que invoca a compensação (no nosso caso, do cliente bancário, titular de um direito de crédito *ex deposito*) chamaremos *crédito compensante* ou *ativo*; ao da pessoa contra a qual ele é invocado (no nosso caso, da instituição de crédito depositária, titular de um direito de crédito emergente, *v.g.*, de um contrato de mútuo), chamaremos *crédito compensado* ou *passivo*.

da compensação no Direito Bancário, nomeadamente atentas as diferentes modalidades de contas bancárias, ou discutir de forma aprofundada a natureza jurídica do depósito bancário, sem prejuízo de serem questões a aflorar, sob pena de incompletude do estudo aqui levado a cabo.

Assim, no primeiro capítulo, após fazermos uma breve resenha história e de Direito Comparado acerca do instituto da compensação, centrar-nos-emos na análise do regime atualmente em vigor, procurando responder às seguintes questões: o que é a compensação, com que contornos se desenha este instituto no Direito Português vigente e quais os princípios fundamentais a que este instituto deve obediência.

No segundo capítulo, tratamos de analisar o regime insolvencial das instituições de crédito e das sociedades financeiras. Aqui, não nos debruçaremos sobre as questões relevantíssimas inerentes aos efeitos transfronteiriços da declaração de insolvência. Fundamental, nesta parte, será procurar resposta à questão de saber se, declarada a insolvência da instituição de crédito, ainda fará sentido atentar nas relações jurídicas existentes como relações jurídicas bancárias, aferindo o respetivo regime (incluindo para efeitos de compensação) à luz dos mesmos princípios que enformam o Direito Bancário.

Feito este percurso, no terceiro capítulo, centrar-nos-emos, então, na análise da oponibilidade da compensação legal pelo depositante na hipótese de insolvência da instituição de crédito depositária.

Para o efeito, não trataremos, contudo, de todas as questões relacionadas com este tema, não sendo, por exemplo, abordados os problemas relacionados com depósitos relativos a instrumentos financeiros ou o regime jurídico das operações sobre instrumentos financeiros derivados.

Depois de nos pronunciarmos acerca da oponibilidade da compensação na insolvência em geral, centrar-nos-emos no tratamento teórico da oponibilidade da compensação na insolvência das instituições de crédito, buscando os respetivos fundamentos e elencando os efeitos decorrentes da respetiva oponibilidade, contrapondo o princípio *par conditio creditorum,* geralmente considerado como fundamento da disciplina da insolvência, e a natureza jurídica da compensação. Feito o enquadramento teórico da questão, passaremos, posteriormente a analisar a oponibilidade da compensação legal na insolvência da instituição de crédito depositária em cinco casos concretos: entre contas do mesmo titular, nas contas coletivas, nas contas "a prazo", nas contas com entregas fiduciárias e nas contas caucionadas.

Aqui chegados, analisaremos, ainda, duas situações especiais: a oponibilidade da compensação legal nas operações de titularização de créditos e nas emissões de obrigações hipotecárias.

Terminamos este capítulo com breves reflexões em torno da função de garantia comummente atribuída à compensação.

É este o caminho que nos propomos percorrer, finalizando o nosso estudo com a apresentação de notas conclusivas que, certamente, revelarão alguns dos desvios que, face ao trilho traçado, se tenham mostrado impossíveis de contornar, procurando com o presente estudo aclarar, na medida do possível, o terreno nebuloso em que nos movemos, na certeza de que avançamos por trilhos ainda por desbravar.

Capítulo I – **Da compensação**

§ 1. ***Génese evolutiva e Direito comparado***

I. O instituto da compensação teve a sua génese no Direito Romano[6]. Assentando este ordenamento jurídico nas *actiones*, onde a regra era de que a cada situação jurídica correspondesse uma ação, cedo se reconheceu a necessidade de criar *exceptiones* para aqueles casos em que as partes fossem credoras e devedoras recíprocas, as quais estão na base da figura que atualmente designamos por *compensação*. Assim, vieram a admitir-se três exceções.

A primeira exceção foi consagrada no âmbito dos *bonae fidae iudicia* para os casos em que o crédito e o contra-crédito derivavam do mesmo contrato.

A segunda, na sequência de uma inovação pretoriana, veio a exigir que o banqueiro (*argentarius*) apenas pudesse demandar os seus clientes pelo respetivo saldo, consistindo numa verdadeira delimitação negativa da fórmula disponível e operando *ipso iure*.

A terceira exceção, que correspondia à *bonorum emptor compensatio,* funcionava nas situações de aquisição de bens de um falido por terceiro, determinando que o adquirente dos créditos sobre um devedor que também fosse credor do falido apenas poderia cobrar o montante correspondente ao valor do seu crédito uma vez deduzido o valor do correspondente contra-crédito[7].

[6] Existem a este respeito várias obras, salientando-se a doutrina citada por Menezes Cordeiro, *Da compensação*, 17 a 31, texto que aqui acompanhamos de perto.

[7] Salienta-se, no entanto, a circunstância de, no Direito Romano, não ser necessário que as obrigações em causa no *bonorum emptor* tivessem por objeto coisas fungíveis da mesma espécie e qualidade, o que leva Menezes Cordeiro a questionar se, em termos atualistas, estaríamos aqui perante uma verdadeira *compensação* ou perante uma outra figura, a da dedução, apoiando-se para esse efeito, no pensamento de Gaius, ali citado, que distinguia a *compensationem* do *argentarius* da

Esta última exceção mostra-se particularmente relevante por demonstrar que, no Direito Romano, na sua génese, se assumia a admissibilidade da compensação em sede da insolvência, sendo esta, aliás, ainda hoje, uma das principais vantagens assacadas pela doutrina a esta figura[8].

II. Com Justiniano assistimos a uma evolução da figura que passa a estar consagrada no *Corpus Iuris Civilis,* quer para as *actiones in rem* quer para as *actiones in personam.* A aplicação da figura estava, no entanto, circunscrita a causas líquidas, *i.e.,* em que o valor da causa era incontestável, operando *ipso iure.*

III. O funcionamento *ipso iure* da compensação é, segundo Menezes Cordeiro, uma "das mais discutidas proposições jurídicas de todos os tempos"[9]. Com efeito, a respetiva interpretação ficou intrinsecamente ligada à evolução subsequente do instituto, contrapondo duas conceções fundamentais nos direitos modernos: aquela que podemos genericamente considerar como sendo a do Código de Napoleão (artigo 1290.º), segundo a qual a compensação se dá *ipso iure, i.e.,* por força da lei, logo que os dois créditos reúnem determinados requisitos; e aqueloutra inicialmente propugnada pelo Código Civil Alemão (§ 388.º), que exige a declaração de vontade de uma das partes.

A conceção napoleónica parte da interpretação das fontes do direito romano no sentido de que estas consideravam automaticamente extintas as dívidas no momento em que se verificava a situação de compensabilidade, admitindo-se assim a figura de uma compensação legal automática. Subjacente a este entendimento está a ideia de que a compensação, sendo em regra conveniente para ambas as partes, satisfaz, por outro lado, o interesse público na dispensa de pagamentos inúteis. Esta razão explicaria o facto de, no Direito Romano, se conceber a conduta do demandante, que se negava a admitir a compensação, como um abuso de direito, reconhecendo-se ao demandado, que se pretendia eximir da dívida mediante compensação, uma *exceptio doli generalis,* com base na qual o juiz podia decretar na sentença a compensação, rejeitando a demanda.

deductionem do *bonorum emptor*, para concluir, no entanto, que à luz do Direito da sua época, os próprios jurisconsultos romanos falavam em *compensatio*. (Cf. Menezes Cordeiro, *Da compensação*, 25).

[8] Cf., por todos, Vaz Serra, *Compensação*, 7 e 112 ss.; Menezes Cordeiro, *Da compensação*, 11; Ramos Alves, *Sobre a função de garantia da compensação*, 1020 e 1021; e Rosa Ferreira, *Compensação e insolvência*, 22 e 37.

[9] Cf. *Da compensação*, 30, bem como os AA. ali citados, *maxime* as nn. 73 e 74.

Por seu turno, a conceção sustentada pelo sistema germânico assenta nas observações dos romanistas modernos[10] para quem, no Direito Romano, para que a compensação fosse eficaz, era preciso uma declaração de vontade, reconhecida pelo juiz, mas à qual era atribuída eficácia retroativa, no sentido de que as dívidas se deveriam ter por extintas desde a data em que se tivessem tornado compensáveis. Assim se justificaria que, no caso de um dos devedores ter pago na ignorância do seu contra-crédito, se entendesse que o pagamento era o de uma dívida inexistente, *rectius* já extinta – contra a qual se podia reagir por meio da *condictio indebiti* –, bem como o facto de, na ausência de declaração de compensação, a eficácia dos contra-créditos se mantivesse.

Ainda que contrapostos, na sua origem, os dois sistemas acima referidos têm vindo a aproximar-se. Assim, no Direito Francês, por influência da jurisprudência, acaba por não ser dispensada a declaração de vontade do interessado na compensação, não podendo o juiz conhecer da mesma *ex oficio*, ao passo que no Direito Alemão, se reconhece eficácia retroativa à declaração de compensação, produzindo a mesma efeitos desde a data em que os créditos se tornaram compensáveis, o que faz com que, na prática, as soluções propugnadas pelas duas conceções acabem por se apresentar, de certo modo, convergentes[11].

IV. Em Portugal, a matéria da compensação foi, desde logo, tratada nas Ordenações Afonsinas (Título LXXII do Livro IV), que, ao definirem a compensação, a fundavam em razões de justiça e equidade, no sentido de que é mais razoável não exigir ao devedor pagar quando outro tanto lhe é devido do que obrigá-lo a pagar e a depois pedir a repetição do indevido, tendo-se o mesmo princípio mantido nas Ordenações Manuelinas (Título LVI do Livro IV) e nas Ordenações Filipinas (Título LXXVIII do Livro IV), com redações muito próximas, o que permite concluir que, até meados do séc. XIX, a compensação continuou a reger-se, no essencial, entre nós, por um texto do séc. XV[12].

Em 1867, o instituto da compensação passa a ter assento na Secção VIII (artigos 765.º e ss.) do CS, sendo de realçar, por contraposição com o regime legal atualmente vigente, o facto de, por influência do modelo napoleónico se ter consagrado o sistema da compensação *ipso iure*.

[10] Com especial relevo para Biondi, *La compensazione*, 130-131; e Dernburg, *Geschichte un Theorie der Kompensation*, 309-313. Segundo este último A. funcionar *ipso iure* significa operar de acordo com as regras do Direito, por oposição à discricionariedade anteriormente reconhecida ao magistrado, tendo tal proposição de Justiniano um claro conteúdo material e não processual.

[11] Neste sentido, Menezes Cordeiro, *Da compensação*, 52-53.

[12] Neste sentido, Menezes Cordeiro, *Da compensação*, 65.

Ainda na vigência do CS, Guilherme Moreira veio sustentar a necessidade de ser coerentemente interpretada a norma do código que consagrava a doutrina *ipso iure*, defendo que a mesma deveria ser interpretada à luz dos princípios consagrados no Direito Alemão, no sentido de que a extinção dos contra-créditos apenas operaria por efeito da manifestação de vontade nesse sentido por uma das partes, devendo à mesma ser conferida eficácia retroativa[13].

V. A disciplina da compensação no CCiv. vigente, deve-se, em parte, ao labor de Vaz Serra[14] e na parte remanescente ao resultado das sucessivas revisões ministeriais[15] a que o estudo daquele eminente A. de Coimbra foi sujeito, sendo-lhe apontadas por Menezes Cordeiro diversas críticas que vão desde a pouco clara sistematização à fraca arrumação que deixou de fora alguns temas importantes como a compensação convencional e a compensação em débitos solidários, bem como a excessiva reprodução das soluções vertidas no *Codice Civile* italiano[16].

VI. Contrariamente ao que acontece nos sistemas jurídicos da família romano-germânica, como é o nosso caso, em que a compensação surge configurada como um meio de defesa substantivo, historicamente, na *common law*[17], *a compensação foi concebida como um meio de defesa processual. Aqui, o instituto da compensação é regulado por dois acervos normativos distintos: a common law set-off* – que teve a sua origem nos *Set-off Statutes* de 1729 e de 1935, tendo depois sido desenvolvida pela jurisprudência – e a *set-off in equity* – desenvolvida pelo *Court of Chancery* (único que aplicava a *equity*), mantendo a sua relevância dogmática, não obstante a fusão operada, em 1873, entre os tribunais de *common law* e de *equity*.

Quer no *common law set-off* quer no *set-off in equity* se exige a reciprocidade dos créditos, sendo hoje dominante a posição que sustenta que a reciprocidade deverá ser aferida por referência aos efetivos beneficiários dos créditos e não aos seus titulares formais, ainda que depois, no âmbito do *set-off in equity* se reconheça a admissibilidade da compensação quando é recíproca a titularidade

[13] Neste sentido, cf. Menezes Cordeiro, *Da compensação*, 75.

[14] Encarregue da elaboração do anteprojeto relativo ao direito das obrigações, com exceção dos contratos em especial, tendo o respetivo estudo, *Compensação. Estudo de política legislativa*, já aqui citado, sido publicado sob a forma de separata (n.º 31) do BMJ. Para uma análise detalhada do anteprojeto, *vide* Menezes Cordeiro, *Da compensação*, 79-98.

[15] Sobre estas, cf. Menezes Cordeiro, *Da compensação*, 98-102.

[16] Cf., *Da compensação*, 102-103.

[17] Sobre esta matéria, cf. Menezes Cordeiro, *Da compensação*, 55-57; e André Figueiredo, *A compensação de créditos: estudo comparativo*, 355-356 e 364-372.

meramente formal[18]. No entanto, enquanto o *common law set-off* opera quando haja créditos e débitos recíprocos entre as partes, o *set-off in equity* impõe que os créditos resultem de uma mesma transação ou de *closely connected transactions*, ou seja que, para além de recíprocos sejam também conexos, fundando-se tal pressuposto na ideia de que importa salvaguardar as situações em que seria manifestamente injusto não atender à pretensão da contraparte compensante[19].

A doutrina e a jurisprudência têm vindo a atribuir natureza substantiva à compensação exercida ao abrigo dos princípios de *equity*, considerando-a oponível independentemente da intervenção judicial, no entanto, esta posição não se encontra ainda isenta de incertezas que se refletem, nomeadamente, na determinação do momento em que a compensação se torna eficaz[20].

§ 2. *Noção e assento legal*

I. No nosso ordenamento jurídico, a compensação constitui uma das *causas de extinção das obrigações além do cumprimento*, encontrando-se prevista nos artigos 847.° a 856.° do CCiv.[21].

Na terminologia utilizada pelo artigo 847.°, contanto que estejam verificados os requisitos legalmente estabelecidos, "quando duas pessoas sejam reciprocamente credor e devedor, qualquer delas pode livrar-se da sua obrigação por meio de compensação com a obrigação do seu credor"[22/23].

[18] Como é o caso do *trust*, campo privilegiado da aplicação da *set-off in equity*.

[19] Cf. André Figueiredo, *A compensação de créditos: estudo comparativo*, 365.

[20] Cf. André Figueiredo, *A compensação de créditos: estudo comparativo*, 371-372.

[21] No presente Capítulo, as disposições legais citadas sem indicação de fonte pertencem ao CCiv.

[22] Sobre a compensação, na ordem jurídica portuguesa, cf. Almeida Costa, *Direito das Obrigações*, 1099 ss.; Antunes Varela, *Das obrigações em geral*, II^7, 197 ss.; Lacerda Barata, *Contrato de depósito bancário*, 7 ss.; Cunha de Sá, *Modos de extinção das obrigações*, 171 ss.; Menezes Cordeiro, *Da compensação*; Luís Menezes Leitão, *Direito das obrigações*, II^2, 191 ss.; Paula Camanho, *Do contrato de depósito*, 213 ss.; Pessoa Jorge, *Lições*, 455 ss.; Pires de Lima/Antunes Varela, *Código civil anotado*, vol. II^4, 130 ss.; Vaz Serra, *Compensação;* e, mais recentemente, Ramos Alves, *Sobre a função de garantia da compensação*, 1020 e 1021; Rosa Ferreira, *Compensação e insolvência*, 22 e 37; e André Figueiredo, *A compensação de créditos: estudo comparativo*, 353 ss.

[23] Menezes Cordeiro chama a atenção para duas imprecisões terminológicas no artigo 847.° do CCiv.: a primeira resulta da utilização do vocábulo "livrar-se", na medida em que não se trata de vernáculo jurídico correto; e a segunda do emprego da expressão "obrigação", tida por especialmente gravosa em virtude da dimensão dogmática que assume, uma vez que "a compensação extingue os créditos (ou débitos): não necessariamente todos os elementos da obrigação" (cf. Menezes Cordeiro, *Da compensação*, 109).

Ainda sem grande precisão dogmática, podemos afirmar que este instituto visa facultar a extinção de créditos recíprocos, mediante o encontro de contas, sendo justificado pela conveniência de evitar às partes a realização das respetivas prestações, na medida em que se consuma em abstrato nas esferas dos credores recíprocos sem que se verifiquem deslocações patrimoniais, diminuindo, desse modo, os custos de transação[24]. Para além de simplificar pagamentos, é também apontada à compensação uma função de garantia, na medida em que, operando por via de simples declaração, permite ao credor compensante extinguir o seu crédito sem necessidade de se colocar à mercê da capacidade creditícia do seu devedor, sendo, por vezes, configurada na doutrina como reflexo da ideia de tutela privada[25].

II. A compensação opera seletivamente, na medida em que, perante dívidas que não sejam de igual valor, extingue apenas a de menor montante, permanecendo o devedor da de maior valor obrigado à prestação da diferença entre o que devia inicialmente e o montante compensado (artigo 847.°, n.° 2).

III. A compensação de que nos ocupamos é um *ato unilateral do credor compensante*, apenas podendo operar verificados os requisitos legalmente previstos. A lei prescinde, nesta hipótese, do acordo dos credores recíprocos, para que a compensação possa efetivar-se. Estamos perante a *compensação legal* ou, nas palavras de Pessoa Jorge[26], *unilateral*.

À compensação legal contrapõem-se a *compensação voluntária* ou *convencional* – quando a extinção dos créditos recíprocos opera por acordo das partes, mesmo que não se verifiquem, no caso concreto, os requisitos exigidos por lei, ao abrigo do princípio da autonomia privada (artigo 405.°)[27/28] – e a

[24] Neste sentido, cf. Vaz Serra, *Compensação*, 5-6; Almeida Costa, *Direito das obrigações*, 1099; e Antunes Varela, *Das obrigações em geral*, vol. II^4, 186. Este A. refere que "em casos de *reciprocidade* de créditos (...) é de considerar extintos por *encontro de contas*, ou por *compensação* como tecnicamente se diz, para evitar às partes um duplo cumprimento perfeitamente dispensável".

[25] Cunha de Sá, *Modos de extinção das obrigações*, 216.

[26] Pessoa Jorge, *Lições*, 438.

[27] Cf. Vaz Serra, *Compensação*, 164 ss.; Paula Camanho, *Do contrato de depósito bancário*, 217; e Menezes Cordeiro, *Da compensação*, 149-152. Este A. afirma que, quanto à respetiva natureza jurídica, a compensação voluntária ainda é compensação. Com efeito, "[d]esde o momento que se extingam créditos recíprocos, de tal modo que a extinção de um seja a contrapartida da do outro, aflora a velha *compensatio*", *ob. cit.*, 151. Mau grado a proposta de Vaz Serra, a compensação convencional não mereceu consagração no CCiv.

[28] Sempre que a compensação voluntária seja acordada através de cláusulas contratuais gerais, deverá ter-se em conta o disposto no artigo 18.°, al. *h*) do regime das cláusulas contratuais gerais, que comina com a nulidade as cláusulas que excluam a faculdade de compensação.

compensação judiciária ou judicial – quando a extinção dos créditos recíprocos, nomeadamente por não estarem verificados os requisitos da compensação legal, depende de uma decisão constitutiva dos tribunais[29], integrando-se, neste âmbito, a chamada *compensação eventual*, oposta pelo devedor demandado para o caso de não serem procedentes as exceções por ele alegadas contra o credor demandante[30].

IV. O âmbito de aplicação da compensação encontra-se negativamente delimitado pelo artigo 853.°, que, sob a epígrafe *exclusão da compensação*, elenca as situações em que a mesma não poderá operar. Particularmente relevante, para o nosso estudo, é a inadmissibilidade da compensação se houver prejuízo de direitos de terceiro, constituídos antes de os créditos se tornarem compensáveis (artigo 853.°, n.° 2). A este ponto voltaremos várias vezes ao longo do presente trabalho.

§ 3. *Requisitos da compensação legal*

I. O n.° 1 do artigo 847.° começa por estabelecer que os créditos devem ser *recíprocos*, sendo este requisito posteriormente desenvolvido no artigo 851.° em dois sentidos: a compensação apenas pode abranger a dívida do declarante e não de terceiro (n.° 1) e o declarante só pode utilizar para a compensação créditos que sejam seus e não de terceiro (n.° 2). Em suma, o que estes preceitos determinam é o chamado *concursus debiti et crediti*, *i.e.*, que o credor declarante seja simultaneamente devedor do credor compensado e que este seja, por sua vez, credor do primeiro, de modo a que, frente a frente, fiquem créditos de sentido contrário. Esta regra surge, no entanto, excecionada, na parte final do n.° 1 do artigo 851.°, "se o declarante estiver em risco de perder o que é seu em consequência de execução por dívida de terceiro"[31].

[29] Cf. Vaz Serra, *Compensação*, 166 ss.

[30] Cf. Vaz Serra, *Compensação*, 169 ss.

[31] A propósito da reciprocidade dos créditos e da regra vertida no artigo 767.°, n.° 1. do CCiv. coloca-se a questão de saber se a compensação pode ser um meio de defesa próprio do fiador quando seja detentor de um crédito contra o credor. Segundo Menezes Cordeiro, *Compensação*, 110-111, tal não é possível em virtude do disposto no artigo 851.°, n.° 1, 1.ª parte do CCiv., sustentando que tal norma deverá ser interpretada atendendo à natureza contratual da remissão, uma vez que "se o compensante pudesse sacrificar um crédito próprio para liberar um terceiro através da compensação, esse terceiro seria beneficiário *ad nutum*, sem ter dado o seu acordo" (*ob. cit.*, 111), logo a seguir referindo que "[n]aturalmente: havendo acordo do terceiro, a compensa-

Verificamos, portanto, que surge tendencialmente afastada, por via do requisito da reciprocidade dos créditos, a regra da fungibilidade subjetiva geralmente admitida para o cumprimento das obrigações, vertida no artigo 767.°, n.° 1, ou seja, nas palavras de Vaz Serra[32], "[u]m terceiro pode pagar um crédito alheio, mas não extingui-lo por compensação". Nada impede, no entanto, que o terceiro interessado adquira créditos contra o seu credor, para desse modo, fazer operar a compensação[33]. Por outro lado, também não se exige que os créditos sejam exclusivamente do credor compensante e do devedor compensado, na medida em que os artigos 523.° e 532.° permitem, respetivamente, a declaração de compensação por parte de um dos co-devedores, em caso de solidariedade entre devedores, ou por um dos co-credores, em caso de solidariedade entre credores.

ção já é possível, como resulta do próprio artigo 851.°, n.° 2 *a contrario*" (*ob. cit.*, *loc. cit.*). Assim, segundo o A. citado "o compensante poderá usar o seu crédito próprio para liberar terceiros sempre que tenha nisso interesse direto e não se trate de remissão" (*idem, ibidem*).

Contra este entendimento, pronunciando-se no sentido da oponibilidade da compensação declarada pelo fiador, M. J. Costa Gomes sustenta que "(...) o fiador deve a sua própria prestação fidejussória – *é um devedor*. Há, assim, reciprocidade de créditos: o fiador não compensa o seu crédito com um crédito do credor contra o devedor principal, mas contra ele próprio – *contra o crédito fidejussório*." (cf. M. J. Costa Gomes, *Assunção fidejussória de dívida*, 1002). Segundo o A. citado, embora não resulte de forma clara, tal seria também o entendimento de Vaz Serra. Com efeito, no texto de Vaz Serra podemos ler que "[u]m terceiro pode pagar um crédito alheio, mas não pode extingui-lo por compensação. Assim, por exemplo, o fiador não pode opor em compensação ao crédito principal um crédito dele, fiador, contra o credor, mas pode opor este crédito contra o crédito da fiança, de sorte que, se responder somente por uma parte da dívida principal, só pode compensar na parte abrangida pela fiança" (cf. Vaz Serra, *Compensação*, 26-27).

A par dos AA. citados, é possível divisar ainda na doutrina mais duas posições a respeito da compensação pelo fiador, uma a favor e outra contra, com fundamentos distintos dos anteriores.

Segundo Almeida Costa, *Direito das Obrigações*, 1101, o fiador não pode utilizar para compensação um crédito do devedor principal, cabendo-lhe tão-só a exceção dilatória prevista no artigo 642.°, n.° 1. Saliente-se, no entanto, que esta afirmação não considera o facto de o fiador estar a utilizar o crédito fidejussório, nos termos em que tal é sustentado por M. J. Costa Gomes.

Finalmente, Cunha de Sá, *Modos de extinção das obrigações*, 220, sustenta a possibilidade de o fiador compensar, com fundamento não já na reciprocidade do seu crédito, mas no disposto na parte final do n.° 1 do artigo 851.° do CCiv., ressalvando, no entanto, os casos em que estejam reunidos os pressupostos do artigo 642.°, n.° 1 do CCiv., na medida em que, nessas circunstâncias já o fiador "não estará em risco de perder o que é seu, dado ser-lhe lícito recusar nesta hipótese o cumprimento ou opor-se à execução" (*ob. cit. loc. cit.*).

[32] Vaz Serra, *Compensação*, 26.

[33] Vaz Serra, *Compensação*, 29.

II. O segundo requisito é o da *exigibilidade do crédito compensante*, no sentido de que este deve ser judicialmente exigível, não procedendo contra ele qualquer exceção, perentória ou dilatória, de direito material [artigo 847.°, n.° 1, al. *a*)].

Este requisito pressupõe, naturalmente, a validade e a eficácia do crédito em presença. Assim sendo, fica afastada a possibilidade de compensação sempre que o crédito compensante tenha subjacente uma obrigação natural[34] ou esteja sujeito a condição ou a termo. A lei é menos exigente quanto à exigibilidade do crédito compensado, sendo os requisitos em regra disponíveis, bastando que a parte compensada possa cumprir[35]. Com efeito, se relativamente ao crédito compensante, conforme referimos, a compensação não poderá operar enquanto não se encontrar verificada a condição ou o prazo não se vencer, havendo que atender aos diversos fatores que ditam o vencimento das obrigações, designadamente os relativos ao benefício do prazo e à sua perda (artigos 779.° e 780.°) e ao prazo gratuito (artigo 849.°), já no que se refere ao crédito compensado, a compensação é possível quando o devedor compensante possa cumprir[36].

Quanto à procedência de exceções dilatórias ou perentórias de direito material[37] – em cuja noção se enquadram a prescrição (artigos 300.° e ss.), o benefício da excussão (artigo 638.°), a exceção de não cumprimento do contrato (artigos 428.° e ss.) e o direito de retenção (artigos 754.° e ss.) – convém atentar no artigo 850.°, nos termos do qual a prescrição não impede a compensação, se a mesma não podia ser invocada na data em que os créditos se tornaram compensáveis[38], e no artigo 849.°, que, no caso de o credor ter concedido gratuitamente um prazo ao devedor, impede a compensação antes do decurso de tal prazo.

A respeito da segunda parte da al. *a*) do n.° 1 do artigo 847.° importa ainda reter que não basta, para impedir a compensação, que se encontrem verificados os pressupostos para a invocabilidade de uma determinada exceção. No caso

[34] Menezes Cordeiro, *Da compensação*, 113, defende que apenas o crédito ativo cede perante esta exigência, o mesmo não acontecendo com o crédito compensado, admitindo que uma obrigação natural se possa extinguir por compensação com uma civil, bem como a compensação entre créditos naturais, defendendo que, nesta segunda hipótese, impor-se-ia uma interpretação restritiva do artigo 847.°, n.° 1, al. *a*) do CCiv.

[35] Assim, Menezes Cordeiro, *Da Compensação*, 116; Almeida Costa, *Direito das Obrigações*, 1105; e Vaz Serra, *Compensação*, 53.

[36] Assim, Menezes Cordeiro, *Da compensação*, 113.

[37] Sobre a defesa por exceção, cf. artigos 487.°, n.° 2, 493.° e 494.° do CPC.

[38] Em obediência ao princípio da eficácia retroativa da declaração de compensação.

concreto, a compensação operará ou não, consoante o credor compensado se abstenha ou não de invocar a exceção aplicável, na medida em que esta apenas operará pela vontade do respetivo beneficiário. Lida de outro modo, esta disposição seria redundante com a primeira parte do preceito, na medida em que, uma vez invocada a exceção e sendo esta procedente, o crédito não seria exigível[39].

Segundo Menezes Cordeiro[40], a compensação poderá ainda ser detida, para além das exceções atrás referidas, "pela «exceção» do abuso de direito", invocando como exemplo paradigmático a hipótese de o compensante ter criado, no espírito do compensado, a convicção de que não iria compensar e, depois agir em compensação, num manifesto *venire contra factum proprium*.

III. Nos termos da al. *b*) do artigo 847.°, as duas obrigações devem ter por objeto *coisas fungíveis da mesma espécie e qualidade*[41], sendo esta afirmação corolário do princípio de que o objeto da prestação não pode ser substituído pelo devedor contra a vontade do credor, devendo a compensação deixar o credor compensado na mesma situação em que estaria se tivesse recebido o que lhe era devido, daqui resultando que não pode haver compensação nas obrigações de prestação de facto[42]. Tratando-se de créditos pecuniários será sempre indiscutível a sua homogeneidade, ainda que sejam diversas as respetivas fontes ou diversa a moeda em que os mesmos se encontrem expressos.

Ao referir-se a coisas fungíveis da mesma espécie e qualidade o que se exige é uma verdadeira *homogeneidade das prestações*.

Nada obsta a que a fungibilidade seja superveniente, *v.g.*, compensação de um crédito pecuniário com um crédito de indemnização correspondente ao valor de uma prestação de coisa que se tornou impossível[43].

[39] Neste sentido, Menezes Cordeiro, *Da compensação*, 115.

[40] Menezes Cordeiro, *Da compensação*, 115.

[41] Sobre o conceito de coisas fungíveis, cf. artigo 207.° do CCiv., disposição que tem merecido a crítica da doutrina, nomeadamente quanto à sua parte final, na medida em que dá a entender que não existem coisas fungíveis por natureza, estando a sua determinação nessa categoria dependente dos negócios jurídicos que sobre as mesmas sejam realizados. Cf. Raúl Ventura, *O contrato de compra e venda*, 599-600; Menezes Cordeiro, *Tratado* I, Tomo II^2, 153; e Oliveira Ascensão, *Teoria geral do direito civil*, I, 366. Segundo este A. estamos perante uma fórmula incompreensível, que não permite abarcar a infungibilidade convencional, na medida em que é a autonomia privada que permite obter esse fim, não havendo, nessas situações, qualificação de coisas.

[42] Conforme observam Vaz Serra, *Compensação*, 66; e Almeida Costa, *Direito das Obrigações*, 1103.

[43] Almeida Costa, *Direito das Obrigações*, 1104.

Vaz Serra salienta ainda a este respeito que, havendo uma obrigação alternativa em que uma das prestações seja fungível com aquela que se pretende compensar, a compensação será, à partida, impossível (na medida em que frustraria a alternatividade), mas se o direito de escolha pertencer ao compensante, então tal já será possível, na medida em que, nesse caso, se deverá entender a declaração de compensação como o exercício do direito de escolha, concentrando-se a obrigação na prestação fungível[44]. Do mesmo modo a fungibilidade não é afastada pelo facto de entre as duas prestações uma ser de maior montante, hipótese em que haverá lugar a uma compensação parcial (artigo 847, n.º 2), ou caso as dívidas tenham diferentes lugares de cumprimento. Neste último caso, a menos que exista acordo em contrário[45], será possível compensar, com a ressalva, no entanto, de o credor compensante ter que reparar os danos sofridos pela outra parte, em consequência de esta não ter recebido o seu crédito ou não ter cumprido a sua obrigação no lugar determinado (cf. artigo 852.º, n.os 1 e 2).

IV. Ainda em sede de análise dos requisitos da compensação, importa salientar que, contrariamente ao regime vigente com o CS, a *iliquidez da dívida não impede a compensação* (artigo 847.º, n.º 3)[46]. Assim, a liquidação do crédito oferecido em compensação poderá ser efetuada quer por acordo entre as partes quer, num contexto litigioso, remetida para a fase da execução da sentença.

§ 4. *Efetivação e efeitos da compensação*

I. Tendo acolhido o modelo de inspiração germânica, o nosso ordenamento jurídico determina que, para que a compensação se torne efetiva, é

[44] Vaz Serra, *Compensação*, 69.

[45] Cf. a este respeito Castro Mendes, *Comentários ao artigo 852.º do código civil*, 81, salientando a necessidade de ser interpretado devidamente o negócio jurídico de onde emergem cada um dos créditos, a fim de averiguar se não só o lugar de cumprimento se afigura como um elemento central na caracterização da prestação, mas também se, por estipulação das partes, não terá sido afastada a regra da compensabilidade.

[46] A este respeito, nos trabalhos preparatórios, referia Vaz Serra, *Compensação*, 65, que "[e]mbora a liquidação do crédito seja demorada, a verdade é que o credor não deve ser prejudicado com esse facto, quando, se o montante do crédito estivesse determinado, poderia socorrer-se das vantagens que a compensação lhe assegurava. Mal se compreende que um credor, porque o seu crédito é líquido, possa prevalecer-se dessas vantagens, dispensando-se, por exemplo, de pagar ao seu credor insolvente o que lhe deve, e que outro credor, só porque teve a infelicidade de o seu crédito não estar liquidado, não possa aproveitar-se de idênticas vantagens.".

necessário que a mesma seja invocada pela parte interessada, declarando a sua vontade, séria e definitiva, no sentido da extinção, configurando, deste modo, a declaração de compensação, como um verdadeiro *direito potestativo*[47].

A declaração de compensação é uma declaração – expressa ou tácita – receptícia (cf. artigo 224.° *ex vi* artigo 848.°, n.° 1), que tanto pode ser realizada extrajudicialmente, sem dependência de forma (artigos 217.° e 219.°), como mediante notificação judicial avulsa (artigo 261.° do CPC) ou no âmbito de um processo judicial, podendo aqui ser invocada pelo autor, na petição inicial, ou pelo réu, por exceção ou reconvenção. Expressamente vedada, por razões de segurança jurídica, é a sujeição de tal declaração a condição ou a termo, caso em que será ineficaz.

Existindo pluralidade de créditos em situação de compensabilidade, na medida em que a lei atribui ao declarante o direito de escolha, tal deverá resultar da declaração de compensação, não sendo concedido ao declaratário o direito de se opor (artigo 851.°). Na falta de escolha, serão supletivamente aplicáveis as regras gerais da imputação do cumprimento (artigo 851.°, n.° 2).

II. A declaração de compensação opera retroativamente, produzindo os seus efeitos desde a data em que os créditos se tornaram compensáveis, devendo os mesmos ter-se por *extintos* desde essa data (artigo 854.°). Nestes termos, é adequado falar-se, a propósito da declaração de compensação, de uma *conditio iuris* suspensiva[48], cujo preenchimento faz retroagir ao momento da compensabilidade a extinção dos vínculos obrigacionais em presença, com efeitos que não são despiciendos. Senão vejamos: extinguindo-se os créditos desde a data em que se verificou a situação de compensabilidade tal determina que não se considerem, *rectius* se tenham por não vencidos os juros corridos desde essa data, não se vençam penas convencionais e não se produza a mora. É por esta razão que créditos prescritos na data da declaração de compensação ainda se têm por compensáveis, caso não se encontrassem prescritos na data da situação de compensabilidade (artigo 850.°). E é também por esta razão que é possível a compensação contra um crédito não cedido na data da situação de

[47] Neste sentido, Vaz Serra, *Compensação*, 129; Antunes Varela, *Das obrigações em geral*, vol. II^7, 188 e 205; Pessoa Jorge, *Lições*, 442 e Teixeira de Sousa, *Observações críticas*, 84. Noutros ordenamentos jurídicos, como é o caso do Espanhol (cf. artigo 1202.° do *Código Civil*), a compensação opera, no entanto, de pleno direito, podendo ser reconhecida oficiosamente. Cf., entre outros, Rojo Ajuría, *Comentario*, 454.

[48] Neste sentido, cf. Cunha de Sá, *Modos de extinção das obrigações*, 224.

compensabilidade, mesmo que, na data da declaração de compensação, ele já se encontre cedido (cf. artigo 585.º)[49].

Na medida em que não é exigível qualquer decisão judicial, quer constitutiva quer meramente reconhecedora da eficácia da declaração de compensação, a lei regula expressamente os efeitos de uma declaração de nulidade ou anulação da compensação, estabelecendo que, nessa eventualidade, subsistem as obrigações respetivas, incluindo as garantias que tenham sido prestadas a favor de cada um dos credores. Contudo, sendo a nulidade ou anulação imputável

[49] Neste sentido, cf. Antunes Varela, *Das obrigações em geral,* II^{7}, 190; Pires de Lima/Antunes Varela, *Código civil anotado,* Vol. II^{4}, 142; Luís Menezes Leitão, *Cessão de créditos*, 375; Pestana de Vasconcelos, *A cessão de créditos em garantia*, 512; Ribeiro de Faria, *Obrigações* II, 539 e Vaz Serra, *Cessão de créditos*, BFDUC, XXXI, 322. Segundo os dois primeiros AA., essencial, a este respeito, é que o crédito do devedor sobre o cedente se tenha constituído antes do conhecimento da cessão pelo primeiro, independentemente de o vencimento do referido direito se ter verificado antes, ou depois, do mesmo conhecimento. Em sentido contrário, pronunciava-se Vaz Serra, sustentando que, neste caso, para que a compensação pudesse operar seria necessário que o crédito compensante se tivesse vencido antes do crédito cedido. O argumento utilizado era o seguinte: "o devedor, se o seu crédito se vencia depois do crédito cedido, não contava com a compensação para se garantir, não havendo, portanto, razão suficientemente forte para poder compensar com ele contra o cessionário, do mesmo modo que não teria podido compensar contra o cedente, se este reclamasse o pagamento no vencimento" (ob. cit, *loc. cit.*, n. 3). A este argumento responde Pestana de Vasconcelos do seguinte modo: se é verdade que o devedor cedido, atentos os diferentes prazos de vencimento, não poderia contar com a compensação perante o cedente até que o seu crédito se encontrasse vencido, a verdade é que já o poderia fazer a partir dessa data. Assim sendo, sustenta este A. que seria perverso que, na ausência da cessão, o devedor cedido pudesse opor a compensação ao cedente e que, verificada a cessão não possa recorrer à compensação contra o cessionário. Pestana de Vasconcelos funda a sua argumentação na circunstância de que, subjacente ao regime jurídico da cessão de créditos, está o princípio de que, não sendo necessário o seu consentimento para se operar válida e eficazmente a cessão do crédito, o devedor cedido não pode ser prejudicado pela modificação subjetiva do lado ativo da relação jurídica (*ob. cit., loc. cit.*).
Temos algumas dúvidas quanto às posições acima referidas, considerando que o que importa ao artigo 585.°, tal como ao artigo 854.°, é a data em que os créditos se tornaram compensáveis, e não a data em que os mesmos foram constituídos, fundando-se a situação de compensabilidade no momento em que se verificam, em relação aos créditos contrapostos, os requisitos da compensação. Com base neste pressuposto, o que importa, para os efeitos do artigo 585.°, é saber se, na data da cessão, o crédito do devedor cedido já reunia os pressupostos de que a lei faz depender a compensabilidade, incluindo se já se encontrava vencido, independentemente de esse vencimento se ter, ou não, verificado antes do vencimento do contra-crédito. Parece ser esta a posição de Antunes Varela ao referir que "[s]e um dos créditos for cedido a terceiro, *depois de verificada a situação de compensabilidade*, o respetivo devedor continuará a gozar do direito de compensação contra o cessionário, sem que este possa opor-lhe a falta de reciprocidade dos créditos" (itálico nosso) (cf. Antunes Varela, *ob. cit., loc. cit.*).

a alguma das partes, já não renascem as garantias que tenham sido prestadas em seu benefício por terceiro, salvo se este conhecia o vício quando foi feita a declaração de compensação, o que bem se compreende, na medida em que não existirá, neste caso, qualquer boa fé juridicamente atendível[50].

§ 5. *Natureza jurídica*

I. Quanto à natureza jurídica da compensação, no início do séc. XX, defrontavam-se duas teorias: a *Teoria da Satisfação* (*Eigenbefriedigung*), nos termos da qual a compensação é um ato do credor pelo qual este se satisfaz, satisfazendo, na mesma medida o interesse do seu credor, e a *Teoria da Liberação* (*Leistungstheorie*), segundo a qual a compensação seria uma forma de cumprimento da obrigação[51].

Atualmente, a doutrina admite a combinação de ambas as teorias (*Kombinationstheorie*). Tal entendimento radica no facto de a compensação, ao extinguir ambos os créditos, satisfazer os interesses do declarante e os do declaratário, correspondendo, assim, a uma satisfação própria e a uma prestação, sendo, ao mesmo tempo, ato do credor e do devedor[52].

Vaz Serra afirma que a compensação equivale a um duplo pagamento[53].

Quanto a nós, entendemos que a compensação, embora produza um efeito extintivo com carácter satisfativo, não é um pagamento e também não é, nessa medida, cumprimento, circunstância que consideramos facilmente apreensível se atentarmos na eficácia retroativa da declaração de compensação, nos efeitos que essa circunstância determina, bem como no facto de a compensação estar na disponibilidade de quem queira compensar[54].

Sendo o facto extintivo por excelência da obrigação o cumprimento, podemos afirmar que a compensação atua como sucedâneo do cumprimento – sendo o interesse do credor compensante satisfeito mediante a sua liberação do outro vínculo e valendo o mesmo *mutatis mutandis* para o credor compensado – mas não é um cumprimento[55].

[50] Menezes Cordeiro, *Da compensação*, 136.

[51] Cf. Vaz Serra, *Compensação*, 23; e Menezes Cordeiro, *Da Compensação*, 146.

[52] Cf. Menezes Cordeiro, *Da compensação*, 146.

[53] Cf. Vaz Serra, *Compensação*, 21.

[54] Cf., neste sentido, Menezes Cordeiro, *Da compensação*, 147.

[55] Neste sentido, cf. Cunha de Sá, *Modos de extinção das obrigações*, 214; e Rosa Ferreira, *Compensação e insolvência*, 25-33. Rosa Ferreira vai, no entanto, um pouco mais longe do que nós, na medida em que afirma que "a compensação não é cumprimento, mas também não é qualquer

II. Segundo alguma doutrina, a compensação tem ainda uma enorme importância por desempenhar uma função de garantia, enquanto mecanismo autosatisfativo, na medida em que cria uma posição privilegiada do credor que a ela possa recorrer face aos demais credores do devedor que não possam fazê-lo[56]. Tanto mais que a compensação poderá ser contratual, admitindo-se, por essa via, que as partes prescindam de alguns requisitos da compensação legal[57]. A este ponto voltaremos, no final do presente estudo, tendo, nessa altura, reunido todos os argumentos que fundamentarão a nossa resposta.

Capítulo II – **Da insolvência das instituições de crédito**

§ 6. *Indicação e sentido geral das fontes*

I. O regime jurídico aplicável à intervenção precoce do BdP (mediante a implementação de mecanismos que permitam, em situação de grave desequilíbrio financeiro, recuperar a instituição de crédito ou preparar a sua liquidação ordenada) e à liquidação das instituições de crédito encontra-se consagrado

outra coisa diferente do cumprimento" (*ob. cit.*, 27). O A. sustenta a sua afirmação no facto de, entre as causas de extinção das obrigações para além do cumprimento, a compensação ser a única cujos efeitos resultantes da aplicação do instituto jurídico "não provocam ou pressupõem uma alteração dos termos e condições da relação jurídica em causa, tal como estes foram estipulados pelas partes ou se encontram dispostos na lei" (*ob. cit, loc. cit.*). As nossas reticências face a esta posição resultam da circunstância, já referida no texto, de a declaração de compensação ter eficácia retroativa, importando, nessa medida, uma modificação da prestação debitória que contraria a identidade entre prestações na qual o A. sustenta a sua tese. Em boa verdade, deve dizer-se que o A. não foi alheio a este facto, tendo, no entanto, optado por não considerá-lo materialmente relevante (cf. *ob. cit.*, 32).

[56] Cf. Pires de Lima/Antunes Varela, *Código civil anotado*, vol II[4], 140; Antunes Varela, *Obrigações* I[9], 197 e 227-229; Almeida Costa, *Direito das obrigações*, 1025; Isabel Figueiredo, *A compensação como garantia de cumprimento*, 420, ao referir-se à compensabilidade como uma verdadeira garantia real, "na medida em que aumenta o grau de probabilidade de satisfação do crédito pela afetação específica e preferencial de um objeto de satisfação, sem acrescentar um novo património", prevalecendo sobre os direitos de terceiro e resistindo à insolvência; e Ramos Alves, *Sobre a função de garantia da compensação*, 1049 ss., que, apesar de afirmar que "nada obsta a que [a compensação] desempenhe funções de garantia", nega à compensação a natureza de direito real de garantia, afirmando que "por força do requisito da homogeneidade dos créditos, não lidamos com uma afetação real ou, sequer, com um direito de preferência na satisfação de um crédito. Limitamo-nos, pura e simplesmente, a lidar com um mecanismo que visa agilizar a extinção de uma obrigação" (*ob. cit.*, 1051).

[57] Pestana de Vasconcelos, *A cessão de créditos em garantia*, 854, n. 1589 e 919, n. 1699.

no RGICSF e no RLICSF. No âmbito do processo de liquidação judicial das instituições de crédito, o RLICSF determina ainda a aplicação do CIRE com diversas especialidades.

Enquanto o primeiro diploma tem como matriz caracterizadora essencial o facto de privilegiar tipos de intervenção precoce, essencialmente de caráter preventivo – evidenciando a necessidade de implementação de mecanismos que permitam, em situação de grave desequilíbrio financeiro, recuperar a instituição de crédito ou preparar a sua liquidação ordenada, de modo a salvaguardar o interesse essencial da estabilidade financeira e a maior proteção dos depositantes –, o RLICSF define e regulamenta o modelo de liquidação das instituições de crédito subsequente à revogação da respetiva autorização ou decorrente de deliberação dos sócios, no caso de dissolução voluntária (artigo 5.º, n.º 1 do RLICSF).

II. A exclusão das instituições de crédito da sujeição ao processo comum de insolvência está relacionada não só com a circunstância de estarmos perante instituições subordinadas a supervisão prudencial e, nesse âmbito, a poderes específicos de intervenção por parte das correspondentes autoridades, mas também com o facto de, atentos os efeitos perniciosos e tendencialmente expansivos que a insolvência de uma instituição de crédito determina, se pretender salvaguardar quer a satisfação do interesse dos seus credores quer a própria atividade bancária e o sistema financeiro e, com eles, a economia no seu conjunto, num escopo comum de satisfação de interesses de ordem pública[58].

Deste modo, no nosso ordenamento jurídico, apenas o BdP pode requerer a liquidação judicial das instituições de crédito, produzindo a decisão de revogação da autorização para o exercício da atividade bancária os efeitos da declaração de insolvência (artigo 8.º, n.º 2 do RLICSF) e embora a liquidação propriamente dita seja cometida ao sistema judicial, sendo aplicáveis, como princípio geral, as disposições do CIRE que se mostrem compatíveis com as especialidades constantes do RLICSF (artigo 9.º, n.º 3 do diploma), o BdP continua a exercer as suas funções de supervisão, na parte relevante, e a prestar a necessária colaboração em juízo, podendo requerer e propor o que entender conveniente, em face da especificidade técnica das matérias e da respetiva incidência no sistema financeiro, bem como recorrer das decisões proferidas.

Com particular relevo salienta-se o facto de a remissão para o CIRE excluir expressamente os capítulos IX e X do CIRE – relativos, respetivamente, ao plano de insolvência e à possibilidade de a massa insolvente continuar, ainda

[58] Neste sentido, cf. João Labareda, *Regime particular das instituições de crédito*, 105.

que, porventura, transitoriamente, confiada ao devedor – significando, na prática, que, uma vez desencadeado o processo de liquidação das instituições de crédito, a respetiva liquidação não poderá ser superada pela adoção de medidas alternativas, devendo ser conduzida até ao fim.

§ 7. *O saneamento das instituições de crédito*

I. Com a entrada em vigor do Decreto-Lei n.º 31-A/2012, de 10 de fevereiro[59], o regime de saneamento das instituições de crédito, até então previsto no título VIII do RGICSF[60], foi substituído por uma nova disciplina legal caracterizada pela existência de três fases distintas de intervenção por parte do BdP: a intervenção corretiva, a administração provisória e a resolução.

Os pressupostos de aplicação destas três fases de intervenção diferenciam-se consoante a gravidade do risco ou grau de incumprimento, por parte da instituição em causa, das regras legais e regulamentares que disciplinam a sua actividade, bem como em razão da dimensão das respetivas consequências nos interesses dos depositantes ou na estabilidade do sistema financeiro, ficando a escolha da modalidade de intervenção e a adoção de uma ou mais das medidas concretas previstas sujeita aos princípios gerais da necessidade, adequação e proporcionalidade (artigo 139.º do RGICSF). Assim, e desde que se verifiquem os respetivos pressupostos de aplicação, o BdP não se encontra vinculado a observar qualquer relação de precedência (artigo 140.º do RGICSF), decidindo em função do que melhor convier aos objetivos do reequilíbrio financeiro da instituição, da proteção dos depositantes, da estabilidade do sistema financeiro como um todo e da salvaguarda do erário público.

Face ao *supra* exposto, verifica-se como primeiro princípio a reter o facto de não se aplicar às instituições de crédito o regime geral relativo à recuperação

[59] Aprovado na sequência da autorização legislativa concedida pela Lei n.º 58/2011, de 28 de novembro.

[60] Até à entrada em vigor do RGICSF, o saneamento e a liquidação destas instituições encontrava-se regulado no Decreto-Lei n.º 30:689, de 27 de agosto de 1940. O RLICSF define as medidas de saneamento como aquelas destinadas a preservar ou restabelecer a situação financeira de uma instituição de crédito e que são suscetíveis de afetar direitos preexistentes de terceiros, incluindo as de suspensão de pagamentos, de suspensão de processos de execução ou de redução de créditos [cf. al. *a*) do n.º 1 do artigo 2.º]. Atendendo às alterações introduzidas no título VIII do RGICSF, o n.º 2 do artigo 2.º do RLICSF esclarece que são consideradas medidas de saneamento a nomeação de administração provisória e/ou a adoção de medidas de resolução por parte do BdP, previstas nos capítulos II e III do título VIII do RGICSF.

de empresas previsto no CIRE[61], facto que se justifica pelo cuidado acrescido na proteção dos interesses dos depositantes, investidores e outros credores e na salvaguarda das condições normais de funcionamento do mercado monetário, financeiro e cambial.

II. No que respeita à intervenção corretiva (artigos 141.° a 144.° do RGICSF), o regime actual preserva, no essencial, o conteúdo das medidas de saneamento anteriormente previstas no título VIII do RGICSF, antecipando, contudo, o momento em que as mesmas podem ser aplicadas pelo BdP. Com efeito, o artigo 141.°, n.° 1 do RGICSF prevê que as mesmas possam ser aplicadas pelo BdP, no prazo por ele fixado, sempre que "uma instituição de crédito não cumpra, ou esteja em risco de não cumprir, normas legais e regulamentares que disciplinem a sua atividade", concretizando-se, nas alíneas do n.° 2 do mesmo preceito, ainda que a título meramente exemplificativo, as circunstâncias atendíveis para efeitos de apreciação do risco de incumprimento, a saber (a) o risco de incumprimento dos níveis mínimos de adequação dos fundos próprios correspondentes ao rácio de solvabilidade e ao rácio *Core Tier 1*, (b) dificuldades na situação de liquidez que possam pôr em risco o regular cumprimento das obrigações da instituição de crédito, (c) o órgão de administração da instituição de crédito ter deixado de oferecer garantias de gestão sã e prudente e (d) a organização contabilística ou o sistema de controlo interno da instituição de crédito apresentarem insuficiências graves que não permitam avaliar devidamente a situação patrimonial da instituição.

III. A administração provisória (artigo 145.° do RGICSF), caracterizando-se por um nível mais intenso e também mais visível de intervenção pública, consubstanciando-se na possibilidade de o BdP suspender o órgão de administração de uma instituição de crédito, nomeando, na totalidade, os seus membros, pelo prazo máximo de um ano, prorrogável até ao máximo de dois anos, visa acorrer a situações aptas a colocar em *risco sério* o equilíbrio financeiro ou a solvabilidade da instituição ou a constituir uma ameaça para a estabilidade do sistema financeiro, sendo como tal identificadas (a) a deteção de uma violação grave ou reiterada de normas legais e regulamentares que disciplinam a atividade da instituição, (b) a verificação de motivos atendíveis para suspeitar da existência de graves irregularidades na gestão da instituição, (c) a verificação de

[61] Facto que se encontra, hoje em dia, expressamente previsto no artigo 153.°-A do RGICSF, que determina que "[n]ão se aplica às instituições de crédito o regime geral relativo aos meios de recuperação de empresas e proteção de credores.".

motivos atendíveis para suspeitar da incapacidade dos acionistas ou dos membros do órgão de administração da instituição para assegurarem uma gestão sã e prudente ou para recuperarem financeiramente a instituição, e (d) a verificação de motivos atendíveis para suspeitar da existência de outras irregularidades que coloquem em sério risco os interesses dos depositantes e dos credores.

A nomeação de uma administração provisória não está dependente da prévia aplicação de medidas de intervenção corretiva, embora também não prejudique a aplicação, a qualquer momento, de uma ou mais das referidas medidas (n.os 9 e 10 do preceito em análise).

Com a designação de uma administração provisória, o BdP pode igualmente (a) nomear uma comissão de fiscalização ou um fiscal único ou (b) dispensar temporariamente o cumprimento pontual de obrigações anteriormente contraídas pela instituição, com a duração máxima de um ano (n.º 11, *idem*).

IV. Verificando-se a eventualidade extrema de uma instituição de crédito não cumprir, ou se encontrar em *risco sério* de não cumprir, os requisitos para a manutenção da autorização para o exercício da sua atividade, caso o BdP considere não ser previsível que a instituição de crédito consiga, num prazo apropriado, executar as ações necessárias para regressar a condições adequadas de solidez e de cumprimento dos rácios prudenciais, poderá tomar medidas de resolução (artigos 145.º-A a 145.º-O do RGICS), desde que tais medidas se mostrem indispensáveis à prossecução de qualquer das seguintes finalidades: (a) assegurar a continuidade da prestação dos serviços financeiros essenciais, (b) acautelar o risco sistémico, (c) salvaguardar os interesses dos contribuintes e do erário público e (d) salvaguardar a confiança dos depositantes.

Estas medidas consubstanciam-se na alienação parcial ou total da atividade a outra instituição autorizada a desenvolver a atividade em causa e/ou na transferência parcial ou total da atividade a um ou mais bancos de transição[62].

[62] À luz do regime vigente até à entrada em vigor do Decreto-Lei n.º 31-A/2012, de 10 de fevereiro, quando uma instituição de crédito se encontrava numa situação de desequilíbrio financeiro muito grave, sem perspectivas realistas de recuperação, o ordenamento jurídico oferecia às autoridades, como única alternativa de atuação, a revogação da respetiva autorização para o exercício da atividade e a sua subsequente entrada em liquidação, ou, em situações de maior gravidade sistémica, a sua possível nacionalização, com custos inerentes para o erário público (foi, aliás, o que sucedeu, respetivamente, com o Banco Privado Português, cuja autorização para o exercício da actividade foi revogada, por deliberação do Conselho de Administração do BdP de 15 de abril de 2010, e com o Banco Português de Negócios, nacionalizado nos termos da Lei n.º 62-A/2008, de 11 de novembro), daí que no preâmbulo daquele diploma se diga que "[a] consagração legal desta medidas é porventura a mais importante inovação".

Nos termos do n.º 3 do artigo 145.º-A do RGICS, considera-se que uma instituição de crédito está em *risco sério* de não cumprir, os requisitos para a manutenção da autorização para o exercício da sua atividade quando ocorra uma das seguintes situações: (a) a instituição de crédito tiver tido prejuízos ou haja fundadas razões para considerar que a curto prazo possa vir a ter prejuízos suscetíveis de consumir o respetivo capital social, (b) os ativos da instituição de crédito se tornem inferiores ou haja fundadas razões para considerar que a curto prazo se tornem inferiores às respetivas obrigações, (c) a instituição de crédito se encontrar impossibilitada de cumprir as suas obrigações ou haja fundadas razões para considerar que a curto prazo o possa ficar.

O princípio orientador da aplicação de medidas de resolução é de que os acionistas e os credores da instituição de crédito devem assumir prioritariamente os prejuízos da instituição em causa, de acordo com a respectiva hierarquia e em condições de igualdade dentro de cada classe de credores, excluindo-se desta regra, naturalmente os depósitos garantidos pelo Fundo de Garantia de Depósitos (artigo 145.º-B do RGICSF).

A aplicação de medidas de resolução não está dependente da prévia aplicação de medidas de intervenção corretiva, embora também não prejudique a aplicação, a qualquer momento, de uma ou mais das referidas medidas (n.ºs 4 e 5 do artigo 145.º-C do RGICSF). Por outro lado, em simultâneo com a aplicação de uma medida de resolução, o BdP pode determinar a dispensa temporária da observância de normas prudenciais, a dispensa temporária do cumprimento pontual de obrigações anteriormente contraídas e/ou o encerramento temporário de balcões e outras instalações em que tenham lugar transações com o público, desde que se mostrem necessárias à prossecução das finalidades visadas pelas medidas de resolução.

Após a alienação/transferência deve ser garantida a continuidade das operações relacionadas com os ativos, passivos, elementos extrapatrimoniais e ativos sob gestão alienados/transferidos, devendo a instituição adquirente/ /banco de transição ser considerados, para todos os efeitos legais e contratuais, como sucessores nos direitos e obrigações transferidos da instituição de crédito originária (n.º 10 do artigo 145.º-F e n.º 9 do artigo 145.º-H do RGICSF). A esta questão, com particular relevância para o tema que nos ocupa, voltaremos mais tarde, no Cap. III.

A adoção de medidas de resolução determina, enquanto as mesmas durarem, a suspensão, pelo prazo máximo de um ano, de todas as execuções, incluindo as fiscais, contra a instituição, ou que abranjam os seus bens, sem excepção das que tenham por fim a cobrança de créditos com preferência ou privilégio, e são interrompidos os prazos de prescrição ou de caducidade oponíveis pela instituição (art. 147.° do RGICSF).

Asseguradas as finalidades visadas pelas medidas de resolução, caso o BdP verifique que a instituição de crédito não cumpre os requisitos para a manutenção da autorização para o exercício da atividade, pode revogar a autorização da instituição de crédito que tenha sido objeto das medidas em causa (nos termos do artigo 22.° do RGICSF), seguindo-se o regime de liquidação, de acordo com as regras do RLICSF, que a seguir descreveremos.

V. Para prestar apoio financeiro à aplicação das medidas de resolução adotadas pelo BdP, à semelhança do que já acontecia noutros Estados membros da União Europeia, foi criado, nos termos do Decreto-Lei n.° 31-A/2012, de 10 de fevereiro, o Fundo de Resolução, pessoa colectiva de direito público, dotada de autonomia administrativa e financeira na qual participam obrigatoriamente as instituições de crédito com sede em Portugal, as sucursais de instituições de crédito com sede em Estados não pertencentes à União Europeia, as sociedades relevantes para a gestão de sistemas de pagamento sujeitas à supervisão do BdP e ainda certos tipos de empresas de investimento.

VI. Outra inovação de caráter marcadamente preventivo introduzida pelo Decreto-Lei n.° 31-A/2012, de 10 de fevereiro, foi a substituição do duplo dever[63] de comunicação ao BdP das situações de impossibilidade, ou de risco de impossibilidade, de cumprimento das suas obrigações por parte de uma instituição de crédito, anteriormente previsto no artigo 140.°, pelos deveres de comunicação e de participação de irregularidades atualmente constantes, respetivamente, dos artigos 116.°-F e 116.°-G do RGICSF. Estes preceitos vieram, por um lado, alargar o leque dos sujeitos obrigados ao cumprimento dos referidos deveres – abarcando não só os órgãos de administração e de fiscalização e os respectivos membros individualmente considerados, mas também os detentores de participações qualificadas (subsistindo os referidos deveres após a cessação de funções ou a perda da participação qualificada, relativamente a factos ocorridos durante o exercício de tais funções ou a titularidade da respetiva participação) e ainda as pessoas que, por virtude das funções que exerçam na instituição de crédito, nomeadamente nas áreas de auditoria interna, de gestão de riscos ou de *compliance* – e, por outro lado, ampliaram o respetivo âmbito,

[63] A expressão é de Saraiva Matias, *A insolvência no direito bancário,* 293, referindo-se ao dever de comunicação que, nos termos da anterior versão do artigo 140.° do RGICS, impendia sobre os órgãos (n.° 1) e sobre de cada um dos membros desses órgãos (n.° 2).

antecipando o momento da sua verificação e introduzindo pressupostos mais objetivos para o seu cumprimento, impondo novas formas de comunicação ao supervisor de eventuais irregularidades que possam afetar a atividade das instituições.

§ 8. *Breve caracterização do estado de insolvência*

I. Não encontramos nem no RLICSF nem no RGICSF uma definição expressa de *estado de insolvência* das instituições de crédito.

Esta circunstância justificar-se-ia, à partida, atendendo a que a declaração desse estado é levada a cabo pelo BdP, materializando-se na decisão de revogação da autorização para o exercício da atividade bancária. Contudo, e na medida em que a decisão da autoridade de supervisão consubstancia um ato administrativo que, como tal, deve ser fundamentado, reservando-se para o processo administrativo de impugnação contenciosa a discussão sobre a legalidade da decisão revogatória, importa procurar o conceito de insolvência determinante da referida decisão, *i.e.*, a *causa* que lhe subjaz[64].

II. O CIRE apresenta-nos três conceitos de *estado de insolvência*. Em primeiro lugar, o artigo 3.º n.º 1 considera em *estado de insolvência* o devedor que se encontra impossibilitado de cumprir as suas obrigações vencidas, assentando a matriz qualitativa a ter em conta relativamente a todas as entidades sujeitas ao respetivo regime. Por sua vez, o n.º 2 do mesmo preceito consagra o critério da relação quantitativa entre o passivo e o ativo relativamente às pessoas coletivas por cujas dívidas nenhuma pessoa singular responda pessoal e ilimitadamente, de forma direta ou indireta, determinando que estas entidades se consideram em estado de insolvência, para além da situação prevista no n.º 1, quando o seu passivo for manifestamente superior ao ativo, avaliáveis segundo as normas contabilísticas aplicáveis. Finalmente, rompendo com a orientação da lei geral que o precedeu, o CIRE, no artigo 3.º, n.º 4, equipara às situações que designa de insolvência atual (referindo-se às anteriormente identificadas) a insolvência iminente, limitando, no entanto, a respetiva eficácia, ao caso de apresentação pelo próprio devedor.

[64] Cf., neste sentido, João Labareda, *Regime particular das instituições de crédito*, 124-125.

III. Consideramos que, com as especificidades próprias a seguir descritas, todas estas situações se aplicam às instituições de crédito por via do RGICSF[65]. Com efeito, quanto ao critério qualitativo de incapacidade para cumprir as obrigações vencidas, pensamos que tal princípio resulta da conjugação dos artigos 22.°, als. *f*), *g*) e *h*) e primeira parte da alínea *c*) do n.° 3 do artigo 145.°-C, ambos do RGICSF. O critério quantitativo pode ser buscado na primeira parte das alíneas *a*) e *b*) do artigo 145.°-C do RGISCF. Finalmente, encontramos os critérios determinantes para a verificação do estado de insolvência iminente nas alíneas *a*) a *d*) do n.° 2 do artigo 141.°, nas alíneas *a*) a *d*) do n.° 1 do artigo 145.° e na segunda parte das alíneas *a*) a *c*) do artigo 145.°-C do RGICSF, podendo estabelecer-se um paralelismo entre a apresentação do devedor prevista no CIRE e a obrigação cometida às instituições de crédito de prestar informações ao BdP, prevista no artigo 120.° do RGICSF.

Não obstante, entre as normas identificadas, apenas o artigo 22.° do RGICSF mencionar especificamente as razões que fundamentam a decisão de revogação da autorização pelo BdP, referindo-se os demais preceitos essencialmente aos deveres de informação e à determinação das razões que poderão levar o BdP a tomar medidas de intervenção corretiva, administração provisória e de resolução, consideramos que, na prática, todos confluem no sentido da determinação dos critérios a aferir para efeitos da determinação da solvabilidade das instituições de crédito.

Pelo exposto, consideramos que o *estado de insolvência* das instituições de crédito se deve caracterizar mediante a apreensão da noção de insolvência acolhida no CIRE, justificando-se tal asserção na ausência de um conceito próprio nos diplomas que tratam destas instituições, na disciplina contida nestes diplomas que, conforme vimos, tem implícito o acolhimento dos conceitos gerais, atentas, naturalmente, as especificidades que os caracterizam e, finalmente, na ausência de uma razão que, por si só, se mostre razoavelmente legitimadora da adoção de conceitos distintos neste domínio. Não obstante, e atendendo a que o conceito de estado de insolvência não é estático, esta asserção deverá ser sempre confirmada à luz dos princípios que, em cada momento, enformam o regime jurídico das instituições de crédito[66].

[65] No mesmo sentido, cf. João Labareda, *Regime particular das instituições de crédito*, 112, cuja fundamentação seguimos de perto.

[66] Sobre a evolução do conceito de estado de insolvência, cf. Requicha Ferreira, *Estado de insolvência*, 131 ss.

§ 9. *O processo de liquidação*

I. Conforme já referimos, o processo de liquidação das instituições de crédito encontra-se regulado no RLICSF o qual, por sua vez, remete para o CIRE, cujas disposições, com exceção dos títulos IX e X, se devem, assim, ter por aplicáveis ao processo de liquidação judicial das instituições de créditos e sociedades financeiras.

O RLICSF transpôs para a ordem jurídica nacional a Diretiva 2001/24/CE do Parlamento Europeu e do Conselho de 4 de abril de 2001, relativa ao saneamento e à liquidação de instituições de crédito. Esta diretiva teve por escopo o estabelecimento de normas visando a harmonização de procedimentos, assentando nos pressupostos do mútuo reconhecimento e do respeito pelos princípios da liberdade de estabelecimento e de prestação de serviços, da universalidade e da igualdade de tratamento entre credores, tendo, nessa medida, estabelecido como regra fundamental que o saneamento e a liquidação das instituições de crédito, incluindo as respetivas sucursais, devem ser regulados pela lei do Estado membro de origem, *i.e.*, o Estado membro em que tenham sido autorizadas, impondo a obrigação de as autoridades nacionais de supervisão comunicarem às entidades homólogas dos restantes Estados membros não só a adoção de medidas de saneamento mas também a decisão de instaurar processos de liquidação, a par da obrigação de reconhecimento nos Estados membros de acolhimento das decisões tomadas pela autoridade do Estado membro de origem.

Sob a égide do princípio *supra* exposto, o artigo 20.°, n.° 1 do RLICSF prescreve ainda que, salvo disposição em contrário, nomeadamente nos artigos 27.° a 34.° do RLICSF, as instituições de crédito cuja autorização para o exercício da atividade tenha sido concedida pelo BdP, incluindo as respetivas sucursais localizadas noutros Estados membros, deverão ser liquidadas de acordo com as leis, regulamentos e procedimentos aplicáveis em Portugal[67].

II. Abandonando o sistema predominantemente administrativo de liquidação das instituições de crédito e sociedades financeiras anteriormente em

[67] Está ainda sujeita ao regime estabelecido no RLICSF, a liquidação de sucursais, situadas em Portugal, de instituições de crédito com sede em países que não sejam membros da União Europeia. Quanto às caixas de crédito agrícola mútuo pertencentes ao Sistema Integrado do Crédito Agrícola Mútuo, encontram-se excluídas do âmbito de aplicação do RLICSF. Não obstante, a respetiva liquidação faz-se também pela aplicação do regime do CIRE, com as adaptações impostas pelo respetivo regime, nos termos do Decreto-Lei n.° 24/91, de 11 de janeiro, com a redação do Decreto-Lei n.° 142/2009, de 16 de junho.

vigor[68], nos termos do RLICSF, a liquidação propriamente dita das instituições de crédito encontra-se cometida ao sistema judicial, devendo seguir o modelo característico da insolvência comum (artigos 8.º, n.º 1 e 9.º, n.º 3 do RLICSF).

Continua, no entanto, a atribuir-se ao BdP, enquanto autoridade de supervisão, a competência exclusiva para revogar a autorização para o exercício da atividade bancária, nos termos do artigo 22.º do RGICSF, dispondo de um prazo máximo de 10 dias úteis, após a revogação da autorização, para requerer, no tribunal competente, a liquidação da instituição de crédito (artigo 8.º, n.º 3 do RLICSF). Este prazo é, no entanto, alargardo - passando a ser de seis meses a contar da data da revogação da autorização, renovável por igual período, se tal renovação se mostrar necessária à conclusão, em condições de eficácia e celeridade, de operações em curso - no caso de terem sido nomeados pelo BdP administradores pré-judiciais, nos termos do novo procedimento pré-judicial de liquidação introduzido na nova secção III do RLICSF por força do Decreto-Lei n.º 31-A/2012, de 10 de fevereiro. Com efeito, nos termos do artigo 7.º-A do RLICSF passou a prever-se a possibilidade de o BdP, na decisão de revogar a autorização, nomear um ou mais administradores pré-judiciais[69], que exercerão funções sob o seu controlo por um prazo até seis meses, renovável por igual período, caso exista urgência no início das operações de liquidação, nomeadamente para garantir a continuidade de funções essenciais da instituição de crédito e a conservação do seu património, ou para salvaguarda da estabilidade do sistema financeiro (artigo 7.º-A do RLICSF).

Cabe aos administradores pré-judiciais, em cumprimento do dever de diligência na gestão e liquidação da massa, exercer os poderes de administração e disposição do administrador de insolvência, carecendo de autorização do BdP para a prática dos atos de especial relevo previstos nas alíneas *a*) a *e*) do n.º 3 do artigo 161.º do CIRE, sendo-lhes conferidas as competências do administrador da insolvência previstas nos artigos 149.º e 150.º do CIRE, podendo ser assistidos, no exercício de poderes de apreensão, por elementos do BdP. É ainda atribuição dos administradores pré-judiciais a preparação de uma lista provisória dos créditos sobre a instituição em liquidação, com base na informação nela disponível, que acompanhará o requerimento de liquidação judicial a

[68] Nos termos do Decreto-Lei n.º 30:689, de 27 de agosto de 1940, cuja constitucionalidade levantou dúvidas. Cf., a este propósito, Gomes Canotilho/Canelas Castro, *Constitucionalidade do sistema de liquidação coactiva administrativa de estabelecimentos bancários*, 57-87.

[69] Se a revogação da autorização tiver sido precedida da aplicação de medidas de intervenção corretiva ou de resolução ou da nomeação de uma administração provisória, nos termos do título VIII do RGICSF, a escolha dos administradores pré-judiciais recairá preferencialmente sobre os administradores que tenham sido nomeados para o efeito (n.º 2 do artigo 7.º-C do RLICSF).

que se refere o n.º 3 do artigo 8.º do RLICSF, podendo ainda, sempre que tal se mostre necessário ou conveniente, requerer ao BdP a continuação parcial da atividade da instituição de crédito (n.os 1 a 4 do artigo 7.º-D do RLICSF).

Dos atos dos administradores pré-judiciais, suscetíveis de causar prejuízo aos credores ou aos acionistas da instituição, cabe reclamação para o BdP, no prazo de dez dias após o respetivo reconhecimento, pelos credores interessados ou por detentores de participações qualificadas que atinjam, individualmente ou em conjunto, pelo menos 10% do capital ou dos direitos de voto da instituição, sobre a qual deverá ser proferida decisão pelo BdP no prazo de vinte dias (n.º 5 do artigo 7.º-D do RLICSF).

III. A decisão de revogação da autorização pelo BdP produz os efeitos da declaração de insolvência (artigo 8.º, n.º 2 do RLICSF)[70], extraindo-se daqui, como princípio, a falta de legitimidade quer dos credores quer da própria instituição de crédito para requerer a declaração judicial de insolvência. Durante o processo de liquidação judicial, o BdP continua a exercer as suas funções de supervisão, na parte relevante, e a prestar a necessária colaboração em juízo, podendo requerer e propor o que entender por conveniente em face das especificidades técnicas das matérias e respetiva incidência no sistema financeiro, bem como recorrer das decisões proferidas[71]. Em cumprimento deste princípio, compete ao BdP propor, no requerimento de instrução do processo judicial de insolvência, o liquidatário judicial ou, atenta a complexidade e difi-

[70] Nos termos do n.º 2 do artigo 7.º-B do RLICSF, a nomeação de administradores pré-judicias não obsta à produção dos efeitos da declaração de insolvência, com as seguintes adaptações: (a) a apensação de processos pendentes, prevista pelos artigos 85.º e 86.º do CIRE, terá lugar depois de proferido o despacho de prosseguimento previsto no artigo 9.º, n.º 1 do RLICSF, e (b) enquanto os administradores pré-judicias estiverem em funções, as ações destinadas a impugnar a eventual resolução de atos prejudiciais para a massa em liquidação, ao abrigo do artigo 120.º e ss. do CIRE, devem ser propostas contra a massa, representada em juízo pelos administradores pré-judiciais, no tribunal competente para a liquidação, procedendo-se à sua apensação aos autos da liquidação judicial logo que proferido o despacho de prosseguimento.

[71] Pelas razões supra expostas, João Labareda, *Regime particular das instituições de crédito*, 130, considera que "à falta de qualquer dispositivo a propósito, vale no sentido global da remissão contida nos artigos 8.º, n.º 1 e 9.º, n.º 3, a conclusão de que o juiz do processo não é, em sentido próprio, um órgão da liquidação, encontrando-se investido de funções e assistido de competências paralelas às conferidas ao juiz no processo de insolvência. Em corolário, exerce, essencialmente, as atribuições de carácter jurisdicional a desempenhar no desenrolar dos autos, nas suas diferentes fases, reservando-lhe a lei, complementarmente, a função de controlo geral da legalidade, embora frequentemente sem iniciativa própria e sem possibilidade de condicionar ou censurar os atos do órgão executivo da liquidação".

culdade da liquidação, de acordo com o estatuído no artigo 10.º, a comissão liquidatária, a designar pelo juiz (artigo 8.º, n.º 5 do RLICSF)[72].

IV. Na medida em que a decisão de revogação da autorização para o exercício da atividade bancária por parte do BdP é um ato administrativo, não compete ao tribunal da liquidação apreciar a respetiva legalidade, devendo a mesma ser sindicada nos tribunais administrativos, produzindo o processo administrativo, no processo de liquidação, os mesmos efeitos dos embargos de executado no processo de insolvência, no caso de ter sido requerida a suspensão da eficácia do ato de revogação pelo BdP da autorização para o exercício da atividade, sem prejuízo da faculdade de o BdP emitir resolução fundamentada, nos termos e para os efeitos previstos no artigo 128.º do Código de Processo nos Tribunais Administrativos (artigo 15.º, n.º 3 do RLICSF). Por outro lado, nos termos do artigo 15.º-A do RLICSF, assiste ao BdP, em sede de execução de sentença anulatória do ato de revogação da autorização para o exercício da atividade, a faculdade de invocar causa legítima de inexecução, nos termos conjugados do n.º 1 do artigo 175.º e do artigo 163.º do Código de Processo nos Tribunais Administrativos, iniciando-se, nesse caso, de imediato, o procedimento tendente à fixação da indemnização devida, de acordo com os trâmites previstos nos artigos 178.º e 166.º do referido código.

O tribunal da liquidação deve, no entanto, apreciar o preenchimento dos requisitos do requerimento de instrução do processo de insolvência, apenas se encontrando legitimado para proferir despacho de acolhimento do requerido, na medida em que os mesmos se encontrem preenchidos. No referido despacho, o juiz nomeia os liquidatários e toma as decisões previstas nas alíneas *b*), *c*) e *f*) a *n*) do artigo 36.º do CIRE (*ex vi* artigo 9.º, n.º 2 do RLICSF).

V. Nos termos da al. *n*) do artigo 36.º do CIRE *ex vi* do artigo 9.º, n.º 2 do RLICSF, o despacho de prosseguimento designará o dia e hora para a realização da assembleia de credores, a que se refere o artigo 156.º do CIRE, donde ressalta, como ilação fundamental, que no processo de liquidação das instituições de crédito se deve também constituir a assembleia de credores, cuja disciplina, na falta de disposições particulares, se deve buscar nos artigos 72.º e ss. do CIRE. Estes preceitos deverão, no entanto, ser lidos à luz do disposto no artigo 13.º do RLICSF, nos termos do qual as competências reconhecidas

[72] *Brevitatis causa*, referir-nos-emos, a partir de agora, indistintamente a *liquidatários*, pretendendo com a referida designação abarcar as duas realidades.

no CIRE à assembleia de credores são exercidas pela *comissão de credores*, cuja nomeação compete ao tribunal, ouvido o BdP[73].

A convocação da comissão de credores não tem, contudo, no âmbito da liquidação das instituições de crédito, o mesmo alcance que tem no CIRE, na medida em que esta não tem a possibilidade de exercer, neste processo, as três competências mais relevantes previstas no artigo 156.° do CIRE, que dizem respeito à faculdade de encarregar o administrador da insolvência de preparar um plano de insolvência, determinar a suspensão, liquidação e partilha da massa insolvente e deliberar sobre o encerramento ou manutenção em atividade do estabelecimento ou estabelecimentos nela compreendidos[74]. Com efeito, relativamente às duas primeiras competências, a respetiva impossibilidade resulta da exclusão da aplicação à liquidação das instituições de crédito do regime vertido nos títulos IX e X do CIRE – relativos ao plano de insolvência e à administração pelo devedor – nos termos do artigo 9.°, n.° 3 do RLICSF, ao passo que a competência para requerer ao juiz a continuação parcial da atividade da instituição de crédito se encontra cometida, nos termos do RLICSF, aos liquidatários, quando tal se mostre necessário ou conveniente à liquidação e apenas na medida em que tal requerimento seja instruído com parecer favorável do BdP (artigo 12.° do RLICSF). Por outro lado, entendemos que se encontra subtraída à vontade da comissão de credores, por incompatibilidade com os dispositivos especiais que regulam a liquidação das instituições de crédito, a regra vertida no artigo 53.° do CIRE, nos termos do qual a assembleia de credores pode eleger outra pessoa para exercer o cargo de administrador da insolvência.

Assim sendo, no âmbito do processo judicial de liquidação das instituições de crédito, temos, como principal atribuição da comissão de credores, a apreciação, ao abrigo do disposto no n.° 1 do artigo 156.° do CIRE, do relatório apresentado pelos liquidatários, nos termos do artigo 155.° do CIRE, a qual habilita os credores a conhecerem melhor a evolução da situação da instituição insolvente e as causas que conduziram à sua liquidação, permitindo-lhes parti-

[73] Na medida em que o CIRE prevê, no processo comum, a existência de uma assembleia geral e de uma comissão de credores, João Labareda, *Regime particular das instituições de crédito*, 133, questiona se o artigo 13.°, n.° 2 do RLICSF deverá ser interpretado no sentido de afastar a institucionalização da assembleia de credores como órgão de liquidação ou se, pelo contrário, é de admitir a possibilidade de ambas coexistirem, competindo, em última análise, à assembleia de credores revogar, nos termos do artigo 80.° do CIRE, todas as deliberações da comissão que não se encontrem executadas e avocar a decisão sobre qualquer ato para o qual o CIRE requeira a aprovação da comissão de credores do regime comum.

[74] Cf. João Labareda, *Regime particular das instituições de crédito*, 131.

cipar, de um modo mais informado e esclarecido, no incidente de qualificação da insolvência e, se for o caso, avaliar a eventual propositura de ações de responsabilidade civil e/ou criminal contra anteriores titulares dos cargos sociais[75].

VI. Conforme resulta da parte final do n.º 1 do artigo 10.º, a competência dos liquidatários é moldada sobre a do administrador de insolvência, cabendo-lhes proceder à verificação, classificação, graduação de créditos e à partilha de bens (artigos 128.º e ss. do CIRE). No entanto, as especificidades inerentes ao processo de liquidação das instituições de crédito e a complexidade e multiplicidade de créditos em causa poderão aconselhar o ajustamento das normas previstas no CIRE, nomeadamente no que se refere a prazos[76].

A atividade dos liquidatários é escrutinada pelo BdP, o qual pode examinar os elementos da contabilidade da instituição de crédito e solicitar aos liquidatários as informações bem como a apresentação dos elementos que considere necessários (artigo 14.º do RLICSF).

VII. O Capítulo III do RLICSF consagra as regras aplicáveis em caso de saneamento e liquidação de instituições de crédito que se encontrem estabelecidas em mais do que um Estado membro.

Na medida em que não cabe, no âmbito do presente estudo, a análise de tais situações, salienta-se apenas o facto de, relativamente a processos de liquidação sujeitos à Lei Portuguesa, a *lex concursus* poder ser afastada em situações especiais.

Assim, e no que particularmente importa ao nosso estudo, sublinhamos apenas, para já, que a instauração de processo de liquidação não prejudica o direito dos credores à compensação dos seus créditos com os da instituição em causa, desde que esse direito seja reconhecido pela lei aplicável aos créditos

[75] Cf. João Labareda, *Regime particular das instituições de crédito*, 132. O A. sustenta, por outro lado, que, embora a questão não possa considerar-se isenta de dúvidas, se inclina a admitir aos credores o exercício da faculdade que o CIRE lhes concede, em geral, no âmbito do processo de insolvência, no artigo 67.º do CIRE, de intervenção na composição da comissão de credores, podendo substituir os membros inicialmente nomeados ou acrescentar a comissão designada, embora não possam prescindir da mesma, atento o disposto no artigo 13.º, n.º 2 do RLICSF, fundamentando tal asserção, em primeiro lugar, no facto de, mesmo devendo ser ouvido previamente à nomeação da comissão, o BdP não emitir, a esse propósito, parecer vinculativo e, em segundo lugar, na circunstância de que, sendo manifesta a natureza de órgão de representação que assiste à comissão de credores, seria excessivo e injustificado que, postergando a filosofia geral que preside a este órgão, se impusesse insuperavelmente a sua composição, sem nenhuma possibilidade de reação do coletivo dos representados.

[76] Cf., no mesmo sentido, João Labareda, *Regime particular das instituições de crédito*, 139.

da instituição (artigo 31.º do RLICSF), as convenções de compensação e de *netting* regem-se exclusivamente pela lei aplicável ao respetivo contrato (artigo 33.º do RLICSF)[77] e são sempre aplicáveis as normas da Diretiva sobre o carácter definitivo das operações de liquidação[78] (preâmbulo do RLICSF).

VIII. Outras das novidades introduzidas pelo Decreto-Lei n.º 31-A/2012, de 10 de fevereiro, foi a introdução no RLICSF de uma nova disposição (artigo 15.º-B) atribuindo ao BdP a possibilidade de requerer a insolvência de sociedade dominante ou diretora da instituição de crédito em liquidação, sempre que tiver fundadas razões para concluir, a partir da situação patrimonial líquida da instituição de crédito, que o ativo da sociedade dominante ou diretora será provavelmente insuficiente para satisfazer o passivo próprio, acrescido do passivo não pago da instituição dominada, prevendo-se, para além do mais, que, sem prejuízo dos direitos próprios dos credores nos processos de liquidação da sociedade dominante ou diretora e da instituição de crédito dominada, os liquidatários nomeados deverão colaborar entre si, nomeadamente trocando os relatórios elaborados nos termos da lei e prestando assistência mútua com vista a maximizar a recuperação de créditos. Nos termos do preceito em análise, o BdP tem a faculdade de, no processo de insolvência da sociedade dominante ou dominada, acompanhar a atividade do administrador da insolvência, podendo requerer ao juiz o que entender conveniente, podendo, para o referido efeito, examinar os elementos da contabilidade da sociedade e solicitar ao administrador da insolvência as informações e a apresentação dos elementos que considere necessários, podendo apresentar em juízo os relatórios e pareceres julgados convenientes e tendo legitimidade para reclamar ou recorrer das decisões que admitam reclamação ou recurso (artigo 14.º *ex vi* n.º 3 do artigo 15.º-B, ambos do RLICSF).

§ 10. *A garantia dos depósitos*

I. Nos termos do artigo 11.º do RLICSF, no prazo estabelecido para a entrega na secretaria judicial da lista de credores reconhecidos e não reconhecidos, o liquidatário deve remeter cópia da mesma ao Fundo de Garantia de Depósitos ("FGD") ou, respeitando o processo à liquidação de uma caixa de

[77] Embora com as limitações atualmente impostas nos termos do artigo 145.º-L do RGICSF, que analisaremos mais à frente no Cap. III.
[78] Diretiva 98/26/CE do Parlamento Europeu e do Conselho de 19 de maio.

crédito agrícola mútuo pertencente ao Sistema Integrado do Crédito Agrícola Mútuo, ao Fundo de Garantia do Crédito Agrícola Mútuo ("FGCAM") e, tratando-se de participante, ao Sistema de Indemnização aos Investidores ("SII")[79].

Na medida em que se encontra apartada do presente estudo a temática inerente às operações de investimento, as próximas linhas dedicar-se-ão exclusivamente ao FGD, referindo-se apenas, a respeito do SII, que se trata de uma pessoa coletiva de direito público dotada de autonomia administrativa e financeira que funciona junto da CMVM e que visa garantir a cobertura dos créditos de que seja sujeito passivo uma entidade participante em consequência de incapacidade financeira desta para, de acordo com as condições legais e contratuais aplicáveis, reembolsar ou restituir aos investidores os fundos que lhes sejam devidos ou que lhes pertençam e que se encontrem especialmente afetos a operações de investimento, ou que sejam detidos, administrados ou geridos por sua conta no âmbito de operações de investimento.

II. O FGD, que se encontra regulado no Título IX do RGICSF[80], é uma pessoa coletiva de direito público dotada de autonomia administrativa e finan-

[79] O SII encontra-se regulado no Decreto-Lei n.º 222/99, de 22 de junho (alterado pelo Decreto-Lei n.º 252/2003, de 17 de outubro e pelo Decreto-Lei n.º 162/2009, de 20 de julho), que transpôs para o ordenamento jurídico português a Diretiva 97/9/CE do Parlamento Europeu e do Conselho de 3 de março; pela Portaria n.º 1266/2001, de 6 de novembro (com as alterações introduzidas pela Portaria n.º 1426-A/2009, de 18 de dezembro); pelo Regulamento da CMVM n.º 2/2000, de 20 de janeiro (alterado pelo Regulamento da CMVM n.º 2/2010, de 12 de março); e pelas Instruções da CMVM n.ºs 1/2000, 2/2000, 1/2004 e 2/2004.

[80] Entre os vários esquemas teóricos suscetíveis de garantir os depósitos, o RGICSF optou, em 1992, pela constituição de um fundo autónomo, dotado de meios resultantes de contribuições das próprias instituições de crédito, capaz de acudir, em caso de necessidade, de modo a garantir, pelo menos em parte, o reembolso dos depósitos efetuados em instituições de crédito insolventes.
Em 1994, a Diretiva 94/19/CE do Parlamento Europeu e do Conselho de 30 de maio de 1994, relativa aos sistemas e garantias de depósitos, formalizou o princípio de que todas as instituições de crédito no espaço comunitário deveriam aderir a um sistema de garantia para poderem receber depósitos (artigo 3.º, n.º 1), tendo adotado o princípio de um limite mínimo harmonizado de garantia por depositante e não por depósito (artigo 7.º, n.º 1) e dando especial atenção à garantia dos depósitos efetuados em sucursais de instituições de crédito com sede comunitária ou em países terceiros. Esta Diretiva comunitária foi transposta para o ordenamento jurídico português pelo Decreto-Lei n.º 246/95, de 14 de setembro, que alterou o RGICSF.
A Diretiva 94/19/CE foi alterada pela Diretiva 2009/14/CE do Parlamento Europeu e do Conselho de 11 de março, a qual veio estabelecer que, até 31 de dezembro de 2010, a cobertura do conjunto dos depósitos de um mesmo depositante deveria ser de EUR 100.000,00, e que a mesma deveria ser paga em vinte dias úteis – a contar da data em que as autoridades competen-

ceira que funciona junto do BdP e que tem por objeto garantir o reembolso dos depósitos constituídos junto das instituições de crédito que nele participam (artigo 155.º, n.º 1 do RGCISF)[81].

Para efeitos de reembolso pelo FGD, entende-se por depósitos os saldos credores que, nas condições legais e contratuais aplicáveis, devam ser restituídos pela instituição de crédito e que consistam em disponibilidades monetárias existentes numa conta ou que resultem de situações transitórias decorrentes de operações bancárias normais (*idem*, n.º 4) incluindo os fundos representados por certificados de depósito emitidos pela instituição de crédito (*idem*, n.º 5). Excluídos encontram-se os fundos representados por outros títulos de dívida emitidos pela instituição de crédito insolvente, os débitos emergentes de aceites próprios ou de promissórias em circulação (*idem*, n.º 5, 2.ª parte), os fundos especialmente afetos a operações de investimento (cobertos pelo SII) (idem, n.º 6, 1.ª parte), bem como os depósitos referidos no artigo 165.º do RGICSF[82].

III. O FGD é gerido por uma comissão constituída por um presidente – designado pelo BdP de entre um dos membros do seu conselho de admi-

tes procedam à verificação ou à declaração da situação de indisponibilidade dos depósitos, consoante o caso –, podendo o mesmo ser prorrogado, em circunstâncias excecionais, após aprovação pelas autoridades competentes. Não obstante o regime desta Diretiva ter sido transposto para o RGICSF pelo Decreto-Lei n.º 162/2009, de 20 de julho, ainda em 2008, o Decreto-Lei n.º 211-A/2008, de 3 de novembro veio determinar a elevação do limite de garantia anteriormente previsto no artigo 166.º do RGICSF para aquele valor (cf. artigo 12.º, n.º 1 do referido diploma), tendo, por outra parte, determinado que o reembolso se deve efetuar no prazo máximo de sete dias, relativamente à primeira parcela, até EUR 10.000,00, sendo o remanescente entregue no prazo máximo de 1 mês. Os prazos referidos devem contar-se a partir da data em que os depósitos se tornam indisponíveis, podendo o FGD, em circunstâncias excecionais e relativamente a casos individuais, solicitar ao BdP uma prorrogação daquele prazo, por um período não superior a 10 dias úteis. Recentemente, o regime jurídico do FGD foi ajustado por força das alterações introduzidas pelo Decreto-Lei n.º 31-A/2012, de 10 de fevereiro.

[81] Nos termos dos n.os 2 e 3 do artigo 155.º do RGICSF, compete ainda ao FGD, respetivamente, (i) intervir no âmbito da execução das medidas de resolução, nos casos referidos no n.º 7 do artigo 145.º-F e no n.º 7 do artigo 145.º-H, de acordo com o disposto no artigo 167.º-A, todos do RGICSF, e/ou (ii) prestar assistência financeira ao FGCAM, quando os recursos financeiros deste se mostrem insuficientes para o cumprimento das suas obrigações relacionadas com o reembolso de depósitos.

[82] Atento o passado recente na nossa, felizmente curta, história da insolvência de instituições de crédito nacionais, ficou agora expressamente previsto no n.º 6 do artigo 155.º do RGICSF que não se encontram abrangidos pela garantia do FGD "os saldos credores ou créditos que resultem de quaisquer operações de investimento, incluindo aquelas em que o reembolso do capital, acrescido de eventuais remunerações, apenas é garantido ao abrigo de um compromisso contratual específico, acordado com a instituição de crédito ou com uma terceira entidade".

nistração – e por dois vogais – um nomeado pelo Ministro das Finanças e o segundo designado pela associação que, em Portugal, represente as instituições de crédito participantes que, no seu conjunto, detenham o maior volume de depósitos garantidos –, os quais exercem as suas funções por períodos renováveis de três anos até ao máximo de quatro mandatos.

Participam obrigatoriamente do FGD as instituições de crédito com sede em Portugal autorizadas a receber depósitos [artigo 156.°, n.° 1, al. *a*) do RGICSF], bem como as instituições extracomunitárias relativamente aos depósitos captados pelas suas sucursais em Portugal [*idem*, al. *b*)][83].

A garantia dos depósitos captados pelas caixas de crédito agrícola mútuo pertencentes ao Sistema Integrado do Crédito Agrícola Mútuo rege-se por lei especial (*idem*, n.° 7)[84].

O FGD dispõe dos recursos financeiros referidos no artigo 159.° do RGCISF, os quais incluem as contribuições – iniciais e periódicas – das instituições de crédito participantes, rendimentos de aplicação de recursos, liberalidades e produtos das coimas aplicadas às instituições de crédito. Quando os recursos do FGD se mostrem insuficientes para o cumprimento das suas obrigações podem ser utilizados outros meios de financiamento, como (a) contribuições especiais das instituições de crédito, (b) importâncias provenientes de empréstimos, (c) empréstimos do BdP, (d) empréstimos ou garantias do Estado e ainda (d) empréstimos de outros sistemas de garantia de depósitos oficialmente reconhecidos num Estado membro da União Europeia. Para que o FGD possa beneficiar de empréstimos do BdP deverão estar cumulativamente preenchidas as seguintes condições: apenas serem concedidos quando possa estar em causa a estabilidade do sistema financeiro, serem realizados nas

[83] Esta obrigação poderá, no entanto, ser afastada, se esses depósitos estiverem cobertos por um sistema de garantia do país de origem em termos que o BdP considere equivalentes aos proporcionados pelo FGD (*idem*, al.b), *in fine*).

[84] Cf. Decreto-Lei n.° 345/98, de 9 de novembro, alterado pelos Decretos-Lei n.° 126/2008, de 21 de julho, n.° 211-A/2008, de 3 de novembro, n.° 162/2009, de 20 de julho, e n.° 31-A/2012, de 10 de fevereiro. Nos termos do respetivo regime jurídico, e à semelhança do FGD, o FGCAM é uma pessoa coletiva de direito público, dotada de autonomia administrativa e financeira que funciona junto do BdP e que tem por objeto garantir o reembolso dos depósitos constituídos na Caixa Central de Crédito Agrícola Mútuo e nas caixas de crédito agrícola mútuo suas associadas. Tal como o FGD, o FGCAM pode intervir no âmbito da execução de medidas de resolução determinadas pelo BdP, bem como prestar assistência financeira ao FGD quando os recursos financeiros deste se mostrem insuficientes para o cumprimento das suas obrigações. O limite e os depósitos excluídos da garantia do FGCAM são em tudo idênticos aos previstos relativamente ao FGD, sendo o regime jurídico de ambos os fundos atualmente em vigor muito idêntico.

condições definidas na Lei Orgânica do BdP, visarem exclusivamente a satisfação de necessidades imediatas e urgentes de financiamento e serem objeto de reembolso num curto período de tempo (artigo 162.° do RGICSF).

O FGD aplicará os recursos disponíveis em operações financeiras, mediante plano de aplicações acordado com o BdP (artigo 163.° do RGICSF).

Nos termos do artigo 167.°-A do RGICSG, aditado por força do Decreto-Lei n.° 31-A/2012, de 10 de fevereiro, esclarece-se que a intervenção do FGD, no âmbito da execução de medidas de resolução, tem como limite máximo o montante necessário para cobrir a diferença entre os depósitos garantidos que sejam alienados a outra instituiçãoou transferidos para um banco de transição e o valor dos ativos alienados ou transferidos, não podendo exceder o valor dos depósitos que seriam suscetíveis de reembolso pelo FGD no caso de se verificar uma situação de indisponibilidade de depósitos.

Como medida inovadora, introduzida igualmente pelo Decreto-Lei n.° 31-A/2012, de 10 de fevereiro, atribui-se aos créditos abrangidos pela garantia do FGD um privilégio creditório geral sobre os bens móveis da instituição depositária e um privilégio creditório especial sobre os imóveis próprios da mesma instituição de crédito, preferindo sobre todos os demais privilégios, com exceção dos privilégios por despesas de justiça, dos privilégios por créditos laborais dos trabalhadores da instituição e dos privilégios por créditos fiscais do Estado, autarquias locais e organismos de segurança social (artigo 165.° do RGICSF). Estes privilégios creditórios são igualmente aplicáveis aos créditos titulados pelo FGD e pelo Fundo de Resolução decorrentes do apoio financeiro prestado para a aplicação de medidas de resolução (artigos 166.°-A, n.° 3, 167.°-A, n.° 2 e 153.°-M, n.° 2, todos do RGICSF).

§ 11. *Efeitos do processo de liquidação judicial da instituição de crédito insolvente*

I. Tal como resulta da análise que fizemos, até agora, a liquidação das instituições de crédito com sede em Portugal regula-se pelo disposto no RLICSF, designadamente pelo estatuído no seu Capítulo II.

De acordo com o artigo 5.°, n.os 1 e 2 do RLICSF, as instituições de crédito dissolvem-se por força da revogação da respetiva autorização, nos termos do artigo 22.° do RGICSF e, com a dissolução, entram em liquidação. A decisão de revogação da autorização pelo BdP produz os efeitos da declaração de insolvência (artigo 8.°, n.° 2 do RLICSF), sendo que, após o proferimento do despacho de prosseguimento pelo tribunal competente para o processo de liquidação judicial, são aplicáveis, com as necessárias adaptações, as disposições do CIRE, com exceção dos títulos IX e X, que se mostrem compatíveis com as especificidades constantes do RLICSF (artigo 9.°, n.° 3)[85].

Cumpre-nos, agora, analisar os efeitos que o processo de liquidação judicial da instituição de crédito insolvente acarreta, designadamente sobre as contas bancárias, *maxime* sobre a conta-corrente e sobre os depósitos de disponibilidades monetárias, que são o objeto do nosso estudo, no sentido de avaliar de que forma o mesmo afeta o respetivo regime. Só depois de feita esta análise é que poderemos, no Cap. III, pronunciar-nos, de forma esclarecida, sobre a oponibilidade da declaração de compensação legal por parte do cliente bancário fundada num crédito *ex deposito*, em caso de insolvência da instituição de crédito depositante.

11.1. *Enquadramento da relação bancária*

O estudo dos efeitos que o processo judicial de liquidação de uma instituição de crédito sempre acarretará sobre os créditos e sobre os negócios em curso dessa instituição não poderá ser conduzido sem que antes nos debrucemos sobre a relação bancária complexa que se estabelece entre o banqueiro e o cliente em virtude da abertura de uma conta bancária, atendendo a alguns dos seus elementos, como a conta corrente, o giro bancário e o depósito. Com efeito, apenas depois da prévia compreensão do que seja o *depósito bancário,* cujo crédito sobre o saldo é invocado para efeitos de compensação, será possível avaliar o respetivo tratamento em sede de processo de liquidação judicial, tendo especialmente em conta o facto de este ter na sua génese a revogação pelo BdP da autorização para o exercício da atividade bancária pela instituição insolvente.

11.1.1. A abertura de conta

I. A abertura de uma conta bancária resulta de um contrato celebrado entre o cliente e a instituição de crédito – o *contrato de abertura de conta*. Por norma

[85] Igual princípio resulta, aliás, do disposto no artigo 2.°, n.° 2, al. *b*) do CIRE, ao prescrever que se encontram excluídas do âmbito de aplicação subjetivo do CIRE, entre outras, as instituições de crédito que prestem serviços que impliquem a detenção de fundos ou de valores mobiliários de terceiros, "na medida em que a sujeição a processo de insolvência seja incompatível com os regimes especiais previstos para tais entidades".

este contrato marca o início da relação bancária complexa e duradoura entre o banqueiro e o seu cliente e fixa o quadro essencial do relacionamento entre as duas partes, sendo-lhe, nessa medida, assacadas duas funções: uma *função genética*, enquanto contrato iniciador da relação de negócios entre o banco e o cliente, e uma *função normativa* ou de regulação geral desse relacionamento, nos termos da qual ambos assumem deveres recíprocos relativos a diversas práticas bancárias[86], embora nenhuma das partes fique obrigada a celebrar contratos ulteriores[87].

Nesta medida, a abertura de conta não deve ser considerada como uma simples operação material bancária nem como um simples contrato bancário, a par das outras operações e contratos bancários, antes operando "como um ato nuclear cujo conteúdo constitui, na prática, o tronco comum dos atos bancários subsequentes"[88].

Pelos motivos apontados, a doutrina considera que o contrato de abertura de conta é uma convenção complexa respeitante ao modo de execução de operações jurídicas que engloba unitariamente uma série de operações (atos e contratos), apresentando-se, assim, como um verdadeiro *contrato-quadro* ou *contrato normativo* que enquadra a relação bancária, globalmente considerada, e determina as normas aplicáveis ao posterior desenvolvimento da mesma[89].

Nestes termos, podemos, em suma, definir o contrato de abertura de conta como um *contrato normativo, tipicamente bancário, que não dispõe de qualquer regime legal explícito, antes assentando nas cláusulas contratuais gerais e nos usos bancários, no qual se funda a relação bancária complexa entre o cliente e o banco, implicando, embora não necessariamente, uma vocação para a multiplicação subsequente de atos jurídicos.*

[86] Cf. Menezes Cordeiro, *Manual de direito bancário*, 505 ss. e Simões Patrício, *Direito bancário privado*, 143. No mesmo sentido, no direito alemão, Clausen, *Bank und Börsenrecht*, 103 ss.; no direito francês, Gavalda/Stoufflet, *Droit bancaire*, 171; no direito espanhol, Vicent Chuliá, *Introduction al derecho mercantil*, 1114.

[87] Com efeito, abre-se às partes a possibilidade, mas não realmente a obrigação, de contratar operações subsequentes, decidindo ambos em função das circunstâncias, especialmente as de risco. Segundo Menezes Cordeiro, *Manual de direito bancário*, 510, o contrato de abertura de conta tem traços de "contratação mitigada", na medida em que, "[e]mbora o banqueiro não fique obrigado a celebrar contratos ulteriores, ele compromete-se a ficar disponível para examinar quaisquer propostas que lhe venham a ser formuladas", devendo responder às mesmas em termos razoáveis.

[88] Menezes Cordeiro, *Manual de direito bancário*, 505. No mesmo sentido, Gavalda/Stoufflet, *Droit bancaire*, 171; e Ac. da RLC de 16 de março de 1999, CJ XXIV (1999), t. II, 21-24.

[89] Neste sentido, cf. Simões Patrício, *Direito bancário privado*, 133 ss. e Menezes Cordeiro, *Manual de direito bancário*, 510.

II. Enquanto contrato *a se*, com características próprias e uma função autónoma, a abertura de conta distingue-se quer da denominada conta-corrente[90], quer do giro bancário[91] quer ainda do depósito bancário[92], não obstante a confusão, por vezes, gerada pela terminologia adotada pelos diferentes autores ao referirem-se a estas realidades[93].

Com efeito, embora a conta-corrente, o giro e o depósito bancários andem umbilicalmente ligados à abertura de conta, todos eles têm sentidos conceptuais distintos e próprios. Assim, se no que se refere à conta-corrente, o contrato de abertura de conta fixa os termos em que a conta poderá ser movimentada, a débito e a crédito, já relativamente ao giro bancário, ela prevê regras sobre os seus movimentos, incluindo juros, comissões e despesas que o banqueiro poderá debitar, e sobre os extratos a emitir demonstrando o chamado saldo da conta bancária[94]. Finalmente, embora de acordo com as cláusulas gerais de alguns contratos de abertura de conta, a mesma esteja dependente da realização de um depósito inicial, tal poderá não se verificar, na medida em que pode a conta bancária funcionar tendo por escopo a concessão de crédito

[90] Cf. MENEZES CORDEIRO, *Manual de direito bancário*, 513-523.

[91] O giro bancário é o conjunto das operações escriturais de transferência de fundos, realizada por um banqueiro, a pedido do seu cliente ou a favor dele. O contrato de giro bancário pressupõe a prévia celebração de um contrato de abertura de conta, com uma inerente conta-corrente bancária, facultando ou podendo facultar, a partir daí, consoante o caso, a realização de transferências bancárias simples, transferências internacionais, pagamentos por conta bancária, cobranças por conta bancária e/ou outras operações de transferência de fundos. A doutrina reconhece, no contrato de giro bancário, uma variedade de mandato sem representação (cf. MENEZES CORDEIRO, *Manual de Direito Bancário*, 525-533).

[92] Sobre o depósito bancário, cf., entre nós, LACERDA BARATA, *Contrato de depósito bancário*, 7-52; CONCEIÇÃO NUNES, *Depósito e Conta*, 67-88; SIMÕES PATRÍCIO, *A operação bancária de depósito*; e PAULA CAMANHO, *Do contrato de depósito bancário*.

[93] Neste sentido, MENEZES CORDEIRO, *Manual de direito bancário*, 509, referindo que "as diversas denominações escondem, por vezes, flutuações dogmáticas". Na Alemanha, enquanto alguns autores se referem a *konto* (*v.g.* CANARIS, *Bankvertragsrecht*, 104) outros preferem a expressão *Girogeshäft* (*v.g.* KÜMPEL, *Bank und Kapitalmarkrecht*, 364), havendo ainda outros que se referem a depósito (*v.g.* SCHINTOWSKI/SCHÄFER, *Bankrecht*, 32 ss.). Em França, GAVALDA/STOUFFLET distinguem a *ouverture de compte* da *compte courant* (cf. GAVALDA/STOUFFLET *Droit Bancaire*, 171 ss. e 225 e ss, respetivamente). Em Espanha, encontramos quer autores que se referem a *contrato de apertura de cuenta corriente* (*v.g.* VINCENT CHULIÁ, *Introducción al derecho*, 1114) quer a *contrato de cuenta corriente* (*v.g.* VALPUESTA GASTAMINZA, *El contrato de cuenta corriente*, 126-129).

[94] Estes dois elementos estão relacionados com a assunção, pelo banqueiro, de modo implícito, de todo o serviço de caixa relacionado com a abertura de conta (cf. a este propósito, VINCENT CHULIÁ, *Introducción al derecho*, 1114; VALPUESTA GASTAMINZA, *El contrato de cuenta corriente*, 126-129; e MENEZES CORDEIRO, *Manual de direito bancário*, 507).

ou a realização de cobranças, pelo banqueiro, a terceiros, subsistindo a abertura de conta com a subsequente conta-corrente, sem qualquer depósito.

Pelas razões apontadas, a doutrina considera que o contrato de abertura de conta é um contrato misto, com elementos da conta-corrente e de outros negócios, nomeadamente o giro bancário, cuja natureza jurídica corresponde a uma prestação de serviços[95].

III. As contas bancárias, de cuja abertura se trata, são suscetíveis de diversas classificações. No que ao presente trabalho interessa, ater-nos-emos apenas ao critério da titularidade que permite distinguir entre *contas individuais* e *contas coletivas*[96].

As *contas singulares* são aquelas em que existe uma única pessoa, singular ou coletiva, com poderes de disponibilização dos fundos depositados, *i.e.*, existe um único titular da conta[97]. Esta modalidade de conta não levanta quaisquer dúvidas no momento de aferir quem tem legitimidade para, no âmbito da insolvência da instituição de crédito, reclamar o crédito correspondente nem para, caso tal seja admissível, declarar a compensação do seu crédito.

Por seu turno, as *contas coletivas* ou *plurais* são aquelas em que existe mais do que uma pessoa, singular ou coletiva, com poderes de disponibilização dos fundos depositados, ou seja, em que há uma contitularidade da conta[98]. Na referida hipótese, a conta pode ainda ser solidária, conjunta ou mista.

A *conta solidária* é aquela em que qualquer dos titulares da conta, apesar da indivisibilidade da prestação, tem a faculdade de movimentar por si só (*i.e.*, sem o consentimento dos demais titulares) os fundos depositados (acrescidos dos respetivos juros, se for o caso) ficando, no limite, o banco depositário liberado

[95] Cf. Menezes Cordeiro, *Manual de direito bancário*, 511, defendendo a aplicação subsidiária do regime do mandato, nos termos do artigo 1156.º do CCiv.. Também neste sentido, *vide* Valpuesta Gastaminza, *El contrato de cuenta corriente*, 126-129.

[96] É esta a classificação proposta por Menezes Cordeiro, *Manual de direito bancário*, 538-539. No mesmo sentido, cf. Lobo Xavier/Ângela Coelho, *Depósito bancário a prazo*, 304. Ibraimo Abudo, utiliza a mesma classificação, embora por referência ao depósito (Ibraimo Abudo, *Do contrato de depósito bancário*, 137). No mesmo sentido, Paula Camanho, distingue os depósitos singulares dos depósitos plurais (Paula Camanho, *Do contrato de depósito bancário*, 130) e Jean Escarra faz a distinção entre depósitos simples e coletivos (Jean Escarra, *Principes de droit commercial*, 181).

[97] Cf. Paula Camanho, *Do contrato de depósito bancário*, 130 e Pinto Coelho, *Operações de banco*, 225.

[98] Nem sempre os contitulares têm sobre os bens depositados direitos de conteúdo idêntico. Sobre os casos em que um titular é usufrutuário e o outro nu proprietário, cf. Jean Escarra, *Principes de droit commercial*, 244.

perante os demais contitulares, em caso de restituição da totalidade da quantia depositada a apenas um deles[99]. Assim, neste tipo de contas, qualquer um dos respetivos titulares pode livremente, por si só, realizar qualquer movimento a débito[100]. Tal não significa, no entanto, que, no plano das relações internas, a titularidade do saldo[101] pertença a todos os contitulares e, muito menos, que a todos pertença em partes iguais[102]. Com efeito, os contitulares da conta podem

[99] Cf. Antunes Varela, *Depósito bancário*, 50; Pinto Coelho, *Operações de banco*, 225; Paula Camanho, *Do contrato de depósito bancário*, 131; e Menezes Cordeiro, *Manual de direito bancário*, 539. Em França, estas contas denominam-se *comptes joints*, sendo abertas por duas ou mais pessoas, "com a estipulação expressa e indispensável de que cada um dos titulares terá, relativamente ao banco, o direito de dispor, como entender, e unicamente com a sua assinatura, de todas as somas ou valores em crédito na conta" (Maurice Chapoutot, *Les depôts des fonds en banque*, 135). Em Espanha chamam-se *cuentas indistintas* (Muñoz-Planas, *Cuentas bancarias con varios titulares*, 29). Em Itália, Ferri, *Deposito bancario*, 283, denomina-as de *deposito com intertazione congiunta solidale.* Na Alemanha, tais contas designam-se por *Oder-Konto* (Canaris, *Bankvertragsrecht*, 151).

[100] Neste sentido, Canaris, *Bankvertragsrecht*, 152; Muñoz-Planas, *Cuentas bancarias con varios titulares*, 31-33; Juglart/Ippolito, *Banques et Bourses*, 168; e Molle, *I contrati bancari*, 523, entre outros. Trata-se de um caso de solidariedade ativa, tal como é definido pelo n.º 1 do artigo 512.º do CCiv., que vale subsidiariamente para as obrigações comerciais. Neste sentido se tem pronunciado a nossa jurisprudência. Cf., por todos, Ac. do STJ de 7 de julho de 1977, BMJ, n.º 269, 138 e Ac. do STJ de 25 de fevereiro de 1981, BMJ, n.º 304, 444. Não obstante o reconhecimento, nestes casos, de uma solidariedade ativa, concordamos com Paula Camanho quando afirma que há regras deste regime que não podem ser aplicadas à conta bancária solidária, nomeadamente o n.º 1 do artigo 528.º do CCiv., não podendo o banco escolher o titular da conta a quem entregar parte ou a totalidade dos fundos depositados. "Tal direito que a lei confere ao devedor no n.º 1 do artigo 528.º do CCiv. não é compatível com o regime do depósito bancário solidário, que é efetuado atendendo aos interesses dos credores (depositantes) a quem o banco presta serviços" (Paula Camanho, *Do contrato de depósito bancário*, 133, n. 394). No mesmo sentido, cf. Muñoz-Planas, *Cuentas bancarias con varios titulares*, 34. Este A. afirma que o "[o] banco necessita da iniciativa própria de qualquer credor para cumprir a prestação devida". Também assim, Canaris, *Bankvertragsrecht*, 152, onde afirma expressivamente que o banco "não pode prestar livremente a um dos titulares, mas tem de prestar àquele que primeiramente exija".

[101] É da titularidade do saldo que se trata e não da propriedade das quantias depositadas, que sempre pertence ao banco depositário. Cf. Muñoz-Planas, *Cuentas bancarias con varios titulares*, 7-10, para quem, nestas contas, se assiste à dissociação entre a "titularidade jurídica" e a "titularidade económica". Assim, a posição dos titulares solidários, nestas contas, consubstancia-se numa "pura legitimação dispositiva" face à entidade depositária, não atribuindo "qualquer direito de propriedade sobre os fundos ou valores disponíveis (*idem*, 10).

[102] Este tipo de contas comporta vários riscos para os seus titulares. Cf., a este respeito, Muñoz-Planas, *Cuentas bancarias con varios titulares*, 29; e Paula Camanho, *Do contrato de depósito bancário*, 136-139, n. 396, sobre a questão controversa de saber se, no caso de um depósito solidário a prazo, pode um dos contitulares efetuar o levantamento das quantias antes do fim do prazo por que foi constituído o depósito, que foi objeto do Ac. do STJ de 5 de março de 1987, *in* BMJ, n.º 365, 621, e que opõe Lobo Xavier/Ângela Coelho a Antunes Varela. Para os

estabelecer qual a quota-parte do saldo da conta que cabe a cada um deles. Contudo, na maioria dos casos, na ausência de estipulação expressa que regule estas relações, aplicar-se-á o artigo 516.° do CCiv., nos termos do qual se presume que os credores solidários comparticipam no crédito em partes iguais. Trata-se de uma presunção *iuris tantum*, que poderá ser ilidida mediante prova por um ou mais dos contitulares de que as suas quotas-partes no direito de crédito sobre o saldo são diferentes ou que só um dos contitulares deve obter o benefício do crédito[103].

Designam-se por *contas conjuntas* aquelas que apenas podem ser movimentadas a débito pela atuação conjunta de todos os seus titulares e unicamente deste modo o devedor (banco) se desonera[104]. Contrariamente ao que sucede em relação às contas solidárias, não é possível transpor para as contas conjuntas o regime das obrigações conjuntas[105].

primeiros AA., "a estipulação da solidariedade importará apenas a possibilidade de cada titular exigir o montante integral do depósito *no momento do vencimento* (LOBO XAVIER/ÂNGELA COELHO, *Depósito bancário a prazo*, 395, n. 33), enquanto, segundo ANTUNES VARELA, nenhuma "razão se pode extrair da lei civil, bem pelo contrário, no sentido de impedir que *qualquer* dos depositantes solidários, *só por si*, possa acordar com o banco no levantamento antecipado de toda a soma depositada" (ANTUNES VARELA, *Depósito bancário*, 68).

[103] Assim, na doutrina, cf. PIRES DE LIMA/ANTUNES VARELA, *Código civil anotado*, vol. I^4, 532; MENEZES CORDEIRO, *Manual de direito bancário*, 539; CALVÃO DA SILVA, *Direito bancário*, 345; PAULA CAMANHO, *Do contrato de depósito bancário*, 139, n. 395. Na Alemanha, por aplicação do § 430 do BGB, também se presume que a cada titular cabe uma quota-parte igual no saldo da conta solidária (cf. CANARIS, *Bankvertragsrecht*, 151). Na jurisprudência nacional, *vide*, entre outros, Ac. do STJ de 27 de janeiro de 1998, CJ, VI, 1, 1998, 42-44; Ac. da RLP de 4 de março de 1997, CJ, XXII, 2, 1997, 191-192; Ac. da RLX de 10 de outubro de 1988, CJ, XIV, 4, 1988, 143-144; Ac. do STJ de 12 de janeiro de 1999, CJ, VII, 1, 1999, 25-27; Ac. do STJ de 5 de novembro de 1998, CJ, VI, 3, 1998, 95-97; Ac. da RLP de 14 de janeiro de 1999, CJ, XXIV, 1, 1999, 183-186.

[104] Cf. ANTUNES VARELA, *Depósito bancário*, 42-53; PINTO COELHO, *Operações de banco*, 225 (que designa estas contas como "contas conjuntas *stricto sensu*" por oposição às "contas conjuntas *lato sensu*", que correspondem às aqui designadas contas solidárias); PONCES CAMANHO, *Do contrato de depósito bancário*, 139; LOBO XAVIER/ÂNGELA COELHO, *Depósito bancário a prazo*, 395, n. 27; MENEZES CORDEIRO, *Manual de direito bancário*, 539; CANARIS, *Bankvertragsrecht*, 151; MUÑOZ-PLANAS, *Cuentas bancarias con varios titulares*, 37 e VALPUESTA GASTAMINZA, *El contrato de cuenta corriente*, 129-130. Na Alemanha, a doutrina designa estas contas por *Und-Konto* (CANARIS, *Bankvertragsrecht*, 156). Em Itália, estas contas designam-se por *depositos simplice* ou *firme congiunte*, em França são chamadas *comptes indivis* e, em Espanha, *depósitos mancomunado* (cf. MUÑOZ-PLANAS, *Cuentas bancarias con varios titulares*, 37-38).

[105] Segundo ANTUNES VARELA, para as contas conjuntas é transplantado, no que ao lado ativo respeita, o "pensamento que inspira o regime das obrigações *indivisíveis* com pluralidade de devedores (artigo 535.°, n.° 1 do CCiv.)" (cf. ANTUNES VARELA, *Direito Bancário*, 52). Em Itália, vigora entendimento diferente, na medida em que, aí, as contas conjuntas denominadas *depositi*

Finalmente, as *contas mistas* caracterizam-se pelo facto de os fundos depositados apenas poderem ser movimentados por alguns dos titulares em conjunto com outros[106].

IV. Importa seguidamente analisar com maior profundidade, dada a sua importância para a correta compreensão dos efeitos da insolvência da instituição de crédito depositante, quer o modo de funcionamento da conta-corrente bancária quer os contornos jurídicos do contrato de depósito bancário.

11.1.2. A conta-corrente bancária

I. O Direito Comercial conhece e regula o contrato típico e nominado de conta-corrente[107] como aquele em que as partes afetam a uma massa comum todos os seus créditos recíprocos, transformando-os em artigos de "deve" e "haver", remetendo para momento ulterior a respetiva liquidação global por compensação, traçando, assim, como característica essencial da técnica da conta-corrente[108], o facto de permitir relevar os débitos e créditos recíprocos, mediante a realização de compensações sucessivas que vão sendo contabilizadas de modo a que apenas o saldo restará exigível pela parte que, a final, se revelar credora.

A conta-corrente bancária, embora não seja completamente assimilável à conta-corrente comum, acaba, no entanto, por ser uma espécie desta última, desta feita celebrada entre o banqueiro e o seu cliente, que se integra, conjuntamente com outros elementos, num contrato de abertura de conta, do qual é elemento essencial. Porquanto integrada na abertura de conta, a conta-corrente

com intestazione congiunta simplici, são aquelas em que "os depositantes podem retirar a totalidade da soma conjuntamente, enquanto que sozinhos podem somente retirar a soma correspondente à sua quota" (cf. FERRI, *Deposito bancario*, 283). Esta modalidade parece corresponder à categoria designada por ALBERTO LUIS, *Direito bancário*, 166-167, como *créditos parciários.* Segundo este A., existem três tipos de créditos ligados a contas plurais: os *créditos conjuntos* (correspondentes às contas conjuntas), os *créditos solidários* (correspondentes às contas solidárias) e os *créditos parciários* (em que o direito à totalidade da prestação decompõe-se em tantos direitos de crédito independentes quantos os titulares da conta, podendo os credores parciários "exigir o crédito separadamente *pró quota*, e, conjuntamente, por inteiro").

[106] Cf. MENEZES CORDEIRO, *Manual de direito bancário*, 539 e CALVÃO DA SILVA, *Direito bancário*, 345.

[107] Regulado nos artigos 344.° a 350.° do CCom.

[108] Que provém da Antiguidade e no séc. XIX passou a revestir a forma de contrato (cf. MENEZES CORDEIRO, *Manual de direito bancário*, 513-514).

bancária postula a prestação de diversos serviços bancários, com particular destaque para o giro bancário e para o serviço de caixa[109].

II. A conta-corrente bancária demonstra, em cada momento, os movimentos de valores emergentes das relações que se estabelecem entre o banqueiro e o seu cliente, sendo possível analisar, através dela, os créditos e débitos recíprocos daqueles[110/111]. Cada uma das operações bancárias realizadas entre o banco e o seu cliente origina um lançamento a débito (*v.g.*, designadamente no caso de um reembolso, pagamento a terceiro ou transferência bancária) ou a crédito (*v.g.*, designadamente, no caso de uma entrega de fundos pelo cliente ou recebimento de juros, etc.) com representação gráfica na conta[112]. A compensação[113] entre estes movimentos de sentido contrário gera o que se designa por *saldo contabilístico,* que pode ser credor ou devedor, consoante o valor dos movimentos a crédito seja maior ou menor do que o total dos movimentos a débito[114]. O saldo surge, portanto, como a expressão contabilística do direito de crédito, a favor do cliente, quando seja credor, ou a favor do banco, quando seja devedor, à movimentação da quantia que o mesmo expressa e da qual o cliente tem a permanente disponibilidade[115].

O saldo é, assim, o "elemento vital" da conta-corrente bancária, representando o "valor social e económico de certa conta", enquanto expressão de determinado direito de crédito[116]. Este dado é fundamental, porque, como se verá, é o direito de crédito, expresso no saldo, que se pretende fazer valer,

[109] Cf. Menezes Cordeiro, *Manual de direito bancário*, 522.

[110] Cf. Ibraimo Abudo, *Do contrato de depósito bancário*, 143-144; José Maria Pires, *Elucidário de direito bancário*, 552-555; e Juglart/Ippolito, *Banques et Bourses*, 160.

[111] Embora tal não resulte expressamente do texto, onde para facilitar a compreensão nos referimos às duas situações, cumpre referir, a este respeito, que, regra geral, o banqueiro nunca surge como credor, devendo o saldo ser sempre favorável ao cliente ou, no máximo, igual a zero, apenas em caso de estipulação em contrário se permitindo a utilização da conta-corrente a descoberto, *i.e.*, a crédito, mediante a apresentação de um saldo credor a favor do banco.

[112] Cf. Valpuesta Gastaminza, *El contrato de cuenta corriente*, 127.

[113] Menezes Cordeiro, *Da compensação*, 153-154, 241 e 244, fala de uma compensação imprópria ou anómala. Do mesmo A. *vide* também *Manual de direito bancário*, 516, n. 1272. Neste sentido, *vide* ainda, entre nós, Simões Patrício, *Direito Bancário Privado*, 156, afirmando que "pode haver que distinguir entre a compensação geral, de direito comum, e a da conta-corrente". Segundo Isabel Figueiredo, *A compensação como garantia de cumprimento*, 387, "[a] conta corrente socorre-se da compensação. Em rigor, trata-se de uma compensação convencional legalmente tipificada em que é suprimida a necessidade de declaração e a necessidade de invocação".

[114] Ibraimo Abudo, *Do contrato de depósito bancário*, 144.

[115] Cf. Gavalda/Stoufflet, *Droit bancaire*, 239-240.

[116] Assim, Menezes Cordeiro, *Manual de direito bancário*, 523, concluindo que "[s]ó o saldo é

aquando da reclamação de créditos, no âmbito de um processo de insolvência, na medida em que, tal como resulta das elucidativas palavras de Canaris, "a conta caracteriza a posição jurídica do cliente face ao banco"[117].

III. Atento o *supra* exposto, podemos definir a conta-corrente bancária como uma *espécie de conta-corrente comum, que emerge de um negócio jurídico mais vasto – o contrato de abertura de conta, celebrado entre o banqueiro e o seu cliente –, que se reporta exclusivamente a movimentos em dinheiro, nos termos da qual se exige uma emissão contínua de saldos, podendo o cliente dispor permanentemente do saldo a seu favor, e que supõe a emissão periódica de extratos pelo banqueiro, sendo da responsabilidade deste último a sua organização e apresentação*[118/119].

Apesar de a conta-corrente estar geralmente associada à conta à ordem, no caso de contas de depósito a prazo que admitam levantamentos parcelares pelo cliente bancário e/ou pagamentos periódicos de juros, com a inerente diminuição e/ou aumento do montante inicialmente depositado e a constituição de um novo saldo credor, haverá também que reconhecer algum reflexo da técnica da conta-corrente[120].

disponível; só o saldo é penhorável; só o saldo representa, por fim, o valor social e económico de certa conta".

117 Cf. Canaris, *Bankvertragsrecht*, 104.

118 Menezes Cordeiro, *Manual de direito bancário*, 522.

119 Conceição Nunes, *Depósito e conta*, 79, define a conta como o "registo, organizado numa base pessoal, cronológico e sintético, das operações de entrega e reembolso de fundos, constitutivas, modificativas ou extintivas do crédito unitário ao reembolso". No entanto o A. não autonomiza a conta-corrente bancária do contrato de abertura de conta, ao referir que "em bom rigor, deveríamos referir sempre a *relação* de conta, para acentuar o carácter jurídico", e também não distingue materialmente esta última do depósito ao mencionar que a relação de conta é "a vertente contabilística da relação de depósito". Não concordamos, neste particular, com o A., na medida em que não só consideramos que será preferível a inclusão da conta-corrente na figura mais ampla da abertura de conta (neste sentido, se pronuncia também Menezes Cordeiro, *Manual de direito bancário*, 523, n. 1293, ao afirmar "parece-nos, todavia, que a integração de todos os elementos na figura unitária da abertura de conta corresponde mais à realidade sócio-económica e jurídica"), mas também julgamos que a conta-corrente poderá ter lugar mesmo na ausência de depósito, por exemplo na hipótese do chamado *revolving credit*, em que o banco abre a favor do cliente uma determinada linha de crédito, podendo os montantes reembolsados voltar a ser utilizados pelo cliente, verificando-se, assim, todos os elementos inerentes à conta-corrente, sem que estejamos, na prática, perante um depósito bancário.

120 Cf., neste sentido, Conceição Nunes, *Depósito e conta*, 80.

IV. A conta-corrente tem uma função tríplice: de simplificação e unificação, de segurança e de crédito[121].

No âmbito da *função de simplificação e unificação*, a conta-corrente representa contabilisticamente o conjunto complexo de operações realizadas ao abrigo da relação de negócios celebrada entre o banco e o seu cliente, ou seja, a representação abrange todo o conjunto de operações realizadas ao abrigo da referida relação de negócios e não apenas o direito de crédito unitário ao reembolso[122]. A conta-corrente bancária não existe por si própria, na medida em que todo o movimento escritural é causal, sendo a causa constituída pela operação real que cada movimento representa[123]. Assim, esta função afere-se pela determinação conjunta de um saldo ou crédito único, não obstante a multiplicidade de operações bancárias representadas.

Quanto à *função de segurança*, tal emerge da circunstância de a conta-corrente bancária, ao cruzar os débitos e créditos recíprocos entre o banco e o cliente, permitir a respetiva satisfação preferencial, sem que haja lugar a concurso de credores[124].

[121] Esta afirmação tem apoio na doutrina alemã, em especial em Canaris (cf. Canaris, *Funktionen und Rechtsnatur des Kontokorrents*, 55-78) e Uwe Blaurock (cf. Uwe Blaurock, *Das Kontokorrent*, 692), acolhida entre nós por Menezes Cordeiro, *Manual de direito bancário*, 515-516.

[122] Neste sentido, cf. Conceição Nunes, *Depósito e conta*, 82. Segundo este autor, "[a] representação abrange todo o depósito e não apenas o direito de crédito unitário ao reembolso, se bem que seja para assegurar a representação deste que se organiza, com carácter instrumental, a representação escritural de outros elementos da relação de depósito, designadamente os que respeitam às operações de receção e entrega de fundos". Assim, conclui que "[a] conta deve reproduzir as vicissitudes do depósito que se repercutem na existência e no montante do crédito ao reembolso. Não envolve, por isso, a constituição de um direito novo, distinto do crédito resultante das sucessivas operações; o crédito escritural é tão só o crédito real, embora *escrituralmente* representado".

[123] Pelos motivos apontados, regra geral, o movimento escritural é posterior ou coincidente com a operação real por ele representada, e os vícios da inexistência, invalidade ou ineficácia da referida operação afetam o respetivo movimento escritural, devendo este último ser anulado ou corrigido em conformidade. Por vezes, sucede, no entanto, que o lançamento contabilístico é anterior à concretização da operação (*v.g.*, no caso de depósito de cheque ou de transferência bancária), ficando a eficácia do primeiro suspensa até verificação da segunda. Caso, por qualquer motivo, a operação se frustrar, o lançamento contabilístico correspondente é estornado.

[124] Neste sentido, cf. Valpuesta Gastaminza, *El contrato de cuenta corriente*, 127; e Menezes Cordeiro, *Manual de direito bancário*, 516, para quem "o credor de parcelas incluídas em conta-corrente, pelo maquinismo da compensação, vai ser preferencialmente satisfeito pelo desaparecimento dos seus próprios débitos para com o devedor: em relação a elas, não há concurso de credores".

Finalmente, a *função de crédito* resulta do facto, já aqui referido, de cada uma das partes poder, até ao encerramento da conta, ficar reciprocamente na posição de credor ou devedor, consoante o sentido do saldo.

V. Quanto aos efeitos produzidos pela conta-corrente bancária, podemos identificar duas grandes correntes doutrinárias. A primeira, desenvolvida pela doutrina francesa do séc. XIX, apelava à ideia da novação, segundo a qual, o saldo, traduziria, por via da novação, uma realidade inteiramente nova[125]. Esta doutrina, que chegou a ter acolhimento no Código de Comércio italiano de 1882 e na jurisprudência alemã, foi, entretanto, abandonada, acolhendo-se, hoje em dia, maioritariamente, a ideia de simples compensação entre créditos contrapostos[126].

11.1.3. O depósito bancário

I. Tradicionalmente, em sentido amplo, o depósito bancário é definido como o contrato pelo qual uma pessoa (o depositante) entrega a um banco (depositário) uma soma de dinheiro ou bens móveis de valor (*v.g.*, valores mobiliários), para que este os guarde e restitua quando o depositante o solicitar[127]. Esta noção ampla de depósito bancário[128] abarca qualquer entrega de valores a um banco[129], nela cabendo uma multiplicidade de operações com fisionomia diversa, como sejam o depósito de numerário (ou de disponibilida-

[125] Cf. a este propósito, Gavalda/Stoufflet, *Droit bancaire*, 232.

[126] Cf. Menezes Cordeiro, *Manual de direito bancário*, 516-517. No mesmo sentido, no Direito espanhol, cf. Valpuesta Gastaminza, *El contrato de cuenta corriente*, 127-128.

[127] É esta, por exemplo, a definição sugerida, entre outros, por Paula Camanho, *Do contrato de depósito bancário*, 69; Juglart/Ippolito, *Banques et Bourses*, 151-152; e Dupouy, *Précis de droit commercial*, 331.

[128] Que recebeu consagração legal no *Códice Civile* italiano que, na secção sob a epígrafe "Dos depósitos bancários", consagra os regimes do depósito em dinheiro (artigos 1834.º-1837.º) e do depósito de títulos em administração (artigo 1838.º) (cf. Molle, *I contrati bancari*, 101).

[129] Esta unificação é criticada por alguma doutrina, por não ser cientificamente rigorosa. Neste sentido, cf. Lordi, *Instituzioni di diritto commercialle*, 381-382. Este A. sustenta, no entanto, que, ainda assim, será possível identificar em tal unificação, um elemento comum consubstanciado na "*segurança que a clientela deve encontrar no banco.* Segurança, digamos, moral, quando lhe confia dinheiro; segurança na probidade dos seus administradores e funcionários, quando lhes confia títulos em administração, absoluta e rigorosamente intangíveis; segurança na solidez material das paredes e blindagens da sua instalação, quando o cliente lhe reclame um compartimento nos cofres".

des monetárias), o depósito de valores mobiliários, o depósito de valores feitos em cofres-fortes e os denominados depósitos cerrados[130].

Ao presente estudo, interessa, apenas, conforme temos vindo a sublinhar, o depósito de disponibilidades monetárias, pelo que somente este merecerá, a partir de agora, a nossa atenção.

II. O depósito bancário *stricto sensu* abrange exclusivamente o depósito de disponibilidades monetárias[131], o qual poderá ser definido como *o contrato mediante o qual uma pessoa entrega a um banco uma determinada quantia pecuniária, ficando o banco com a faculdade de a utilizar livremente e com a correlativa obrigação de restituir outro tanto do mesmo género e qualidade, mediante solicitação do depositante nas condições acordadas*[132].

III. Com base na noção fornecida, podemos afirmar que o depósito bancário de disponibilidades monetárias se caracteriza por uma dupla disponibi-

[130] Sobre estas diferentes espécies de depósito, cf., entre nós, por todos, Paula Camanho, *Do contrato de depósito*, 69-92.

[131] Terminologia adotada pelo legislador português no artigo 1.º do Decreto-Lei n.º 430/91, de 2 de novembro. Este contrato também aparece designado na doutrina como depósito bancário de dinheiro (cf. Augusto Athaíde/Luís Branco, *Operações bancárias*, 320; Lacerda Barata, *Contrato de depósito bancário*, 9) ou depósito de numerário (cf. Ferreira de Carvalho, *Prontuário do Bancário*, 395). O contrato de depósito de disponibilidades monetárias é designado em França por *depôt de fonds*, na Suíça, por *dépôt d'epargne*, em Itália, por *depositi di denaro* e, em Espanha, indistintamente como *deposito de fondos* ou *deposito de dinero.*

[132] Na doutrina Portuguesa, cf. Paula Camanho, *Do contrato de depósito bancário*, 93; Ibraimo Abudo, *Do contrato de depósito*, 128; Lacerda Barata, *Contrato de depósito bancário*, 9-10; Augusto Athaide/Luis Branco, *Operações bancárias*, 320. Na Jurisprudência, cf., por todos, o Ac. do STJ de 7 de julho de 1977, *in* BMJ n.º 269, 137; Ac. da RLX de 17 de março de 1983, *in* CJ, Ano VIII, Tomo II, 116; Ac. da RLP de 5 de abril de 1990, *in* CJ, Ano XV, Tomo II, 228; e Ac. da RLC de 29 de outubro de 1991, *in* CJ, Ano XVI, Tomo IV, 123. Esta definição tem, no entanto, vindo a ser posta em causa, pela realidade. A este propósito, concordamos com Conceição Nunes, quando refere que o contrato de depósito não deve ser analisado "como se o seu objeto fosse ainda constituído apenas por coisas suscetíveis de posse e tradição (notas e moeda metálica), e o banco simplesmente obrigado a *guardar* e a restituir a soma de dinheiro recebida, podendo, porém, utilizá-la nos seus negócios, nomeadamente de concessão de crédito, por sua própria conta". Com efeito, conforme sustenta este A., atualmente, "[o] objeto do depósito bancário é constituído, sobretudo, por valores monetários *escriturais*, intangíveis e apenas intelectualmente apreensíveis, em relação aos quais já não faz sentido falar num dever de guarda e restituição a cargo do banco, o qual já não é sequer um simples utilizador de dinheiro alheio, mas sim um prestador de serviços, muito deles relacionados com o modo como se concretiza a disponibilidade do depósito conferido ao depositante" (cf. Conceição Nunes, *Depósito e conta*, 68).

lidade das quantias entregues ao banco[133]. Por um lado, o banco, ao adquirir a sua propriedade, fica legitimado a dispor delas, utilizando-as para a prossecução dos seus fins[134], sendo através destes depósitos que os bancos obtêm a maior parte dos recursos com que financiam as suas operações ativas, sem que tenha que *prestar contas* ao depositante[135]. Por outro lado, o depositante, apesar de, em virtude do depósito, já não ser proprietário da quantia depositada, conserva a sua disponibilidade, fundada num direito de crédito[136], podendo exigir, a todo o momento (*v.g.*, no caso dos depósitos à ordem ou dos depósitos a prazo com mobilização antecipada) ou no momento acordado na celebração do contrato (no caso dos depósitos a prazo sem mobilização antecipada) a sua restituição (mediante o respetivo levantamento) ou deles dispor livremente a favor de terceiros (nomeadamente mediante ordens de pagamento dadas pelo titular da conta a favor de terceiros).

IV. Do que resulta exposto, tradicionalmente afirma-se, como princípio, que o contrato de depósito cria obrigações para apenas uma das partes, o

[133] Neste sentido, Paula Camanho, *Do contrato de depósito bancário*, 104. *Vide* também Augusto Athaíde/Luís Branco, *Operações bancárias*, 320; e Joaquim Garrigues, *Contratos bancarios*, 367, de acordo com o qual "esta é a característica mais saliente do depósito bancário".

[134] O RGICSF alude, por diversas vezes, à atividade de receção, do público, de depósitos ou outros fundos reembolsáveis para utilização por conta própria [cf. artigos 2.°, 4.°, n.° 1, al. *a*), 8.°, n.° 1 e 200.°]. Cf., a este propósito, Paula Camanho, *Do contrato de depósito bancário*, 104 e Conceição Nunes, *Direito Bancário*, 176. De acordo com este A., "a aplicação por conta própria significa que os fundos, alem de passarem a integrar o património da instituição, dada a sua fungibilidade, são livremente disponíveis, podendo aquela utilizá-los na prossecução dos seus fins, correndo os inerentes riscos, suportando as eventuais perdas, mas também auferindo os possíveis lucros, tudo isto por conta e no seu interesse, ou seja, sem que possa ou tenha de repercutir sobre o credor do reembolso as vicissitudes daí resultantes". No mesmo sentido, cf. Ac. da RLX de 2 de fevereiro de 1979, *in* CJ, Ano IV, Tomo I, 131 e Ac. da RLX de 17 de março de 1983, *in* CJ, Ano VIII, Tomo II, 116-177.

[135] Assim, Joaquim Garrigues, *Contratos bancarios*, 2.ª ed., Madrid, 1975, 367. Sem prejuízo, naturalmente, dos deveres de carácter prudencial, legalmente impostos, a que os bancos se encontram obrigados, nomeadamente a constituição de reservas sobre as somas depositadas.

[136] Cf. Antunes Varela, *Depósito bancário*, 47; Canaris, *Bankvertragsrecht*, 104; Molle, *I contrati bancari*, 167; Valpuesta Gastaminza, *Depositos bancarios de dinero*, 72. Este último A. refere que "denominador comum de toda e qualquer relação jurídica originada pela receção de disponibilidades monetárias é a constituição de um *direito de crédito* à respetiva restituição, a cargo da instituição recetora, a qual se obriga a reembolsar não as espécies concretamente recebidas, e que passam a fazer parte do seu património, mas apenas outro tanto do mesmo género e qualidade", concluindo que, "[d]o ponto de vista jurídico, as disponibilidades monetárias, uma vez recebidas, passam a pertencer à instituição, que delas pode livremente dispor, constituindo os fundos *mero objeto de um crédito pecuniário* de que é titular o cliente" (itálico nosso).

banco, cuja obrigação principal consiste na restituição dos fundos depositados. Esta obrigação tem natureza contratual[137] e consiste na devolução da quantia depositada, na mesma espécie monetária[138], sem que se tenham em conta eventuais modificações do valor da moeda durante a vigência do depósito[139]. Para além desta, o banco depositário pode ainda assumir outras obrigações eventuais (*v.g.*, a obrigação de pagamento de juros, quando estipulada entre as partes) e acessórias (*v.g.*, a obrigação de fornecer um serviço de caixa ao depositante, no caso dos depósitos à ordem)[140].

Com base neste entendimento, não se encontrando o depositante adstrito, por norma, ao cumprimento de quaisquer obrigações, o contrato de depósito de disponibilidades monetárias é tendencialmente caracterizado como um contrato unilateral[141]. Sucede, porém, que, na prática, a maioria dos depósitos bancários de disponibilidades monetárias impõem ao depositante o pagamento de determinadas comissões (*v.g.*, pela custódia do dinheiro, em virtude da não movimentação da conta ou de o dinheiro depositado não ter atingido determinado montante). Neste último tipo de depósitos a bilateralidade é inegável.

Para a doutrina dita tradicional, nos casos em que, como identificámos, existe bilateralidade, estaremos perante um contrato sinalagmático imperfeito, na medida em que ao abrigo destes contratos, inicialmente, apenas existem

[137] Ou seja, a *causa restituendi* é o contrato e não a lei (neste sentido, cf. Pires de Lima/Antunes Varela, *Código Civil anotado*, Vol. II[4], 845 e Menezes Cordeiro, *Manual de direito bancário*, 474), pelo que o depositário não poderá negar a restituição da quantia depositada pelo facto de o depositante não ser proprietário da mesma, uma vez que a obrigação não nasce *ex lege* dessa pretensa ilegitimidade (cf. Menezes Cordeiro, *ob. cit.*, *loc. cit.* e Lacerda Barata, *Contrato de depósito bancário*, 32, n. 84).

[138] Sendo o objeto depositado coisa fungível, a obrigação de restituição é, conforme já referimos no texto, de coisa equivalente. Neste sentido, cf. F. Scordino, *Il contratti bancari*, 64 e Paolo Greco, *Corso di diritto bancario*, 172-173.

[139] Cf. Jean Escarra, *Principes de droit commercial*, 254; Molle, *I contrati bancari*, 178; e Paolo Greco, *Corso di diritto bancario*, 173.

[140] Cf. Paula Camanho, *Do contrato de depósito bancário*, 109; Molle, *I contrati bancari*, 105; Broseta Pont, *Manual de derecho mercantil*, 477; e Cabrillac/Rives-Lange, *Dépôt en compte en banque*, 4.

[141] Neste sentido, Paula Camanho, *Do contrato de depósito bancário*, 117-118; Ibraimo Abudo, *Do contrato de depósito bancário*, 131-132; e Joaquim Garrigues, *Contratos Bancários*, 374-375. Contra esta posição insurge-se Angela Principe, *La responsabilitá della banca nei contratti di custodia*, 28, sustentando que "nem sempre corresponde à realidade a convicção de que sobre o depositante não incida qualquer obrigação". Considera a A. que, "no contrato de depósito bancário não surge somente a obrigação a cargo do banco de restituir o *tantundem*, mas também e necessariamente, a cargo do depositante a obrigação de deixar a coisa à disposição do depositário pelo tempo determinado no contrato ou por aquele necessário à finalidade para a qual a coisa foi entregue".

obrigações do lado do depositário só, mais tarde e incidentalmente, surgindo obrigações para o depositante[142]. Para os autores que defendem a extensão do sinalagma, a correspetividade das obrigações em presença já permitirá falar-se de um sinalagma perfeito[143].

V. Para além das acima referidas, o contrato de depósito bancário apresenta outras características que enunciaremos sucintamente de seguida.

Em primeiro lugar, com exceção dos casos em que há lugar ao pagamento de juros pelo depositário (*v.g.*, nos depósitos a prazo, em virtude da não disponibilidade imediata pelo depositante dos fundos depositados[144]), o contrato de depósito é gratuito[145].

[142] Sobre o conceito de sinalagma imperfeito, cf. MANUEL DE ANDRADE, *Teoria geral da relação jurídica*, 50-51. *Vide* ainda ANTUNES VARELA, *Depósito bancário*, 346 e F. SCORDINO, *Il contratti bancari*, 17.

[143] MOLLE, *Deposito bancario*, 522. Sobre a extensão do sinalagma, cf., entre nós, PEDRO MÚRIAS/ MARIA DE LURDES PEREIRA, *Sobre o conceito e a extensão do sinalagma;* e PEDRO MÚRIAS, *Um conceito de atribuição para o direito do não cumprimento.*

[144] Apesar de o banco obter uma vantagem decorrente da celebração do contrato de depósito que é a disponibilidade dos fundos depositados para a realização das suas operações ativas, a verdade é que a ela não corresponde, por norma, o pagamento de uma contraprestação ao depositário. Neste sentido, PAOLO GRECO, *Corso di diritto bancário*, 163 e 166, afirma que a privação do uso dos fundos depositados não pode ser vista como um sacrifício e correspondente contraprestação da disponibilidade dos mesmos proporcionada pelo depositante, uma vez que essa privação é efetuada no interesse do depositante, que pretende ter uma entidade que custodie os seus fundos, mantendo, todavia, a sua disponibilidade imediata total. É, no entanto, constatação empírica que a disponibilidade do depositante em relação aos fundos depositados se encontra na razão inversa do juro recebido por aquele (cf. RODRIGO URÍA, *Derecho mercantil*, 766; VALPUESTA GESTAMINZA, *Depositos bancarios*, 144, JEAN ESCARRA, *Principes de droit commercial*, 181). Com efeito, nalguns ordenamentos jurídicos (*v.g.*, Francês), não há lugar ao pagamento de juros nos depósitos em que há total disponibilidade dos fundos depositados (cf. JUGLART/IPPOLITO, *Banques et Bourses*, 158). Finalmente, MICCIO, *Dei singuli contratti e delle altre fonte delle obligazioni*, 149, sustenta que o juro é o correspetivo da utilização do dinheiro.

[145] Neste sentido, PAULA CAMANHO, *O contrato de depósito*, 120 ss.; e IBRAIMO ABUDO, *Do contrato de depósito*, 131-132. MOLLE defende também o carácter gratuito do contrato de depósito, mas com outra fundamentação. Assim, segundo o A., no contrato de depósito a vantagem é sempre do depositante e o sacrifício do depositário, uma vez que o depositante permanece com a disponibilidade da soma depositada, enquanto o depositário tem a obrigação de custódia e eventualmente a obrigação de pagamento de juros, resultando a sua vantagem "fora da estrutura do contrato singular estando ligado à massa das operações que a ele afluem" (cf. MOLLE, *Deposito bancário*, 522).

Em segundo lugar, o contrato de depósito bancário é um negócio real *quod constitutionem*[146], na medida em que para a perfeição deste tipo negocial não basta o acordo de vontade entre as partes, sendo essencial à celebração do contrato a prática de certo ato material, que se traduz na entrega da quantia pecuniária ao banco[147]. Apenas com esta se produzem os efeitos próprios do contrato: transferência da propriedade da quantia para o banco e nascimento da obrigação de restituição.

Em terceiro lugar, o contrato de depósito de disponibilidades monetárias é um negócio consensual (ou não solene), uma vez que a lei não faz depender a sua validade de qualquer formalidade especial[148].

Em quarto lugar, o contrato de depósito bancário é celebrado *intuitus personae*, sendo, assim, essencial a consideração da pessoa do outro contraente (nomeadamente da respetiva solvabilidade económica e moral) para a tomada da decisão de contratar[149].

Finalmente, o contrato de depósito de disponibilidades monetárias pode ser considerado como um contrato de adesão, uma vez que, na sua celebração,

[146] Cf., entre outros, Paula Camanho, *O contrato de depósito*, 117; Ibraimo Abudo, *Do contrato de depósito*, 130; Molle, *Deposito bancário*, 522; F. Scordino, *Il contratti bancari*, 60-61; e Miccio, *Dei singuli contratti e delle altre fonte delle obligazioni*, 149. Neste sentido, *vide* Ac. do STJ de 14 de junho de 1984, *in* BMJ, n.º 338, 432; Ac. da RLX de 9 de dezembro de 1992, *in* BMJ, n.º 442, 451 e Ac. da RLE de 4 de abril de 1989, *in* CJ, Ano XIV, Tomo II, 279.

[147] Só a partir deste momento é que se dá a transferência do risco do depositante para o depositário (artigo 796.º do CCiv). Se já existir acordo das partes, mas não tiver sido efetuada a entrega, o risco de perda ou deterioração da coisa corre por conta do depositante (cf. Paula Camanho, *Do contrato de depósito*, 117, n. 338).

[148] Neste sentido, cf. Paula Camanho, *Do contrato de depósito*, 123; Molle, *Deposito bancário*, 522; F. Scordino, *Il contratti bancari*, 60; e Miccio, *Dei singuli contratti e delle altre fonte delle obligazioni*, 149. Tal significa que a prova da sua constituição se pode fazer por qualquer modo: talão da guia de depósito da caixa registadora do banco, caderneta, certificado, etc. Assim, Antunes Varela, *Depósito bancário*, 23, n. 60, afirma que "os impressos, fichas ou boletins que o cliente usualmente preenche, por exigência do depositário, constituem de facto, uma espécie de *forma convencional* (artigos 222.º e 223.º do CCiv.) determinada pela louvável intenção de garantir a segurança e a certeza das operações efetuadas. Mas as exigências dessa forma convencional têm como limite a própria *praxis* bancária".

[149] Questão conexa com esta é a da liberdade de recusa, ou não, do banco em contratar com certo cliente, ao abrigo do princípio da liberdade contratual. A este propósito, cf., entre outros, Vasseur/Marin, *Les comptes en banque*, 34-36; Abbadessa, *Obbligio di far credito*, 530; Antunes Varela, *Depósito bancário*, 237-238; Menezes Cordeiro, *Banca, bolsa e crédito*, 10-11; José Maria Pires, *Elucidário de direito bancário*, 75 e Paula Camanho, *Do contrato de depósito*, 111-116.

o depositante se limita a aderir a um clausulado previamente fixado pela instituição de crédito[150].

VI. A natureza jurídica do contrato de depósito de disponibilidades monetárias tem sido amplamente debatida na doutrina nacional e estrangeira, podendo identificar-se a este respeito quatro orientações distintas.

A tese dominante na doutrina e na jurisprudência sustenta que o depósito bancário é um depósito irregular[151]. O argumento fundamental desta vertente doutrinal é a de que este contrato, à semelhança dos depósitos civis clássicos, se caracteriza por uma finalidade de custódia, que, não obstante se encontrar especialmente atenuada no depósito bancário, continua a existir como obrigação da entidade depositária. Assim, o interesse fundamental do cliente bancário é a guarda dos fundos depositados, pelo que só a qualificação deste contrato como um verdadeiro depósito se revela adequada. Porém, na medida em que o dinheiro é uma coisa fungível, o depósito de disponibilidades monetárias deve ser qualificado como irregular, pois o banco não está vinculado a restituir o concreto dinheiro entregue (*idem corpus*), mas um *tantundem* (outro tanto do mesmo género e na mesma quantidade).

Outra orientação é a que sustenta que o depósito de disponibilidades monetárias é um contrato de mútuo[152]. Os principais argumentos invocados

[150] Tendo aqui plena aplicabilidade o Decreto-Lei n.º 446/85, de 25 de outubro (com as suas alterações subsequentes). Cf. PAULA CAMANHO, *Do contrato de depósito*, 123; e IBRAIMO ABUDO, *Do contrato de depósito*, 131.

[151] Neste sentido, entre nós, ANTUNES VARELA, *Deposito bancário*, 46 e 65-66; CUNHA GONÇALVES, *Tratado*, 382-383; MARTA COCHAT-OSÓRIO, *Depósitos bancários*, 86; e INOCÊNCIO GALVÃO TELLES, *Contratos civis*, 178. Em Itália, SIMONETTO, *Los contratos de credito (trad.)*, 368; STOLFI, *Diritto Civile*, 374-375; e TRIMARCHI, *Instituzioni di diritto privatto*, 460. Em Espanha, RODRIGO URÍA, *Derecho mercantil*, 455. Na Alemanha, SCHUMANN, *Handelsrecht*, 192-193. Constitui jurisprudência dominante do STJ, a qualificação do contrato de depósito como tendo a natureza jurídica de depósito irregular. Assim, Ac. do STJ de 15 de março de 2005 (*in* www.dgsi.pt); Ac. do STJ de 20 de novembro de 2003, (*in* www.dgsi.pt); Ac. do STJ de 12 de março de 2002, (*in* www.dgsi.pt); Ac. do STJ de 21 de março de 1996 (*in* CJ, Ano IV, Tomo II, 83); Ac. do STJ de 19 de outubro de 1993 (*in* BMJ, 430, 475); Ac. do STJ de 17 de junho de 1986 (*in* BMJ, 358, 565), entre outros. No mesmo sentido tem apontado a jurispudência maioritária das outras instâncias. Cf., entre outros, Acs. da RLP de 5 de maio de 2005 (*in* www.dgsi.pt) e de 4 de março de 1997 (*in* CJ, Ano XXII, Tomo II, 191); Acs. da RLC de 19 de novembro de 1996 (*in* CJ, Ano XXI, Tomo V, 17) e de 3 de dezembro de 1996 (*in* CJ, Ano XXI, Tomo V, 36); e Acs. da RLX de 27 de junho de 1995 (CJ, Ano XX, Tomo III, 136) e de 26 de maio de 1994 (*in* CJ, Ano XIX, Tomo III, 105).

[152] Neste sentido, entre nós, PAULA CAMANHO, *Do contrato de depósito*, 172 ss.; PINTO COELHO, *Operações de banco*, 17 ss. e FERREIRA DE CARVALHO, *Prontuário do bancário*, 397. Este último A. afirma que "[v]erdadeiramente o depósito bancário é uma operação de empréstimo pois o banco

pelos autores que sufragam esta teoria são (i) o fim económico do contrato que é a possibilidade de disposição dos fundos e não tanto a guarda dos mesmos, (ii) a aquisição da propriedade das quantias depositadas pelo banco, podendo este usá-los sem que incorra no crime de abuso de confiança em caso de não reembolso das quantias depositadas, (iii) a obrigação de restituição do *tantundem*, (iv) o pagamento de juros, e (v) a semelhança estrutural com o mútuo (*i.e.*, entrega de coisa fungível que passa para a propriedade de quem a recebe, ficando este último obrigado à restituição de outro tanto do mesmo género).

Contrariando as correntes doutrinárias atrás expostas, surgem autores que defendem estarmos perante uma relação complexa, um contrato misto, na medida em que em causa está um contrato de depósito irregular (na perspetiva do cliente) e simultaneamente um contrato de mútuo (na perspetiva do banco)[153].

Por outro lado, há ainda quem sustente que o contrato de depósito bancário é um contrato *sui generis*, não se enquadrando na disciplina do depósito irregular, do mútuo ou de qualquer outro contrato legalmente tipificado[154].

Finalmente, surgem ainda os defensores das teses pluralistas que refutam a natureza unitária dos contratos de depósito[155].

(depositário) paga juros, fazendo uma retribuição do capital, o que não é próprio do depósito, pois neste quem deve pagar a retribuição é o depositante e nunca o depositário". Em França, cf. Dupouy, *Précis de droit commercial*, 333; e Gavalda/Stoufflet, *Droit bancaire*, 188-189. Em Itália, Enrico Colagrosso, *Deposito bancario*, 762-763. Em Espanha, Vicent Chuliá, *Introduction al derecho mercantil*, 411. Existe jurisprudência, ainda que minoritária, do STJ, que sustenta a teoria do mútuo. Assim, Acs. do STJ de 20 de junho de 1995 (*in* BMJ, 448, 371), de 18 de março de 1975 (*in* BMJ, 245, 507), de 16 de maio de 1969 (*in* BMJ, 187, 145) e de 19 de junho de 2001 (*in* www.dgsi.pt).

[153] Cf. Sotgia, *Dei contratti bancari*, 111.

[154] Cf., entre nós, Menezes Cordeiro, *Manual de direito bancário*, 578; Lobo Xavier/Ângela Coelho, *Depósito bancário a prazo*, 300; e Conceição Nunes, *Depósito e Conta*, 77. Em França, cf. Jean Escarra, *Principes de droit commercial*, 264. Em Itália, cf. Molle, *I contrati bancari*, 114 ss. Neste sentido, cf. Ac. da RLX de 2 de fevereiro de 1979 (*in* CJ, Ano IV, Tomo I, 131), Ac. da RLC de 29 de outubro de 1991 (*in* CJ, Ano XVI, Tomo IV, 123) e Ac. da RLP de 21 de outubro de 1993 (*in* BMJ, 430, 513).

[155] Entre as teses pluralistas, encontramos essencialmente as seguintes construções: (i) os depósitos à ordem seriam depósitos irregulares e os depósitos a prazo seriam contratos *sui generis* (Joaquim Garrigues, *Contratos bancarios*, 361 e ss), (ii) os depósitos à ordem seriam depósitos irregulares e os depósitos a prazo e com pré-aviso seriam mútuos (Canaris, *Bankvertragsrecht*, 151), (iii) os depósitos à ordem e com pré-aviso seriam depósitos irregulares e os depósitos a prazo seriam mútuos (Lacerda Barata, *Contrato de depósito bancário*, 50, 51 e 52.), (iv) os depósitos à ordem e com breve pré-aviso seriam depósitos regulares e os depósitos a prazo e com pré-aviso longo seriam mútuos (La Lumia, *Depositi bancari*, 109 ss.).

VII. Não nos compete, no âmbito do presente trabalho, tomar posição quanto às várias teses *supra* expostas, relativas à natureza jurídica do depósito bancário, até porque a mesma em nada bule nem com a oponibilidade, ou não, da compensação em sede de insolvência da instituição de crédito nem com a forma como a mesma operará neste domínio. Salientamos, no entanto, a este respeito, que não existe, no nosso ordenamento jurídico, uma definição de depósito bancário[156]. Quanto ao chamado depósito irregular, o CCiv. vigente dedica-lhe dois preceitos: os artigos 1205.º e 1206.º. O primeiro define o depósito irregular como o "que tem por objeto coisas fungíveis"[157], o segundo

[156] O artigo 1185.º do CCiv. define o depósito comum, de que é elemento essencial o dever de custódia, enquanto dever principal *ex contracto* e não como dever acessório *ex bona fide* (cf. MENEZES CORDEIRO, *Manual de direito bancário*, 568). Por seu turno, o artigo 1186.º, por remissão para o mandato, presume a gratuitidade de depósito (cf. MENEZES CORDEIRO, *idem, ibidem*).
Quanto ao depósito mercantil, este encontra-se regulado nos arts 403.º ss. do CCom. O artigo 403.º do CCom. prescreve que o depósito é considerado mercantil quando "seja de géneros ou de mercadorias destinadas a qualquer ato de comércio", determinando, nessa medida, a respetiva qualificação como um ato objetivamente comercial. Quanto ao respetivo regime, nos termos do artigo 404.º do CCom., ao contrário do depósito comum, o depósito comercial dá azo a remuneração.
O artigo 407.º do CCom., apesar de se referir a depósitos feitos em bancos ou sociedades, determina que os mesmos "reger-se-ão pelos respetivos estatutos em tudo quanto não se achar prevenido neste capítulo e mais disposições legais aplicáveis". Segundo MENEZES CORDEIRO, *Manual de direito bancário*, 573, a menção aos *estatutos* "deve ser convolada para uma referência aos usos" (no mesmo sentido, cf. LACERDA BARATA, *Contrato de depósito bancário*, 21). SIMÕES PATRÍCIO salienta ainda o facto de o artigo 407.º do CCom. se dever entender como operando uma remissão não para os usos gerais da atividade bancária, mas para os usos próprios e específicos de cada instituição de crédito, ainda que, na maior parte dos casos, estes sejam coincidentes (SIMÕES PATRÍCIO, *Direito bancário privado*, 87). Pelo contrário, CONCEIÇÃO NUNES e PAULO CÂMARA consideram que só constituem fonte de direito as práticas reiteradas da generalidade do sector bancário (ainda que territorial ou institucionalmente delimitada), excluindo como fonte de direito os usos de um único banco ou de um conjunto de bancos (CONCEIÇÃO NUNES/PAULO CÂMARA, *Direito bancário*, 74). Alguma doutrina considera que os usos, para poderem auxiliar na tarefa de interpretação e integração de negócios jurídicos bancários, têm que ser aceites pelos clientes (assim, DIOGO LEITE DE CAMPOS, *Anatocismo*, 51 ss. e VASCO SOARES DA VEIGA, *Direito Bancário*, 36).

[157] Segundo MENEZES CORDEIRO, *Manual de direito bancário*, 571 e 572, "[t]rata-se de uma definição deficiente: as partes podem perfeitamente celebrar um depósito comum relativo a coisas fungíveis: nessa altura o depositário não as poderá consumir, devendo restituir precisamente o que recebeu, de acordo com as regras normais do depósito". Assim, segundo o A., e cuja posição subscrevemos, melhor seria que o preceito em análise tivesse estipulado que essencial ao depósito irregular é a faculdade de o depositário se servir das coisas depositadas, adquirindo a respetiva propriedade e, nessa medida, ficando obrigado a restituir outras tantas do mesmo género e na mesma quantidade, conforme sucede no artigo 1782.º do Código Civil italiano.

manda aplicar ao depósito irregular, na medida do possível, as regras do mútuo, pelo que, em última instância, serão estas as normas reguladoras do depósito bancário.

VIII. Nos termos do artigo 1.º do Decreto-Lei n.º 430/91, de 2 de novembro[158], atendendo ao grau de disponibilidade do depositante, os depósitos de disponibilidades monetárias podem revestir uma das seguintes modalidades: depósitos à ordem, depósitos com pré-aviso, depósitos a prazo, depósitos a prazo não mobilizáveis antecipadamente e depósitos constituídos em regime especial[159].

Com exceção dos depósitos constituídos em regime especial, cujo regime, conforme reiterado pelo artigo 4.º do Decreto-Lei n.º 430/91, de 2 de novembro, escapa ao âmbito de aplicação do diploma em análise, o critério distintivo das diferentes modalidades de depósito ali consagradas prende-se com o *grau de disponibilidade* do depositante ou, dito de outro modo, com os *termos e condições em que assiste ao titular da conta o direito de exigir à instituição de crédito depositária a restituição, total ou parcial, da quantia depositada*[160].

[158] Este diploma foi alterado pelo Decreto-Lei n.º 88/2008, de 29 de maio, relativo a taxas de juro.

[159] Nos termos do artigo 2.º, n.º 1 do Decreto-Lei n.º 430/91, de novembro, são considerados *depósitos em regime especial* todos os depósitos que não sejam enquadráveis nas categorias acima mencionadas e os depósitos que se encontrem previstos em normas legais ou regulamentares. Com efeito, diversa legislação especial fixa diferentes tipos de depósitos (designados por *contas*). Assim, nomeadamente, as contas poupança-habitação (Decreto-Lei n.º 27/2001, de 3 de fevereiro, alterado pelo Decreto-Lei n.º 54/2008, de 26 de março e pelo Decreto-Lei n.º 199/2009, de 27 de agosto); as contas poupança-reformados (Decreto-Lei n.º 138/86, de 14 de junho, alterado pelo Decreto-Lei n.º 158/87, de 2 de abril e pela Lei 10-B/96, de 23 de março); contas poupança-emigrantes (Decreto-Lei n.º 323/95, de 29 de novembro, alterado pelo Decreto-Lei n.º 65/96, de 31 de maio e pelo Decreto-Lei n.º 99/2003, de 13 de maio); e as contas poupança-condomínio (Decreto-Lei n.º 269/94, de 26 de outubro, alterado pela Lei 30-G/2000, de 29 de dezembro e pelo Decreto-Lei n.º 323/2001, de 17 de dezembro).
Nos termos do n.º 2 do mesmo preceito, a criação de depósitos em regime especial é livre, devendo, no entanto, ser dado conhecimento das suas características, com uma antecedência mínima de 30 dias, ao BdP, o qual poderá, nesse prazo, formular as recomendações que entender necessárias.

[160] Neste sentido, cf. Paula Camanho, *Do contrato de depósito bancário*, 124-125 e Lacerda Barata, *Contrato de depósito bancário*, 16. Existem, no entanto, autores que consideram que o verdadeiro critério distintivo entre as diferentes modalidades de depósito reside no fim visado pelo depositante (cf., por todos, Juglart/Ippolito, *Banques et Bourses*, 153-154).

Os depósitos à ordem são aqueles que são exigíveis a todo o tempo[161], *i.e.*, em que o titular da conta pode exigir, em qualquer momento, a restituição total ou parcial das quantias depositadas, detendo, nessa medida, a disponibilidade total e imediata do saldo bancário a seu favor[162]. A obrigação de restituição do banco surge, nestes depósitos, como uma obrigação pura, na medida em que não está dependente de qualquer prazo, correspondendo o momento da sua constituição com o momento do respetivo pedido, *rectius* da interpelação[163]. A restituição dos fundos depositados pode efetuar-se de diversas formas, nomeadamente mediante levantamento de numerário, emissão de cheque ou ordem de transferência.

As características fundamentais desta modalidade de depósito são a de, por um lado, o banco se obrigar a prestar um serviço de caixa contínuo[164] e de, por outro, não haver lugar ao pagamento de juro[165].

Os *depósitos com pré-aviso* são aqueles cujo saldo apenas é exigível depois de prevenido o depositário, por escrito, com a antecipação fixada na cláusula do pré-aviso, livremente acordada entre as partes[166]. Assim, nestes depósitos, o titular da conta apenas pode exigir ao banco a restituição, total ou parcial, das quantias depositadas depois de dirigir a este uma comunicação escrita com determinada antecedência[167], não havendo, portanto, nestes depósitos, um prazo determinado para a movimentação do saldo[168].

[161] Artigo 1.º, n.º 2 do Decreto-Lei n.º 430/91, de 2 de novembro.

[162] Por esta razão, estes depósitos são também designados como *depósitos à vista* ou como *depósitos disponíveis*. Esta total e permanente disponibilidade da quantia depositada é designada pelos alemães como *tagesgelder* (cf. Hopt/Mülbert, *Bankkreditrecht*, 60) e pelos italianos como *deposito libero* ou *disponibili* (cf. Molle, *I contrati bancari*, 105).

[163] No que concerne às obrigações puras, o artigo 777.º, n.º 1 do CCiv. dispõe que "[n]a falta de estipulação ou disposição especial da lei, o credor tem o direito de exigir a todo o tempo o cumprimento da obrigação, assim como o devedor pode a todo o tempo exonerar-se dela".

[164] Cf. Rodrigo Uría, *Derecho mercantil*, 767.

[165] Cf. Antunes Varela, *Depósito bancário*, 346; Augusto Athaíde/Luís Branco, *Operações bancárias*, 320; Paula Camanho, *Do contrato de depósito bancário*, 125; Jean Escarra, *Principes de droit commercial*, 181; Broseta Pont, *Manual de derecho mercantil*, 475; e Enrico Colagrosso, *Deposito bancario*, 761.

[166] Artigo 1.º, n.º 3 do Decreto-Lei n.º 430/91, de 2 de novembro. O pré-aviso é geralmente curto, variando entre os 8 e os 30 dias.

[167] Molle considera que "o pré-aviso constitui para o titular da conta uma «condição» ou «pressuposto» para o exercício do seu direito; aquele tem, assim, a natureza de «ónus», que transforma a prestação do banco numa prestação a termo certo" (cf. Molle, *Deposito bancario*, 526).

[168] Por esse motivo Maurice Chapoutot, *Les depôts des fonds en banque*, 44, considera que estes depósitos têm "uma duração indeterminada". Segundo Antunes Varela, *Depósito bancário*, 62, o depositante pode levantar o dinheiro quando quiser, pois não há data pré-estabelecida para o seu

Os *depósitos a prazo* são exigíveis no fim do prazo por que foram constituídos, podendo, todavia, as instituições de crédito conceder aos seus depositantes, nas condições acordadas, a sua mobilização antecipada[169]. Assim, no depósito a prazo é estipulado um termo para o reembolso, e, em princípio, a soma depositada apenas poderá ser levantada pelo titular da conta no final desse prazo[170].

Contrariamente ao que sucede no depósito comum[171], nos depósitos bancários a prazo, a doutrina tem entendido que o termo é estabelecido a favor de ambas as partes, depositante (credor) e instituição de crédito depositária (devedor), não podendo, consequentemente, o credor reclamar a entrega do montante do depósito antes do vencimento do prazo. Tal só poderá ocorrer com o consentimento do banco[172]. A mobilização antecipada dos fundos depositados está condicionada à aplicação de uma taxa de juro menor em relação àquela que seria aplicável se o prazo decorresse por inteiro[173].

A par dos depósitos a prazo, surgem os *depósitos a prazo não mobilizáveis antecipadamente*, definidos como aqueles que apenas são exigíveis no fim do prazo por que foram constituídos, não podendo ser reembolsados antes do fim

direito à restituição, mas, para que este possa ser exercido, o depositante tem que avisar o banco com uma antecedência mínima "para que o banco, com algum tempo, possa preparar a restituição da soma que lhe é exigida, sem perturbação das operações de crédito que esteja financiando". Ibraimo Abudo, *Do contrato de depósito bancário*, 134-135, distingue apenas os depósitos à ordem dos depósitos a prazo, considerando que os depósitos com pré-aviso se inserem na categoria dos depósitos à ordem. Garrigues, *Contratos bancarios*, 358, faz a mesma distinção, mas equipara apenas a depósitos à ordem os depósitos a breve pré-aviso. No mesmo sentido, Chuliá, *Compendio crítico*, 410.

[169] Artigo 1.°, n.° 4 do Decreto-Lei n.° 430/91, de 2 de novembro.

[170] A este propósito, Valpuesta Gastaminza, *Depositos bancarios de dinero*, 144, afirma que "o cliente obriga-se a não dispor da quantia até que ocorra o termo fixado pelas partes".

[171] Para o depósito comum, o artigo 1194.° do CCiv. prescreve que o "prazo de restituição se tem por estabelecido a favor do depositante". Esta regra contraria o regime geral previsto no artigo 779.° do CCiv., nos termos do qual o prazo se considera estabelecido a favor do devedor. A justificação para tal regime exceção estará no facto de o contrato de depósito comum se celebrar no interesse quase exclusivo do depositante (cf. João Morais, *Depósito escrow*, 29; Maria de Lurdes Pereira, *Conceito*, 250-252). A maioria da doutrina defende a natureza imperativa da norma vertida no artigo 1194.° do CCiv. (cf. Pires de Lima/Antunes Varela, *Código civil anotado*, vol. II^4, 848-849; e Lacerda Barata, *Contrato de depósito bancário*, 34, n. 89).

[172] Antunes Varela sustenta que "porque o prazo, neste caso do depósito bancário, é excecionalmente estabelecido também no interesse do depositário, tem-se entendido com razão na doutrina que o depósito a prazo só pode ser levantado antecipadamente com a concordância do banco", *Depósito bancário*, 62. No mesmo sentido, cf. Paula Camanho, *Do contrato de depósito bancário*, 127; Ibraimo Abudo, *Do contrato de depósito bancário*, 135; Pinto Coelho, *Operações de banco*, 20; e Lobo Xavier/Ângela Coelho, *Depósito bancário a prazo*, 300 e 311-312.

[173] Lobo Xavier/Ângela Coelho, *Depósito bancário a prazo*, 300.

desse mesmo prazo[174]. Nesta modalidade, verifica-se uma indisponibilidade total da quantia depositada durante todo o prazo do depósito, não podendo o banco, uma vez contratada esta modalidade de depósito, consentir na respetiva mobilização antecipada[175].

Os depósitos a prazo e os depósitos a prazo não mobilizáveis dão azo a um título nominativo, representativo do depósito, o qual não pode ser transmitido por ato entre vivos[176], salvo a favor da instituição emitente em situações de mobilização antecipada, nos casos em que esta é admitida. Do referido título devem constar os elementos essenciais da operação, como sejam o valor do depósito, o prazo, as condições em que o depósito pode ser mobilizado antes do vencimento, se for esse o caso, taxa de juro convencionada, as datas de pagamento de juros, bem como as condições em que o depósito pode ser renovado.

IX. Feito este percurso pela figura da abertura de conta, tendo-se analisado um dos seus elementos essenciais – a conta corrente bancária – e um dos seus elementos eventuais – o depósito bancário –, bem como as diferentes modalidades que quer as contas quer os depósitos bancários podem assumir, atendendo à sua titularidade e à disponibilidade do saldo, estamos, agora, em condições de poder aferir dos efeitos que a revogação pelo BdP da autorização para o exercício da atividade bancária terá quanto às realidades tratadas. Para o efeito, começaremos por analisar os efeitos que, ao abrigo do CIRE, são produzidos pela declaração de insolvência quer sobre os créditos quer sobre os negócios em curso.

[174] Artigo 1.º, n.º 5 do Decreto-Lei n.º 430/91, de 2 de novembro.

[175] Segundo LACERDA BARATA, a obrigação de devolução "*só* se vence com o decurso do prazo", ainda que as partes estejam de acordo em pôr termo ao contrato, na medida em que, nesta modalidade de depósito, a *ratio legis* vai para além da tutela do interesse das partes. Segundo o A. "é, também o interesse público que está em jogo", assim se justificando "tão radical afastamento da liberdade contratual". "Consequentemente, e por igualdade de razão", prossegue o A., "a proibição legal deve ser interpretada como abrangendo também hipóteses de *modificação* do contrato de depósito, que impliquem a sua transformação em depósito a prazo mobilizável antecipadamente ou em depósito à ordem" e, de igual modo, "será de concluir que banco e depositante não poderão livremente *revogar* o contrato de depósito" (cf. LACERDA BARATA, *Contrato de depósito bancário*, 18). A este propósito, *vide* também, PAULA CAMANHO, *Do contrato de depósito bancário*, 141, n. 402.

[176] Assim se distinguindo dos certificados de depósito nominativos, emitidos pelas instituições de crédito depositárias – regulados pelo Decreto-Lei n.º 372/91, de 8 de outubro, alterado pelo Decreto-Lei n.º 387/93, de 20 de novembro – que são transmissíveis por endosso, com eles se transmitindo todos os direitos relativos aos depósitos que representam.

11.2. *Breves considerações acerca dos efeitos da declaração de insolvência sobre os créditos e sobre os negócios em curso ao abrigo do CIRE*

I. A declaração de insolvência "priva imediatamente o insolvente, por si ou pelos seus administradores, dos poderes de administração e de disposição dos bens integrantes da massa insolvente, os quais passam a competir ao administrador da insolvência" (artigo 81.°, n.° 1 do CIRE)[177].

A massa insolvente abrange "todo o património do devedor à data da declaração de insolvência, bem como os bens e direitos que ela adquira na pendência do processo" (artigo 46.°, n.° 1 do CIRE), esclarecendo-se que "os bens isentos de penhora só serão integrados na massa insolvente se o devedor voluntariamente os apresentar", desde que a impenhorabilidade não seja absoluta (artigo 46.°, n.° 2 do CIRE). Para o efeito, a sentença declaratória da insolvência decreta logo a apreensão, "para imediata entrega ao administrador da insolvência, dos elementos da contabilidade do devedor e de todos os seus bens, ainda que arrestados, penhorados, ou por qualquer forma apreendidos ou detidos" [artigo 36.°, n.° 1, al. *g*) do CIRE], sendo os atos que o insolvente realize posteriormente à declaração de insolvência, relativamente aos bens que compõem a massa, ineficazes (artigo 81.°, n.° 6 do CIRE).Visa-se, desta forma, a preservação destes bens e a sua subsequente venda para satisfação dos credores[178], constituindo a massa insolvente um património autónomo destinado a esse fim último.

II. Em geral, os efeitos sobre os créditos visam aquilo que se pode designar como a estabilização geral do passivo do devedor[179]. Entre estes efeitos, destacam-se, por agora[180], o vencimento imediato de dívidas (artigo 91.°, n.° 1 do CIRE), o cálculo especial de juros de obrigações que à data da declaração

[177] Sem prejuízo do disposto no título X, a respeito da administração da massa insolvente, quando nela esteja incluída uma empresa (artigo 223.° do CIRE), pelo próprio devedor, verificados os pressupostos do artigo 224.°, n.° 2 do CIRE [artigo 36.°, n.° 1, al. *e*) do CIRE]. Esta solução encontra-se também apartada do processo de liquidação judicial das instituições de crédito, por força do artigo 9.°, n.° 3 do RLICSF.

[178] Neste sentido, Carvalho Fernandes, *Efeitos substantivos da declaração de falência*, 33.

[179] Catarina Serra, *O novo regime português da insolvência*, 77. No entanto, e contrariamente ao que sucedida no regime anterior, este princípio cede, hoje em dia, perante as alterações introduzidas no CIRE, tanto em sede de juros como em sede de compensação. Neste sentido, cf. Pestana de Vasconcelos, *A cessão de créditos em garantia*, 870, n. 1607; Luís Menezes Leitão, *CIRE anotado*, 99; e Catarina Serra, *O novo regime português da insolvência*, 77.

[180] Seguimos aqui de perto o elenco apresentado por Catarina Serra, *O novo regime português da insolvência*, 77, excluindo, no entanto, para já, do mesmo a referência aos termos em que, ao

de insolvência ainda não se encontravam vencidas (artigo 91.º, n.os 2, 3, 4, 5, 6 e 7 do CIRE), a extinção de privilégios creditórios e garantias reais (artigo 97.º do CIRE) e a constituição de um privilégio mobiliário geral a favor do credor requerente (artigo 98.º do CIRE).

Quanto ao *vencimento antecipado das dívidas*, a declaração de insolvência não só provoca o vencimento de todas as obrigações do insolvente não subordinadas a uma condição suspensiva[181], que passam a estar sujeitas a redução nos termos dos restantes números do artigo 91.º do CIRE, como implica o termo dos contratos de conta corrente de que o insolvente seja parte, com o encerramento das contas respetivas (artigo 116.º do CIRE).

Por outro lado, a cessação da contagem de juros estabelecida no n.º 2, primeira parte, do artigo 151.º do CPEREF, deixou de se verificar. Assim, em consequência do vencimento antecipado, as obrigações passarão a vencer juros legais, a partir da data da declaração de insolvência, os quais são, no entanto, considerados créditos subordinados (com exceção dos abrangidos por garantia real e privilégios creditórios gerais, até ao valor dos bens onerados), nos termos do artigo 48.º, n.º 1, als. *b*) e *f*) do CIRE[182].

Na medida em que, conforme referimos no parágrafo anterior, com a declaração de insolvência, continuam a vencer-se juros à taxa legal, no que se refere ao *cálculo especial de juros de obrigações que à data da declaração de insolvência ainda não se encontravam vencidas,* coloca-se aqui a questão do *interusurium* relativamente às obrigações que não vencem juros ou que vencem juros inferiores à taxa legal. Assim, de forma a impedir que o credor beneficie com o seu vencimento antecipado, com base no disposto no artigo 91.º, n.os 2 a 7 do

abrigo do CIRE, é admitida a compensação. Sobre este ponto, que é no fundo o cerne do presente trabalho, pronunciar-nos-emos mais à frente, no Cap. III.

[181] Existindo tal condição, a eficácia do negócio fonte da obrigação está suspensa, pelo que, para todos os efeitos, é como se ainda não existisse qualquer obrigação. O pagamento dos créditos sob condição suspensiva encontra-se previsto no artigo 181.º do CIRE.

[182] Segundo Luís Menezes Leitão, a permanência da contagem de juros, nos termos do artigo 48.º do CIRE é incongruente com o encerramento da conta corrente nos termos do artigo 116.º do CIRE. Para o A. "enquanto se debitarem juros, não pode ser encerrada a conta corrente" (cf. Luís Menezes Leitão, *CIRE anotado*, 119). A esta crítica respondem Carvalho Fernandes/João Labareda, *CIRE anotado*, 422, no sentido de que consideram não existir qualquer incongruência, uma vez que "[h]avendo declaração de insolvência de uma das partes, a conta corrente encerra-se, com apuramento do saldo que então se verificar. Sendo este favorável à parte não insolvente, os juros contam-se sobre esse saldo, em geral, com o regime de crédito subordinado", posição que subscrevemos, considerando a mesma aplicável, na íntegra, ao saldo das contas bancárias apurado no âmbito do processo de liquidação judicial da instituição de crédito insolvente.

CIRE, o valor dessas obrigações é atualizado/reduzido para o montante que, se acrescido de juros calculados sobre ele à taxa legal (no caso de obrigação que não vença juros) ou à taxa correspondente à diferença entre a taxa legal e a taxa convencionada (no caso de obrigação que vença juros inferiores à taxa legal), pelo período de antecipação do vencimento, corresponderia ao valor a pagar na data do seu normal vencimento.

A respeito da *extinção de privilégios creditórios e garantias reais*, prescreve o artigo 97.º, n.º 1 do CIRE, que, com a declaração de insolvência, se extinguem os privilégios creditórios gerais e os privilégios creditórios especiais relativos a créditos do Estado e de outras entidades públicas que tenham sido, respetivamente, constituídos ou vencidos mais de doze meses antes da data do início do processo de insolvência [als. *a*) e *b*)]; as hipotecas legais acessórias de créditos do Estado e de outras entidades públicas cujo registo haja sido requerido dentro dos dois meses anteriores à data do início do processo de insolvência [al. *c*)]; a extinção das garantias reais dependentes de registo, mas ainda não registadas [al. *d*)][183]; e as garantias reais sobre bens integrantes da massa insolvente acessórias dos créditos havidos como subordinados [al. *d*)].

Sobre a *constituição de um privilégio mobiliário geral a favor do credor requerente*, cumpre dar nota que, nos termos do artigo 98.º do CIRE, se prevê o ressarcimento do credor requerente das despesas inerentes à promoção do processo, através da concessão de um privilégio creditório mobiliário geral.

III. No que respeita aos negócios em curso do insolvente à data da declaração de insolvência, a regra geral é a que resulta do artigo 102.º do CIRE. O preceito em causa, começa por definir o conceito de *negócios em curso* como os contratos *bilaterais*[184] em relação aos quais, à data da declaração de insolvência, *não houve ainda total cumprimento por qualquer das partes*[185]. Declarada a insolvência, a norma em apreço determina a suspensão do cumprimento dos contratos até que o administrador da insolvência declare optar pela execução

[183] Conforme sublinha Catarina Serra, a aplicabilidade desta alínea é reduzida, na medida em que, relativamente à hipoteca, "quando ela não é registada, não chega sequer a constitui-se, sendo, portanto, inútil a medida de extinção" (Cf. Catarina Serra, *O novo regime português da insolvência*, 79). No mesmo sentido, cf. Luís Menezes Leitão, *CIRE anotado*, 103.

[184] Assim, tanto podem estar em causa negócios que, por natureza, são de execução continuada ou periódica, como negócios de efeitos diferidos no tempo. Neste sentido, cf. Carvalho Fernandes, *Efeitos substantivos*, 210.

[185] Ao ter como pressuposto o não cumprimento total por ambas as partes, este preceito acaba por ter um campo de aplicação muito limitado. Cf., neste sentido, Carvalho Fernandes, *Efeitos substantivos*, 212 e Luís Menezes Leitão, *CIRE anotado*, 107.

ou pela recusa de cumprimento, no exercício daquele que é um verdadeiro direito potestativo[186]. Como contrapartida, e na medida em que o n.º 1 do preceito em análise não fixa um prazo para o administrador da insolvência exercer o referido direito, o n.º 2 do mesmo preceito confere à outra parte no negócio o direito, igualmente potestativo, de fixar ao administrador prazo razoável para o exercício da sua opção.

À norma do artigo 102.º do CIRE ficam subordinadas as normas subsequentes, que consagram efeitos especiais sobre determinadas situações ou relações jurídicas do devedor: prestações indivisíveis (artigo 103.º do CIRE); contrato de compra e venda (artigos 104.º e 105.º do CIRE); promessa de contrato (artigo 106.º do CIRE); operações a prazo (artigo 107.º do CIRE); contrato de locação (artigos 108.º e 109.º do CIRE); contratos de mandato e de gestão (artigo 110.º do CIRE); contrato de prestação duradoura de serviço (artigo 111.º do CIRE); procurações (artigo 112.º do CIRE); insolvência do trabalhador (artigo 113.º do CIRE); prestação de serviço pelo devedor (artigo 114.º do CIRE); cessão e penhor de créditos futuros (artigo 115.º do CIRE); contas correntes (artigo 116.º do CIRE); associação em participação (artigo 117.º do CIRE); e de contratos de ACE e AEIE (artigo 118.º do CIRE)[187].

IV. Finalmente, cumpre aferir, muito sucintamente, os termos em que, ao abrigo do CIRE, é possível proceder à resolução de atos jurídicos praticados antes da declaração de insolvência em benefício da massa insolvente, matéria que surge regulada nos artigos 120.º a 126.º do CIRE.

Ali se distinguem duas modalidades de resolução: a contemplada no artigo 121.º e que, se designa por *incondicional* ou *absoluta* e outra que se extrai do disposto no n.º 4 do artigo 120.º, que, por correspondência com a primeira, se designa de *condicional* ou *relativa*[188].

No que respeita à resolução *condicional,* o n.º 1 do artigo 120.º do CIRE prescreve, como princípio geral, que podem ser resolvidos a favor da massa insolvente os atos prejudiciais à massa praticados ou omitidos dentro dos dois

[186] Segundo Catarina Serra, ainda que potestativo, este "não é um direito de exercício livre ou acriterioso, devendo o administrador optar, em cada caso, pela solução que melhor servir as finalidades do processo de insolvência", ou seja, "a solução que maximizar o valor da massa insolvente e, dessa forma, as probabilidades de satisfação dos credores" (cf. Catarina Serra, *O novo regime português da insolvência*, 83). No mesmo sentido, Luís Menezes Leitão, *Direito da insolvência*, 172.

[187] Tratando-se, conforme refere Oliveira Ascensão, *Insolvência*, 109, de um articulado "dominantemente casuístico".

[188] Cf. Carvalho Fernandes, *Efeitos substantivos*, 204.

anos anteriores à data do início do processo de insolvência, desde que, nos termos do n.º 4 do preceito em análise, haja má fé de terceiro. Nos termos do n.º 6 do preceito em análise, aditado pela Lei n.º 16/2012, de 20 de abril, salienta-se, no entanto, que são insusceptíveis de resolução por aplicação das regras previstas neste capítulo do CIRE, entre outros, os negócios jurídicos celebrados no âmbito de medidas de resolução previstas no título VIII do RGICSF, desde que a respetiva finalidade seja prover o devedor com meios de financiamento suficientes para viabilizar a sua recuperação, determinando, consequentemente, com relevância para o nosso estudo, a impossibilidade de resolução, nos termos previstos no CIRE, dos negócios determinados pelo BdP tendentes à transmissão para outra instituição de crédito e à transferência para um banco de transição da atividade da instituição de crédito intervencionada, nos termos dos artigos 145.º-A e ss. do RGICSF.

Quanto ao conceito de *prejudicialidade*, consideram-se como tais, de acordo com o n.º 2 do mesmo preceito, os atos que *diminuam, frustrem, dificultem, ponham em perigo* ou *retardem* a satisfação dos credores da insolvência. A *má fé de terceiro*, por sua vez, presume-se (devendo esta presunção ter-se por ilidível) quanto a atos cuja prática ou omissão tenha ocorrido dentro dos dois anos anteriores ao início do processo de insolvência e em que tenha participado ou de que tenha aproveitado pessoa especialmente relacionada com o insolvente, ainda que a relação especial não existisse a essa data (n.º 4 do artigo 120.º do CIRE).

Entende-se por *má fé* o conhecimento, à data do ato, de qualquer das seguintes circunstâncias: (a) de que o devedor se encontrava em situação de insolvência; (b) do carácter prejudicial do ato e de que o devedor se encontrava à data em situação de insolvência iminente; ou (c) do início do processo de insolvência (n.º 5 do artigo 120.º do CIRE).

A resolução *incondicional* opera sem dependência de quaisquer outros requisitos para além dos referidos nas alíneas do artigo 121.º do CIRE, o que significa também, como resulta da articulação do n.º 1 do referido preceito com os n.ºs 3 e 4 do artigo 120.º do CIRE, que os atos elencados no artigo 121.º do CIRE se presumem *iuris et de iure* prejudiciais à massa e que se dispensa, em princípio, quanto a eles o requisito da má fé.

Nos termos do artigo 123.º do CIRE, a resolução pode ser efetuada pelo administrador da insolvência extrajudicialmente por carta registada com aviso de receção nos seis meses seguintes ao conhecimento do ato, mas nunca depois de decorridos dois anos sobre a data da declaração de insolvência. O n.º 2 do artigo 123.º do CIRE, à semelhança do regime comum previsto no artigo 287.º, n.º 2 do CCiv., admite a resolução sem dependência de prazo, por via de exceção, enquanto o negócio não estiver cumprido.

A resolução tem efeitos retroativos, devendo reconstituir-se a situação que existiria se o ato não tivesse sido praticado ou omitido, consoante o caso (artigo 126.°, n.° 1 do CIRE)[189].

A restituição do objeto prestado pelo terceiro só tem lugar se o mesmo puder ser identificado e separado dos que pertencem à parte restante da massa (*idem*, n.° 4). Não sendo possível a referida segregação, a obrigação de restituir o valor correspondente constitui dívida da massa insolvente, na medida do respetivo enriquecimento, à data da declaração da insolvência, e dívida da insolvência quanto ao eventual remanescente (*idem*, n.° 5).

V. Analisados os efeitos da declaração de insolvência, ao abrigo do CIRE, estamos agora em condições de concluir quanto aos efeitos que o processo de liquidação judicial, determinado na sequência da revogação pelo BdP da autorização da instituição insolvente para o exercício da atividade bancária, produz quer sobre os créditos, com especial incidência sobre as contas e os depósitos bancários, quer sobre os contratos de mútuo celebrados com a instituição de crédito insolvente antes da referida revogação.

11.3. *Solução proposta*

I. Como verdadeiro elemento distintivo do RLICSF temos o facto de a dissolução e consequente liquidação da instituição de crédito insolvente ser determinada, não por qualquer declaração judicial de insolvência, mas antes pela revogação, pelo BdP, da autorização para o exercício da atividade bancária, atribuindo-se-lhe os efeitos da declaração de insolvência, e sendo o processo de liquidação conduzido judicialmente, de acordo com as regras previstas no CIRE, com certas especialidades[190]. Ora, fundando-se o exercício da atividade bancária naquela autorização, as conclusões a tirar doravante terão que ter sempre na mira essa circunstância.

II. Em virtude da remissão operada pelo regime da liquidação das instituições de crédito para o CIRE, resulta a aplicação às instituições de crédito insolventes de, pelo menos, três regras fundamentais sobre a insolvência em geral. Em primeiro lugar, o património a liquidar é constituído por todos os

[189] Segundo Luís Menezes Leitão, *CIRE anotado*, 125, é de "salientar o absurdo de se prever a «resolução de atos omitidos»".

[190] Cf. artigos 5.°, n.os 1 e 2 e 8.°, n.os 1 e 2 do RLICSF e artigo 22.°, n.° 3 do RGICSF.

bens do insolvente, mas só por eles (artigo 601.º do CCiv. e 46.º, n.º 1 do CIRE). Em segundo lugar, os credores são pagos rateadamente pelas forças da massa insolvente, sem prejuízo de haver créditos privilegiados e outros subordinados (artigo 604.º do CCiv. e artigos 47.º e 176.º do CIRE). Finalmente, a declaração de insolvência determina o vencimento de todas as obrigações do insolvente não sujeitas a condição suspensiva (artigo 91.º, n.º 1 do CIRE).

Sustentamos, com efeito, que a aplicação das mencionadas três regras às instituições de crédito cuja autorização tenha sido revogada pelo BdP não está em contradição nem com a adoção pelo BdP de medidas de resolução nem com a regra expressa, nos termos do artigo 153.º-A do RGICSF, ao referir que não se aplica às instituições de crédito o regime geral relativo à proteção de credores.

Com efeito, no primeiro caso, a cessão (revestindo a forma de alienação ou transferência), total ou parcial, de ativos, passivos, elementos extrapatrimoniais e ativos sob gestão para uma outra instituição, tem por finalidade assegurar a continuidade das operações relacionadas com o acervo cedido, devendo a instituição cessionária ser considerada, para todos os efeitos legais e contratuais, como sucessor nos direitos e obrigações cedidos da instituição de crédito originária [alínea *a*) do n.º 10, do artigo 145.º-F e n.º 9 do artigo 145.º-H, ambos do RGICSF], deixando, por conseguinte, o respetivo acervo de integrar a massa insolvente, e por escopo último – imediato, no caso da alienação, embora moroso no caso da transferência[191] – alcançar com essas medidas uma contrapartida monetária, o "produto da alienação", que reverterá, sendo positivo, para a instituição de crédito originária ou para a sua massa insolvente, caso aquela tenha entrado em liquidação (n.º 9 do artigo 145.º-F e n.ºs 3 e 4 do artigo 145.º-I, ambos do RGICSF). Assim sendo, consideramos que, embora tenham, num primeiro momento, impacto no acervo patrimonial disponível, estas medidas não afetam o tratamento a dar à massa insolvente, devendo, na ausência de regras especiais, considerar-se como plenamente aplicáveis as regras atrás enunciadas, ainda que, no limite, a massa insolvente se encontre apenas constituída pelas obrigações e pelos instrumentos insuscetíveis de cessão, nos termos legais.

[191] Nos termos do n.º 12 do artigo 145.º-G do RGICSF, o banco de transição tem uma duração limitada a dois anos, prorrogável por períodos de um ano com base em fundadas razões de interesse público, nomeadamente se permanecerem riscos para a estabilidade financeira ou estiverem pendentes negociações com vista à alienação dos respetivos ativos, passivos, elementos extrapatrimoniais e ativos sob a sua gestão, não podendo exceder a duração máxima de cinco anos.

Relativamente à não aplicação aos credores de instituições de créditos do regime geral de proteção de credores, cremos que esta regra se deve interpretar de acordo com o princípio orientador subjacente à aplicação das medidas de resolução, que atualmente se encontra consagrado no artigo 145.º-B do RGICSF, no sentido de que deverão ser os acionistas e os credores da instituição de crédito em liquidação a assumir prioritariamente os seus prejuízos, não devendo ser interpretada como afastando a aplicação das regras gerais de rateio. Tanto mais que o próprio artigo 145.º-B do RGICSF prevê expressamente na parte final que a assunção prioritária dos prejuízos pelos accionistas e pelos depositantes se deve fazer "de acordo com a respetiva hierarquia e em condições de igualdade dentro de cada classe de credores".

III. A regra relativa ao vencimento de todas as obrigações do insolvente vertida no artigo 91.º, n.º 1 do CIRE aliada à circunstância de o processo de liquidação judicial da instituição de crédito insolvente se iniciar na sequência da decisão tomada pelo BdP de revogar a respetiva autorização para o exercício da atividade bancária determina, segundo cremos, relativamente às contas bancárias que não tenham sido objeto de medidas de resolução[192], o encerramento da conta-corrente bancária, com consequências quanto ao apuramento da titularidade do saldo respetivo, para efeitos de reclamação e de reconhecimento desse crédito, afetando, por outro lado, os depósitos, que, independentemente da modalidade que revistam, se devem considerar imediatamente vencidos.

Com efeito, pela própria natureza das coisas, no cenário de insolvência da instituição de crédito, não pode manter-se o funcionamento da conta bancária, quer pela necessidade, em cumprimento do princípio da estabilização do passivo, de se apurar o saldo, que constitui o objeto do direito de crédito a reconhecer, quer para salvaguardar o princípio da *par conditio creditorum*, abrindo-se a porta a todos os credores do insolvente, que, apenas desse modo, poderão (e deverão[193]), nos termos legais, reclamar a verificação dos seus créditos, quer ainda pela circunstância de ter sido revogada a autorização da instituição insolvente, conduzindo, assim, à cessação da correspondente atividade bancária[194],

[192] É este o pressuposto de que partimos no estudo levado a cabo, devendo as soluções propostas doravante ser interpretadas sempre nesse sentido.

[193] Nos termos do n.º 1 do artigo 128.º do CIRE.

[194] Sem prejuízo da possibilidade prevista no artigo 12.º do RLICSF, de os liquidatários requererem ao juiz a continuação parcial da atividade da instituição em liquidação, quando tal se mostre necessário ou conveniente à liquidação, na medida em que esta sempre terá um âmbito muito circunscrito, eventualmente cingindo-se à manutenção dos investimentos realizados pela

com especial impacto no funcionamento das contas correntes e dos depósitos bancários.

IV. Assim, e relativamente à conta-corrente bancária, consideramos que, iniciado o processo de liquidação judicial, sem que a conta em causa tenha sido objecto de medidas de resolução, a mesma se deve considerar encerrada, pelas razões *supra* expostas e por aplicação analógica do artigo 116.º do CIRE, nos termos do qual a declaração de insolvência implica o termo dos contratos de conta corrente em que o insolvente seja parte, com o encerramento das contas respetivas[195].

V. Quanto aos depósitos bancários, há que analisar a circunstância de os mesmos se encontrarem inscritos numa atividade regular e contínua, não podendo ser analisados abstraindo do sistema em que se enquadram, pois são as características deste que, em larga medida, explicam a sua natureza e influenciam o seu regime[196]. Deste modo, em primeiro lugar, haverá que considerar o facto de não haver depósito sem conta, sendo o crédito à restituição dos fundos titulado pelo saldo credor da conta, ou seja, de um ponto de vista jurídico, as disponibilidades monetárias, uma vez depositadas, passam a pertencer à instituição de crédito, que delas pode livremente dispor, constituindo os fundos mero objeto de um crédito pecuniário de que é titular o cliente. Por outro lado, nos termos do artigo 8.º, n.º 1 do RGICSF, assistimos a um princípio de exclusividade, de acordo com o qual a atividade de receção de depósitos e de fundos reembolsáveis do público não pode ser exercida por entidades que não sejam instituições de crédito legalmente habilitadas para o efeito, configurando o seu exercício por quem não esteja legalmente autorizado o crime previsto no artigo 200.º do RGICSF.

Deste modo, tudo visto e somado, consideramos que, iniciado o processo de liquidação judicial de uma instituição de crédito insolvente, se vencem todos os depósitos de disponibilidades monetárias nela existentes[197], incluindo

própria instituição, com vista a assegurar a respetiva remuneração ou para reduzir os custos inerentes ao respetivo vencimento antecipado.

[195] Apurado o saldo, sendo este favorável ao(s) titular(es) da conta, continuarão a contar-se, nos casos em que tal seja aplicável, os juros respetivos, nos termos do artigo 48.º n.º 1, al. *b*) do CIRE, tendo estes a natureza de créditos subordinados.

[196] Ideia sufragada por Conceição Nunes, *Depósito e conta*, 69.

[197] Excluindo-se, naturalmente, os depósitos que tenham sido objeto de medidas de resolução, os quais terão passado, na sequência das mesmas, a integrar a esfera jurídica da instituição de crédito adquirente ou do banco de transição, consoante o caso, que se assumem como sucessores

os depósitos a prazo, aplicando-se em pleno o artigo 91.°, n.° 1 do CIRE, uma vez que os mesmos representam uma verdadeira e própria obrigação da instituição de crédito insolvente[198].

VI. Particularmente relevante, neste âmbito, é a questão de saber se as regras atinentes à movimentação das contas coletivas se mantêm, ou não, face ao encerramento da conta bancária, em virtude da revogação da autorização da instituição de crédito insolvente para o exercício da atividade bancária. Esta questão assume particular relevância no momento de apurar qual o valor efetivo, se é que algum, a considerar para efeitos de uma eventual declaração de compensação, em sede de reclamação de créditos, por parte de um titular de uma conta coletiva, com vista à extinção de um crédito de que seja devedor perante a instituição de crédito insolvente.

Conforme referimos anteriormente, atento o critério da titularidade, as contas bancárias distinguem-se entre contas individuais e contas coletivas, podendo estas últimas classificar-se em contas solidárias, contas conjuntas ou contas mistas. Um dos objetivos, quiçá o principal, das regras atinentes à movimentação das contas bancárias, que permitem a respetiva classificação numa das categorias referidas, é estabelecer a qual(ais) dos titulares pode a instituição de crédito entregar o saldo correspondente de modo a poder liberar-se da sua obrigação.

Nem o RGICSF nem o RLICSF fornecem uma resposta clara quanto à solução a adotar relativamente ao reconhecimento, no quadro do processo de liquidação judicial do banco insolvente, dos titulares de direitos de crédito sobre os saldos de contas coletivas e também não é comum regular-se, em sede de contrato de abertura deste tipo contas, a forma como se deverá processar o referido reconhecimento, no âmbito da relação estabelecida entre o banco e cada um dos contitulares, no quadro de uma eventual insolvência da instituição de crédito depositária.

A favor da manutenção em vigor das regras sobre movimentação das contas bancárias coletivas, podem apontar-se essencialmente dois argumentos.

nos direitos e obrigações inerentes aos mesmos [alínea *a*) do n.° 10 do artigo 145.°-F e n.° 9 do artigo 145.°-H, ambos do RGICSF].

[198] Nos depósitos a prazo, haverá que respeitar as regras vertidas relativas ao *interusurium* (n.os 2 a 4 e 7 do artigo 91.° do CIRE), aplicando-se, por outro lado, o disposto no artigo 48.°, n.° 1, al. *b*) do CIRE, passando os juros devidos após a data da declaração de insolvência a ser considerados créditos subordinados. Quanto aos depósitos denominados em moeda estrangeira, haverá que atender ao disposto no artigo 96.° do CIRE, sendo os mesmos atendidos pelo respetivo valor em euros à data da declaração de insolvência, *rectius* à data da decisão de revogação da autorização para o exercício da atividade bancária pelo BdP.

Em primeiro lugar, não resulta, de forma direta e imediata, do regime insolvencial que as convenções das partes no âmbito da relação bancária, com particular relevo para as regras sobre a movimentação de contas coletivas, se extinguem por mero efeito da revogação da autorização da instituição de crédito insolvente. Assim sendo, e considerando que as regras sobre a movimentação de contas coletivas se integram no quadro mais vasto da relação complexa existente entre o banco e os seus clientes, a qual extravasa o âmbito da conta corrente bancária e da relação de depósito, quer o artigo 116.º do CIRE, aplicável por analogia à conta-corrente bancária, quer o artigo 91.º do CIRE, aplicável, conforme defendemos, aos depósitos, não dispensam o intérprete de demonstrar que as regras sobre movimentação deixaram de vigorar após a revogação da autorização da instituição de crédito insolvente.

Em segundo lugar, na medida em que as regras sobre movimentação de contas coletivas determinam a forma como os diversos titulares da conta acedem aos fundos, e, consequentemente, o modo como, em última instância, consideram satisfeitos os seus direitos de crédito sobre o banco depositário, parecem não existir razões suficientemente ponderosas para considerar que, perante o cenário de insolvência, em que o que está em causa é efetivamente o pagamento do saldo, os titulares da conta pretenderiam alterar substancialmente a sua vontade.

Com base nestes argumentos, em sede de insolvência da instituição de crédito, o reconhecimento dos créditos deveria fazer-se no estrito cumprimento das regras estabelecidas no contrato de abertura de conta, o mesmo se dizendo relativamente a qualquer declaração de compensação por parte de um dos contitulares[199], tudo se passando como se a situação patológica, emergente

[199] Sobre a admissibilidade da compensação no Direito Bancário, por iniciativa da instituição de crédito depositária, no âmbito do exercício regular da sua atividade, nomeadamente nos casos de pluralidade subjetiva, cf., por todos, com soluções divergentes, Menezes Cordeiro, *Da compensação*, 159 ss., *maxime* 251-257; Paula Camanho, *Do contrato de depósito bancário*, 213 ss., *maxime* 235-248; Alberto Luis, *Direito bancário*, 167-168; e Antunes Varela, *Das obrigações em geral*, 193.
Relativamente às contas conjuntas, enquanto Menezes Cordeiro (*ob. cit.*, 257), sustenta ser de aplicar a presunção de igualdade das participações – artigos 534.º, 1403.º, n.º 2 e 1404.º do CCiv. – podendo o banco operar a compensação, mas apenas na parte que cabe ao contitular devedor, Paula Camanho (*ob. cit.*, 236-237), na senda de Alberto Luís (*ob. cit.*, 168), sustenta que a possibilidade de compensação está vedada ao banco, uma vez que não se verifica o requisito da reciprocidade dos créditos. Quanto a nós, partimos do pressuposto de que a titularidade de uma conta bancária não significa, só por si, a titularidade do direito de crédito sobre os valores que a integram, pelo que temos dificuldades em fazer atuar a presunção de igualdade das participações sem mais. No entanto, entendemos que a reciprocidade de créditos sempre existirá, relativa-

do estado de insolvência e da revogação da autorização para o exercício da atividade bancária, não existisse.

Sem prejuízo da pretensa racionalidade inerente à argumentação proposta, na prática, a solução a que a mesma conduz determinaria algumas perplexidades. Desde logo, a de saber, perante reclamações de créditos apresentadas separadamente por vários contitulares solidários, e imaginando que todos eles reclamam a totalidade dos créditos em causa, a quem deverá o crédito apurado ser reconhecido – se ao primeiro a apresentar a reclamação, se a todos eles. Ora, se a primeira hipótese, embora tendo apoio no artigo 528.° do CCiv., nos

mente à parte do saldo que pertença ao contitular devedor. Por outro lado, a solução defendida por Paula Camanho (*ob. cit. loc. cit.*) sugere-nos, na senda de Menezes Cordeiro (*ob. cit., loc cit.*), duas perplexidades: em primeiro lugar, impede o banco de fazer operar a compensação, mas parece abrir a porta à possibilidade de compensação da dívida de apenas um dos contitulares com um crédito sobre banco, desde que a mesma seja invocada em conjunto por todos os contitulares; em segundo lugar, parece criar uma espécie de redoma de vidro em torno das contas conjuntas que, num plano puramente conceptual, também justificaria a impenhorabilidade dos montantes nelas depositados por força das dívidas de apenas um dos seus titulares, pondo assim em causa o regime geral da responsabilidade patrimonial, por deixar na disposição dos devedores a possibilidade de se furtarem ao mesmo, bastando que, para o efeito, abrissem junto de uma instituição de crédito, contas de depósito conjuntas. Pelo *supra* exposto, consideramos que a tese defendida por Menezes Cordeiro é aquela que melhor atende a todos os interesses em presença, com a referida reserva da titularidade efetiva, que caberá, no entanto, ser arguida pelos contitulares.
Relativamente às contas solidárias, Alberto Luís (*ob. cit., loc. cit.*) parece optar pela inadmissibilidade da compensação em contas coletivas, salvo estipulação das partes nesse sentido; Paula Camanho (*ob. cit.*, 243-244) ao fazer depender a compensação da iniciativa de reembolso pelos depositantes (ou por um deles, no caso de ser o devedor compensado) – uma vez que afasta a possibilidade de o banco escolher o titular da conta a quem irá satisfazer a prestação, que resultaria da aplicabilidade do artigo 528.°, n.° 1, 1.ª parte do CCiv., relativo à escolha pelo devedor do credor a quem satisfará a prestação, no caso de solidariedade de credores – parece tomar posição idêntica à sustentatada por Alberto Luís; Menezes Cordeiro (*ob. cit.*, 254-256) sustenta que nos depósitos bancários, a solidariedade é uma cláusula de funcionamento da conta que, nessa medida, opera quer no interesse dos titulares da conta quer no interesse do banco. Assim, defende que, se nestas contas, um titular pode sozinho esgotar o saldo, também poderá constituir débitos junto do banco que impliquem, por via da compensação, esse mesmo esgotamento, concluindo no sentido de que esta situação não é mais chocante do que a comum solidariedade, em que uma pessoa responde imediatamente por débitos que não são seus, e que sempre resultaria do artigo 528.°, n.° 1, 1.ª parte do CCiv. que permite ao devedor escolher o credor solidário a quem satisfará a prestação; finalmente, Antunes Varela (*ob. cit., loc. cit.*), embora referindo-se à solidariedade em geral, elege uma solução intermédia, admitindo a compensação na medida do direito do credor adstrito ao crédito. Quanto a nós, propendemos para a admissibilidade da compensação nas contas solidárias. No entanto, também aqui, consideramos ser fundamental ter presente que a titularidade de uma conta bancária não significa, só por si, a titularidade do direito

parece ser de afastar[200], por demasiado arbitrária face aos interesses dos credores em causa, *maxime* na circunstância da insolvência da instituição depositária, já a segunda, instintivamente mais justa, para ser corretamente operacionalizada, uma vez que o banco nunca poderia, a final, pagar o valor correspondente à totalidade do saldo a cada um dos contitulares, pressuporia, no plano da relação entre o banco e os titulares da conta, o recurso ao disposto no artigo 516.º do CCiv., relativo às relações que, entre si, se estabelecem entre os diversos contitulares, pelo que, já não estaríamos, neste caso, a atuar no estrito cumprimento das regras que enformam o regime das contas solidárias.

Já no que respeita às contas conjuntas, a manutenção da aplicação das regras correspondentes determinaria que as respetivas reclamações tivessem que ser

de crédito sobre o saldo dos valores que a integram. Assim sendo, entendemos que a reciprocidade de créditos sempre existirá, relativamente à parte do saldo que pertença ao contitular devedor. Pelo exposto, consideramos que, fazendo atuar o regime da titularidade da conta, o banco terá legitimidade para fazer operar a compensação. No entanto, não seguimos aqui MENEZES CORDEIRO (*ob cit. loc. cit.*). Este A., embora pugne pela não aplicabilidade *tout court* do regime da solidariedade obrigacional ao regime da solidariedade nas contas bancárias, basta-se, nesta hipótese, com a solução consagrada no regime do artigo 528.º do CCiv.. Com efeito, assentes no pressuposto de que a titularidade de uma conta bancária – que apenas traduz o regime da movimentação e dos débitos em conta, livremente adotado pelas partes aquando da celebração do contrato de abertura de conta – não significa, por si só, a titularidade do direito de crédito sobre o saldo correspondente, na senda de ANTUNES VARELA (*ob cit. loc. cit.*), consideramos que, também nas contas solidárias, se deverá fazer atuar a presunção de igualdade das participações (desta feita, referida no artigo 516.º do CCiv.), a qual, por ser ilidível, sempre poderá ser afastada pelos contitulares interessados.
É vasta a laboração jurisprudencial sobre a matéria da compensação em contas solidárias e múltipla a plêiade de soluções aventadas. Cf., entre outros, Ac. RLX de 27 de junho de 1995, CJ XX (1995) 3, 136-137, que, invocando a falta de reciprocidade, nega a possibilidade de compensação; Ac. STJ de 8 de outubro de 1991, BMJ 410 (1991), 805-816, em que se aceita a compensação de débitos de um cliente em conta solidária; e Acs. STJ de 1 de outubro de 1996, CJ/Supremo II (1996) 3, 33-34, RLX de 12 de maio de 1996, CJ XXIII (1996) 3, 94-96 e RLP de 14 de janeiro de 1999, CJ XXIV (1999) 1, 183-186, em que se assume uma posição intermédia, admitindo-se a compensação nos limites do depósito que couberem ao titular da conta devedor do banco.

[200] Uma vez que, na senda de PAULA CAMANHO, consideramos que, não obstante o reconhecimento, nas contas solidárias, de uma solidariedade ativa, há regras deste regime que não podem ser aplicadas à conta bancária solidária, nomeadamente o n.º 1 do artigo 528.º do CCiv., não podendo o banco escolher o titular da conta a quem entregar parte ou a totalidade dos fundos depositados. "Tal direito que a lei confere ao devedor no n.º 1 do artigo 528.º do CCiv. não é compatível com o regime do depósito bancário solidário, que é efetuado atendendo aos interesses dos credores (depositantes) a quem o banco presta serviços" (PAULA CAMANHO, *Do contrato de depósito bancário*, 133, n. 394). No mesmo sentido, cf. MUÑOZ-PLANAS, *Cuentas bancarias con varios titulares*, 34.; CANARIS, *Bankvertragsrecht*, 152.; e LARENZ, *Lehrbuch des Schuldrechts*, 625.

sempre apresentadas conjuntamente por todos os titulares (litisconsórcio necessário), não sendo possível reconhecer, ainda que parcialmente, por aplicação das regras da parciariedade, o crédito isoladamente reclamado por determinado titular, uma vez que parece resultar das regras sobre movimentação de contas conjuntas que os contitulares manifestamente não pretendem que qualquer um deles isoladamente tenha acesso a parte ou à totalidade do saldo.

Finalmente, no caso das contas mistas, os problemas atrás referidos multiplicar-se-iam exponencialmente, atento o número de contitulares em causa e as diversas configurações que as regras de movimentação, nestes casos, podem assumir, pelo que os liquidatários teriam que verificar, caso a caso, a forma como se poderia processar o reconhecimento dos créditos, não sem antes avaliarem da exatidão da subscrição das diferentes reclamações pelos diversos contitulares.

Face ao *supra* exposto, uma vez revogada a autorização para o exercício da atividade bancária pela instituição de crédito insolvente, parece-nos ser de afastar a aplicação das regras sobre a movimentação de contas coletivas, na medida em que as mesmas se revelariam, por um lado, demasiado penosas para os contitulares, que, nalguns casos, nomeadamente os de contas mistas, teriam que apresentar várias reclamações para reconhecimento do mesmo crédito, e, por outro lado, determinariam a obrigação para os liquidatários de, relativamente a cada reclamação apresentada, analisarem, conta a conta, o regime de movimentação em causa, bem como da atribuição à mesma de qualquer valor interpretativo ou integrativo da vontade dos contitulares posteriormente manifestada relativamente ao disposto no contrato de abertura de conta, impondo a aplicação de uma multiplicidade de critérios distintos quanto aos créditos a reconhecer, com a morosidade inerente a tais procedimentos e sem garantias de que os mesmos se apresentassem, a final, como os materialmente mais justos, podendo, em última instância, revelar-se, pelo contrário, como fonte de litigiosidade acrescida.

Assim, reconhecendo a natureza específica do sector financeiro e tendo em conta, nomeadamente, as particularidades da atividade das instituições de crédito, bem como a dimensão dos interesses e valores envolvidos[201], pensamos que poderá sustentar-se a existência de um interesse com carácter de ordem pública de que a liquidação destas entidades se processe da forma mais célere e menos atreita a litigiosidade possível, sendo de evitar, dentro do possível, a utilização de critérios distintos quanto ao reconhecimento dos créditos reclamados.

[201] Cf. preâmbulo do Decreto-Lei n.º 199/2006, de 25 de outubro.

Pelo exposto, consideramos que as regras sobre movimentação de contas coletivas apenas são plenamente operativas quando, na ausência da situação patológica da insolvência, a instituição de crédito se encontra regularmente a funcionar e os fundos se encontram disponíveis, devendo as mesmas ser afastadas, encerrada a conta corrente e vencendo-se os depósitos, na sequência da revogação, pelo BdP, da autorização para o exercício da atividade bancária pela instituição insolvente. Concomitantemente, não sendo tais regras operativas para efeitos de reconhecimento (e pagamento) dos créditos reconhecidos, pensamos que as mesmas também não deverão ser consideradas para efeitos de interpretação/integração da vontade dos contitulares quanto ao pagamento do saldo da conta em causa, num cenário de insolvência da instituição de crédito depositária, em detrimento da vontade manifestada pelas partes, em sede de reclamação de créditos, esta sim manifestada no âmbito do processo de liquidação judicial em curso.

VII. Afastada a aplicação, no âmbito do processo de liquidação judicial, das regras sobre movimentação de contas coletivas, resta saber de que forma se deverá proceder ao reconhecimento dos créditos, nos casos em que as contas sejam detidas por mais do que um titular. Atenta a existência de uma verdadeira lacuna no regime insolvencial das instituições de crédito e sociedades financeiras a este respeito, importa proceder à respetiva integração nos termos do artigo 10.º do CCiv.[202], segundo a norma aplicável aos casos análogos, sendo possível, com este propósito, seguir, segundo cremos, dois caminhos distintos, embora ambos ofereçam a mesma solução.

Assim, em primeiro lugar, pode sustentar-se a aplicação aos contitulares solidários das regras relativas às obrigações solidárias (artigos 512.º e ss do CCiv.) – embora com a ressalva da não aplicação do artigo 528.º do CCiv., considerando, nestas hipóteses, a supremacia dos interesses dos titulares da contas em detrimento dos da entidade depositária –, e aos contitulares conjuntos o regime das obrigações parciárias ou conjuntas (artigo 534.º do CCiv.). Em segundo lugar, considerando que, nos termos do artigo 513.º do CCiv., a solidariedade não se presume, apenas existindo quando resulte da lei ou da vontade das partes, e que, afastadas as regras sobre movimentação das contas coletivas, defendemos que não deve ser atribuída à estipulação das partes vertida no contrato de abertura de conta qualquer valor interpretativo/integrativo da respetiva vontade, aquando da liquidação da instituição de crédito insolvente, defender-se a aplica-

[202] Sobre integração de lacunas, cf., por todos, Baptista Machado, *Introdução*, 192-202; Oliveira Ascensão, *O Direito*, 433-466; Pires de Lima/Antunes Varela, *Código civil anotado*, vol. I^4, 59-60.

ção aos dois tipos de contitulares do regime supletivo das obrigações civis, que é o da parciariedade, parecendo-nos esta última a melhor solução.

Em qualquer dos casos, a lei presume que os vários credores comparticipam em partes iguais no crédito[203], sendo esta presunção *iuris tantum* e, portanto, ilidível[204], pelos titulares assim reconhecidos.

VIII. Finalmente, coloca-se a questão de saber o que sucede com os contratos de mútuo[205] celebrados pela instituição de crédito no exercício da atividade bancária.

[203] No mesmo sentido aqui proposto, aponta, aliás, o disposto no artigo 166.°, n.° 3, al. *d*) do RGICSF, relativo à garantia do reembolso dos saldos de depósitos em dinheiro pelo FGD, ao estipular que o valor garantido deverá ser determinado, no caso de contas coletivas, conjuntas ou solidárias, com recurso à presunção de que "pertencem em partes iguais aos titulares" os saldos das referidas contas.

[204] Cf. Pires de Lima/Antunes Varela, *Código civil anotado*, I[4], 546.

[205] Nos termos conjugados dos artigos 4.°, n.° 1, al. *b*) e 8.°, n.° 2 do RGICSF, só as instituições de crédito e as sociedades financeiras podem exercer, a título profissional, a atividade de concessão de crédito. Conforme refere Simões Patrício, a outorga de crédito pelos bancos pode efetuar-se segundo técnicas várias, que têm conhecido grande evolução e crescente sofisticação ao longo do tempo (cf. Simões Patrício, *Direito bancário privado*, 308). O mútuo, particularmente na sua concretização como mútuo bancário, constitui o grande tronco comum de vários outros tipos bancários de crédito, como sejam a abertura de crédito (simples ou em conta corrente), o descoberto em conta, a antecipação bancária, o desconto bancário e o crédito ao consumo (cf. Menezes Cordeiro, *Manual de direito bancário*, 639-652).

Não sendo possível, neste estudo, desenvolver detalhadamente todas as questões inerentes ao mútuo bancário, limitar-nos-emos, de forma muito sumária, a identificar alguns dos seus traços característicos. Assim, embora se apliquem ao mútuo bancário, subsidiariamente, as regras vertidas nos artigos 394.° a 396.° do CCom. e nos artigos 1142.° a 1151.° do CCiv., o mútuo bancário distingue-se quer do mútuo comercial quer do mútuo civil por ser celebrado por um banqueiro, como mutuante, agindo no exercício da sua profissão (neste sentido, cf. Menezes Cordeiro, *Manual de direito bancário*, 634). Assim, o mútuo bancário tem a sua forma aligeirada, por força do disposto no artigo único do Decreto-Lei n.° 32:765, de 29 de abril de 1943, que prevê que, independentemente do seu valor, este se possa provar por documento particular, mesmo que a outra parte contratante não seja comerciante. No mesmo sentido, aliás, o Decreto-Lei n.° 255/93, de 15 de julho, veio estabelecer que os contratos de compra e venda com mútuo, com ou sem hipoteca, referentes a prédio urbano destinado à habitação, ou fração autónoma para o mesmo fim, desde que o mutuante seja uma instituição de crédito autorizada a conceder crédito à habitação (cf. artigo 1.° do citado diploma), podem ser celebrados por documento particular, com reconhecimento de assinaturas (*idem*, artigo 2.°, n.° 1), ficando sujeitos a registo (*idem*, artigo 3.°).

Quanto ao prazo, o Decreto-Lei n.° 344/78, de 17 de novembro distingue entre créditos a curto prazo (quando não excedam um ano), créditos a médio prazo (quando superiores a um ano mas inferiores a cinco) e créditos a longo prazo (superiores a cinco anos).

Celebrado o contrato de mútuo e entregues as disponibilidades monetárias pelo banco ao mutuário (*v.g.*, no âmbito de um contrato de crédito à habitação), este torna-se proprietário das mesmas (artigo 1144.º do CCiv.), ficando, assim, essencialmente adstrito a pagar a retribuição – os juros –, quando a ela haja lugar, e a restituir o *tantundem*, *i.e.*, coisa do mesmo género, quantidade e qualidade. Como contrapartida, assiste ao banco, enquanto mutuante, um direito de crédito que incide sobre a retribuição e sobre o *tantundem*.

Não consubstanciando os contratos de mútuo celebrados antes da revogação da autorização para o exercício da atividade bancária pelo BdP quaisquer obrigações para a instituição insolvente, estes contratos não estão sujeitos à disciplina do artigo 91.º, n.º 1 do CIRE, pelo que não se vencem por efeito da referida revogação. Esta ideia surge reforçada pelo facto de, nos mútuos onerosos, o prazo se presumir estipulado a favor de ambas as partes, por força do artigo 1147.º do CCiv.

Por outro lado, não obstante estarmos perante contratos bilaterais, cremos não ser de aplicar aos contratos de mútuo celebrados com a instituição insolvente a disciplina do artigo 102.º do CIRE, na medida em que este preceito exige, para além da bilateralidade dos contratos, o requisito de que o contrato não possa ainda ter sido executado por nenhuma das partes, o que, conforme é salientado pela doutrina, restringe consideravelmente o seu âmbito de aplicação[206]. Senão vejamos. À data da revogação da autorização, das duas, uma: ou o contrato de mútuo (real *quod constitutionem*) já havia sido validamente celebrado e, nessa medida, já o banco havia cumprido a sua obrigação principal – a entrega das disponibilidades monetárias ao mutuário – ou o contrato ainda não existe[207].

Na atividade bancária, as taxas de juros encontram-se praticamente liberalizadas (nos termos do n.º 2 do Aviso do BdP n.º 3/93, de 20 de maio de 1993), existindo depois regras específicas para determinadas categorias de operações. Não obstante, e na falta de normas diversas, funcionam os limites gerais, vigentes no País, quanto a taxas máximas (assim, Menezes Cordeiro, *Manual de direito bancário*, 635). Quanto à alteração das taxas de juro no decurso da operação bancária, aos juros de mora bancários e à capitalização de juros pelos bancos rege o Decreto-Lei n.º 344/78, de 17 de novembro.

206 Assim, segundo Luís Menezes Leitão, *CIRE anotado*, 107, a norma vertida no artigo 102.º do CIRE, "não se vai aplicar à maioria dos contratos bilaterais, uma vez que é rara a situação em que nenhuma das partes executou o contrato no momento da insolvência", concluindo no sentido de que "uma norma restrita a contratos bilaterais não executados dificilmente pode ser elevada à categoria de princípio geral". Também neste sentido, cf. Carvalho Fernandes, *Efeitos substantivos*, 212.

207 Na hipótese em que, por exemplo, tendo já sido formalizado por escrito o contrato, estivesse prevista para a data em que ocorreu a revogação da autorização a disponibilização dos montantes

Assim sendo, entendemos que, não tendo sido objeto de medidas de resolução decretadas pelo BdP nos termos dos artigos 145.°-A e ss. do RGICSF, em caso de revogação da autorização para o exercício da atividade bancária de uma instituição de crédito insolvente, se mantêm plenamente em vigor os contratos de mútuo em que esta figure como mutuante, que hajam sido celebrados em data anterior à da revogação da referida autorização, consubstanciando-se como créditos da massa insolvente e, nessa qualidade, se mantendo até ao respetivo termo, podendo, por outro lado, ser cedidos pelos liquidatários a terceiros [entenda-se, a outra entidade legalmente habilitada, nos termos dos artigos 4.°, n.° 1, al. *b*) e 8.°, n.° 2 do RGICSF, para exercer, a título profissional, a atividade de concessão de crédito], nos termos do artigo 158.° do CIRE, sendo o produto resultante da respetiva cessão depositado em instituição de crédito à ordem dos liquidatários, que deles ficarão depositários, em conformidade com o disposto no n.° 1 do artigo 150.° do CIRE.

Apenas uma nota final para referir que, sem prejuízo do *supra* exposto, sempre que relativamente a determinado contrato de mútuo se verifiquem os requisitos de prejudicialidade e de má fé exigidos pelo artigo 120.° do CIRE, estes poderão (e deverão) ser resolvidos em benefício da massa insolvente[208].

IX. Concluída a análise sobre o regime da insolvência das instituições de crédito, importa agora deter-nos sobre o tema central do presente estudo: da oponibilidade da compensação no processo de liquidação judicial das instituições de crédito.

pelo banco ao cliente bancário, não se encontrando o contrato, nessa data, ainda cumprido por qualquer das partes já seria possível deitar mão à disciplina do artigo 102.° do CIRE. Salienta-se, no entanto, que esta hipótese, teoricamente plausível para quem entenda que o mútuo bancário escapa à qualificação como contrato real *quod constitutionem*, apresenta-se na prática de difícil verificação, uma vez que a revogação da autorização bancária na sequência da insolvência de uma instituição de crédito será, em princípio, sempre precedida de medidas extraordinárias de saneamento, nomeadamente as relativas ao estabelecimento de restrições à concessão de crédito [artigo 141.°, n.° 1, al. *b*) do RGICSF] e à dispensa temporária do cumprimento pontual de obrigações anteriormente contraídas [artigo 145.°, n.° 1, al. *b*) do RGICSF].

[208] Esta afirmação em nada tolhe aquilo que atualmente se prescreve no n.° 6 do artigo 120.° do CIRE, na medida em que o que ali se prevê é a insuscetibilidade de serem resolvidos em benefício da massa insolvente os negócios jurídicos celebrados no âmbito da adoção de medidas de resolução previstas no título VIII do RGICSF.

Capítulo III – **Oponibilidade da compensação no processo de liquidação judicial de instituições de crédito**

§ 12. ***Indicação sumária da questão***

I. A questão com que nos debatemos, e que esteve na origem do presente trabalho, consiste em saber se, perante débitos e créditos recíprocos entre o cliente bancário e o banco insolvente, a declaração de compensação feita pelo credor *ex deposito* é oponível à massa insolvente.

Não obstante a multiplicidade de situações que podem originar a existência de débitos e créditos recíprocos entre o banco insolvente[209] e o cliente bancário[210], o âmbito do presente trabalho impõe que nos cinjamos à hipótese de o crédito do banco resultar de um contrato de mútuo e de o crédito sobre o banco emergir de um contrato de abertura de conta corrente nas suas diversas modalidades, com exceção dos depósitos em regime especial.

II. A génese da admissibilidade da compensação na insolvência remonta, conforme já aqui referimos, ao Direito Romano, com a figura do *bonorum emptor compensatio*, fundando-se num juízo de equidade, com base no qual seria iníquo obrigar-se a cumprir aquele que é, ao mesmo tempo, credor do seu credor, visto que o seu crédito ficaria sujeito ao risco de não ser integralmente satisfeito, se, entretanto, se desse a insolvência[211].

Sem prejuízo do *supra* exposto, a verdade é, no entanto, que a admissibilidade da compensação na insolvência corresponde, na prática, a dar a um credor comum uma preferência, na medida em que, por efeito da compensação, se admite a sua subtração ao concurso de credores.

[209] O crédito do banco em relação ao cliente pode surgir por via de um contrato de mútuo, da aquisição do crédito mediante cessão, nomeadamente por *factoring*, em virtude do pagamento de um cheque passado pelo cliente sem provisão ou da prestação de serviços bancários, como sejam os de câmbio, transferência, operações de pagamento, manutenção da conta, etc. Seguimos de perto o elenco proposto por Isabel Figueiredo, *A compensação como garantia de cumprimento*, 424.

[210] O crédito do cliente face ao banco decorre geralmente de um contrato de abertura de conta corrente, contudo, na sua génese, podem estar outras situações como, por exemplo, a prestação de serviços de intermediação financeira, sendo o banco responsável pelo depósito ou registo de valores mobiliários por conta do cliente, em cumprimento de um mandato. Isabel Figueiredo, *A compensação como garantia de cumprimento*, 425 dá como exemplos, para além dos referidos, o facto de relativamente aos seus trabalhadores, prestadores de serviços e fornecedores de bens, o banco dever, respetivamente, o salário e o preço ou a hipótese, menos comum, de o banco assumir perante determinado cliente a posição de mutuário.

[211] Cf. Menezes Cordeiro, *Da compensação*, 19 e ss.

A nossa análise centrar-se-á, a partir de agora, no regime jurídico da compensação na insolvência da instituição de crédito, atendendo nomeadamente ao *modus operandi* do seu mecanismo autosatisfativo, e às situações em que a respetiva admissibilidade se expande ou comprime, de forma a traçar-lhe os respetivos contornos, tomando, por fim – e só no fim – posição quanto à respetiva qualificação, ou não, como garantia.

III. Nos termos do artigo 20.°, n.° 2, al. *g*) do RLICSF, no âmbito da liquidação de instituições de crédito autorizadas em Portugal, incluindo as sucursais situadas noutros Estados membros da União Europeia, são determinadas de acordo com a Lei Portuguesa as condições de oponibilidade da compensação. Este princípio geral é depois complementado pelo artigo 31.° do mesmo diploma legal[212], ao prescrever que a adoção de medidas de saneamento ou a instauração de processo de liquidação não prejudica o direito dos credores à compensação dos seus créditos com os da instituição em causa, desde que esse direito seja reconhecido pela lei aplicável aos créditos da instituição.

Atentas as duas normas legais, entendemos que a forma correta de as interpretar para determinar as condições de oponibilidade da compensação será a seguinte: em caso de insolvência de instituição de crédito autorizada em Portugal a respetiva liquidação incluirá, por força do artigo 19.°, n.° 1 do RLICSF, as suas sucursais situadas noutros Estados membros da União Europeia, sendo as mesmas liquidadas de acordo com as leis, regulamentos e procedimentos aplicáveis em Portugal (artigo 20.°, n.° 1 do RLICSF). Em regra, nestes casos, a oponibilidade da compensação será determinada pela Lei Portuguesa [artigo 20.°, n.° 2, al. *g*) do RLICSF], a menos que esse direito seja reconhecido pela lei aplicável aos créditos da instituição situados noutros ordenamentos jurídicos (entenda-se aos créditos de uma determinada sucursal da instituição situada noutro Estado membro da União Europeia), caso em que, independentemente de estarem, ou não, verificados os requisitos de que a Lei Portuguesa faz depender a compensação, esta será oponível, nos termos e de acordo com a lei aplicável a esses créditos.

Encontrando-se o âmbito do presente trabalho circunscrito aos casos em que a liquidação é regulada pela Lei Portuguesa, e considerando a remissão operada para o regime comum da insolvência pelo RLICSF (*ex vi* artigo 9.°,

[212] Subsiste no artigo 131.° do RLICSF um erro de remissão para a alínea *n*) do artigo 20.° do RLICSF, cabendo ao intérprete considerar a mesma como sendo feita para a alínea *g*) deste último preceito.

n.º 3), será no âmbito do CIRE que teremos que buscar o regime relativo às condições de oponibilidade da compensação. É o que faremos de seguida.

§ 13. *O regime do CIRE*

I. O artigo 99.º do CIRE estabelece o regime geral dos efeitos da declaração de insolvência na compensação de créditos sobre a insolvência com dívidas à massa insolvente. Nos termos do referido preceito, a compensação é admitida, mesmo depois da declaração de insolvência[213/214], desde que verificados os seguintes requisitos: ser o preenchimento dos pressupostos legais da compensação anterior à data da declaração de insolvência [n.º 1, al. *a*)] ou ter o crédito sobre a insolvência preenchido antes do contra-crédito da massa os requisitos estabelecidos no artigo 847.º do CCiv. [*idem*, al. *b*)].

[213] Este preceito está em consonância com as soluções adotadas noutros ordenamentos jurídicos, nomeadamente, o italiano, o alemão e o espanhol, onde a compensação é admitida, mesmo depois da declaração de falência/insolvência, verificados que estejam certos condicionalismos – cf., respetivamente, artigo 56.º da lei falencial italiana; § 94-§ 96 da InsO; e artigo 58.º da *Ley Concursal*.

[214] Os regimes anteriores ao CPEREF admitiam a compensação, mesmo depois de declarada a falência. Era a solução consagrada no Código das Falências de 1935 (artigo 31.º), no Código de Processo Civil de 1939 (artigo 1167.º) e no Código de Processo Civil de 1967 (artigos 1196.º e 1220.º). A entrada em vigor do CPEREF veio alterar o regime até então instituído, afastando-se a compensação depois da declaração de falência (artigo 153.º), tendo tal sido visto como um reequilíbrio da disciplina a favor do princípio *par condition creditorum*. Tratava-se de uma solução que, apesar de merecer as críticas de parte da doutrina (Miguel Teixeira de Sousa, *A verificação do passivo no processo de falência*, 360, considerava a exclusão da compensação "especialmente duvidosa" em certos casos), na prática, não estava em completa contradição com o regime em vigor ao abrigo do CIRE. Com efeito, enquanto, ao abrigo do CPEREF, os credores eram logo citados no início do processo (artigo 20.º do CPEREF), podendo, até à data da declaração de falência, fazer valer eventuais direitos de compensação de que dispusessem, no CIRE, iniciando-se o processo judicial com a declaração de insolvência e, só então, sendo citados os credores (artigo 37.º do CIRE), compreende-se que o direito de compensação subsista para além da data daquela declaração. Neste sentido, se pronuncia Catarina Serra, *O novo regime português da insolvência*, 80, ao referir que o artigo 99.º do CIRE "consubstancia uma rutura meramente aparente com o CPEREF". Contra este entendimento, cf. Luís Menezes Leitão, *CIRE anotado*, 105, considerando, por um lado, que o artigo 99.º do CIRE é um "preceito inovador, que altera totalmente a solução do artigo 153.º do CPEREF", e, por outro lado, criticando a solução adotada por reforçar "excessivamente a força da compensação como garantia, que suplanta mesmo a da penhora e da hipoteca judicial", por contraponto com o artigo 140.º do CIRE.

Para os efeitos das alíneas *a*) e *b*) do n.º 1 artigo 99.º do CIRE não relevam nem a perda do benefício do prazo, prevista no n.º 1 do artigo 780.º do CCiv., nem o vencimento antecipado e a conversão em dinheiro resultantes do artigo 91.º, n.º 1 e do artigo 96.º, ambos do CIRE [*ex vi* artigo 99.º, n.º 2, als. *a*) e *b*) do CIRE]. Por outro lado, o n.º 3 do preceito em análise esclarece que a compensação não é prejudicada pelo facto de as obrigações em presença terem por objeto divisas ou unidades de cálculo distintas, conquanto seja livre a sua conversão recíproca no lugar do pagamento do contra-crédito, tendo, nesse caso, a conversão lugar à cotação em vigor na data em que a compensação produza os seus efeitos. Assim, em sede de insolvência, a al. *b*) do n.º 1 do artigo 847.º do CCiv., que exige terem as duas obrigações por objeto coisas fungíveis da mesma espécie e qualidade, deve ser sempre interpretada a esta luz.

II. Não obstante o *supra* exposto, a compensação nunca será admissível nos casos previstos no n.º 4 do artigo 99.º do CIRE, ou seja, se a dívida à massa se tiver constituído após a data da declaração de insolvência, designadamente em consequência da resolução de atos em benefício da massa insolvente [*idem*, al. *a*)], se o credor da insolvência tiver adquirido o seu crédito de outrem, após a data da declaração de insolvência [*idem,* al. *b*)], com dívidas do insolvente pelas quais a massa não seja responsável [*idem,* al. *c*)] ou entre dívidas à massa e créditos subordinados sobre a insolvência [*idem,* al. *d*)].

Apesar de o preceito *sub iudice,* na remissão para o regime jurídico da compensação, apenas referir os pressupostos legais do instituto, mencionando exclusivamente o artigo 847.º do CCiv., consideramos que a determinação da oponibilidade da compensação, em sede de insolvência, deverá ser sempre aferida tendo por bitola o instituto da compensação legal como um todo. Significa isto que as exclusões impostas pelo n.º 4 do artigo 99.º do CIRE deverão ser sempre consideradas como um acréscimo relativamente às exclusões que resultam do regime jurídico da compensação (artigo 853.º do CCiv.)[215], com particular relevo para a norma que veda a compensação, "se houver prejuízo de direitos de terceiro, constituídos antes de os créditos se tornarem compensáveis" (n.º 2, 1.ª parte do artigo 853.º do CCiv.)[216].

[215] De outro modo, entendendo-se não se aplicar na insolvência as exclusões do artigo 853.º do CCiv., forçoso seria admitir, nesta fase, por exemplo, a compensação entre créditos provenientes de factos ilícitos dolosos [artigo 853.º, n.º 1, al. *a*) do CCiv.] ou de créditos do Estado [*idem*, al. *c*), 1.ª parte], em manifesta violação do escopo visado e da racionalidade inerentes à norma em apreço, solução que, portanto, será de afastar.

[216] A outra hipótese referida no artigo 853.º, n.º 2 do CCiv. refere-se à circunstância de o devedor ter renunciado à compensação. A este respeito, gostaríamos de chamar à colação as palavras

Esta circunstância é particularmente relevante no caso dos bancos, atendendo a que poderão, verificada a situação de risco quanto ao equilíbrio financeiro ou à solvabilidade da instituição de crédito, mas ainda antes da tomada de decisão de revogação da autorização pelo BdP, ter sido constituídas garantias a favor de terceiros, incluindo o próprio Estado, na qualidade de financiadores de determinadas medidas destinadas a preservar ou restabelecer a situação financeira da instituição, tidas, num determinado momento, por convenientes, mas que, a final, se vieram a revelar ineficazes.

A aplicação, conforme defendemos, do artigo 853.º do CCiv., *maxime* da primeira parte do n.º 2, não pode, contudo, ser interpretada no sentido de que, declarada a insolvência, esta exclusão sempre se aplicaria, uma vez que a admissibilidade da compensação nesta fase acarreta sempre um prejuízo de direitos de terceiro ao impor o afastamento da *par conditio creditorum*, permitindo a satisfação privilegiada daquele que a ela recorre. Tal interpretação sempre se teria que considerar afastada por força do disposto na alínea b) do artigo 99.º do CIRE, ao admitir a oponibilidade da compensação mesmo nos casos em que a situação de compensabilidade se verifica depois da data da declaração de insolvência.

III. Ao passo que a alínea *a*) confere plenos poderes à declaração de compensação feita depois da declaração de insolvência relativamente a créditos cuja situação de compensabilidade se tivesse verificado em momento anterior, solução que nos parece plenamente consentânea com o instituto, em virtude da eficácia retroativa da compensação, a al. *b*) vem, efetivamente, alargar o âmbito da própria compensabilidade ao determinar que esta se poderá verificar, depois da declaração de insolvência, desde que o crédito compensante preencha antes do crédito compensado os requisitos da compensação[217].

de Vaz Serra quando diz que "[d]a interpretação do ato de renúncia depende o seu alcance", quando, citando Von Thur, refere que a renúncia deverá ser interpretada de harmonia com a boa fé, podendo, portanto, "vir a concluir-se que não prevalece no caso de insolvência da outra parte", concluindo que nesta hipótese "pode parecer violento que a renúncia seja aplicável, dado que se verificam circunstâncias que, se fossem conhecidas ao fazer-se a renúncia, teriam verosimilmente levado o renunciante a abster-se de renunciar" (cf. Vaz Serra, *Compensação*, 74-75). Trata-se de um princípio que reputamos da maior importância e que julgamos dever ser sempre tido em conta quer pelos liquidatários quer pelo juiz chamado a pronunciar-se acerca do reconhecimento de créditos, em sede de processo de liquidação judicial.

[217] O fundamento subjacente a este requisito foi já há algum tempo aventado por Vaz Serra, para quem a regra para a admissibilidade da compensação na insolvência não se deveria bastar com a verificação da reciprocidade dos créditos, mas também com a circunstância de o credor compensante poder nessa data contar com a compensação (Vaz Serra, *Compensação*, 117), con-

Convém atentar, no entanto, nas circunstâncias quer da perda do benefício do prazo, admitida nos termos do artigo 780.°, n.° 1 do CCiv., quer de, por força do artigo 91.°, n.° 1 do CIRE, com a declaração de insolvência operar o imediato vencimento das dívidas do insolvente, pelo que a al. *b*) do n.° 1 do artigo 99.° do CIRE, se por um lado, impõe um raciocínio prospetivo[218] – no sentido de avaliar se, caso não se tivesse verificado a perda do benefício do prazo ou não tivesse sido declarada a insolvência nem os respetivos efeitos sobre os negócios em curso, o crédito compensante preenchia, antes do compensado, os requisitos da compensação –, por outro lado, antecipa a situação de compensabilidade[219], passando a mesma a verificar-se na data da perda do benefício do prazo ou na data da declaração de insolvência, pelo que, declarada a compensação, será a uma daquelas datas, consoante o caso, que se reportarão os seus efeitos. É esta, segundo cremos, a solução que resulta da análise conjugada dos artigos 99.°, n.° 1, al. *b*) e n.° 2, als. *a*) e *b*) do CIRE.

IV. De acordo com a doutrina, a perda do direito de compensação no âmbito da insolvência, fora do quadro fixado no artigo 99.° do CIRE, funda-se quer no princípio da estabilização do passivo quer no tratamento igualitário dos credores[220]. No entanto, também aqui, tais princípios não serão absolutos, existindo situações, que escapam ao artigo 99.° do CIRE, em que a com-

cluindo no sentido de que "o devedor que tem, ao mesmo tempo, um crédito contra o seu credor e que sabe poder obter a compensação, caso lhe seja exigido o pagamento, não se considera devedor, sendo, por isso, excessivo recusar-lhe a compensação só porque o seu credor vem a cair em falência ou insolvência. Mas quando o seu crédito se vença depois do outro, não poderia contar em absoluto com a compensação, e, portanto, parece que então a compensação não deveria admitir-se" (*ob. cit.*, 119).

[218] Neste sentido, cf. Rosa Ferreira, *Compensação e insolvência*, 45, n. 85. Segundo o A., "[s]em esta ressalva interpretativa, a al. *b*) resultaria redundante em relação à al. *a*) porquanto a verificação dos pressupostos da compensação em relação ao crédito passivo (no caso o contra-crédito da massa) não é um requisito da compensação, conforme resulta do disposto na al. *a*) do n.° 1 do artigo 847.° do Código Civil" (*ob. cit., loc. cit.*).

[219] Este entendimento é também partilhado por Rosa Ferreira, *Compensação e insolvência*, 46. A favor desta antecipação, *vide* Vaz Serra, *Compensação*, 119, ao afirmar que "apesar de o crédito utilizado para a compensação não estar vencido no momento da declaração de falência ou insolvência, isto não é talvez obstáculo a que a compensação se admita, visto que a declaração de falência ou insolvência opera o imediato vencimento das dívidas do falido ou insolvente. O vencimento das dívidas do falido ou insolvente não serviria apenas para tornar possível a liquidação, servindo também para a compensação num processo onde se liquida o seu património".

[220] Neste sentido, cf. Pestana de Vasconcelos, *A cessão de créditos em garantia*, 871, n. 1607; Carvalho Fernandes/João Labareda, *CIRE anotado*, 383; Luís Menezes Leitão, *CIRE* anotado, 105; e Catarina Serra, *O novo regime português da insolvência*, 80.

pensação é sempre admitida. É o que ocorre quer relativamente aos sistemas de liquidação, por força do disposto no artigo 101.º do CIRE, quer nos casos em que estejamos perante contratos de garantia financeira, nos termos do Decreto-Lei n.º 105/2004, de 8 de maio (alterado pelo Decreto-Lei n.º 85/2011, de 29 de junho e pelo Decreto-Lei n.º 192/2012, de 23 de agosto), quer ainda quanto à oponibilidade à massa insolvente e aos credores dessa massa de estipulações bilaterais de compensação no âmbito de contratos sobre instrumentos financeiros, nos termos do Decreto-Lei n.º 70/97, de 3 de abril.

V. Nos termos do artigo 101.º do CIRE, as normas do código sobre os efeitos da declaração de insolvência sobre os créditos cedem perante as normas vertidas nos artigos 283.º e ss. do CVM. No mesmo sentido se pronuncia o preâmbulo do RLICSF, onde se pode ler que "[o] regime instituído no presente decreto-lei não interfere com as normas que transpuseram para o ordenamento jurídico nacional a Diretiva 98/26/CE, do Parlamento Europeu e do Conselho, de 19 de maio, relativa ao carácter definitivo da liquidação em caso de insolvência de um participante num sistema de liquidação, designadamente em sede de Código dos Valores Mobiliários"[221].

Os artigos 283.º e ss. do CVM estabelecem um regime especial de acordo com o qual a abertura do processo de insolvência não tem efeitos retroativos em relação aos direitos e obrigações dos participantes (artigo 283.º, n.º 1 do CVM), nem afeta a irrevogabilidade das ordens de transferência ou o carácter definitivo da compensação, desde que as ordens tenham sido introduzidas no sistema antes da abertura do processo ou, caso o tenham sido após a abertura do processo, se tiverem sido executadas no dia em que foram introduzidas e se a câmara de compensação, o agente de liquidação ou a contraparte central, consoante o caso, provarem que não tinham, nem deviam ter, conhecimento da abertura do processo [artigo 283.º, n.º 2, als. *a*) e *b*) do CVM].

Em causa estão quer os sistemas de liquidação geridos por sociedade gestora que preencha os requisitos fixados em lei especial[222], como é o caso do sistema de liquidação gerido pela Interbolsa, quer os sistemas geridos pelo conjunto dos participantes, quer ainda os sistemas geridos pelo BdP[223].

[221] No mesmo sentido se pronunciando a parte final do n.º 6 do artigo 145.º-L do RLICSF, nos casos em que tenham sido adotadas medidas de resolução previstas no título VIII do RGICSF.

[222] Decreto-Lei n.º 357-C/2007, de 31 de outubro, alterado pelo Decreto-Lei n.º 52/2010, de 26 de maio, que aprovou o regime jurídico das entidades gestoras de mercados e sistemas.

[223] O Sistema de Compensação Bancária (SICOI), o Sistema de Pagamento de Grandes Transações (SPGT2) e o Sistema de Transferências Eletrónicas de Mercado (SITEME).

Nos termos do artigo 286.° do CVM, a abertura de processo de insolvência, de recuperação de empresa ou de saneamento de qualquer participante deve ser imediatamente comunicada à CMVM e ao BdP pelo tribunal ou pela autoridade administrativa que a proferir, princípio que, relativamente às instituições de crédito, sempre resultaria dos artigos 145.°, 145.°-A, 198.° e 199.° do RGICSF e 3.° do RLICSF.

VI. O Decreto-Lei n.° 105/2004, de 8 de maio, com as alterações do Decreto-Lei n.° 85/2011, de 29 de junho e do Decreto-Lei n.° 192/2012, de 23 de agosto, transpõe para a ordem jurídica portuguesa a Diretiva 2009/44/CE, do Parlamento Europeu e do Conselho, de 6 de maio de 2009, que altera a Diretiva 2002/47/CE, do Parlamento Europeu e do Conselho, de 6 de junho, relativa aos acordos de garantia financeira (doravante "DAGF"), e a Diretiva 98/26/CE, do Parlamento Europeu e do Conselho, de 19 de maio, relativa ao carácter definitivo da liquidação nos sistemas de pagamento e de liquidação de valores mobiliários.

Nos termos do referido Decreto-Lei são modalidades de contratos de garantia financeira, designadamente, a alienação fiduciária em garantia e o penhor financeiro, que se distinguem consoante tenham, ou não, por efeito a transmissão da propriedade com função de garantia (artigo 2.°, n.° 2 do diploma em análise), esclarecendo-se que é modalidade de contrato de alienação fiduciária em garantia o contrato de reporte (n.° 3 do referido preceito).

O Decreto-Lei n.° 105/2004 não fornece, no entanto, qualquer definição de *contrato de garantia financeira*, devendo a mesma ser buscada, tal como resulta do disposto no respetivo artigo 2.°, n.° 1, a partir dos elementos previstos nos artigos 3.° a 7.° do diploma em análise. Com efeito, são o leque de entidades que pode assumir-se como prestador ou beneficiário da garantia financeira (*grosso modo*, instituições financeiras), a natureza do objeto suscetível de ser prestado em garantia financeira (instrumentos financeiros, numerário e créditos sobre terceiros, entendidos como tal os créditos pecuniários decorrentes de um acordo mediante o qual uma instituição de crédito concede um crédito sob a forma de empréstimo.), assim como as obrigações passíveis de serem garantidas por este tipo de contrato (obrigações cuja prestação consista numa liquidação em numerário ou na entrega de instrumentos financeiros) que explicam o seu carácter financeiro[224].

[224] Com base nos elementos elencados, a doutrina tem avançado algumas definições. Assim, segundo MENEZES CORDEIRO, "a garantia financeira é uma garantia real, sob a forma de penhor, de fidúcia ou de reporte, concluída entre uma instituição de crédito ou entidade para o efeito

O regime jurídico dos acordos de garantia financeira caracteriza-se pela inovação introduzida por algumas das soluções preconizadas, nomeadamente em torno da consagração (i) de um regime peculiar relativamente ao desapossamento (considerando-se prestada a garantia financeira cujo objeto tenha sido entregue, transferido, registado ou que de outro modo se encontre na posse ou sob o controlo do beneficiário da garantia ou de pessoa que atue em nome deste, incluindo a composse ou o controlo conjunto com o proprietário (artigo 6.°, n.° 2 do Decreto-Lei n.° 105/2004), (ii) de um direito de disposição sobre o objeto do penhor financeiro a favor do seu beneficiário (conferindo ao beneficiário da garantia financeira os poderes de alienar ou onerar o objeto da garantia prestada, nos termos previstos no contrato, como se fosse seu proprietário, salvo no caso de créditos sobre terceiro [artigos 9.° e 10.° do referido diploma]); (iii) da agilização dos mecanismos de execução, admitindo-se que o beneficiário da garantia faça seu o instrumento financeiro dado em garantia (desde que tal tenha sido convencionado entre as partes e haja acordo entre ambas quanto à avaliação dos instrumentos financeiros e dos créditos sobre terceiros dados em garantia, ficando o beneficiário da garantia obrigado a restituir ao prestador a diferença entre o valor do objeto da garantia e o montante das obrigações financeiras garantidas [artigo 11.° do diploma em análise][225]; e (iv) de um conjunto de disposições de carácter excecional face ao regime comum vertido no CIRE (artigos 16.° a 20.° do diploma).

equiparada e uma pessoa coletiva, destinada a assegurar as obrigações pecuniárias ou instrumentos financeiros, que recaiam sobre «numerário» e que as partes tenham decidido submeter a um regime financeiro especial, legalmente previsto" (Menezes Cordeiro, *Manual de direito bancário*, 732). Para Calvão da Silva os acordos de garantia financeira são "contratos de garantias especiais das obrigações, em regra celebrados entre sujeitos financeiros para reforço preferencial do direito do credor ao cumprimento de obrigações financeiras do devedor sobre instrumentos financeiros" (Calvão da Silva, *BBS*, 213-214).

225 Embora na versão original a epígrafe do artigo relativo a esta faculdade se designasse "pacto comissório", situação, entretanto, corrigida com a adoção da epígrafe "Execução de acordos de garantia financeira", a doutrina nacional mais recente que se tem debruçado sobre esta matéria vinha afirmando que, na verdade, estamos perante um pacto marciano, posição que também subscrevemos. Assim, segundo Alexandre Jardim, "o que o referido preceito permite é a estipulação num contrato de penhor financeiro que tenha por objeto instrumentos financeiros, de um pacto marciano, isto é, de uma convenção ao abrigo da qual o credor poderá fazer sua a coisa onerada, ficando, contudo, obrigado a restituir ao prestador da garantia a diferença entre o valor do objeto da garantia e o montante das obrigações financeiras garantidas. E este não constitui um pacto comissório, pois neste o credor não está obrigado a restituir a diferença", reiterando que é a obrigação que o credor tem de restituir ao prestador da garantia a diferença entre o montante da obrigação garantida e o valor do bem dado em garantia que "marca a linha de fronteira entre o pacto comissório e o pacto marciano" (Alexandre Jardim, *Acordos de garantia*

Na impossibilidade de, no âmbito do presente trabalho, nos pronunciarmos detalhadamente sobre o regime jurídico dos acordos de garantia financeira, passaremos, de imediato, à análise deste último ponto que é, afinal, aquele em que se consagra uma segunda exceção ao regime da compensação na insolvência previsto no CIRE.

Nos termos do artigo 12.° do Decreto-Lei n.° 105/2004 (também aplicável à alienação fiduciária em garantia *ex vi* artigo 15.° do mesmo diploma), as partes podem convencionar o vencimento antecipado da obrigação de restituição do beneficiário da garantia e o cumprimento da mesma por compensação, caso ocorra um facto que desencadeie a execução, entendendo-se por facto que desencadeie a execução o não cumprimento do contrato ou qualquer outro facto a que as partes atribuam efeito análogo.

Em sede de insolvência, a regra é a da manutenção em vigor dos contratos de garantia financeira e das garantias financeiras prestadas ao abrigo desses contratos, nas condições e segundo os termos convencionados pelas partes (artigo 17.°, n.° 1 e 18.°, n.° 1 do Decreto-Lei n.° 105/2004), afastando-se, desse modo, a presunção de invalidade dos contratos celebrados nos períodos suspeitos, vertida no artigo 121.° do CIRE. Assim, nos termos do artigo 17.°, n.° 1 do diploma em análise, tais contratos e garantias não podem ser resolvidos pelo facto de as respetivas celebração ou prestação terem ocorrido[226]:

a) No dia da abertura de um processo de liquidação ou da adoção de medidas de saneamento, desde que antes de proferido o despacho, a sentença ou decisão equivalente;
b) Num determinado período anterior definido por referência:
    (i) À abertura de um processo de liquidação ou à adoção de medidas de saneamento;

financeira, 155). Também neste sentido, cf. Pestana de Vasconcelos, segundo o qual, referindo-se ao mecanismo consagrado no artigo 11.° do Decreto-Lei n.° 105/2004, "ao contrário do que proclama no preâmbulo, não há aqui qualquer exceção à proibição do pacto comissório, que se mantém intocada; consagrou-se a este propósito foi o pacto marciano" (Pestana de Vasconcelos, *A cessão de créditos em garantia*, 634, n. 1224). Diferente da mencionada, no sentido de que estaremos perante um verdadeiro pacto comissório, é a posição de Calvão da Silva, referindo que se trata de "uma inovação relevantíssima, porquanto o regime geral é o da proibição do pacto comissório no artigo 694.° do Código Civil, *ex vi* artigo 678" (Calvão da Silva, *BBS*, 228) e de Menezes Cordeiro, ao referir que no penhor financeiro a proibição do pacto comissório "foi considerada injustificada" (Menezes Cordeiro, *Manual de direito bancário*, 745).

[226] Nos termos do artigo 17.°, n.° 2 do Decreto-Lei n.° 105/2004, a proibição de resolução em benefício da massa insolvente, nos termos *supra* referidos, estende-se às hipóteses de prestação de novas garantias ou da sua substituição.

(ii) À tomada de qualquer outra medida ou à ocorrência de qualquer outro facto no decurso desse processo ou dessas medidas.

Indo um pouco mais longe, o artigo 18.º, n.º 2 do mesmo diploma esclarece que os contratos de garantia financeira celebrados e as garantias financeiras prestadas *após* a abertura de processo de liquidação e a adoção de medidas de saneamento relativas ao prestador da garantia financeira são eficazes perante terceiros, desde que o beneficiário da garantia prove que não tinha nem deveria ter conhecimento da abertura desse processo ou da adoção dessas medidas.

As regras *supra* mencionadas cedem, no entanto, sempre que os atos referidos tenham sido praticados intencionalmente em detrimento de outros credores, cessando, portanto, o *favor creditoris* perante a má fé (artigo 19.º do Decreto-Lei n.º 105/2004[227]).

Mantendo-se, como vimos, em vigor os contratos de garantia financeira e as garantias financeiras prestadas ao abrigo dos mesmos, o artigo 20.º do Decreto-Lei n.º 105/2004 vem reiterar que o vencimento antecipado e a compensação previstos nos artigos 12.º e 15.º do mesmo diploma não são prejudicados:

a) Pela abertura ou prossecução de um processo de liquidação relativamente ao prestador ou ao beneficiário da garantia;
b) Pela adoção de medidas de saneamento relativamente ao prestador ou ao beneficiário da garantia;
c) Pela cessão, apreensão judicial ou atos de outra natureza nem por qualquer alienação de direitos respeitante ao beneficiário ou ao prestador da garantia.

Estamos portanto perante um regime especial face ao consagrado no CIRE[228], ditado quer pelo esforço de simplificação e celeridade que se pretendeu incutir à prestação e execução deste tipo de garantias quer pelo alargamento do conjunto de casos em que a validade e eficácia dos contratos de garantia financeira se deve ter por ressalvado em prol da segurança jurídica[229].

[227] Cf. também. artigo 121.º, n.º 2 do CIRE.

[228] Em consonância, aliás, com o disposto no artigo 16.º, n.º 3 do CIRE.

[229] Preâmbulo do Decreto-Lei n.º 105/2004 e considerandos 5 e 13 da DGAF. No mesmo sentido, a primeira parte do n.º 6 do artigo 145.º-L do RGICSF estabelece que, quando sejam adotadas as medidas de resolução previstas no título VIII do RGICSF, as limitações ao vencimento antecipado impostas pelo referido preceito não se aplicam às cláusulas convencionadas em contratos de garantia financeira.

VII. O Decreto-Lei n.º 70/97, de 3 de abril, na linha das recomendações do Comité de Basileia sobre Supervisão Bancária e da Diretiva 96/10/CE, do Parlamento Europeu e do Conselho de 21 de março de 1996, veio expressamente admitir a validade de acordos de compensação previstos em contratos sobre instrumentos financeiros (comummente designados, neste domínio, por *netting agreements*) e a sua eficácia quando uma das partes venha a ser declarada em estado de insolvência ou seja objeto de medida de recuperação, de saneamento ou outras de natureza similar. Para efeitos do aludido diploma legal são considerados instrumentos financeiros os valores mobiliários, os contratos a prazo relativos a divisas, a taxas de juro e a taxas de câmbio, os *swaps,* as opções e outros contratos de natureza análoga[230] (artigo 2.º, do Decreto-Lei n.º 70/97, de 3 de abril).

As regras vertidas neste diploma deverão ter-se por aplicáveis sempre que por força do artigo 33.º do RLICSF os contratos em que se inserem os *netting agreements* sejam regulados pela Lei Portuguesa[231].

[230] Sobre os instrumentos financeiros, *vide*, por todos, Engrácia Antunes, *Os instrumentos financeiros*; José Manuel Quelhas, *Sobre a evolução recente do sistema financeiro*; e Paulo Câmara, *Manual de Direito dos valores mobiliários*, 166 a 183.

[231] De referir que os *neeting agreements* têm um campo de aplicação privilegiado ao abrigo dos contratos-quadro elaborados pela *International Swaps and Derivatives Association* ("ISDA"), conhecidos como *ISDA Master Agreements*, regulados pela Lei Inglesa ou pela Lei dos Estados Unidos, de acordo com os quais se reconhece a oponibilidade destas cláusulas em caso de insolvência de uma das partes. Saliente-se, no entanto, que temos muitas dúvidas quanto à qualificação dos *neeting agreements* ao abrigo do *ISDA Master Agreement* como verdadeiras cláusulas de compensação, nos termos em que este instituto se encontra recortado no nosso ordenamento jurídico. Ao abrigo destes contratos, podem ser celebradas várias transações, as quais, nos termos convencionados, se devem considerar, no seu conjunto, como uma única operação. Nestes termos, as cláusulas de *netting* visam essencialmente garantir o seguinte: (a) apurar, em cada data de pagamento, qual das contrapartes deverá ser tida como credora face à outra (atentas as flutuações dos instrumentos cuja cobertura é visada com a celebração de cada uma das transações, nas datas de pagamento, é necessário operar a respetiva liquidação, de modo a perceber, a final, a qual das partes assiste um direito de crédito sobre a outra); (b) em caso de vencimento antecipado do contrato ou no termo do mesmo, por decurso do prazo, apurar a existência de qualquer montante em dívida ao abrigo de cada uma das transações celebradas, de modo a determinar, a final, o montante líquido em dívida e a pessoa a quem o mesmo deverá ser imputado, enquanto devedor. Assim, e não havendo, até à data da liquidação (e nem depois dela), créditos contrapostos, consideramos não ser correta a interpretação destas cláusulas como consubstanciando acordos de compensação, considerando, *summo rigore*, estar perante a figura da dedução, a qual consiste em abater ao montante de um crédito, para o reduzir à sua justa expressão numérica, a importância de certos fatores, dado que, nestas circunstâncias, contrariamente ao que sucede nos casos de compensação, não existem dois (ou mais) créditos recíprocos que se extingam mutuamente, mas tão-somente um crédito, cujo montante tem de ser diminuído de certas dívidas.

Nos termos do artigo 3.º do diploma legal em análise, o regime nele previsto "prevalece sobre qualquer outra disposição legal, ainda que de natureza especial".

Em contradição com a regra enunciada no referido artigo 3.º do Decreto-Lei n.º 70/97, de 3 de abril, o artigo 145.º-L do RGICSF, aditado pelo Decreto-Lei n.º 31-A/2012, de 10 de fevereiro, estipula que a a aplicação pelo BdP de medida de resolução determina a suspensão, por um período de 48 horas, a contar do momento da respetiva notificação, ou, se anterior, a partir do anúncio que torne pública a decisão do BdP, do direito de vencimento antecipado, estipulado no âmbito de convenções de compensação e de novação, dos contratos em que a instituição de crédito visada seja parte, quando o exercício desse direito tenha como fundamento a aplicação da medida de resolução em causa e que, findo o referido período, em relação aos contratos que tenham sido alienados ou transferidos, nos termos dos artigos 145.º-F ou 145.º-G, o exercício do direito de vencimento antecipado estipulado no âmbito de convenções de compensação e de novação não pode ser exercido pelas contrapartes da instituição de crédito com fundamento na aplicação da medida de resolução.

É verdade que, nos termos do n.º 3 do preceito em análise, as contrapartes nos contratos alienados ou transferidos mantêm, em relação à instituição de crédito cessionária, o direito de vencimento antecipado com fundamento distinto, e que as cláusulas de vencimento antecipado destes contratos são, por regra, bastante compreensivas na definição das situações que poderão determinar o referido vencimento, desde logo prevendo essa possibilidade em caso de declaração de insolvência ou de adoção de medida com efeito equivalente relativamente a uma das partes, pelo que, revogada a autorização para o exercício da atividade pelo BdP, se reconstituirá na esfera jurídica da contraparte o direito de declarar o vencimento antecipado dos referidos contratos, contudo, não podemos deixar de sublinhar a deficiente técnica legislativa que desconsiderou o disposto no artigo 3.º do Decreto-Lei n.º 70/97, de 3 de abril – quando bastava que ali se excluísse expressamente o disposto no artigo 145.º-L do RGICSF – abrindo assim a porta à interpretação da prevalência do disposto no referido Decreto-Lei em detrimento do preceito do RGICSF agora aditado.

Sobre o conceito de dedução, *vide*, por ex., ANTUNES VARELA, *Obrigações* II[7], 199 e ISABEL FIGUEIREDO, *A compensação como garantia de cumprimento*, 387.

§ 14. *Princípio geral de admissibilidade da compensação no caso de insolvência das instituições de crédito*

I. A aplicabilidade, no âmbito do processo de liquidação judicial das instituições de crédito, do artigo 99.° do CIRE, por força da remissão vertida nos artigos 20.°, n.° 2, al. *g*), 31.° e 9.°, n.° 3 do RLICSF, impõe, como princípio, o da admissibilidade da compensação em caso de insolvência das instituições de crédito. Assim sendo, relativamente à questão por nós colocada, no início deste estudo, quanto à oponibilidade da compensação declarada pelo titular de uma conta bancária junto de uma instituição de crédito insolvente para, desse modo, extinguir o contra-crédito da massa insolvente decorrente de um contrato de mútuo celebrado com a referida instituição de crédito, a resposta será positiva, sempre que estejam verificados os requisitos previstos no artigo 99.° do CIRE.

Assim, assumindo que o contrato de mútuo que subjaz ao crédito da insolvência se vence após a data da revogação pelo BdP da autorização para o exercício da atividade e que não se verificam as causas de exclusão previstas no n.° 4 do artigo 99.° do CIRE, no caso de o crédito compensante corresponder ao crédito sobre o saldo de um depósito bancário à ordem, a regra será a da admissibilidade da compensação [nos termos da al. *a*) do n.° 1 do artigo 99.° do CIRE], desde que não se verifique qualquer das outras causas de exclusão previstas no artigo 853.° do CCiv., nomeadamente, desde que não haja prejuízo de direitos de terceiro, constituídos antes da data em que os créditos se tornaram compensáveis. Se, pelo contrário, o crédito compensante corresponder ao crédito de um depósito a prazo, terá que em primeiro lugar fazer-se o juízo prospetivo exigido pela al. *b*) do n.° 1 do artigo 99.° do CIRE para aferir se o crédito compensante reunia ou não antes do crédito compensado os requisitos da compensação. Se for esse o caso, a compensação será oponível, produzindo os seus efeitos desde a data em que, ou por força do artigo 780.° do CCiv. ou por força do artigo 91.°, n.° 1 do CIRE, se verificou o vencimento das obrigações do devedor insolvente, devendo considerar-se ter sido nessa data que se verificou a situação de compensabilidade[232]. À semelhança do que dissemos, para o primeiro exemplo, tal só não será possível, nos casos em que,

[232] Consideramos que a solução não poderia ser outra, pois se mesmo vencidos os créditos após a declaração de insolvência, nomeadamente por força do artigo 91.°, n.° 1 do CIRE, sendo estes imediatamente exigíveis pelos liquidatários, apenas se reconhecesse ao credor compensante a possibilidade de exercer o seu direito na data em que, se não tivesse havido declaração de insolvência, o seu crédito se venceria, corresponderia, na prática, a frustrar tal direito, deixando-se sem qualquer conteúdo o disposto na al. *b*) do artigo 99.° do CIRE.

se verifique alguma das causas de exclusão previstas no artigo 853.º do CCiv., *maxime* desde que antes da data da verificação da situação de compensabilidade não se tenham constituído a favor de terceiros quaisquer direitos que, por via da compensação, fossem prejudicados.

II. No âmbito da confirmação da verificação dos requisitos da compensação, apresenta-se com particular acuidade a verificação do requisito da exigibilidade do crédito compensante quando a revogação da autorização para o exercício da atividade pelo BdP tenha sido precedida de providência de dispensa temporária do cumprimento pontual das obrigações anteriormente contraídas, de acordo com a al. *b*) do n.º 11 do artigo 145.º e com a al. *b*) do n.º 1 do artigo 145.º-J do RGICSF. Com efeito, poderá argumentar-se que, não sendo os créditos exigíveis, por força da referida medida, no momento anterior ao da revogação pelo BdP da autorização para o exercício da atividade, não se encontravam preenchidos, nessa altura, todos os requisito da compensação, pelo que a mesma não poderia operar.

A resposta a esta questão importa a análise de duas situações completamente distintas.

Com a entrada em vigor do Decreto-Lei n.º 31-A/2012, de 10 de fevereiro, a suspensão temporário do cumprimento pontual de obrigações anteriormente contraídas, determinada pelo BdP, passou a prever-se, como providência complementar, em duas situações distintas: aquando da adoção da medida de administração provisória [al. *b*) do n.º 11 do artigo 145.º do RGICSF] e aquando da adoção de medidas de resolução [al. *b*) do n.º 1 do artigo 145.º-J do mesmo diploma]. A resposta à questão colocada, num e noutro caso, poderá não ser a mesma, dependendo, na prática, de terem ou não sido adotadas medidas de resolução, pelo que será sobre estas que nos debruçaremos em primeiro lugar.

A adoção de medidas de resolução – que se consubstanciam na alienação ou na transferência, total ou parcial, de ativos, passivos, elementos extrapatrimoniais e ativos sob gestão da instituição de crédito, respetivamente, para uma ou mais instituições de crédito ou para um banco de transição – determina que a instituição cessionária passe a ser considerada, para todos os efeitos legais e contratuais, como sucessora nos direitos e obrigações cedidos. Nesta circunstância, a oponibilidade da compensação dependerá de uma série de fatores, designadamente do facto de terem sido cedidos, ambos ou apenas um dos contracréditos (e, neste caso, ainda a eventualidade de o terem sido para a mesma entidade ou para entidades distintas) e ainda da circunstância da situação de compensabilidade se ter verificado antes ou depois da cessão.

Assumindo que ambos os contracréditos foram objeto de medidas de resolução e que foram cedidos para uma mesma entidade, antes que se verificasse a situação de compensabilidade, já não estaremos no âmbito do presente estudo, uma vez que a entidade cessionária não se encontra em situação de liquidação judicial, devendo a questão da oponibilidade da compensação ser analisada, se nisso tiver interesse alguma das partes em causa, de acordo com as regras gerais do instituto previstas no CCiv. E com as regras especiais do Direito Bancário, *maxime* atendendo ao tipo de depósito em causa e às regras sobre a respetiva movimentação.

Se, pelo contrário, antes que se tenha verificado a situação de compensabilidade apenas um dos créditos tenha sido cedido, a compensação será inoponível, irrelevando o facto de a instituição insolvente se encontrar dispensada do cumprimento pontual das suas obrigações, na medida em que a transmissão do crédito determina, neste caso, por si só, que deixe de estar verificado um dos requisitos da compensação, a saber o *concursos debiti et crediti* (artigo 847.°, n.° 1 do CCiv.). A resposta a esta questão já não será, no entanto, a mesma, caso, antes da cessão, se tiver verificado a situação de compensabilidade. Vejamos.

Nos termos do RGICSF, a alienação e a transferência, total ou parcial, da atividade da instituição de crédito produz efeitos independentemente de qualquer disposição legal ou contratual em contrário, sendo título bastante para o cumprimento de qualquer formalidade legal relacionada com a mesma (n.° 11 do artigo 145.°-F e n.° 11 do artigo 145.°-H). No mesmo sentido, prevê-se ainda que a decisão de alienação ou de transferência, consoante o caso, não depende do prévio consentimento dos acionistas da instituição de crédito nem das partes em contratos relacionados com os ativos, passivos, elementos extrapatrimoniais e ativos sob gestão alienados ou transferidos, não podendo constituir fundamento do vencimento antecipado estipulado nos contratos em causa (n.° 12 do artigo 145.°-F e n.° 12 do artigo 145.°-H).

Verificando-se a situação de compensabilidade em data anterior à da alienação ou da transferência, o que significa que o crédito compensante já se encontra vencido na referida data, a oponibilidade da compensação, em nada bule com as disposições legais *supra* referidas. Assim, consideramos que, neste caso, se deverá fazer operar o disposto no artigo 585.° do CCiv., devendo, por conseguinte, considerar-se a compensação oponível e ser reconhecida pelos liquidatários, independentemente de, na pendência das medidas de resolução, a instituição de crédito agora insolvente, se ter encontrado dispensada do cumprimento pontual das obrigações anteriormente contraídas. Com efeito, cremos que deverá aqui fazer-se operar o disposto no artigo 129.°, n.° 1, *in fine* do CIRE, nos termos do qual impende sobre os liquidatários o dever de reconhecer os créditos cujos direitos constem dos elementos da contabilidade do devedor. Tanto mais que na pendência dos procedimentos de liquidação pré-judicial de liquidação incumbe aos liquidatários pré-judiciais a preparação de uma lista provisória dos créditos sobre a instituição, considerando-se que, na elaboração desta lista, deverão ser, desde logo, atendidas pelos liquidatários as situações de compensabilidade verificadas na contabilidade da instituição de crédito, *maxime* no caso de terem sido adotadas medidas de resolução que tenham por objeto os referidos créditos.

Feito este percurso, falta analisar a situação em que a decisão de dispensa do cumprimento pontual das obrigações se verifica nos termos da al. *b*) do n.º 11 do artigo 145.º do RGICSF, *i.e.* no caso de ter sido nomeada uma administração provisória, sem que tenham sido tomadas, pelo BdP, quaisquer medidas de resolução.

Nesta hipótese, consideramos que não se pode fundamentar a inexigibilidade do crédito compensante, com base na referida medida, pela seguinte ordem de razões.

A dispensa temporária do cumprimento pontual das obrigações anteriormente contraídas tem como objetivo preservar ou restabelecer a situação financeira de uma instituição de crédito, pretendendo-se com a mesma impedir decréscimos patrimoniais e perdas de liquidez, que sempre obstaculizariam a concretização do referido escopo, devendo a mesma ter-se por levantada, mesmo nos casos em que tal não seja expressamente referido pelo BdP, por efeito automático da decisão de revogação da autorização para o exercício da atividade bancária, uma vez frustradas as providências tomadas.

Assim, consideramos que, para aferir da verificação dos pressupostos da compensação, não releva a inexigibilidade temporária do crédito resultante da tomada pelo BdP da providência de dispensa temporária do cumprimento, pelo que, uma vez levantada esta providência, tudo se deve passar como se a mesma não tivesse tido lugar, não podendo os direitos dos clientes ser amputados em nada mais do que na indisponibilidade temporária de pagamento dos seus créditos anteriormente verificada. Esta é, segundo cremos, a única privação que lhes pode ser imposta por força do disposto na al. *b*) do n.º 11 do artigo 145.º e pela al. *b*) do n.º 1 do artigo 145.º-J, ambos do RGICSF.

Em suma, a referida providência, em nada afeta, uma vez iniciado o processo de liquidação judicial na sequência da revogação da autorização para o exercício da atividade bancária pelo BdP, o requisito da exigibilidade, devendo entender-se que os créditos que, durante a vigência da providência em análise, reunissem os demais requisitos da compensação, se deverão ter por compensáveis durante o referido período, encontrando-se apenas temporariamente suspensa a possibilidade de relativamente a eles serem exercidos direitos. Deste modo declarada a compensação, uma vez iniciado o processo de liquidação judicial, deve entender-se que a mesma retroage os seus efeitos à data em que se verificaram os respetivos requisitos, ainda que tal data coincida com a altura em que se encontrava em vigor a referida providência.

III. Quanto crédito compensado, o facto de este não se encontrar vencido não obsta, por si só, à compensação, na medida em que, por força do artigo 1147.° do CCiv. o mutuário pode antecipar o pagamento, desde que satisfaça os juros por inteiro, devendo entender-se que o mesmo princípio é válido no que respeita à compensação.

§ 15. *Arguição da compensabilidade e efetivação da compensação nos casos em que é admitida*

I. No âmbito do processo de liquidação judicial, a declaração de compensação deverá ser realizada pelos credores, em sede de reclamação de créditos, no prazo para o efeito designado pelo tribunal, nos termos do artigo 36.°, n.° 1, al. *j*) do CIRE *ex vi* artigo 9.°, n.° 2 do RLICSF. Com efeito, nos termos dos artigos 47.° e 90.° do CIRE, a satisfação de todos os credores da insolvência pelos seus créditos tem que se fazer no seio do processo insolvencial, de acordo com as regras próprias deste, não sendo permitida a estes credores a execução singular. No mesmo sentido, o n.° 1 do artigo 128.° do CIRE prescreve que todos os credores da insolvência, incluindo o Ministério Público na defesa dos interesses das entidades que represente, devem, no prazo fixado para o efeito na sentença declaratória da insolvência[233], reclamar a verificação dos seus créditos, esclarecendo-se, no n.° 3 do mesmo preceito, que mesmo o credor que tenha o seu crédito reconhecido por decisão definitiva não está dispensado de o reclamar no processo de insolvência, se nele quiser obter pagamento[234/235].

[233] Que deverá aqui ser interpretado *mutatis mutandis* por referência ao despacho de prosseguimento do processo de liquidação judicial, nos termos do artigo 9.° do RLICSF.

[234] Cf. Miguel Teixeira de Sousa, *A verificação do passivo no processo de falência*, 354, fala, a este respeito, de um verdadeiro ónus.

[235] Posição diferente é defendida por Luís Menezes Leitão, sustentando que, no caso de insolvência, o declarante não necessita de efetuar a reclamação do seu crédito, apenas tendo que o fazer quando o valor do mesmo ultrapasse o montante do crédito do insolvente, fazendo nessa altura a reclamação pelo remanescente (cf. Luís Menezes Leitão, *Direito da Insolvência*[3], 180-181). Discordamos do A. pelas razões que referimos no texto mas também porque ao sustentar que a reclamação de créditos seja feita apenas pelo remanescente, Luís Menezes Leitão

Convém, no entanto, referir, a este respeito, que, face ao novo regime do CIRE, é possível que o administrador, *rectius* os liquidatários reconheçam créditos que não tenham sido reclamados, desde que "constem dos elementos da contabilidade do devedor ou sejam por outra forma do seu conhecimento" (artigo 129.°, n.° 1 do CIRE), devendo os titulares destes créditos ser avisados pelo administrador da insolvência, nos termos do artigo 129.°, n.° 4 do CIRE. Nestes casos, não tendo os referidos credores declarado a compensação, em sede de reclamação de créditos, poderão ainda fazê-lo em sede de impugnação dos créditos reconhecidos (artigo 130.° do CIRE).

Não obstante, a declaração de compensação ser, neste caso, realizada no âmbito de um processo judicial, consideramos, no entanto, que, ainda assim, continuamos a estar verdadeiramente perante a compensação legal, na senda dos autores que não reconhecem autonomia conceptual à compensação judicial[236], valendo a sentença de verificação e graduação de créditos, de que resulte o reconhecimento de créditos compensados, como mero reconhecimento da procedência da declaração de compensação.

III. Admitida, como regra, a oponibilidade da compensação declarada pelo credor *ex deposito* para extinguir o contra-crédito do banco insolvente, importa, agora, concretizar os termos em que a mesma se verifica. Dada a vastíssima panóplia de situações possíveis e o âmbito académico do presente estudo, circunscrevemos a nossa análise casuística às situações de contas diferentes do mesmo titular, contas coletivas, contas "a prazo", contas com entregas fiduciárias e contas caucionadas. Por outro lado, tendo em conta a importância que operações como as de titularização de créditos e de emissão de obrigações hipotecárias assumem hodiernamente na atividade bancária, com impacto no nosso objeto de estudo, decidimos também a estas dedicar um título.

Uma vez que no âmbito do § 14. já nos pronunciámos sobre a oponibilidade da compensação nos casos em que a liquidação judicial da instituição de crédito tenha sido precedida da adoção de medidas de resolução, não voltaremos a fazê-lo, devendo considerar-se, na análise que se segue, que os créditos contrapostos não foram objeto das referidas medidas.

está, por outro lado, a admitir uma declaração tácita de compensar, o que nos parece não ser possível ao abrigo do disposto no artigo 848.° do CCiv.

[236] *Vide*, neste sentido, Cunha de Sá, *Modos de extinção das obrigações*, 226-228. Segundo este A., "a chamada compensação judicial outra coisa não é senão a compensação legal, com a mera particularidade de a declaração de vontade de compensar ser feita ou por via de ação, ou por via de exceção, ou por via de reconvenção", valendo a sentença "apenas como mero reconhecimento da procedência da declaração de compensação feita por uma das partes à outra" (*ob. cit.*, 228).

Mais salientamos, no entanto, que doravante apenas trataremos da oponibilidade declarada pelo credor *ex deposito*, tendencialmente nada dizendo a respeito da possibilidade de, na ausência de declaração por parte daquele, serem os liquidatários, em sede de reconhecimento de créditos ao abrigo do disposto no artigo 129.°, n.° 1 *in fine* do CIRE, a pretenderem fazer operar a compensação[237].

15.1. *Contas diferentes do mesmo titular*

I. No caso de contas diferentes do mesmo titular, em que, na data da declaração de insolvência, encerradas as contas correntes (por aplicação analógica do artigo 116.° do CIRE), uma revele um saldo credor a favor da massa insolvente e a outra um saldo credor a favor do titular da conta, haverá que determinar a data em que se verificaram os requisitos da compensação, nos termos das als. *a*) e *b*) do n.° 1 do artigo 99.° do CIRE. Verificados, por via de qualquer uma das alíneas, os requisitos do referido preceito e não procedendo qualquer outra causa de exclusão prevista no artigo 853.° do CCiv., o titular das contas estará sempre em condições de declarar a compensação, devendo a mesma ter-se por oponível.

15.2. *Contas coletivas*

I. Conforme referimos no Cap. II, ao tratar dos efeitos da revogação pelo BdP da autorização para o exercício da atividade bancária, consideramos que, por força de tal revogação, se deverão ter por afastadas as regras de movimentação das contas coletivas vertidas no contrato de abertura de conta, uma vez encerrada a conta corrente (por aplicação analógica do artigo 116.° do CIRE) e vencidos os depósitos (nos termos do artigo 91.°, n.° 1 do CIRE), passando

[237] Segundo Luís Menezes Leitão, o regime do artigo 99.° do CIRE "não é aplicável ao administrador da insolvência, que continua a regular-se pelos requisitos gerais dos artigos 847.° ss. do CCiv" (cf. Luís Menezes Leitão, *Direito da Insolvência*, 180, n. 219). Cremos, no entanto, que este entendimento deverá ser interpretado com muita parcimónia no que se refere à compensação de créditos sobre a insolvência, na medida em que a admissibilidade da mesma cerceia a *par conditio creditorum*, podendo a legitimidade dos liquidatários ao efetuarem tais compensações ser questionada ao abrigo do referido princípio. Pensamos ser este também o entendimento de Luís Menezes Leitão (*ob. cit.*, 180, n. 219), ao afirmar que "em relação aos créditos sobre a insolvência, o administrador apenas poderá efetuar a compensação na percentagem em que os mesmos puderem ser satisfeitos".

os direitos de crédito sobre o saldo apurado a ser considerados à luz do regime supletivo das obrigações civis (artigo 534.° do CCiv.), presumindo-se que os vários credores comparticipam em partes iguais no crédito, sendo esta presunção *iuris tantum* e, portanto, ilidível[238].

II. Atento o *supra* exposto, consideramos que a declaração de compensação pelos contitulares no âmbito do processo de liquidação judicial, deverá ser analisada com especiais cautelas.

Caso a declaração de compensação seja subscrita por apenas um dos contitulares, dentro dos limites do valor que lhe cabe, por força da aplicação da presunção do artigo 534.° do CCiv., entendemos que a reclamação de créditos poderá ser individualmente subscrita, devendo a compensação ter-se por oponível, desde que se encontrem verificados os respetivos requisitos, conforme previstos no artigo 99.° do CIRE e não proceda qualquer outra causa de exclusão prevista no artigo 853.° do CCiv.. Contudo, caso, por qualquer modo, os liquidatários tenham conhecimento da efetiva titularidade daquele crédito, nomeadamente porque, em sede de impugnação de créditos, a presunção do artigo 534.° do CCiv. tenha sido ilidida relativamente ao credor compensante, poderá dar-se o caso de a compensação não poder operar nos termos declarados (*v.g.*, porque, a final, o crédito compensante é inferior àquele que inicialmente havia sido declarado para efeitos de compensação) ou em absoluto, por falta de reciprocidade (*v.g.*, na hipótese em que se venha a concluir que não assiste ao credor putativo qualquer direito de crédito sobre o saldo em causa).

Sempre que os credores reclamantes pretendam ilidir a presunção do artigo 534.° do CCiv., subscrevendo conjuntamente a reclamação de créditos nesse sentido, desse modo permitindo que um deles possa declarar a compensação do crédito *ex deposito* com um contra-crédito da massa, haverá que distinguir.

Nos casos em que o crédito *ex deposito* pertencia efetivamente ao contitular compensante, a declaração de compensação será oponível, desde que verificados os requisitos do artigo 99.° do CIRE e não proceda qualquer outra causa de exclusão prevista no artigo 853.° do CCiv..

No entanto, nos casos em que tal crédito apenas tenha sido adquirido pelo contitular compensante após da data da declaração de insolvência, a declaração de compensação deverá ter-se por inoponível, relativamente à parte do crédito

[238] À semelhança, aliás, do que acontece relativamente à garantia do reembolso dos saldos de depósitos em dinheiro pelo FGD, nos termos do artigo 166.°, n.° 3, al. *d*) do RGICSF.

adquirida após tal data, por força do disposto na al. *b*) do n.º 4 do artigo 99.º do CIRE[239].

15.3. *Contas "a prazo"*

I. A admissibilidade da compensação nas contas bancárias a prazo tem sido amplamente debatida quer pela doutrina quer pela jurisprudência, na eventualidade de a mesma ser declarada pelo banco, no exercício regular da atividade bancária[240]. No entanto, nenhum dos pressupostos em causa no referido debate se encontram verificados no caso em apreço, em que pretendemos analisar a oponibilidade da compensação declarada pelo titular da conta em caso de insolvência da instituição de crédito.

Ora, na medida em que, revogada a autorização para o exercício da atividade bancária e iniciado o processo de liquidação judicial se vencem as obrigações da instituição insolvente (artigo 91.º, n.º 1 do CIRE)[241], consideramos que nada obsta à compensação, uma vez verificados os requisitos estabelecidos no artigo 99.º do CIRE e não estando em causa qualquer das exclusões previstas no n.º 4 do mesmo preceito legal ou no artigo 853.º do CCiv..

Concretizando um pouco mais, entendemos que as razões que, numa situação de normalidade, *rectius* de não insolvência, poderiam justificar o interesse do depositante na manutenção do depósito até ao seu vencimento, se desvanecem, uma vez verificada essa situação. Com efeito, diante da insolvência, os interesses de guarda e confiança depositados na instituição de crédito

[239] Embora reconheçamos que, na prática, se possa revelar bastante difícil para os liquidatários a perceção desta aquisição do crédito pós-insolvência.

[240] A querela doutrinária prende-se com a aplicabilidade, ou não, aos depósitos bancários do disposto no artigo 1147.º do CCiv. No sentido de que o banco poderá compensar desde que satisfaça os juros por inteiro pronunciam-se Antunes Varela, *Obrigações* II^{7}, 197-198 e Menezes Cordeiro, *Da compensação*, 249-251. Contra tal possibilidade insurge-se Paula Camanho, *Do contrato de depósito bancário*, 223-225, sustentando que o prazo nos depósitos é estabelecido a favor de ambas as partes e que o depositante não tem como interesse exclusivo a perceção de juros, mas também a guarda e, eventualmente, outras finalidades. Na jurisprudência, cf., entre outros, Ac. do STJ de 7 de fevereiro de 1991, *in* BMJ 404 (1991), 397-402, pronunciando-se a favor da compensação, e Ac. RLC de 24 de setembro de 1991, *in* CJ XVI (1991) 4, 100-103, pronunciando-se desfavoravelmente.

[241] Caso, antes da revogação da autorização para o exercício da atividade bancária, o BdP tenha adotado alguma das medidas de resolução tendo por objeto o depósito a prazo em causa, e sendo este o crédito compensante, a regra mencionada no texto já não se aplicará, uma vez que já não estaremos perante obrigações da instituição de crédito em liquidação.

desaparecem por completo e, ainda que ao abrigo do CIRE, continuem a vencer-se juros, por força do disposto no artigo 48.º do referido diploma legal, a verdade é que os mesmos têm a natureza de créditos subordinados, não sendo, nessa medida, tais argumentos atendíveis como fundamento da não aplicação aos depósitos a prazo do regime do artigo 91.º, n.º 1 do CIRE[242].

15.4. *Contas com entregas fiduciárias*

I. O negócio fiduciário caracteriza-se essencialmente pelos seus elementos estruturais: a transmissão com um determinado fim de um direito do fiduciante (*in casu,* o titular de disponibilidades monetárias) ao fiduciário (o titular da conta bancária onde tais disponibilidades monetárias são depositadas), obrigando-se este, também como efeito desse negócio, a exercer o direito assim transmitido de determinada forma e, decorrido certo prazo ou verificado o evento previsto, a retransmiti-lo (ou os bens subrogados no lugar deste no seu património), decorrendo daí o chamado "risco fiduciário"[243].

Temos, portanto, a hipótese em que A, titular de certas disponibilidades monetárias, as entrega a outrem, B, o qual detém, em nome próprio, uma conta bancária junto da instituição de crédito C, onde são depositadas as referidas disponibilidades monetárias. Esta situação pode verificar-se por diversas razões. Pensemos, a título de exemplo, no caso em que, havendo restrições (como existem nalguns ordenamentos jurídicos) quanto aos montantes máximos que um cidadão pode, num determinado espaço de tempo, transferir para o estrangeiro, o titular das respetivas disponibilidades monetárias decide "domiciliar" as mesmas em contas bancárias de terceiros com vista a que cada um as transfira nos termos por ele pretendidos, para uma conta do referido titular ou de terceiro, no estrangeiro, sem que, desse modo, sejam ultrapassados os limites legalmente impostos.

Na génese destes negócios podemos encontrar a *fiducia cum amico* romana[244], sendo o fiduciário considerado como o único titular do direito de propriedade (ou de outra natureza, *in casu,* o direito de crédito sobre o saldo da conta de que

[242] Neste sentido, cf. Luís Menezes Leitão, *Direito da Insolvência*[3], 177, referindo-se ao vencimento das obrigações a prazo, sustentando que "[a] razão desse vencimento antecipado prende-se com a falta de confiança dos credores na solvabilidade do devedor, bem como com a necessidade de verificar e liquidar a massa insolvente de uma só vez".

[243] Neste sentido, cf. Pestana de Vasconcelos, *A cessão de créditos em garantia*, 24.

[244] Assente na transmissão por um sujeito (o fiduciante) a outro (o fiduciário), por via contratual, de um direito, que este está obrigado a exercer de certa forma e, mais tarde, decorrido o período

é titular), embora esteja limitado por vínculos de natureza obrigacional face ao fiduciante. Com efeito, nos negócios fiduciários, a transmissão do direito deverá ser tendencialmente entendida como plena, estando o seu livre exercício limitado apenas pelas obrigações contraídas e, portanto, não produzindo quaisquer efeitos perante terceiros. Tanto mais que, nas circunstâncias descritas, o negócio fiduciário será sempre oculto, só o fiduciante e a sua contraparte tendo conhecimento da conclusão do negócio, não sendo reconhecível para outrem (em concreto, para o banco, entretanto insolvente) o carácter fiduciário do direito do titular da conta.

De acordo com a doutrina tradicional, na senda de Regelsberger, o que caracterizaria o negócio fiduciário seria a excedência do meio sobre o fim tido em vista pelas partes[245]. A esta conceção contrapõe-se aqueloutra de que, por vezes, o meio não excede o fim; pelo contrário, a transmissão do direito (em regra de propriedade) é mesmo essencial para o fim visado pelas partes[246]. De qualquer dos modos, a verdade é que o negócio fiduciário carrega, em si, o risco de abuso por parte do fiduciário[247], mas, para além deste, na hipótese em apreço, comporta ainda um risco maior que é o da insolvência da instituição de crédito depositária[248].

Com efeito, pelo facto de se verificar uma transmissão *plena* do direito, que passa a integrar o património geral do fiduciário, o fiduciante corre o risco de o perder. Esse risco, decorrente da particular estrutura adotada, tem diversas vertentes, sendo identificadas, pelo menos quatro: (i) a recusa da transmissão, (ii) a transmissão a terceiro, em violação da obrigação assumida, (iii) a penhora e (iv) a insolvência do fiduciário[249]. A estes acrescentamos nós, com base no exemplo citado, o risco de insolvência da instituição de crédito depositária

de tempo previsto no negócio ou verificado um determinado evento, retransmiti-lo ao transferente ou transmiti-lo a um terceiro.

[245] Cf. Pestana de Vasconcelos, *A cessão de créditos em garantia*, 54-55.

[246] Esta posição é defendida, entre nós, por Pestana de Vasconcelos, *A cessão de créditos em garantia*, 56.

[247] Cf. M. J. Costa Gomes, *Assunção fidejussória de dívida*, 88. Segundo o A. "[o] contrato fiduciário (...) carrega, assim, em si, o risco de abuso do fiduciário, propiciado pela evidente – mas no caso necessária – desproporção entre meio e fim".

[248] Podemos divisar risco semelhante de perda do direito transferido no seio de um negócio fiduciário, no caso de penhora, no âmbito de ação executiva intentada por um terceiro credor do fiduciário, ou então no caso de declaração de insolvência do fiduciário, uma vez que, em resultado da referida estrutura, tal direito integra o património geral do fiduciário e não um qualquer património autónomo ou segregado deste.

[249] Cf. Pestana de Vasconcelos, *A cessão de créditos em garantia*, 63, 67 e 78.

em que se encontram depositados, em nome do fiduciário, as disponibilidades monetárias objeto do negócio fiduciário[250].

Assim, a posição jurídica do fiduciante, cujo conteúdo tem uma natureza creditória, consiste no poder de exigir ao fiduciário o exercício do direito nos termos acordados no contrato e a sua posterior retransmissão (logo que se verifique o condicionalismo convencionado). Face a terceiros, o fiduciante é titular de um direito relativo, não oponível, adquirindo o fiduciário face a estes uma titularidade *plena* (só limitada obrigacionalmente perante a outra parte), caracterizando-se, assim, a situação do fiduciante pela sua debilidade.

II. Pelo exposto, forçoso será concluir que, na hipótese aventada, em caso de insolvência da instituição de crédito onde se encontram depositadas as disponibilidades monetárias objeto do negócio fiduciário, não será possível ao fiduciante opor a compensação do seu crédito emergente do negócio fiduciário de modo a operar a extinção de uma dívida por que seja responsável perante a massa insolvente[251/252].

Com efeito, mesmo que houvesse simulação[253], sempre seria esta inoponível ao banco insolvente de boa fé, nos termos do artigo 243.°, n.° 1 do CCiv.

III. Diferente seria, no entanto, a hipótese em que, em sede do processo de liquidação judicial, se viesse a considerar ter sido o negócio fiduciário celebrado não já em simulação mas em fraude à lei (artigo 280.° e ss. do

[250] Este aspeto é, aliás, aflorado por Pestana de Vasconcelos ao referir que o risco de perda do fiduciante poderá ser maior ou menor em função do direito transmitido em garantia e do próprio negócio que gera a transmissão (Pestana de Vasconcelos, *A cessão de créditos em garantia*, 67, n. 133).

[251] *Vide* neste sentido, Pedro Romano Martinez/Fuzeta da Ponte que, embora referindo-se ao depósito *escrow*, justificam a solução proposta com base na recondução da figura à categoria do negócio jurídico fiduciário (Pedro Romano Martinez/Fuzeta da Ponte, *Garantias de cumprimento*, 60-62).

[252] No *trust* do Direito Inglês, a solução proposta não seria necessariamente a mesma, na medida em que este, fruto da evolução paralela da *common law* e da *equity*, permite distinguir a *legal ownership* do fiduciário da *beneficial* ou *equitable ownership* do fiduciante.

[253] Não sendo líquido que assim seja, sempre que estejamos perante um negócio fiduciário, devendo tal eventualidade ser aferida caso a caso. Neste sentido, a doutrina desde há longo tempo é praticamente unânime no reconhecimento de que o negócio fiduciário não é necessariamente um negócio simulado. Este aspeto é, no entanto, sublinhado por Carvalho Fernandes, ao referir que "[c]abe, contudo, reconhecer que a delimitação entre estas duas figuras – simulação e fidúcia –, se revela, na prática, com frequência, muito mais intrincada, do que no plano dogmático" (Carvalho Fernandes, *A admissibilidade do negócio fiduciário no direito português*, 274).

CCiv.)[254]. Com efeito, nos termos do artigo 281.° do CCiv., tal negócio seria cominado com a nulidade, a qual, sendo invocável a todo o tempo por qualquer dos interessados (artigo 286.° do CCiv.), uma vez declarada, teria efeitos retroativos, devendo ser restituído tudo o que tivesse sido prestado (artigo 289.° do CCiv.). Neste caso, por força da declaração de nulidade, em sede de reconhecimento de créditos, o direito sobre o saldo das contas com entregas fiduciárias deveria ser reconhecido a favor do fiduciante, pelo que, verificados os requisitos do artigo 99.° do CIRE e não procedendo qualquer outra causa de exclusão prevista no artigo 853.° do CCiv., este poderia opor ao banco insolvente a compensação do seu crédito para extinguir um contra-crédito da massa insolvente.

IV. Imagine-se, agora, a hipótese inversa de ser o fiduciário a declarar a compensação de uma dívida sua face à massa insolvente com o direito de crédito relativo ao saldo da conta onde se encontram depositadas as disponibilidades monetárias objeto do negócio fiduciário. Ora, não tendo o banco conhecimento do negócio fiduciário e sendo o fiduciário o titular do direito de crédito sobre o saldo daquela conta, a declaração de compensação seria, em princípio, válida perante o banco. Contudo, e conforme resulta do que dissemos até agora, tal declaração de compensação e a consequente extinção dos créditos assim gerada, comportaria da parte do fiduciário o incumprimento do negócio fiduciário, sendo, nessa medida, passível de ação de responsabilidade a intentar contra ele pelo fiduciante.

V. Finalmente, quanto à hipótese de, perante a insolvência do depositário, o fiduciário adquirir a dívida do fiduciante para, desse modo, fazer operar a compensação, esta encontra-se vedada pelo n.° 4, al. *b*) do artigo 99.° do CIRE, nos termos do qual a compensação não é admissível se o credor da insolvência tiver adquirido o seu crédito de outrem, após a data da declaração de insolvência.

[254] Não estamos aqui a tomar posição quanto à subsunção do negócio fiduciário como um negócio em fraude à lei, limitando-se a nossa análise à escalpelização do exemplo apontado. Tal como acontece relativamente à simulação, também no que se refere à fraude à lei a doutrina tem procurado delimitar as duas realidades. *Vide*, entre outros, Pestana de Vasconcelos, *A cessão de créditos em garantia*, 86-88.

15.5. *Contas caucionadas*

I. O dinheiro que é depositado junto de uma instituição de crédito como caução[255/246] pode ser entregue diretamente ao credor garantido (*i.e.*, o banco depositário) ou ter em vista a garantia de reembolso de um débito perante terceiro. O depósito-caução apresenta-se, portanto, sob duas modalidades, com consequências práticas quanto ao regime legal aplicável.

[255] A natureza jurídica do depósito-caução foi bastante discutida pela doutrina na vigência do CS, questionando-se se podia ou não ser qualificado como um verdadeiro e próprio contrato de depósito, com todas as consequências dai resultantes, nomeadamente em termos de regime legal aplicável. Os autores que então se pronunciaram (com destaque para Guilherme Moreira, Pinto Coelho e Paulo Cunha), rejeitaram peremptoriamente essa possibilidade, optando por reconduzir o depósito-caução aos quadros do penhor (cf.Vaz Serra, *Penhor*, BMJ 59, 13 ss.). Esta questão foi retomada por Vaz Serra, aquando dos trabalhos preparatórios do CCiv. que, na esteira da referida doutrina, rejeitou a possibilidade de recondução do depósito-caução ao contrato de depósito, sustentando que o depósito-caução deve ser qualificado como um penhor – que será regular ou irregular consoante o depositário adquira ou não a titularidade do dinheiro entregue – uma vez que a intenção das partes é, neste caso, a de dar ao credor o direito de se fazer pagar sobre o dinheiro depositado, caso se venha a constituir a obrigação garantida e o devedor não cumpra. Assim, segundo o A., sob o nome de depósito "(...) quer-se afinal constituir um direito de penhor: se o dinheiro é entregue ao credor, haverá um penhor com entrega ao credor; se é depositado em poder de terceiro, haverá um penhor com entrega a terceiro, que fica sendo, quanto ao penhor e sendo este regular, mediador possessório do credor" (cf. Vaz Serra, *Penhor*, BMJ 59, 108-109).
Com a publicação do CCiv. quaisquer dúvidas que pudessem existir a este respeito ficaram dissipadas, na medida em que, nos termos do artigo 666.º, n.º 2 do referido diploma, "[é] havido como penhor o depósito a que se refere o n.º 1 do artigo 623.º". Concluímos, portanto, parafraseando Morais Atunes, que no atual direito positivo português "o regime e os efeitos do depósito-caução tendem a confundir-se com o regime e os efeitos do contrato de penhor, seja qual for a designação dada pelas partes ao referido depósito" (cf. Morais Antunes, *Do contrato de depósito escrow*, 105-106). Também neste sentido, cf. Pedro Romano Martines/Fuzeta da Ponte, *Garantias de cumprimento*, 76.

[256] No âmbito do CCiv., a caução diz respeito às garantias que – por força de lei (artigo 623.º do CCiv.), de decisão judicial ou de negócio jurídico (artigo 624.º do CCiv.) – são autorizadas ou impostas, devendo ser prestadas, no primeiro caso, por meio de depósito de dinheiro, títulos de crédito, pedras ou metais preciosos, ou por penhor, hipoteca ou fiança bancária, sendo lícita a prestação de outra espécie de fiança, desde que o fiador renuncie ao benefício de excussão (artigo 623.º do CCiv.) e, no segundo caso, por meio de qualquer garantia real ou pessoal.
Conforme salienta M. J. Costa Gomes, a caução é, num sentido muito amplo, sinónimo de *garantia* e numa aceção intermédia sinónimo de *garantia especial*, sendo este o sentido com que o termo é utilizado no CCiv, com referência à *prestação de caução*. Numa aceção mais restrita e mais corrente, cujo âmbito tem contornos algo difusos, a caução destina-se, em princípio, a cobrir o dano resultante do não cumprimento de determinadas obrigações (cf. M. J. Costa Gomes, *Assunção fidejussória de dívida*, 44-45, n. 166). Estamos, portanto, perante um conceito jurídico

No primeiro caso, o credor/depositário a quem as disponibilidades monetárias são entregues adquire automaticamente a propriedade delas, assumindo contemporaneamente a obrigação de imputar no seu crédito, caso este se vier a vencer, o valor depositado, ou caso contrário, de o restituir ao depositante[257].

Se, pelo contrário, o banco depositário for um terceiro face à obrigação garantida, este, tal como sucede no primeiro caso, adquire imediatamente a propriedade das somas depositadas, ficando adstrito do seguinte modo: enquanto o crédito se não vencer, se não extinguir ou se não verificar que nasce, obriga-se o banco depositário a não restituir as ditas somas ao credor ou ao depositante isoladamente; se o crédito se vence, e não é cumprido, obriga-se a entregar o *tantundem* ao credor; finalmente, se o crédito é cumprido, ou se por outra causa se extingue, ou não chega sequer a nascer, obriga-se a restituir o *tantundem* ao depositante[258].

Comparando sucintamente as duas modalidades de depósito-caução, verificamos que, em ambos os casos, o banco depositário adquire a propriedade das somas depositadas em garantia. Tal efeito resulta da natureza específica do objeto do depósito – dinheiro – e decorre expressamente do disposto no artigo 1144.° do CCiv. (*ex vi* artigos 1205.° e 1206.° do CCiv. ou diretamente aplicável, para os que sustentam ter o contrato de depósito bancário a natureza de contrato de mútuo[259]).

Em ambos os casos, consideramos que a garantia incide sobre o crédito à restituição (do *tantundem*) do depositante e não sobre o dinheiro depositado[260], pelo que o depósito-caução estará sujeito ao regime do penhor de direitos, previsto nos arst. 679.° e ss. do CCiv..

polissémico. Este facto, aliado à circunstância de, nos termos do CCiv., a caução poder ser prestada com recurso à prestação de qualquer garantia especial, ofusca, em certa medida, a sua valência conceptual específica (*vide*, neste sentido, Ramos Alves, *Do penhor*, 256).

No essencial, segundo a doutrina, a prestação de caução visa essencialmente assegurar uma de duas finalidades: o cumprimento de uma obrigação puramente eventual ou prevenir o adimplemento de uma obrigação que, sendo certa, é de montante indeterminado (Assim, Almeida Costa, *Direito das obrigações*, 884; Pestana de Vasconcelos, *Direito das garantias*, 73; e Ramos Alves, *Do penhor*, 254).

[257] Cf. Vaz Serra, *Penhor*, BMJ 59, 110-111.

[258] Cf. Vaz Serra, *Penhor*, BMJ 59, 112.

[259] Sobre esta questão cf. Menezes Cordeiro, *Manual de Direito Bancário*, 576-578; Simões Patrício, *A operação bancária de depósito*; Lacerda Barata, *Contrato de depósito bancário*; e Paula Camanho, *Do contrato de depósito bancário*, 69 ss. e 145 ss.

[260] Cf. Vaz Serra, *Penhor*, BMJ 59, 113-114 e Pedro Romano Martinez/Fuzeta da Ponte, *Garantias de cumprimento*, 76.

Tendo em conta o teor do artigo 666.º, n.º 2 do CCiv., não parece fazer muito sentido distinguir, no domínio do Direito Bancário, entre *contas bancárias caucionadas*, ao abrigo do disposto nos artigos 623.º, n.º 1 e 624.º, n.º 1 do CCiv., e *contas bancárias empenhadas*, nos termos dos artigos 666.º e ss. do CCiv.. Com efeito, em ambos os casos o regime jurídico aplicável será o do penhor.

Salienta-se, no entanto, o facto de haver na doutrina portuguesa quem sustente que as contas bancárias dadas pelo devedor em garantia de determinados créditos não estão sujeitas ao regime do penhor. É esta a tese sustentada por Menezes Cordeiro[261], para quem o "denominado «penhor» de conta bancária não é um verdadeiro penhor no sentido de um direito real de garantia: trata-se, antes duma garantia pessoal dobrada pela autorização de debitar, na conta garante, determinadas importâncias"[262]. Assim, estaremos na presença de uma garantia própria do Direito Bancário que se caracteriza pelo facto de: (i) não recair sobre uma coisa corpórea ou a ela assimilável, na medida em que o dinheiro depositado é propriedade do banco, antes respeitando aos créditos do garante sobre o banco; (ii) postular um regime particular de funcionamento, consubstanciado no débito das importâncias garantidas na conta do declarante; e (iii) obrigar o garante a manter a conta provisionada, assumindo-se, nessa medida, como uma garantia pessoal e não real[263]. Segundo o A., esta solução tem implícita uma cláusula de principal pagador, viável ao abrigo do artigo 640.º, al. a) do CCiv., e na medida em que limita a responsabilidade do garante ao montante da conta em jogo – que tem um valor objetivo indiscutível – não bule com a proibição do pacto comissório[264].

Para Menezes Cordeiro estamos, no fundo, perante uma *garantia atípica*, próxima da fiança, que, como tal, não deverá ficar sujeita ao regime dos artigos 666.º e ss. do CCiv., nomeadamente à proibição do pacto comissório.

Encontramos esta orientação no Ac. do Tribunal da RLP de 30 de outubro de 1996[265].

Os factos controvertidos no referido aresto foram essencialmente os seguintes: o banco A era credor da sociedade B, cujos sócios eram C e D, casados em comunhão de adquiridos. Os créditos de A sobre B tinham por causa operações de crédito de diversa natureza (*v.g.*, descontos de letras, livranças e

[261] Menezes Cordeiro, *Manual de direito bancário*, 727-728.

[262] Menezes Cordeiro, *Manual de direito bancário*, 728.

[263] Menezes Cordeiro, *Manual de direito bancário*, 722.

[264] Menezes Cordeiro, *Manual de direito bancário*, 728.

[265] *Vide* Ac. do tribunal da RLP, de 30 de outubro de 1996 *in* CJ, Ano XXI, Tomo IV, 1996, 213-216.

garantias bancárias). O casal era titular de duas contas bancárias, uma à ordem e outra a prazo, junto do banco A. Em 1991, o casal assinou e entregou ao banco A uma declaração, nos termos da qual, tendo por referência a conta bancária à ordem, "foi constituído penhor sobre os depósitos supra referidos em garantia do cumprimento da obrigação de pagamento ao banco". Do teor do referido documento resultava ainda que, havendo lugar à execução do penhor, o banco-credor estava autorizado a retirar da conta bancária dada em garantia as importâncias necessárias para o pagamento das responsabilidades asseguradas.

Perante os factos *supra* referidos, o tribunal decidiu que a garantia constituída entre C e D a favor de A não poderia ser qualificada como um penhor, utilizando para o efeito essencialmente dois argumentos: não se estaria perante um penhor de aplicações financeiras, na medida em que, nos termos acordados, a disponibilidade das somas depositadas não pertencia em exclusivo ao banco na qualidade de credor-pignoratício; a função do depósito efetuado por C e D era fundamentalmente a de assegurar o pagamento da obrigação principal assumida por B, ou seja, caucionar o adimplemento de uma obrigação de terceiro, pelo que o contrato deveria ser qualificado como uma verdadeira fiança[266].

Sobre o aresto citado, pronunciou-se M. J. Costa Gomes, na sua dissertação de doutoramento, em termos que acompanhamos de muito perto[267].

Em primeiro lugar, refere M. J. Costa Gomes, que da simples circunstância de o depositante oferecer em garantia do cumprimento das obrigações de um terceiro o saldo de uma conta bancária de que é titular não é possível concluir, sem mais, que estejamos perante uma assunção fidejussória de dívida, sustentando que a decisão a que o tribunal chegou "está viciada de um «salto lógico»"[268]. Não se nega que, em teoria, os depositantes se pudessem também assumir como fiadores do devedor, parecendo, no entanto, difícil aceitar esta tese quando – como no aresto – estes já colocaram "à disposição do beneficiário da garantia o objeto de satisfação"[269].

Em segundo lugar, o facto de a função económico-social típica do "penhor de conta bancária" ser em tudo semelhante à do penhor, sendo, portanto, difícil sustentar a não aplicabilidade àquele contrato das regras vertidas, *maxime* nos

[266] *In* CJ, Ano XXI, Tomo IV, 1996, 215.

[267] M. J. Costa Gomes, *Assunção fidejussória de dívida*, 48-52.

[268] M. J. Costa Gomes, *Assunção fidejussória de dívida*, 50.

[269] A aceitar-se uma fiança com tais contornos, *i.e.*, com a disposição imediata do objeto de satisfação a favor do banco em termos de este se poder satisfazer preferencial ou privilegiadamente pelas forças de tal depósito, estaríamos, nas palavras de M. J. Costa Gomes (*ob. cit.*, 52), perante "uma figura bem *sui generis* de fiança, que ultrapassa em rapidez de execução pelo devedor fidejussório a própria *fiança ao primeiro pedido*", estaríamos perante uma "fiança real".

artigos 679.º e ss. do CCiv., relativos ao penhor de direitos, mormente em face do disposto no artigo 666.º, n.º 2 do CCiv..

Finalmente, que a recondução do "penhor de conta bancária" aos quadros da fiança parece ser exclusivamente motivada pela necessidade de evitar a proibição do pacto comissório.

Pelas razões apontadas, temos por melhor a orientação de que o regime jurídico do penhor de conta bancária e, também, dada a sua afinidade, o das contas caucionadas, deverá ser o do contrato de penhor, previsto nos artigos 666.º e ss. do CCiv.[270], concordando com M. J. Costa Gomes, quando afirma não ser "(...) possível, sem mais, partir de uma garantia formal e substancialmente desenhada como penhor, para – sem outras demonstrações que não seja a genérica afirmação de que a «função da garantia prestada no caso é a de assegurar o cumprimento da obrigação principal» – concluir, num salto ilógico, que se trata de fiança"[271].

II. No seguimento do que vimos dizendo, ao falarmos de contas caucionadas, estamos portanto a referir-nos a contas cujo saldo foi, por via de um negócio jurídico, preferencialmente afeto a garantir o cumprimento de uma determinada obrigação de que poderá ser credor o próprio banco depositário ou um terceiro, devendo este negócio ser pautado pelo regime jurídico do penhor, conforme resulta do artigo 666.º, n.º 2 do CCiv.. Em virtude da natureza da *res deposita* – dinheiro –, o penhor aqui em causa deverá ser qualificado como um penhor irregular[272] (artigo 1144.º do CCiv. aplicado diretamente ou *ex vi* artigos 1205.º e 1206.º do CCiv.).

Voltemos aos nossos exemplos.

III. No primeiro caso, o credor/depositário adquire automaticamente a propriedade das somas depositadas[273], comprometendo-se a restituir um valor

[270] Independentemente da *vexata quaestio* sobre a natureza jurídica do penhor de conta bancária, nomeadamente sobre a possibilidade do mesmo ser configurado como uma modalidade de penhor de direitos ou de créditos, que, dado o âmbito do presente trabalho e a extensão que o mesmo já leva, não poderemos aqui escalpelizar.

[271] M. J. Costa Gomes, *Assunção fidejussória de dívida*, 50-51.

[272] Cf. Vaz Serra, *Penhor*, BMJ 59, 102.

[273] Segundo Pestana de Vasconcelos (*Direito das garantias*, 299-311), haverá, neste primeiro caso, que distinguir consoante o depósito já exista ou seja constituído *ab origine* como depósito-caução. Assim, nesta segunda hipótese, estaremos perante um penhor irregular, que "mau grado a denominação" não será um verdadeiro penhor, "uma vez que o objeto da garantia passa a integrar o património do credor" (*ob. cit.*, 301), considerando que "[o] negócio é funcionalmente

equivalente (o *tantundem*) ao devedor/depositante, caso não chegue a nascer ou, por qualquer causa, venha a extinguir-se o crédito garantido. Demonstrando-se a qualidade de credor do depositário, *i.e.*, perante o inadimplemento da obrigação garantida por parte do depositante, tal circunstância ditará que a soma depositada seja imputada ao crédito a que o depositário terá direito, considerando-se já ter sido pago com o montante de que se apropriou.

Temos, portanto, que, em caso de cumprimento da obrigação garantida, o banco está obrigado a libertar o *tantundem*, caso contrário, altera-se a função do saldo da conta que deixará de ter a função de assegurar o cumprimento para passar a servir de meio solutório, sendo através dele, por via de compensação[274], que o credor irá obter a satisfação do seu crédito, extinguindo-o[275], ficando, no entanto, obrigado à restituição do excedente, se o houver[276].

semelhante ao penhor, mas é estruturalmente (...) diverso: tem por base uma transmissão em garantia" (*ob. cit.*, 302), concluindo no sentido de que "[e]m rigor, o penhor irregular, apesar da sua designação, consiste num negócio fiduciário em garantia, que tem a particularidade de ter por objeto bens fungíveis" (*ob. cit*, 303). Nos casos em que o devedor já tenha depositado a quantia junto do credor, segundo o A. "o que será empenhado será o crédito à restituição dessa quantia de que o devedor é titular face ao banco, ou seja, empenha-se um crédito a uma prestação de que o credor pignoratício é devedor (o banco torna-se dessa forma titular de um direito de penhor sobre um crédito a uma prestação de que ele próprio é devedor). Não se trata de um penhor irregular" (*ob. cit.*, 301, n. 828), qualificando-o como um penhor (comum) de conta bancária.

Diferente da *supra* mencionada é a tese de Ramos Alves (*Do penhor*, 204), para quem na hipótese em que o depósito irregular existe previamente à constituição da garantia, estamos perante uma união de contratos. O A. contrapõe a sua orientação a uma outra de acordo com a qual, nesta hipótese estaríamos perante uma conversão da obrigação de restituição que impende sobre o depositário, que deixaria de ser necessária e incondicional, para passar a ser meramente eventual, dado que estaria condicionada ao cumprimento por parte do empenhador.

[274] Segundo Pestana de Vasconcelos, não estaremos aqui perante uma verdadeira compensação, na medida em que faltam os extremos: não há crédito e contra-crédito. Segundo o A. "[o] credor satisfaz-se, recorrendo a bens que lhe foram transmitidos, justamente, para desempenharem uma função de garantia. Estamos assim face a um mecanismo de «auto-tutela» na fase da execução" (cf. Pestana de Vasconcelos, *Direito das garantias*, 305). Neste sentido, cf. ainda Ramos Alves, segundo o qual "não estamos perante uma verdadeira autonomia dos créditos em questão (...). *Summo rigore*, estaremos perante a figura da dedução, a qual consiste em abater ao montante de um crédito para o reduzir à sua justa expressão numérica a importância de certos fatores, dado que, nestas circunstâncias, contrariamente ao que sucede nos casos de compensação, não existem dois créditos recíprocos que se extingam mutuamente, mas tao-somente um crédito cujo montante tem de ser diminuído de certas dívidas" (cf. Ramos Alves, *Do penhor*, 213). Saliente-se, no entanto, que a fundamentar estas afirmações está o pressuposto assumido por ambos os AA. de que o penhor em causa não é um penhor de créditos.

[275] Contrariamente ao que sucede em Itália, em que o *Codice Civile* regula, no âmbito da antecipação bancária, a par do penhor regular, o penhor irregular, (artigo 1851.° do *Codice Civile*),

Quid iuris quanto à situação de insolvência do depositário?

Se o depositante for uma pessoa coletiva, nos casos em que a garantia tenha sido constituída sob a forma de penhor financeiro, a compensação será oponível

entre nós, esta figura não surge tipificada no CCiv., embora integre atualmente o âmbito do Decreto-Lei n.º 105/2004, de 8 de maio (alterado pelo Decreto-Lei n.º 85/2011, de 29 de junho e pelo Decreto-Lei n.º 192/2012, de 23 de agosto). A doutrina tem vindo, no entanto, a sustentar, em termos que nos parecem de acolher, que a figura em presença não bule com o princípio da tipicidade taxativa ou *numerus clausus* dos direitos reais (artigo 1306.º do CCiv.) uma vez que, no penhor irregular, o credor pignoratício é investido na propriedade plena dos bens empenhados sendo, por conseguinte, proprietário pleno e estando apenas obrigado, de um ponto de vista meramente obrigacional, a restituir o *tantundem* em caso de adimplemento por parte do devedor. Neste sentido, cf. Pestana de Vasconcelos, *A cessão de créditos em garantia*, 99. Nas palavras deste A. "[n]ão se pense, pois, que no negócio fiduciário se está, embora de forma encapotada, a criar um novo direito real de garantia. Trata-se meramente (...) da funcionalização de um direito real existente, através de vínculos obrigacionais (e com as limitações inerentes a estes). Isto é, por meio de limites obrigacionais pretende-se levar a que o fiduciário exerça ou não exerça as faculdades que tipicamente fazem parte do conteúdo do direito transmitido de determinada forma". No mesmo sentido se pronuncia Ramos Alves ao referir que "o penhor irregular não confere qualquer preferência ao credor na satisfação do seu crédito, facto que, aliás, seria tautológico, em virtude de os bens empenhados passarem a fazer parte do património do credor pignoratício" (Ramos Alves, *Do penhor*, 225).

[276] Atendendo à forma de satisfação do credor, que opera por via de compensação, coloca-se aqui a questão de saber se estaremos, ou não, perante uma violação da proibição de pacto comissório.

Para Menezes Cordeiro, a resposta é negativa, uma vez que, como vimos, segundo este A. o "denominado «penhor» de conta bancária não é um verdadeiro penhor no sentido de um direito real de garantia: trata-se, antes duma garantia pessoal dobrada pela autorização de debitar, na conta garante, determinadas importâncias", por outro lado, esta solução tem implícita uma cláusula de principal pagador, viável ao abrigo do artigo 640.º, al. *a*) do CCiv., e, além do mais, na medida em que limita a responsabilidade do garante ao montante da conta em jogo – que tem um valor objetivo indiscutível –, não bule com a proibição do pacto comissório (cf. Menezes Cordeiro, *Manual de direito bancário*, 728).

De acordo com Ramos Alves, "o penhor irregular transcende a aplicação da proibição do pacto comissório, dado que repousa sobre uma obrigação de restituição do excesso relativamente ao valor do crédito no momento do seu vencimento", sustentando ser o seu funcionamento "em tudo similar ao do pacto marciano (...)" (*vide*, Ramos Alves, *Do penhor*, 217-218).

Segundo Pestana de Vasconcelos, referindo-se especificamente ao penhor de conta bancária (que, como vimos, distingue do penhor irregular, pela circunstância de no primeiro o depósito já se encontrar constituído), esta questão também não se coloca, "[a]tendendo à forma de satisfação do credor pignoratício em caso de incumprimento da outra parte (e não antes), que consiste num débito em conta da quantia em dívida", concluindo no sentido de que "não se pode dizer que se trate de um pacto comissório". Segundo este A., "[a] natureza do bem (dinheiro) e o facto de se poder debitar a quantia em dívida obstam a que se verifiquem quaisquer dos fundamentos que justificam a referida proibição" (cf. Pestana de Vasconcelos, *Direito*

à massa insolvente nos termos previstos no Decreto-Lei n.º 105/2004, de 8 de maio, alterado pelo Decreto-Lei n.º 85/2011, de 29 de junho e pelo Decreto--Lei n.º 192/2012, de 23 de agosto. Nesta hipótese, caso após a compensação com vista à satisfação do credor pignoratício, se apure um saldo (remanescente) a favor do titular da conta e este pretenda utilizá-lo para compensar um outro contra-crédito da massa, entendemos que se deverá aferir com especial cautela a verificação do requisito da al. b) do n.º 1 do artigo 99.º do CIRE. Verificado o requisito ali referido e desde que não proceda qualquer outra causa de exclusão prevista no artigo 853.º do CCiv. a compensação será oponível.

Não sendo esse o caso, haverá que distinguir duas situações.

Na hipótese de, na data da declaração de insolvência, a obrigação garantida já ter sido cumprida pelo devedor, e tendo ele, nessa medida um direito de crédito sobre o *tantundem*, caso pretenda "deitar mão" do mesmo para, declarando a compensação, extinguir outras dívidas de que seja devedor face ao banco insolvente, tudo se passará normalmente, irrelevando o facto de a conta se ter anteriormente encontrado caucionada. Assim, desde que estejam reunidos os requisitos do artigo 99.º do CIRE e não proceda qualquer outra causa de exclusão prevista no artigo 853.º do CCiv., a compensação será oponível.

Na hipótese inversa, a situação será mais intrincada.

Assim, se considerarmos que o penhor em causa é um penhor de direitos, vencida a obrigação garantida e tornando-se exigível o crédito empenhado, o penhor passará a incidir sobre a coisa prestada, por força do disposto no artigo 685.º do CCiv., passando o dinheiro depositado a integrar a massa insolvente (artigo 46.º, n.º 1, *in fine* do CIRE). Se pelo contrário, considerarmos que em causa está um penhor sobre o dinheiro depositado, irreleva o vencimento da obrigação garantida, integrando aquele *ab initio* a massa insolvente (artigo 46.º, n.º 1, primeira parte do CIRE).

Em qualquer dos casos, vencida a obrigação garantida, teríamos, do lado do devedor/depositante uma dívida perante a massa insolvente relativamente à qual não lhe assistiria qualquer direito de compensação, uma vez que não existiria na sua esfera jurídica qualquer crédito sobre o depósito caucionado. Com efeito, na medida em que, vencida a obrigação garantida, ele não cumpriu, não se verificaria ainda na sua esfera qualquer direito de crédito à restituição do

das garantias, 289). Já no que se refere aos negócios fiduciários, nos quais inclui o penhor irregular, a posição deste A. é distinta (cf. Pestana de Vasconcelos, *A cessão de créditos em garantia*, 638-642), sustentando ser necessário averiguar a real intenção das partes na estipulação da obrigação de restituição. Assim, segundo o A. citado, se se concluir da interpretação do contrato que as partes quiseram mesmo que no caso de incumprimento do devedor, o credor ficasse com um *tantundem,* devendo, nessa medida, cumprir e depois limitar-se a exigir a restituição dos bens, como crédito comum.

Mas será efetivamente este o escopo visado pelo próprio regime insolvencial? Cremos que não, devendo aqui socorrer-nos do disposto no artigo 129.°, n.° 1 *in fine* do CIRE, nos termos do qual o reconhecimento dos créditos se deve fazer "relativamente não só aos credores que tenham deduzido reclamação como àqueles *cujos direitos constem dos elementos da contabilidade do devedor* ou sejam, por outra forma, do seu conhecimento" (itálico nosso).

valor superior ao da obrigação garantida, não estando obrigado a restituir a diferença de valores, estaremos perante um resultado que é atingido pela proibição do pacto comissório. É esta também a posição de VAZ SERRA, a respeito dos negócios fiduciários, defendendo que "se se estipular que, não sendo paga a dívida no prazo fixado, o fiduciário ficará com a coisa ou com o crédito transmitido fiduciariamente, já a situação coincidirá praticamente com a do penhor acompanhado do pacto comissório e afigura-se, por isso, que aquela estipulação deve ser nula" (cf. VAZ SERRA, *Cessão de créditos ou de outros direitos*, 383.
Para tomarmos posição sobre a questão, cremos que, mais uma vez, deveremos aqui ter presentes os ensinamentos de M. J. COSTA GOMES quando sustenta que a *ratio* da proibição do pacto comissório é "plúrrima e complexa", visando, por um lado, proteger o devedor da eventual extorsão por parte do credor (pressuposto de que parecem partir todos os AA. citados), mas também acorrer à "necessidade, que corresponde a um interesse geral do tráfego, de não serem falseadas as «regras do jogo» através da atribuição injustificada de privilégios a alguns credores", devendo, nessa medida, ter-se tal proibição como aplicável não apenas ao penhor, à hipoteca e à consignação de rendimentos, mas também "sempre que a transferência da propriedade da coisa esteja programada – aconteça ou se consolide – para o caso de incumprimento, desempenhando, portanto, função de garantia" (cf. M. J. COSTA GOMES, *Assunção fidejussória de dívida*, 94). Assim, cremos que teremos, por um lado, que atentar na validade doutrinariamente aceite do pacto marciano e, por outro lado, no acolhimento dado a esta forma de satisfação no regime jurídico dos acordos de garantia financeira, concluindo, com M. J. COSTA GOMES, que só deve ser considerada como violadora da proibição do pacto comissório, a cláusula de compensação que "se traduza numa «vantagem injustificada» para o credor" (*ob. cit.*, 96), tendo a mesma que ser estipulada de tal modo que se garanta ao depositante o direito de crédito sobre a eventual diferença entre o saldo da conta e o *quantum* do débito que se visa garantir, nos limites estritos do pacto marciano. Assim, no caso de depósitos de disponibilidades monetárias, a transparência do saldo (invocada por MENEZES CORDEIRO e por PESTANA DE VASCONCELOS) permitir-nos-á aferir da disponibilidade do direito de crédito sobre o excedente, mas não afasta, por si só, a violação da proibição do pacto comissório (basta pensar no caso em que, para além do montante efetivamente em dívida e eventuais juros de mora fosse compensada uma outra importância a qualquer outro título). Já nos casos de depósitos de instrumentos financeiros, consideramos ser sempre de aplicar o princípio previsto no regime jurídico dos acordos de garantia financeira, devendo tal pacto/cláusula de compensação evidenciar o acordo das partes relativamente à avaliação desses instrumentos, devendo o artigo 11.° do referido diploma passar a servir de marco para os penhores de conta bancária de instrumentos financeiros que, por não reunirem os requisitos do penhor financeiro, não possam como tal ser tratados.

Assim sendo, entendemos que, por força da disposição citada, os liquidatários se encontrarão obrigados, neste caso, a realizar a "compensação", extinguindo a obrigação garantida e reconhecendo ao depositante o crédito sobre o remanescente do saldo, caso exista, cabendo aqui um importante papel ao BdP, na salvaguarda dos depositantes que se encontrem nesta situação. Tanto mais que, incidindo o penhor sobre o dinheiro depositado (*ab initio*, para quem defenda estarmos perante um penhor de coisa ou por via do disposto no artigo 685.° do CCiv.) não estaremos verdadeiramente perante uma situação de compensação, por não haver reciprocidade de créditos, pelo que tal operação redundará efetivamente na tal operação contabilística visada pelo artigo 129.° do CIRE[277].

IV. No nosso segundo exemplo, o banco depositário é um terceiro face à obrigação garantida. Tal como no primeiro caso, também aqui, o depositário adquire, com a constituição do depósito, a propriedade dos bens depositados (*in casu* das disponibilidades monetárias), sendo-lhe vedado restituir as referidas

[277] Cremos que a presente solução se apresenta mais consentânea com o regime jurídico vigente do que a proposta por Pestana de Vasconcelos (cf. Pestana de Vasconcelos, *Direito das garantias*, 311-312) para o caso do penhor irregular que, conforme já referimos, qualifica como negócio jurídico fiduciário circunscrevendo-o às hipóteses de contas que tenham sido especificamente constituídas como caução e, nessa medida, distingue das contas bancárias já existentes que são, posteriormente, caucionadas. Segundo este A., pela circunstância de estarmos perante um negócio fiduciário, assiste ao depositário/fiduciário um dever de conservação e frutificação prudente dos bens fiduciários, devendo, nos casos em que esses bens consistam em dinheiro, segregar esses bens dos restantes bens integrados no seu património, enquanto manifestação do referido dever de proteção. Nessa medida, encontrando-se os bens segregados, por força da aplicação analógica do artigo 1184.° do CCiv., tais bens seriam impenhoráveis, e, portanto, não seriam incluídos na massa insolvente. Nesta hipótese, os liquidatários estariam obrigados à entrega ao devedor da totalidade do saldo depositado, inscrevendo-se, como contrapartida, na massa insolvente um crédito desta sobre o devedor quanto ao cumprimento do crédito garantido.
Consideramos que a solução citada, à parte o facto de apenas parcialmente responder à questão colocada no texto, na medida em que apenas abrange as contas caucionadas que tivessem sido constituídas para esse efeito, deixando de fora os depósitos pré-existentes posteriormente dados em caução, se revela mais penosa quer para os liquidatários, que, tendo à sua disposição os meios de satisfação do crédito da massa, os abonariam a favor do depositante – o que comportando um desfalque na massa insolvente, seria questionável face ao princípio da *par conditio creditorum* –, quer para o devedor/depositante, na medida em que este, vendo-lhe reconhecido um crédito, mesmo que pretendesse com ele operar a compensação da dívida garantida, não o poderia fazer. Com efeito, sendo tal conta segregada e considerando-se impenhorável, ela não integraria a massa insolvente e, portanto, tal crédito não poderia ser objeto de compensação, por força do disposto no artigo 99.°, n.° 4, al. *c*) do CIRE, na medida em que por tal dívida do insolvente não seria responsável a massa.

somas ao credor ou ao depositante isoladamente. É este o regime que resultará por via quer do disposto no artigo 1193.º do CCiv.[278], assumindo que estamos perante um depósito fiduciário no interesse de terceiro, quer do disposto no artigo 685.º, n.º 2 do CCiv. se lançarmos mão apenas do disposto no regime do penhor de direitos.

Neste caso, mais uma vez, haverá que distinguir consoante, à data da insolvência, o crédito garantido se encontra vencido, e, nesta hipótese, se houve ou não cumprimento, ou caso o referido crédito ainda não se tenha vencido.

Encontrando-se o crédito vencido e tendo havido cumprimento pelo devedor/depositante, conforme já referimos, irreleva o facto de a conta ter estado caucionada. Nesta hipótese, se o titular da conta pretender declarar a compensação do seu crédito *ex deposito* com um contra-crédito da massa poderá fazê-lo. Desde que se verifiquem os requisitos do artigo 99.º do CIRE e não proceda qualquer outra causa de exclusão prevista no artigo 853.º do CCiv., tal compensação será oponível.

Não estando a obrigação garantida cumprida, na data da declaração de insolvência, não assistirá ao titular da conta qualquer direito de crédito *ex deposito*. Não obstante, entendemos que, relativamente à obrigação garantida, impende sobre os liquidatários a obrigação de deduzi-la contabilisticamente do saldo da conta, reconhecendo ao seu titular o eventual remanescente apurado, nos termos do artigo 129.º, n.º 1 *in fine* do CIRE. Na medida em que, nestes casos, não estamos perante contra-créditos recíprocos, tal operação redundará numa mera dedução contabilística.

Quanto à terceira hipótese de a dívida garantida não se encontrar vencida opor-se-á à declaração de compensação feita por qualquer deles – depositante e credor garantido – com vista à extinção de um contra-crédito da insolvência, a falta de reciprocidade, nos termos do artigo 851.º, n.º 2 do CCiv.

[278] Sobre o depósito com funções de garantia, discutindo se no caso em apreço estaremos perante um depósito no interesse de terceiro ou perante um depósito em favor de sujeito alternativamente determinado e, neste último caso, se ainda assim será aplicável o regime do artigo 1193.º do CCiv., *vide* Morais Antunes, *Do contrato de depósito escrow*, 43-158.

§ 16. *Da compensação nos casos em que as dívidas dos clientes se encontram especialmente afetas a determinadas operações bancárias*

16.1. *A titularização de créditos*

I. A LTC[279] estabelece o regime jurídico das operações de transmissão de direitos de crédito com vista à subsequente emissão, pelas entidades adquirentes, de valores mobiliários destinados ao financiamento das referidas operações.

A importância deste fenómeno para o presente estudo prende-se com o facto de as instituições de crédito recorrerem frequentemente à titularização[280] dos direitos de crédito que detêm sobre os seus clientes como forma de financiamento da respetiva atividade. Com efeito, a operação de titularização de créditos – assente na agregação de créditos, sua autonomização, mudança de titularidade e emissão pelo adquirente de valores mobiliários representativos dos referidos créditos a serem subscritos pelos investidores finais, permitindo a estes últimos a obtenção de rendimentos indexados ao valor dos créditos – faculta ao cedente (*in casu*, uma instituição de crédito) a saída do balanço de uma massa de créditos, substituída pelo valor da respetiva cessão onerosa, garantindo-lhe a imediata realização de liquidez, melhorando os seus rácios de solvabilidade e o seu desempenho financeiro e diminuindo a sua exposição ao risco de crédito inerente aos créditos cedidos[281].

Assim, considerando que grande parte do crédito concedido pelos bancos é depois titularizado, importa averiguar, ao abrigo da LTC, se em caso de insolvência da instituição de crédito, será possível ao titular de um crédito sobre a insolvência *ex deposito* declarar a respetiva compensação com um contra-crédito de que seja devedor, ao abrigo de um contrato de mútuo celebrado com a instituição de crédito insolvente, no caso deste último ter sido cedido no âmbito de uma operação de titularização de créditos.

[279] Decreto-Lei n.º 453/99, de 5 de novembro (Republicado pelo Decreto-Lei n.º 303/2003, de 5 de dezembro. Alterado pelo Decreto-Lei n.º 82/2002, 5 de abril, pelo Decreto-Lei n.º 303/2003, de 5 de dezembro, pelo Decreto-Lei n.º 52/2006, de 15 de março e pelo Decreto-Lei n.º 211-A/2008, de 3 de novembro).

[280] Ou *securitização*, por via das expressões *securitasation* (na terminologia inglesa) ou *securitzation* (na terminologia norte-americana). Calvão da Silva sustenta que melhor teria sido, entre nós, a utilização das expressões *titulização* ou *mobiliarização* (cf. Calvão da Silva, *Titul[ariz]ação*, 28-29).

[281] Sobre as vantagens decorrentes para os cedentes do recurso à titularização de créditos, cf. Calvão da Silva, *Titul[ariz]ação*, 10-11.

Para responder a esta questão, importa decompor a operação complexa em causa, sustentada por vários negócios jurídicos coligados com vista à prossecução de um objetivo comum[282]: a comercialização em mercado secundário de valores mobiliários emitidos na base de direitos de crédito. Não sendo, no entanto, possível, nesta sede, tratar compreensivamente o regime jurídico da titularização, limitar-nos-emos a analisar as normas da LTC com relevância para a questão a que se pretende responder, tendo presente que a titularização de créditos assenta na "transmissão em massa de direitos aptos a gerar fluxos financeiros duradouros, tendo em vista virem estes a servir de garantia de valores mobiliários"[283].

II. Na sua aceção central, a titularização implica sempre a cessão de créditos a favor do emitente de valores mobiliários. Neste quadro, a LTC impõe uma *cessão efetiva e incondicional* (artigo 4.º, n.º 6 da LTC). Esta exigência é explicada por razões ligadas ao reforço da proteção dos investidores. Por força da *true sale* verifica-se uma verdadeira *segregação do crédito*, tornando-se, assim, a titularização imune ao risco de insolvência do cedente.

Nesta etapa, as técnicas da titularização envolvem uma adaptação às regras gerais da cessão de créditos do direito civil, sempre que a entidade cedente seja um banco. Assim, nos termos do artigo 6.º, n.º 4 da LTC, a cessão de créditos para titularização produz efeitos em relação aos respetivos devedores *no momento em que se torna eficaz entre o cedente e o cessionário*, não dependendo do conhecimento, aceitação ou notificação desses devedores[284].

[282] Cf. Calvão da Silva, *Titul[ariz]ação*, 7 e Paulo Câmara, *A operação de titularização*, 77.

[283] Assim, Paulo Câmara, *A operação de titularização*, 68.

[284] Costuma ser apontado como argumento justificativo desta ausência de notificação aos devedores, o facto de, nos termos do artigo 5.º, n.º 1 da LTC, sempre que a entidade cedente seja uma instituição de crédito dever ser celebrado, simultaneamente com a cessão, um contrato pelo qual aquela fique obrigada a praticar, em nome e representação da entidade cessionária, todos os atos que se revelem adequados à boa gestão dos créditos e, se for o caso, das respetivas garantias, a assegurar os serviços de cobrança, os serviços administrativos relativos aos créditos, todas as relações com os respetivos devedores e os atos conservatórios, modificativos e extintivos relativos às garantias, caso existam. O problema é que nem o artigo 6.º, n.º 4 nem este artigo 5.º, n.º 1 da LTC têm por âmbito subjetivo de aplicação apenas os bancos, não havendo sequer plena coincidência entre ambos quanto ao universo de entidades abrangidas. Assim, segundo Paulo Câmara, considerando que o artigo 5.º, n.º 1 da LTC não esgota o rol de cedentes à luz da previsão do artigo 6.º, n.º 4 da LTC "[j]ustifica-se, nessa medida, uma interpretação restritiva deste preceito, por forma a fazer beneficiar da dispensa de notificação as entidades que, nos termos do artigo 5.º, n.º 1, mantêm a gestão dos créditos cedidos, para dar cabal resposta às hipóteses de cumprimento perante o cedente, e não o cessionário, em caso de ignorância da

Quanto à oponibilidade dos meios de defesa – incluindo a compensação – a LTC, afastando-se do artigo 585.° do CCiv., estabelece que os devedores dos créditos objeto de cessão só podem opor ao cessionário os meios de defesa que provenham de *facto anterior* ao *momento em que a cessão se tornou eficaz entre o cedente e o cessionário*[285].

A análise da admissibilidade da compensação não pode ser dissociada do facto de a LTC estabelecer um princípio de proteção do cessionário em caso de insolvência do cedente, proteção essa que lhe é conferida por um outro princípio, o da *segregação do património cedido*, tal como se depreende dos artigos 5.°, n.° 7, 8.°, 9.°, n.° 1, 62.° e 63.° da LTC.

cessão por parte do devedor" (cf. PAULO CÂMARA, *A operação de titularização*, 86). Neste sentido, cf. ainda PESTANA DE VASCONCELOS, *A cessão de créditos em garantia*, 448-449, n. 872; e CALVÃO DA SILVA, *Titul[ariz]ação*, 106.

[285] Se esta regra se compreende perfeitamente, no âmbito do objeto do nosso trabalho, na medida em que como vimos, nos termos do artigo 6.°, n.° 4 da LTC, estando em causa um banco, a regra é a de que a eficácia da cessão entre cedente e cessionário não está dependente de qualquer notificação aos devedores cedidos, já se mostra bastante questionável naqueloutras situações em que a LTC faz depender a referida eficácia de notificação (artigo 6.°, n.° 1), sobretudo considerando que existe inclusivamente na LTC uma presunção de conhecimento *efetivo* da cessão ao 3.° dia útil posterior ao do registo da carta enviada para efeitos de notificação (artigo 6.°, n.° 2). Assim, o artigo 6.°, n.° 6 da LTC tem sido amplamente criticado pelos autores que se debruçam sobre o regime da titularização de créditos.
A este propósito, CALVÃO DA SILVA defende a necessidade de se interpretar restritivamente o artigo 6.°, n.° 6 da LTC, sustentando que o mesmo apenas se poderá aplicar relativamente aos devedores que, ao abrigo do artigo 6.°, n.° 4 da LTC, não tenham que ser notificados, sendo a regra relativamente a todos os outros a da notificação, e, portanto, a da legitimidade de oposição dos meios de defesa de que disponham até ao 3.° dia útil a contar do registo da notificação (cf. CALVÃO DA SILVA, *Titul[ariz]ação*, 101-103). Nestes termos, segundo o A. citado o artigo 6.°, n.° 6 da LTC deverá ser lido do seguinte modo: "[d]os meios de defesa que lhes seria lícito invocar contra o cedente, os devedores dos créditos objeto de cessão só podem opor ao cessionário aqueles que provenham de facto anterior ao momento em que a cessão se torne eficaz entre o cedente e o cessionário, *se e só se nesse mesmo momento a cessão também produzir efeitos em relação as respetivos devedores cedidos, não dependendo do conhecimento, aceitação ou notificação desses devedores* (artigo 6.°, n.° 4), *os quais manterão todas as relações contratuais exclusivamente com o cedente* (artigo 6.°, n.° 7)" (*ob. cit.*, 103). Cf. ainda, no mesmo sentido, ROSA FERREIRA, *Compensação e Insolvência*, 49-50. Segundo ROSA FERREIRA, "[d]e facto, se o legislador quisesse obter o resultado que o n.° 6 do artigo 6.° parece indiciar bastaria que tivesse estatuído a eficácia da cessão em relação aos devedores no momento em que a mesma se torna eficaz entre cedente e cessionário *em todos os casos* e não apenas naqueles previstos no n.° 4 do artigo 6.°. Estabelecendo o legislador a distinção entre a eficácia da cessão em relação aos devedores nuns e noutros casos, é, em nosso entender, forçoso que se opere interpretação restritiva da norma do n.° 6 do artigo 6.° (...)." (*ob. cit.*, 50).

Assim, nos termos do n.º 7 do artigo 5.º da LTC, "em caso de falência do gestor dos créditos, os montantes que estiverem na sua posse decorrentes de pagamentos relativos a créditos cedidos para titularização não integram a massa falida". À parte a linguagem *démodé* do preceito à luz do CIRE, forçoso será reconhecer que o mesmo implica a segregação dos montantes entregues ao banco (responsável pela gestão dos créditos cedidos, por força do artigo 5.º, n.º 1 da LTC) para satisfação dos créditos cedidos.

Ao abrigo do artigo 8.º do diploma em análise a cessão de créditos para titularização "não pode ser resolvida em benefício da massa falida, exceto se os interessados provarem que as partes agiram de má fé" e "[n]ão fazem parte da massa falida do cedente os montantes pagos no âmbito de créditos cedidos para titularização anteriormente à falência e que apenas se vençam depois dela".

O artigo 9.º, n.º 1 da LTC, no caso em que os cessionários sejam fundos de titularização de créditos, vem esclarecer que os mesmos "são patrimónios autónomos (...), não respondendo, em caso algum, pelas dívidas (...) das entidades às quais hajam sido adquiridos os créditos que os integrem".

Por sua vez, o artigo 62.º da LTC, sob a epígrafe "princípio da segregação", prescreve que:

(i) "Os créditos afetos ao reembolso de uma emissão de obrigações titularizadas, bem como o produto do reembolso daqueles e os respetivos rendimentos constituem um *património autónomo,* não respondendo por quaisquer dívidas da sociedade de titularização de créditos até ao pagamento integral dos montantes devidos aos titulares das obrigações titularizadas que constituem aquela emissão e das despesas e encargos com esta relacionados" (n.º 1) (itálico nosso);

(ii) "Os bens que a cada momento integrem o património autónomo afeto à respetiva emissão devem ser adequadamente descritos *em contas segregadas da sociedade* e identificados sob forma codificada nos documentos da emissão (...)" (n.º 2) (itálico nosso);

(iii) "Na falta de disposição legal ou convenção em contrário (...), a sociedade de titularização de créditos tem direito ao remanescente do património autónomo afeto ao pagamento de cada emissão de obrigações titularizadas, após o pagamento integral dos montantes devidos aos titulares das obrigações titularizadas que constituem aquela emissão e das despesas e encargos com esta relacionados" (n.º 3).

Finalmente, o artigo 63.º da LTC determina que "os titulares de obrigações titularizadas e as entidades que prestem serviços relacionados com a sua emissão gozam de *privilégio creditório especial* sobre os bens que em cada momento integrem o património autónomo afeto à respetiva emissão, *com precedência sobre quaisquer outros credores.*" (itálico nosso).

III. Debruçando-se sobre a admissibilidade da compensação declarada por um credor *ex deposito* para, desse modo, extinguir a dívida resultante de um mútuo celebrado com a instituição de crédito insolvente, cujo crédito tenha sido cedido por esta última para efeitos de uma operação de titularização de créditos, Rosa Ferreira sustenta a interpretação restritiva do n.º 6 do artigo 6.º da LTC, no sentido de fazer excluir do seu âmbito a compensação, defendendo, nessa medida, ser possível o devedor cedido compensar o seu crédito[286].

Vamos analisar os argumentos invocados pelo A. citado, contrapondo, sempre que o entendermos conveniente, para, no final, confirmarmos se podemos, ou não, aderir a esta tese.

Rosa Ferreira começa por afirmar que a impossibilidade de compensação "contraria o princípio da proteção dos devedores cedidos para titularização e de neutralidade da operação em relação a estes"[287].

De facto, o preâmbulo da LTC refere que "[q]uanto aos legítimos direitos dos devedores, *especialmente dos consumidores de serviços financeiros,* consagram-se normas que visam a neutralidade da operação perante estes". Explicitando depois em que consistem as referidas normas refere que assim "sucede nomeadamente no que respeita à *manutenção, pela instituição financeira cedente, de poderes de gestão dos créditos e das respetivas garantias.* Com efeito, em relação aos devedores, a titularização dos créditos não implica a diminuição de nenhuma das suas garantias, continuando aqueles, no que ao sector financeiro respeita e não obstante a ausência de notificação da cessão, a manter todos os seus direitos e todo o seu relacionamento com a instituição financeira cedente."[288].

Para Rosa Ferreira este seria um argumento de peso em prol da admissibilidade da compensação. Cremos, no entanto, que o mesmo não deverá ser assim tão relevado. Em primeiro lugar, porque tal afirmação, aparentemente abrangente, surge depois concretizada no normativo legal, no n.º 7 do artigo 6.º, com um âmbito bastante mais circunscrito. Ali se refere que "[a] cessão de créditos para titularização respeita sempre as situações jurídicas de que emergem os créditos objeto de cessão e todos os direitos e garantias dos devedores oponíveis ao cedente dos créditos ou o estipulado nos contratos celebrados com os devedores dos créditos, designadamente quanto *ao exercício dos respetivos*

[286] Cf. Rosa Ferreira, *Compensação e insolvência*, 61

[287] Cf. Rosa Ferreira, *Compensação e insolvência*, 56.

[288] Itálicos nossos.

direitos em matéria de reembolso antecipado, de renegociação das condições de crédito, cessão da posição contratual e sub-rogação, mantendo estes todas as relações exclusivamente com o cedente (...)"[289].

Com efeito, consideramos que o que efetivamente se diz neste preceito é que os devedores cedidos, quando o cedente seja uma instituição de crédito, não se veem, por efeito da cessão, na contingência de terem que se relacionar com uma terceira entidade, tendo os pagamentos feitos ao banco cedente eficácia liberatória. Tal resulta do facto de, nos termos do artigo 5.°, n.° 1 da LTC, os bancos estarem obrigados a celebrar com o cessionário, na data da cessão, um contrato pelo qual permanecem responsáveis pela gestão dos referidos créditos. Assim, cremos que o presente preceito deverá ser interpretado em conjunto com a norma do artigo 6.°, n.° 6 relativa à oponibilidade dos meios de defesa, no sentido seguinte: todos os direitos dos devedores cedidos que possam ser operacionalizados pelo banco, enquanto gestor dos créditos, mantêm-se, quanto àqueles de que dependa a titularidade do crédito, haverá que atuar com mais cautela, na medida em que apenas serão oponíveis os direitos que provenham de facto anterior ao momento em que a cessão se torne eficaz entre o cedente e o cessionário. Concluímos, portanto, que, na prática, estarão apenas na disponibilidade dos devedores cedidos os direitos mencionados no n.° 7 do preceito em análise – o reembolso antecipado, a renegociação das condições de crédito, a cessão da posição contratual e a sub-rogação – não obstante o carácter aparentemente exemplificativo da norma a que induz a utilização pelo legislador da expressão "designadamente".

Em segundo lugar, sustenta Rosa Ferreira, que o argumento da segregação do património não poderá valer em prejuízo dos devedores cedidos, "porquanto a posição do cessionário numa titularização de créditos não é totalmente garantida, estando dependente, por exemplo, da solvência dos devedores e, bem assim, sujeita a vícios do próprio crédito cedido"[290]. Embora concordemos que efetivamente a posição do cessionário nunca se encontra totalmente garantida, na medida em que podem os devedores cedidos não cumprir ou virem a revelar-se vícios nos direitos de crédito cedidos, discordamos da derivação desta afirmação para a conclusão de que a segregação do património não se opõe à compensação.

[289] Itálico nosso.

[290] Cf. Rosa Ferreira, *Compensação e insolvência*, 56.

Resulta da constituição do património autónomo, *in casu* um património autónomo perfeito[291] (artigos 61.° e 62.° da LTC), a sua afetação preferencial à satisfação de certos credores, em detrimento de outros, ou seja, aqueles bens deixam de fazer parte da chamada *garantia patrimonial geral*, *i.e.*, deixam de ser responsáveis por todas as dívidas do devedor (1.ª parte do n.° 1 do artigo 601.° do CCiv.)[292], para passarem a responder apenas por aquelas às quais se encontram afetos (parte final do n.° 1 do referido preceito legal)[293].

Para além da constituição do património autónomo, haverá ainda que atentar no facto de o artigo 63.° da LTC conferir um *privilégio creditório especial* àqueles credores (*i.e.*, titulares de obrigações titularizadas e entidades que prestem serviços relacionados com a sua emissão). Contra este argumento, o óbice que resultaria da aplicação do artigo 750.° do CCiv. foi devidamente acautelado pela LTC, ao referir a precedência do privilégio creditório especial sobre os direitos de terceiro[294].

Finalmente, Rosa Ferreira parte da equiparação da compensação ao pagamento – sustentando que ao oporem a compensação, os devedores cedidos estão materialmente a proceder ao pagamento do montante do crédito cedido – para a afirmação de que "é imperativo que se considere que dos ativos que componham a massa insolvente (...) deverá ser excluído (segregado) um montante correspondente ao crédito extinto por compensação, para entrega

[291] Almeida Costa define o património autónomo ou separado como aquele que tem dívidas próprias, distinguindo as situações de autonomia completa ou total daqueloutras em que existe apenas uma autonomia parcial ou incompleta. Assim, a autonomia completa verifica-se quando "uma determinada massa de bens está exclusivamente afetada ao cumprimento de certas dívidas" numa dupla perspetiva: a massa de bens apenas responde por essas dívidas e não por quaisquer outras dívidas do titular do património autónomo; e pelas primeiras dívidas só ele responde, não sendo possível o recurso a outros bens do seu titular (cf. Almeida Costa, *Direito das Obrigações*, 10.ª ed. reel., Almedina, Coimbra, 2006, 845).

[292] Sobre a chamada garantia patrimonial geral, *vide*, por todos, M. J. Costa Gomes, *Assunção fidejussória de dívida*, 5-38. Nos termos do artigo 601.° do CCiv., "pelo cumprimento da obrigação respondem todos os bens do devedor suscetíveis de penhora, *sem prejuízo dos regimes especialmente estabelecidos em consequência da separação de patrimónios*" (itálico nosso). Conforme refere M. J. Costa Gomes, a vantagem do artigo 601.° do CCiv. traduz-se no facto de este artigo fazer um "duplo *rappel*", por um lado, entre a existência de bens que a lei processual qualifica de impenhoráveis e, por outro, a existência de situações que a lei substantiva define como de separação de patrimónios (cf. M. J. Costa Gomes, *Assunção fidejussória de dívida*, 17).

[293] Neste sentido, cf. Pestana de Vasconcelos, *Direito das garantias*, 542-564, *maxime* 554 ss.

[294] Pestana de Vasconcelos, *Direito das garantias*, 340, n. 920 e 551, refere que este privilégio prevalecerá igualmente sobre os titulares de garantias reais anteriormente constituídas. Contra esta interpretação, cf. Manuel Monteiro, *O recente regime português da titularização de créditos*, 223.

ao cessionário"[295]. Temos muitas dúvidas quer quanto a esta afirmação quer quanto ao pressuposto em que assenta. Comecemos pelo primeiro. Conforme referimos logo no Cap. I, entendemos que a compensação, embora produza um efeito extintivo com carácter satisfativo, não é um pagamento e também não é, nessa medida, cumprimento, circunstância que consideramos facilmente apreensível se atentarmos, designadamente na eficácia retroativa da declaração de compensação e nos efeitos que essa circunstância determina, *v.g.*, em termos de juros. Em segundo lugar, a admitir-se a solução proposta pelo A., a admissibilidade da compensação de um crédito cedido far-se-ia não já às custas do património do cessionário (sublinhe-se, o verdadeiro titular do direito de crédito sobre o devedor cedido), mas da massa insolvente (do cedente), a qual, na medida em que o direito de crédito cedido já não a integra, sofreria efetivamente um desfalque, mediante a efetiva retirada de um montante a ser entregue ao cessionário (que mais não seja por força do disposto no artigo 5.º, n.º 7 da LTC).

IV. Embora reconhecendo o mérito da argumentação expendida, verifica-se, portanto, pelas razões invocadas, que a mesma não recebe a nossa concordância, sobretudo, porque pensamos que faltou a Rosa Ferreira aferir daquele que, segundo cremos, representa o verdadeiro obstáculo à compensação e que se traduz, afinal, na falta de um dos requisitos do instituto: a reciprocidade dos créditos.

Com efeito, tendo os direitos de crédito sido cedidos (note-se, através de uma *cessão plena*, "não podendo o cedente, ou entidade que com este se encontre constituída em relação de grupo ou de domínio conceder quaisquer garantias ou assumir responsabilidades pelo cumprimento" [artigo 4.º, n.º 6 da LTC]), já não se encontram na esfera jurídica do cedente[296], mas do cessionário, com efeitos a partir da data da cessão (artigo 6.º, n.º 4 da LTC), pelo que forçoso será concluir que os mesmos não integram a massa insolvente do banco/cedente, mas sim o património do cessionário. Assim sendo, não estamos perante um crédito do devedor cedido contra o cedente, ou na ter-

[295] Cf. Rosa Ferreira, *Compensação e insolvência*, 58.

[296] Conforme bem sublinha Saraiva Matias, ao explicar o fenómeno da titularização de créditos, "[p]rocede-se, em primeiro lugar, à agregação por espécies, desses ativos (constituídos por créditos), à sua *autonomização relativamente ao património do credor, mediante alteração da titularidade*, e, posteriormente, à emissão de títulos representativos desse universo" (itálico nosso) (cf. Saraiva Matias, *Obrigações hipotecárias e titularização de créditos hipotecários*, 121-122).

minologia do artigo 851.°, n.° 2 *in fine* do CCiv, perante "créditos seus contra o seu credor".

Pelo exposto concluímos pela não admissibilidade da compensação declarada por um credor *ex deposito* para compensar um crédito cedido no âmbito de uma operação de titularização de créditos levada a cabo por uma instituição de crédito, sempre que a putativa situação de compensabilidade se verifique após o momento em que a cessão se tornou eficaz entre o cedente (instituição de crédito) e o cessionário, defendendo, a respeito da compensação, a interpretação literal do artigo 6.°, n.° 6 da LTC quer na situação de insolvência quer, por decorrência, na situação de solvência da instituição de crédito cedente.

Nos casos em que a situação de compensabilidade se tenha verificado antes da cessão, vindo apenas a ser declarada no âmbito do processo judicial de liquidação, opõe-se à compensação declarada pelo devedor cedido quer o património autónomo perfeito criado nos termos do disposto no artigo 62.° da LTC quer o privilégio creditório especial que incide sobre o mesmo com precedência sobre direitos de terceiro, de acordo com o artigo 63.° da LTC.

16.2. *As obrigações hipotecárias*

I. À semelhança do que acontece com as operações de titularização de créditos, o recurso pelos bancos à emissão de obrigações hipotecárias é, hoje em dia, comum com vista ao financiamento da respetiva atividade.

As obrigações hipotecárias são títulos representativos de dívida da entidade emitente que têm a particularidade de os ativos subjacentes à emissão corresponderem a créditos hipotecários, *i.e.*, créditos garantidos por hipoteca (cf. artigo 4.°, n.° 1 da LOH[297]).

Em termos semelhantes ao que acontece na operação de titularização de créditos, o credor respetivo – a instituição de crédito[298] – agrega um determinado conjunto de créditos hipotecários, passando os mesmos a constituir um *pool* bem definido e determinado quanto ao valor, quanto à origem e quanto às garantias de que beneficiam. Contudo, e diferentemente do que sucede no

[297] Decreto-Lei n.° 59/2006, de 20 de março, que estabelece o regime jurídico aplicável às obrigações hipotecárias, às instituições de crédito hipotecário e às obrigações sobre o sector público. No presente texto, conforme resulta do próprio título, apenas nos referiremos à emissão de obrigações hipotecárias.

[298] Cf. artigo 2.° e artigo 6.° da LOH.

regime da titularização não se verifica, por regra[299], no caso das obrigações hipotecárias, qualquer cessão destes créditos, ou seja, os créditos garantidos por hipoteca sobre bens imóveis subjacentes à emissão de obrigações hipotecárias podem não sair da esfera jurídica do credor hipotecário que assume, assim, no âmbito da operação de emissão destas obrigações, a qualidade de entidade emitente.

Cumpre-nos, assim, desta feita, aferir, à luz da LOH, da oponibilidade da compensação invocada pelo titular de um crédito *ex deposito* para extinguir o crédito hipotecário de que é devedor, em caso de insolvência da instituição de crédito, na hipótese de o referido crédito se encontrar afeto à emissão de obrigações hipotecárias.

II. Nos termos da LOH, apenas podem emitir obrigações hipotecárias as instituições de crédito legalmente autorizadas a conceder créditos garantidos por hipoteca que disponham de fundos próprios não inferiores a 7.500.000 euros (artigo 2.º da LOH).

Nesta sede, cumpre salientar que a questão da admissibilidade da compensação apenas se verificará na hipótese de a entidade emitente ser um banco com vocação universal, na medida em que, *só neste caso*, se poderá dar a hipótese

[299] A salvaguarda feita no texto resulta do facto de se prever a possibilidade de a emissão de obrigações hipotecárias ser precedida de cessão por parte do credor originário para uma instituição de crédito hipotecário. As instituições de crédito hipotecário, criadas pela LOH por forma a oferecer uma maior segregação dos créditos afetos às emissões de obrigações hipotecárias, são instituições de crédito cujo objeto consiste na concessão e aquisição de créditos garantidos por hipoteca sobre bens imóveis, ou de créditos sobre ou com a garantia de administrações centrais ou autoridades regionais e locais de um dos Estados membros da UE, para a emissão de obrigações sobre o sector público (cf. artigo 6.º da LOH).
Nestes casos, a cessão destina-se exclusivamente à emissão de obrigações hipotecárias pelo cessionário e produz efeitos relativamente aos devedores, ainda que não notificados (artigo 27.º, n.º 1 da LOH).
Em termos semelhantes ao que sucede no âmbito do regime jurídico da titularização de créditos, dos meios de defesa que lhes seria lícito invocar contra o cedente, os devedores dos créditos cedidos só podem opor ao cessionário aqueles que provenham de facto anterior ao momento em que a cessão se torna eficaz entre o cedente e o cessionário (artigo 27.º, n.º 2 da LOH). Na medida em que, havendo cessão, extravasamos o âmbito da análise que releva para efeitos do presente trabalho, não nos alongaremos mais sobre esta possibilidade, salientando apenas que, perante a mesma, tal como acontece no caso da titularização de créditos, a compensação eventualmente invocada pelo devedor cedido, em caso de insolvência do cedente, com vista à extinção do crédito cedido não seria eficaz, entre outras razões, por falta de reciprocidade entre o crédito e o contra-crédito, na medida em que o crédito compensado, após a cessão, deixa de integrar o património do cedente (artigo 847.º, n.º 1 e 851.º, n.º 2 do CCiv.).

de haver da parte dos devedores dos créditos em causa um contra-crédito fundado *ex deposito, i.e.*, só assim haverá reciprocidade entre os créditos, requisito necessário da compensação[300].

Na ausência de qualquer transferência do direito de crédito aqui em causa, conforme bem se compreende, inexiste na LOH qualquer norma que regule a oponibilidade dos meios de defesa dos devedores hipotecários. A LOH também não prevê a comunicação ou qualquer outra forma de divulgação aos devedores hipotecários da realização pelo seu credor da referida emissão.

III. Feita esta nota prévia, impõe-se analisar os elementos que, caracterizando a emissão de obrigações hipotecárias, nos permitem responder à questão formulada em torno da admissibilidade da compensação. Estes assentam essencialmente num conjunto de três princípios. Assim:

Em primeiro lugar, a LOH assenta no *princípio da segregação* dos créditos afetos ao cumprimento das obrigações emergentes das obrigações hipotecárias. A este respeito o n.º 1 do artigo 4.º da LOH determina que, para garantia da emissão de obrigações hipotecárias, o emitente terá que agregar um conjunto de créditos hipotecários[301] que ficarão afetos ao cumprimento das obrigações no âmbito da emissão. A mencionada *afetação* realiza-se mediante o registo dos créditos hipotecários em causa em contas segregadas da entidade emitente, sendo os mesmos identificados sob forma codificada nos documentos das emissões (artigo 4.º n.º 3 da LOH).

Em segundo lugar, nos termos do n.º 2 do artigo 4.º da LOH, os créditos hipotecários, incluindo o produto dos respetivos juros e reembolsos, constituem um *património autónomo*[302], não respondendo por quaisquer dívidas da

[300] Razão por que, nos termos da nota anterior, não trataremos no texto da hipótese de a emissão ter sido precedida de uma cessão a favor de uma instituição de crédito hipotecário.

[301] Para além dos créditos hipotecários, poderão ser afetos à emissão outros ativos, previstos no artigo 17.º da LOH, nos termos do artigo 4.º, n.º 1 do referido diploma legal.

[302] Definido, em termos que subscrevemos, por Filipe Santos Barata, como um património imperfeitamente autónomo, na medida em que o eventual remanescente apurado, após a satisfação integral dos credores hipotecários, sempre integrará a massa insolvente, mas também, e, este sim, o argumento decisivo para a referida qualificação, porque caso o património autónomo se mostre insuficiente para a referida satisfação, os credores hipotecários poderão concorrer, na qualidade de credores comuns, com os restantes credores da entidade emitente (cf. Filipe Santos Barata, *As obrigações hipotecárias*, 147-149). No mesmo sentido se pronuncia Saraiva Matias, sustentando que, na insuficiência do pagamento operado pelo património autónomo, o credor da obrigação hipotecária deverá ser considerado como credor comum quanto ao remanescente em dívida, detendo, nessa medida, um direito de crédito sobre a massa, até à concorrência do

entidade emitente até ao pagamento integral dos montantes devidos aos titulares das obrigações hipotecárias.

Em terceiro lugar, os titulares das obrigações hipotecárias gozam de um *privilégio creditório especial sobre os créditos hipotecários que integram o património autónomo*, bem como sobre os outros ativos previstos no artigo 17.° da LOH, com precedência sobre quaisquer outros credores, para efeitos de reembolso do capital e recebimentos dos juros correspondentes às obrigações hipotecárias (artigo 3.° n.° 1 da LOH). Ao privilégio creditório especial acresce a circunstância de o n.° 2 do artigo 3.° da LOH determinar que as hipotecas que garantem os créditos hipotecários prevalecem sobre quaisquer privilégios creditórios imobiliários (artigo 3.° n.° 2 da LOH), afastando-se, deste modo, a regra do artigo 751.° do CCiv.[303].

Finalmente, temos o *princípio da continuidade das emissões* (artigo 5.° da LOH), nos termos do qual os créditos e os ativos afetos que constituem o património autónomo, incluindo o produto dos respetivos juros e reembolsos, *são separados da massa insolvente* até pagamento integral dos montantes devidos aos titulares das obrigações hipotecárias, passando a ser geridos por uma terceira entidade, designada pelo BdP. Este princípio não obsta, no entanto, a que verificados os requisitos previstos no artigo 5.° n.° 3 da LOH, seja declarado, pela assembleia dos obrigacionistas, o vencimento da emissão, com liquidação integral e imediata. Significa isto que, em caso de insolvência da entidade emitente, a emissão não poderá ser resolvida em benefício da massa ao abrigo do CIRE, deixando-se, no entanto, na disponibilidade dos credores obrigacionistas, a decisão quanto ao vencimento antecipado da emissão.

IV. Analisados os princípios subjacentes à salvaguarda dos direitos do crédito dos investidores em obrigações hipotecárias, somos forçados a concluir, como princípio geral, no sentido da não oponibilidade da compensação invocada pelo devedor hipotecário com um contra-crédito *ex deposito* com vista à

seu crédito (cf. Saraiva Matias, *Obrigações hipotecárias e titularização de créditos hipotecários*, 115). *Vide* também, Pestana de Vasconcelos, *Direito das garantias*, 546-547.

[303] Segundo Saraiva Matias, o n.° 2 do artigo 3.° da LOH deverá ser interpretado no sentido de que "[a] hipoteca afeta à emissão de obrigações hipotecárias prevalece, designadamente, sobre o direito de retenção, uma vez que esta cede (759.°, n.° 2) perante os privilégios creditórios imobiliários" (cf. Saraiva Matias, *Obrigações hipotecárias e titularização de créditos hipotecários*, 117). Concordamos com a afirmação, embora consideremos que a fundamentação desta ideia se deverá fazer por recurso a uma outra sede legal: o artigo 751.° do CCiv. Também no sentido da prevalência destas hipotecas sobre o direito de retenção, cf. Filipe Santos Barata, *As obrigações hipotecárias*, 193 ss.). *Vide* ainda Pestana de Vasconcelos, *Direito das garantias*, 551.

extinção do crédito hipotecário, na hipótese de insolvência da instituições de crédito emitente. Com efeito, uma vez que, declarada a insolvência, por força do disposto no n.º 3 do artigo 5.º da LOH, são separados da massa insolvente os direitos do crédito e os demais ativos afetos ao cumprimento das obrigações assumidas pela entidade emitente, no âmbito da emissão de obrigações hipotecárias, caímos necessariamente fora do âmbito de aplicação do artigo 99.º do CIRE, que tem por objeto a possibilidade de os titulares de créditos sobre insolvência procederem à respetiva compensação com *dívidas à massa*. Ora, não integrando estes créditos a massa insolvente, não se verificam os pressupostos de aplicação do preceito em análise.

Caso, no entanto, se entendesse que este argumento não seria bastante, por si só – *maxime* sustentando-se que uma vez que o artigo 99.º do CIRE visa obstar à compensação com dívidas à massa, e só, nessa medida, impondo limites à respetiva oponibilidade, tal preceito já não teria que ser atendível na hipótese de não estarmos perante dívidas com essa natureza (argumento que, contudo, refutamos) –, sempre teríamos que atentar no regime imposto pela autonomização patrimonial, nos termos do qual não pode o património autónomo responder por quaisquer dívidas da entidade emitente até ao pagamento integral dos montantes devidos aos titulares das obrigações hipotecárias (artigo 4.º, n.º 2 *in fine* da LOH).

Ora, tendo a compensação por efeito a extinção do direito de crédito que o titular da conta detém *ex deposito* – crédito que, conforme vimos referindo, integra a massa insolvente, nos termos do artigo 46.º do CIRE –, a admitir-se a compensação, estar-se-ia necessariamente a frustrar a previsão legal do artigo 4.º n.º 2, *in fine*, uma vez que, extinguindo-se ambos os créditos, sempre ocorreria um desfalque (ainda que meramente nocional) no património afeto a responder preferencialmente perante os credores obrigacionistas, pondo, assim, em causa a autonomia deste património legalmente consagrada[304].

[304] Neste sentido, cf. Filipe Santos Barata, *As obrigações hipotecárias*, 290 ss. O A. citado refere ainda como argumento contra a admissibilidade da compensação o disposto no artigo 853.º, n.º 2 do CCiv., *i.e.*, a exclusão da compensação nos casos em que haja prejuízo de direitos de terceiro constituídos antes de os créditos se tornarem compensáveis. Contudo, tal argumento, conforme o próprio A. reconhece, acaba por apenas ser operacional quanto aos devedores hipotecários cujos créditos *ex deposito* se tenham constituído (ou vencido, no caso de estarmos perante depósitos a prazo, acrescentamos nós) após a data da emissão de obrigações hipotecárias. Assim, segundo Filipe Santos Barata, "(...) todos os devedores hipotecários da entidade emitente que se tenham tornado credores da entidade emitente, mediante a realização de depósitos, em data posterior à da emissão de obrigações hipotecárias, – logo, posteriormente à data em que se procedeu à afetação e consequente segregação de créditos hipotecários (e outros ativos) ao

Em suma, consideramos que, uma vez declarada a insolvência da entidade emitente de obrigações hipotecárias, os devedores hipotecários que sejam credores da insolvência *ex deposito* não poderão utilizar o referido crédito para, por via da compensação, extinguir o crédito hipotecário integrado no património autónomo afeto à referida emissão, na medida em que, por um lado, o mesmo não integra a massa insolvente, não se encontrando, nessa medida, reunidos os requisitos de aplicação do artigo 99.° do CIRE, e, por outro lado, porque tal possibilidade se encontra vedada pelo artigo 4.° n.° 2, *in fine* da LOH.

Porém, se por efeito da insolvência, vier a ser declarado o vencimento antecipado da emissão de obrigações hipotecárias, nos termos do artigo 5.° n.° 3 da LOH, e, uma vez satisfeitos os créditos dos credores obrigacionistas, se apure um valor residual no património autónomo – o que é possível, atendendo a que, por força do regime prudencial associado a estas emissões, existe sempre uma sobregarantia (*over-collateralisation*) associada ao património autonómo (cf. artigo 19.° da LOH)[305] –, passando o mesmo a integrar a massa insolvente, considerarmos que, na medida do possível, deverão ser acautelados os direitos dos devedores hipotecários relativamente aos quais se encontrem, a partir desse momento, reunidos os pressupostos do artigo 99.° do CIRE e que tenham declarado a intenção de compensar, sendo aqui fundamental o papel dos liquidatários, no âmbito do processo de liquidação judicial em curso, e, em última instância, do BdP.[306]

§ 17. Breves reflexões em torno da função de garantia da compensação

I. O modo como a compensação opera, *i.e.,* se mediante declaração ou *ipso iure,* se com eficácia *ex tunc* (desde a data em que se verificou a reciprocidade ou situação de compensabilidade) ou *ex nunc* (desde a datada em foi declarada) respeita à relação *inter partes*. Para aferir da função de garantia da compensação,

cumprimento das obrigações perante os credores obrigacionistas –, não poderão invocar a compensação dos seus créditos, uma vez que tal exercício poria em causa os direitos dos credores obrigacionistas, criados em data anterior àquela em que os créditos emergentes dos depósitos se tornaram compensáveis. Deste modo, exclui-se o recurso à compensação por parte dos devedores hipotecários que realizaram os seus depósitos junto da entidade emitente após a emissão de obrigações hipotecárias." (cf. Filipe Santos Barata, *As obrigações hipotecárias*, 310-311).

[305] Sobre a forma como se constitui e os termos em que opera esta sobre-garantia, cf. Filipe Santos Barata, *As obrigações hipotecárias*, 212 ss.; e Pestana de Vasconcelos, *Direito das garantias*, 549-550.

[306] Neste sentido, cf. Filipe Santos Barata, *As obrigações hipotecárias*, 313 e ss.

teremos que olhar à eficácia (ou oponibilidade) da mesma face a terceiros, seja relativamente àqueles que adquiriram o direito de um dos credores recíprocos, seja relativamente ao modo como a mesma se impõe após a declaração de insolvência.

II. Analisando, por ora, apenas a relação *inter partes,* a compensação é perspetivada pelo CCiv. como uma causa de extinção das obrigações além do cumprimento, que, assentando na reciprocidade dos créditos, se efetiva, uma vez verificados os demais pressupostos legalmente previstos (ou apenas alguns daqueles ou outros distintos que venham a ser acordados pelas partes, no caso da compensação convencional), mediante declaração de uma das partes à outra, operando-se a imediata extinção dos créditos com eficácia retroativa ao momento da verificação da situação de compensabilidade.

Temos, portanto, que de um ponto de vista meramente interno, a declaração de compensação anula, com eficácia retroativa, o "deve" e o "haver" inscritos nas esferas jurídicas de cada um dos credores recíprocos, distanciando-se assim do pagamento (este sim, verdadeiro cumprimento), pelo facto de não atender às consequências geradas pela mora e pelo próprio incumprimento e por se sobrepor, inclusivamente, à prescrição.

A esta luz, são várias as razões elencáveis como determinantes deste modo de ser da compensação. É comum perspetivar-se que os dois créditos recíprocos funcionam, entre si, como garantia mútua que assegura a respetiva cobrança futura, atribuindo-se à compensação um papel similar (que não equivalente) ao de outros mecanismos de proteção como o direito de retenção, o penhor de créditos ou a exceção de não cumprimento, que, assim, se assume como um importante mecanismo de auto-tutela para cada uma das partes. Deste ponto de vista, o que interessa não é tanto se a compensação se assume como uma garantia frente a terceiros, mas antes justificar a razão por que, *inter partes,* se aceita que se extingam créditos por mera declaração, sem necessidade de recurso à via judicial.

De um outro ponto de vista, se atentarmos na ideia de que a fase em que os bens do devedor respondem através da execução, corresponde à mais relevante concretização da responsabilidade patrimonial[307], podemos ainda, de certo modo, argumentar que a admissibilidade da compensação se funda no facto de a reciprocidade dos créditos "criar a ausência" (passe a imagem poética) de responsabilidade patrimonial, na medida que cada um se paga (ou se sente pago) não por aquilo que existe na esfera do outro, mas na sua

[307] Cf. M. J. Costa Gomes, *Assunção fidejussória de dívida*, 25.

própria esfera. Vaz Serra utiliza a este propósito a expressão "não se considerar devedor"[308] que, mais não é, no sentido que aqui queremos vincar, do que o facto de o credor recíproco não se sentir responsável – podemos mesmo dizer não se sentir *patrimonialmente responsável* – pela sua dívida.

Nestes moldes, passamos rapidamente da ideia da compensação como garantia para a ideia da compensação como fonte legitimadora da ausência de responsabilidade patrimonial, fundando-se ambas na reciprocidade dos créditos.

Ainda nesta sede, mas mudando novamente de perspetiva, e assentando na regra vertida no artigo 601.º do CCiv., pensamos poder afirmar que, até ao momento da declaração de compensação, o crédito compensado não é, individualmente considerado, responsável pelo seu crédito recíproco, *i.e.*, não se encontra patrimonialmente autonomizado para a satisfação daqueloutro crédito em concreto. Por outra parte, sempre haverá que respeitar os legítimos interesses daquele que, podendo compensar, prefere pagar.

Voltando um pouco atrás, para fundar em terreno mais sólido o nosso raciocínio, o que queremos, afinal, dizer é que não conseguimos apoiar, sem mais, atendendo à relação *inter partes,* a ideia da compensabilidade como uma garantia, no sentido de afetação preferencial de um determinado património à satisfação de um crédito, pois é apenas no momento da declaração que do património do devedor compensado "sai" o crédito recíproco, ou seja, até ao momento da declaração de compensação pelo credor compensante, todo o património do credor compensado está adstrito à satisfação daquele crédito. É o mecanismo extintivo da compensação que faz com que, uma vez declarada, se circunscrevam os limites dessa adstrição ao valor do crédito compensante (ou do compensado, caso aquele seja de maior valor). Assim, nestes exatos limites, consideramos que a compensação não é senão uma causa de extinção das obrigações, com carácter satisfativo, mas diferente do cumprimento.

II. Virando agora o nosso olhar para a eficácia da compensação face a terceiros, cumpre salientar, na senda de Basozabal Arrue[309], que os critérios para resolver a questão da oponibilidade da compensação face a terceiros não provêm do modo como tenhamos configurado a compensação *inter partes*, mas dos princípios de política legislativa que o legislador quis fazer valer.

Assim, no nosso ordenamento jurídico, e tomando por base a análise efetuada no presente trabalho, temos, como regra geral a da não admissibilidade da compensação se houver *prejuízo de direitos de terceiro, constituídos antes de os crédi-*

[308] Cf. Vaz Serra, *Compensação*, p. ex., 117.

[309] Basozabal Arrue, *Claves para entender la compensación en Europa*, 12.

tos se tornarem compensáveis (artigo 853.°, n.° 2 do CCiv.) que é depois concretizada quer no regime da cessão – onde ora se toma como limite o momento do conhecimento da cessão (artigo 585.° do CCiv.) ou o momento em que a cessão se tornou eficaz entre cedente e cessionário independentemente do conhecimento do devedor cedido (artigo 6.°, n.° 6 da LTC) – quer no regime da al. *a*) do n.° 1 do artigo 99.° do CIRE, onde se afirma ser o *preenchimento dos pressupostos legais da compensação* (*i.e.*, verificar-se a situação de compensabilidade) anterior à data da declaração de insolvência.

Tal princípio cede depois: no caso da al. *b*) do n.° 1 do artigo 99.° do CIRE – quando se permite que, já declarada a insolvência, tendo o crédito sobre a insolvência preenchido antes do contra-crédito da massa os requisitos estabelecidos no artigo 847.° do CCiv. (*i.e.*, verificando-se relativamente ao crédito compensante a situação de compensabilidade em data posterior à da declaração de insolvência) – bem como nas hipóteses que elencámos no texto *supra*, a saber relativamente às operações de compensação realizadas nos sistemas de liquidação (artigo 101.° do CIRE), nos contratos de garantia financeira (Decreto-Lei n.° 105/2004, de 8 de maio, alterado pelo Decreto-Lei n.° 85/2011, de 29 de junho e pelo Decreto-Lei n.° 192/2012, de 23 de agosto) e nos casos das convenções de compensação e de *netting* (Decreto-Lei n.° 70/97, de 3 de abril *ex vi* artigo 33.° do RLICSF), ainda que com as limitações impostas pelo artigo 145.°-L do RGICSF.

Em suma, em todas as hipóteses elencadas se permite que a *declaração* seja posterior à data da cessão ou da declaração de insolvência, mas só nos casos referidos no parágrafo anterior se permite que a *situação de compensabilidade* ultrapasse aquele limite temporal.

Assim sendo, não podemos concordar com Isabel Figueiredo, quando afirma que a *situação de compensabilidade* é uma garantia real.

O nosso raciocínio é o seguinte: se aceitamos que a existência de créditos recíprocos compensáveis no futuro se deve tutelar face a direitos de terceiro constituídos *antes* de se verificar a *situação de compensabilidade*, estamos efetivamente a dotar a situação de compensabilidade de eficácia *erga omnes*, atribuindo-se, nessa medida, à situação de compensabilidade uma função de garantia. É o que acontece nos casos da al. *b*) do n.° 1 do artigo 99.° do CIRE, relativamente às operações de compensação operadas nos sistemas de liquidação, nos contratos de garantia financeira e nos casos das convenções de compensação e de *netting*. Mas já não é esta a situação que se verifica nem na al. *a*) do n.° 1 do artigo 99.° do CIRE nem nas hipóteses de cessão, em que, como vimos, o que se permite que seja postergado para lá da data da constituição dos direitos de terceiro é a *declaração de compensação* e já não a *situação de compensabilidade*. Por outro lado, mesmo na primeira hipótese, e considerando apenas o caso da al. *b*) do n.º 1 do artigo 99.º do CIRE, acresce o facto de não bastar a situação de compensabilidade, sendo ainda necessária a declaração de compensação. Esta traduzindo-se no exercício de um direito potestativo, encontra-se na disponibilidade da parte que a possa invocar. A este respeito, parece-nos, aliás, apelativa a ideia sustentada, entre nós, por Cunha de Sá de que será "adequado falar" a propósito da manifestação da vontade de compensar "de uma *conditio iuris* suspensiva cujo preenchimento faz retroagir ao momento da compensabilidade a extinção dos vínculos obrigacionais em causa."[310].

Se, conforme sustentámos, não existe, antes da declaração de compensação, uma verdadeira adstrição do crédito compensado à satisfação do crédito compensante, mantendo-se responsável pelos mesmos o património geral de cada um dos devedores, não conseguimos conceber a situação de compensabilidade como uma garantia real, atendendo a que a essência do direito real de garantia incide na afetação da coisa ao crédito privilegiado. A necessidade de declaração aliada ao facto de a adstrição do crédito compensado ao crédito compensante operar por força do mecanismo extintivo da compensação afastam a ideia da situação de compensabilidade como garantia real.

É certo que a admissibilidade da compensação na insolvência corresponde, na prática, a dar a um credor comum uma preferência, na medida em que, por efeito da compensação, se admite a sua subtração ao concurso de credores, mas tal facto, por si só, não convola um mecanismo extintivo em garantia real.

Face ao supra exposto, entendemos que, enquanto causa de extinção de créditos recíprocos, o nosso ordenamento jurídico reconhece à compensação eficácia perante terceiros, quer nos casos de transferência de um dos créditos recíprocos quer na hipótese de insolvência, com a correspetiva limitação do princípio da *par conditio creditorum*, uma vez que se permite ao declarante obter em termos económicos o valor do seu crédito em detrimento dos demais credores[311], atribuindo-se, portanto, à mesma uma função de garantia que, no caso

[310] Cunha de Sá, *Modos de extinção das obrigações*, 224.

[311] No quadro da compensação legal, em que nos movemos no presente estudo, o reforço da posição do credor compensante face aos demais credores do devedor compensado não bule com o artigo 604.º do CCiv.. Esta afirmação já não surge, no entanto, com contornos tão simples, no caso da compensação convencional, em que as partes podem prescindir de alguns requisitos da compensação legal.

Segundo Pestana de Vasconcelos, o artigo 604.º do CCiv. apenas se refere a outras causas de preferência sobre os bens do devedor, impedindo a criação de outras para além das previstas na lei, ou seja, o legislador tem, sobretudo, em mente as garantias reais, sendo que nada obsta a que as partes procurem uma tutela acrescida da posição do credor, como acontece, designadamente,

de insolvência, conforme sustenta Menezes Leitão, no comentário ao artigo 99.º do CIRE, "suplanta mesmo a da penhora e da hipoteca judicial"[312]. Não estamos, no entanto, perante uma garantia real.

Conclusões

Capítulo I – Da compensação

C1. O instituto da compensação teve a sua origem nos *bonae fidae iudicia* do Direito Romano, tendo, ao longo dos tempos sido objeto de uma vasta laboração teórico-dogmática, quer quanto ao seu objeto quer quanto à sua qualificação jurídica, podendo divisar-se três grandes modelos: o modelo de *common law*, o modelo francês e o modelo germânico.

C2. No modelo de *common law* encontramos a par da *common law set-off*, essencialmente concebida como um meio de defesa processual que opera sempre que existam créditos e débitos recíprocos, a *common law in equity*, à qual a doutrina e a jurisprudência têm vindo a atribuir natureza substantiva, considerando-a passível de produzir os seus efeitos independentemente de intervenção judicial, mas em que se impõe que os créditos resultem de uma mesma transação ou de *closely connected transactions*, *i.e.*, que os créditos, para além de recíprocos, sejam também conexos.

C3. O modelo francês, assentando na ideia de que a compensação, sendo em regra conveniente para ambas as partes, satisfaz o interesse público na dispensa de pagamentos inúteis, configura uma compensação legal automática, eficaz, independentemente de declaração, a partir do momento em que se verificam os requisitos da compensabilidade, ainda que, depois, na prática jurisprudencial, não seja possível ao juiz conhecer da compensação *ex oficio,* tendo a mesma que ser invocada por uma das partes.

C4. No modelo germânico, embora se considere que as dívidas se devem ter por extintas desde que se tornem compensáveis, exige-se a declaração de

no caso da compensação convencional. Assim, segundo este A. o artigo 604.º, n.º 2 do CCiv. tem um âmbito de aplicação, na verdade, muito reduzido, circunscrevendo-se, essencialmente, à criação de direitos reais de garantia, de privilégios mobiliários gerais e de patrimónios separados, mas não obsta a que de outra forma sejam criadas posições privilegiadas de um credor em relação aos demais credores do mesmo devedor (cf. Pestana de Vasconcelos, *A cessão de créditos em garantia*, 832-859, *maxime* 849-855).

[312] Cf. Menezes Leitão, *CIRE anotado*, 105.

vontade para que a compensação se torne eficaz, sendo-lhe, no entanto, atribuída eficácia retroativa à data da verificação da situação de compensabilidade.

C5. No nosso ordenamento jurídico, a compensação constitui uma das causas de extinção das obrigações, prevista nos artigos 847.º a 856.º do CCiv., sendo admissível sempre que, verificados, relativamente a créditos e débitos recíprocos, os requisitos de compensabilidade legalmente previstos, a mesma seja declarada pela parte que dela pretende beneficiar. A declaração de compensação tem eficácia retroativa, produzindo os seus efeitos desde a data em que os créditos se tornaram compensáveis, devendo os mesmos ter-se por extintos desde essa data, operando nessa medida como uma *conditio iuris* suspensiva, cujo preenchimento faz retroagir ao momento da compensabilidade a extinção dos vínculos obrigacionais em presença.

C6. Quanto à respetiva natureza jurídica, entendemos que a compensação, embora produza um efeito extintivo com carácter satisfativo, não é um pagamento e também não é, nessa medida, cumprimento, circunstância que consideramos facilmente apreensível se atentarmos na eficácia retroativa da declaração de compensação à data da verificação da situação de compensabilidade e nos efeitos que a mesma produz, tendo-se por não vencidos os juros corridos desde essa data, não se vencendo penas convencionais, não se produzindo a mora e, inclusivamente irrelevando, a prescrição.

Capítulo II – Da insolvência das instituições de crédito

C7. O regime jurídico aplicável à intervenção precoce do BdP (mediante a implementação de mecanismos que permitam, em situação de grave desequilíbrio financeiro, recuperar a instituição de crédito ou preparar a sua liquidação ordenada) e à liquidação das instituições de crédito e das sociedades financeiras encontra-se vertido no RGICSF e no RLICSF. Este último diploma, no que respeita ao processo de liquidação judicial das entidades em presença, determina a aplicação do regime do processo comum vertido no CIRE com diversas especialidades.

C8. A exclusão das instituições de crédito da sujeição ao processo comum de insolvência está relacionada não só com a circunstância de estarmos perante instituições subordinadas a supervisão prudencial e, nesse âmbito, a poderes específicos de intervenção por parte das correspondentes autoridades, mas também com o facto de, atentos os efeitos perniciosos e tendencialmente expansivos que a insolvência de uma instituição de crédito determina, se pretender salvaguardar a satisfação do interesse dos seus credores, a própria atividade bancária e o sistema financeiro e, com eles, a economia no seu conjunto, num escopo comum de satisfação de interesses de ordem pública. Assim, no nosso ordenamento jurídico, apenas o BdP pode requerer a liquidação judicial das instituições de crédito, produzindo a decisão de revogação da autorização para o exercício da atividade bancária os efeitos da declaração de insolvência, e embora a liquidação propriamente dita seja cometida ao sistema judicial, sendo aplicáveis, como princípio geral, as disposições do CIRE que se mostrem compatíveis com as especialidades constantes do RLICSF, o BdP continua a exercer as suas funções de supervisão, na parte relevante, e a prestar a necessária colaboração em juízo, podendo requerer e propor o que entender conveniente em face da especificidade técnica das matérias e da respetiva incidência no sistema financeiro, bem como recorrer das decisões proferidas.

C9. Os poderes cometidos ao BdP, enquanto autoridade de supervisão, no âmbito do processo de liquidação judicial das instituições de crédito, revelam-se ainda no que respeita à nomeação da comissão de credores, cujas competências correspondem às que no CIRE são atribuídas à assembleia de credores, e à nomeação dos liquidatários, cuja competência é moldada sobre a do administrador de insolvência previsto no CIRE.

C10. Não são aplicáveis no âmbito do processo de liquidação judicial das instituições de crédito os capítulos IX e X do CIRE – relativos, respetivamente, ao plano de insolvência e à possibilidade de a massa insolvente continuar, ainda que, porventura, transitoriamente, confiada ao devedor – significando, na prática, que, uma vez desencadeado o referido processo, a liquidação não poderá ser superada pela adoção de alternativas, devendo ser levada até ao fim.

C11. A revogação, pelo BdP, da autorização de uma determinada instituição de crédito para o exercício da atividade bancária, nos termos do artigo 22.º do RGICSF, pode ter por fundamento uma série de fatores distintos que, nalguns casos, não integram o conceito de insolvência. Ao presente trabalho interessaram apenas os casos que efetivamente integram o referido conceito.

C12. O CIRE apresenta-nos três conceitos de *estado de insolvência*: um critério qualitativo (artigo 3.º, n.º 1), um critério quantitativo (artigo 3.º, n.º 2) e o conceito de insolvência iminente (artigo 3.º, n.º 4). Consideramos que, com especificidades próprias, todas estas situações se aplicam às instituições de crédito por via do RGICSF.

C13. Não tomamos, no presente trabalho qualquer posição quanto às várias teorias relativas à natureza jurídica do depósito bancário, na medida em que a mesma nada bule com a oponibilidade da compensação de um crédito *ex deposito,* em caso de insolvência da instituição de crédito depositária, nem com a forma como a referida compensação operará neste domínio.

C14. A regra relativa ao vencimento de todas as obrigações do insolvente vertida no artigo 91.º, n.º 1 do CIRE aliada à circunstância de o processo de liquidação judicial da instituição de crédito insolvente se iniciar na sequência da decisão tomada pelo BdP de revogar a respetiva autorização para o exercício da atividade bancária determina, segundo cremos, o encerramento da conta-corrente bancária, com consequências quanto ao apuramento da titularidade do saldo respetivo, para efeitos de reclamação e de reconhecimento desse crédito, afetando, por outro lado, os depósitos, que, independentemente da modalidade que revistam, se devem considerar imediatamente vencidos.

C15. Com efeito, pela própria natureza das coisas, no cenário de insolvência da instituição de crédito, não pode manter-se o funcionamento da conta bancária, quer pela necessidade, em cumprimento do princípio da estabilização do passivo, de se apurar o saldo, que constitui o objeto do direito de crédito a reconhecer, quer para salvaguardar o princípio da *par conditio creditorum*, quer ainda pela circunstância de ter sido revogada a autorização da instituição insolvente, conduzindo, assim, à cessação da correspondente atividade bancária, com especial impacto no funcionamento das contas correntes e dos depósitos bancários.

C16. Deste modo, relativamente à conta-corrente bancária, consideramos que, iniciado o processo de liquidação judicial, a mesma se deve considerar encerrada, pelas razões *supra* expostas e por aplicação analógica do artigo 116.º do CIRE, nos termos do qual a declaração de insolvência implica o termo dos contratos de conta corrente em que o insolvente seja parte, com o encerramento das contas respetivas.

C17. Quanto aos depósitos bancários, há que analisar a circunstância de os mesmos se encontrarem inscritos numa atividade regular e contínua, não podendo ser analisados abstraindo do sistema em que se enquadram, pois são as características deste que, em larga medida, explicam a sua natureza e influenciam o seu regime. Deste modo, em primeiro lugar, haverá que considerar o facto de não haver depósito sem conta, sendo o crédito à restituição dos fundos titulado pelo saldo credor da conta e, em segundo lugar, o facto de o artigo 8.º, n.º 1 do RGICSF postular um princípio de exclusividade, de acordo com o qual a atividade de receção de depósitos e de fundos reembolsáveis do público não pode ser exercida por entidades que não sejam instituições de crédito legalmente habilitadas para o efeito.

C18. Pelo exposto, consideramos que, iniciado o processo de liquidação judicial de uma instituição de crédito insolvente, se vencem todos os depósitos de disponibilidades monetárias nela existentes, incluindo os depósitos a prazo, aplicando-se em pleno o artigo 91.º, n.º 1 do CIRE, uma vez que os mesmos representam verdadeiras e próprias obrigações da instituição de crédito insolvente. Assim, nos depósitos a prazo (e nos demais casos em que tal seja aplicável), apurado o saldo, sendo este favorável ao(s) titular(es) da conta, continuarão a contar-se os juros respetivos, nos termos dos n.os 2 a 4 e 7 do artigo 91.° e da al. *b*) do n.° 1 do artigo 48.°, ambos do CIRE, tendo estes a natureza de créditos subordinados. Quanto aos depósitos denominados em moeda estrangeira, haverá que atender ao disposto no artigo 96.° do CIRE, sendo os mesmos atendidos pelo respetivo valor em euros à data da decisão de revogação da autorização para o exercício da atividade bancária.

C19. As conclusões anteriores cedem, no entanto, sempre que as contas bancárias em causa sejam objeto das medidas de resolução previstas no título VIII do RGICSF, uma vez que, nesse caso, terão passado a integrar a esfera jurídica da instituição de crédito adquirente ou do banco de transição, consoante o caso, assumindo-se estes como sucessores nos direitos e obrigações inerentes aos mesmos [alínea *a*) do n.° 10 do artigo 145.°-F e n.° 9 do artigo 145.°-H, ambos do RGICSF].

C20. Nem o RGICSF nem o RLICSF fornecem uma resposta clara quanto à solução a adotar relativamente ao reconhecimento, no quadro do processo de liquidação judicial do banco insolvente, dos titulares de direitos de crédito sobre os saldos de contas coletivas e também não é comum regular-se, em sede de contrato de abertura deste tipo contas, a forma como se deverá processar o referido reconhecimento, no quadro de uma eventual insolvência da instituição de crédito depositária.

C21. Uma vez revogada a autorização para o exercício da atividade bancária pela instituição de crédito insolvente, consideramos ser de afastar a aplicação das regras sobre a movimentação de contas coletivas, na medida em que as mesmas se revelariam, por um lado, demasiado penosas para os contitulares, que, nalguns casos, nomeadamente os de contas mistas, teriam que apresentar várias reclamações para reconhecimento do mesmo crédito, e, por outro lado, determinariam a obrigação para os liquidatários de, relativamente a cada reclamação apresentada, analisarem, conta a conta, o regime de movimentação em causa, bem como da atribuição à(s) reclamação(ões) subscrita(s) de qualquer valor interpretativo ou integrativo da vontade dos contitulares posteriormente manifestada relativamente ao disposto no contrato de abertura de conta, impondo a aplicação de uma multiplicidade de critérios distintos quanto aos créditos a reconhecer, com a morosidade inerente a tais procedimentos e sem garantias de que os mesmos se apresentassem, a final, como os materialmente mais justos, podendo, em última instância, revelar-se, pelo contrário, como fonte de litigiosidade acrescida.

C22. Afastada a aplicação, no âmbito do processo de liquidação judicial, das regras sobre movimentação de contas coletivas, resta saber de que forma se deverá proceder ao reconhecimento dos créditos sobre o saldo respetivo, atenta a existência de uma verdadeira lacuna no regime insolvencial das instituições de crédito e sociedades financeiras a este respeito. Considerando que, nos termos do artigo 513.° do CCiv., a solidariedade não se presume, apenas existindo quando resulte da lei ou da vontade das partes, e que, afastadas as regras sobre movimentação das contas coletivas, defendemos que não deve atribuir-se à estipulação das partes, vertida no contrato de abertura de conta, qualquer valor interpretativo/integrativo da respetiva vontade, aquando da liquidação da instituição de crédito insolvente, sustentamos a aplicação aos contitulares em contas coletivas, conjuntas ou solidárias, do regime supletivo das obrigações civis vertido no artigo 534.° do CCiv..

C23. Assim, dever-se-á presumir que os vários credores comparticipam em partes iguais no crédito, sendo esta presunção *iuris tantum* e, portanto, ilidível, pelos titulares assim reconhecidos. No sentido proposto, aponta o disposto no artigo 166.°, n.° 3, al. *d*) do RGICSF, relativo à garantia do reembolso dos saldos de depósitos em dinheiro pelo FGD, ao estipular que o valor garantido deverá ser determinado, no caso de contas coletivas, conjuntas ou solidárias, com recurso à presunção de que pertencem em partes iguais aos titulares os saldos das referidas contas.

C24. Não consubstanciando os contratos de mútuo celebrados antes da revogação da autorização para o exercício da atividade bancária pelo BdP quaisquer obrigações para a instituição insolvente, estes contratos não estão sujeitos à disciplina do artigo 91.°, n.° 1 do CIRE, pelo que não se vencem por efeito da referida revogação. Esta ideia surge reforçada pelo facto de, nos mútuos onerosos, o prazo se presumir estipulado a favor de ambas as partes, por força do artigo 1147.° do CCiv..

C25. Por outro lado, não obstante estarmos perante contratos bilaterais, cremos não ser de aplicar aos contratos de mútuo celebrados com a instituição insolvente a disciplina do artigo 102.° do CIRE, na medida em que este preceito exige, para além da bilateralidade dos contratos, o requisito de que o contrato não tenha sido ainda executado por qualquer das partes. Ora, à data da revogação da autorização para o exercício da atividade bancária, das duas, uma: ou o contrato de mútuo já foi validamente celebrado e, nessa medida, já o banco cumpriu a sua obrigação principal – a entrega das disponibilidades monetárias ao mutuário – ou o contrato de mútuo (real *quod constitutionem*) ainda não existe.

C26. Assim sendo, entendemos que, não tendo sido objeto de medidas de resolução decretadas pelo BdP nos termos dos artigos 145.°-A e ss. do RGICSF, em caso de revogação da autorização para o exercício da atividade bancária de uma instituição de crédito insolvente, se mantêm plenamente em vigor os contratos de mútuo em que esta figure como mutuante que hajam sido celebrados em data anterior à da revogação da referida autorização, consubstanciando-se como créditos da massa insolvente e, nessa qualidade, se mantendo até ao respetivo termo.

C27. Os créditos emergentes destes contratos podem, no entanto, ser cedidos pelos liquidatários a terceiros [entenda-se, a outra entidade legalmente habilitada, nos termos dos artigos 4.°, n.° 1, al. *b*) e 8.°, n.° 2 do RGICSF, para exercer, a título profissional, a atividade de concessão de crédito], nos termos do artigo 158.° do CIRE, sendo o produto resultante da respetiva cessão depositado em instituição de crédito à ordem dos liquidatários, que deles ficarão depositários, em conformidade com o disposto no n.° 1 do artigo 150.° do CIRE.

C28. Sem prejuízo do *supra* exposto, sempre que relativamente a determinado contrato de mútuo se verifiquem os requisitos de prejudicialidade e de má fé exigidos pelo artigo 120.° do CIRE, estes poderão (e deverão) ser resolvidos em benefício da massa insolvente.

Capítulo III – Da oponibilidade da compensação no processo de liquidação judicial de instituições de crédito

C29. Nos termos do artigo 20.°, n.° 2, al. *g*) do RLICSF, no âmbito da liquidação de instituições de crédito autorizadas em Portugal, incluindo as sucursais situadas noutros Estados membros da União Europeia, as condições de oponibilidade da compensação são determinadas de acordo com a Lei Portuguesa. Este princípio geral é depois complementado pelo artigo 31.° do mesmo diploma legal ao prescrever que a adoção de medidas de saneamento ou a instauração de processo de liquidação não prejudica o direito dos credores à compensação dos seus créditos com os da instituição em causa, desde que esse direito seja reconhecido pela lei aplicável aos créditos da instituição.

C30. Atentas as duas normas legais, entendemos que a forma correta de as interpretar para determinar as condições de oponibilidade da compensação será a seguinte: em caso de insolvência de instituição de crédito autorizada em Portugal a respetiva liquidação incluirá, por força do artigo 19.°, n.° 1 do RLICSF, as suas sucursais situadas noutros Estados membros da União

Europeia, sendo as mesmas liquidadas de acordo com as leis, regulamentos e procedimentos aplicáveis em Portugal (artigo 20.º, n.º 1 do RLICSF). Em regra, nestes casos, a oponibilidade da compensação será determinada pela Lei Portuguesa [artigo 20.º, n.º 2, al. *g*) do RLICSF], a menos que esse direito seja reconhecido pela lei aplicável aos créditos da instituição situados noutros ordenamentos jurídicos (entenda-se aos créditos de uma determinada sucursal da instituição situada noutro Estado membro da União Europeia), caso em que, independentemente de estarem, ou não, verificados os requisitos de que a Lei Portuguesa faz depender a compensação, esta será oponível, nos termos e de acordo com a lei aplicável a esses créditos.

C31. As normas do RLICSF relativas à compensação são normas de conflitos, pelo que, considerando a remissão operada para o regime comum da insolvência pelo RLICSF (*ex vi* artigo 9.º, n.º 3), será no âmbito do CIRE que teremos que buscar o regime relativo às condições de oponibilidade da compensação.

C32. O artigo 99.º do CIRE estabelece o regime geral dos efeitos da declaração de insolvência na compensação de créditos sobre a insolvência com dívidas à massa insolvente. Nos termos do referido preceito, a compensação é admitida, mesmo depois da declaração de insolvência, desde que verificados os seguintes requisitos: ser o preenchimento dos pressupostos legais da compensação anterior à data da declaração de insolvência (n.º 1, al. a)) ou ter o crédito sobre a insolvência preenchido antes do contra-crédito da massa os requisitos estabelecidos no artigo 847.º do CCiv. [*idem*, al. *b*)].

C33. Para os efeitos das alíneas *a*) e *b*) do n.º 1 artigo 99.º do CIRE não relevam nem a perda do benefício do prazo prevista no n.º 1 do artigo 780.º do CCiv. nem o vencimento antecipado e a conversão em dinheiro resultantes do artigo 91.º, n.º 1 e do artigo 96.º, ambos do CIRE. Por outro lado, o n.º 3 do artigo 99.º do CIRE esclarece que a compensação não é prejudicada pelo facto de as obrigações em presença terem por objeto divisas ou unidades de cálculo distintas, conquanto seja livre a sua conversão recíproca no lugar do pagamento do contra-crédito, tendo, nesse caso, a conversão lugar à cotação em vigor na data em que a compensação produza os seus efeitos. Assim, em sede de insolvência, a al. *b*) do n.º 1 do artigo 847.º do CCiv., que exige terem as duas obrigações por objeto coisas fungíveis da mesma espécie e qualidade, deve ser sempre interpretada a esta luz.

C34. Não obstante o *supra* exposto, a compensação nunca será admissível nos casos previstos no n.º 4 do artigo 99.º do CIRE, ou seja, se a dívida à massa se tiver constituído após a data da declaração de insolvência, designadamente em consequência da resolução de atos em benefício da massa insolvente [*idem*, al. *a*)], se o credor da insolvência tiver adquirido o seu crédito de outrem, após a data da declaração de insolvência [*idem*, al. *b*)], com dívidas do insolvente pelas quais a massa não seja responsável [*idem*, al. *c*)] ou entre dívidas à massa e créditos subordinados sobre a insolvência [*idem*, al. *d*)].

C35. Apesar de o preceito *sub iudice*, na remissão para o regime jurídico da compensação, apenas referir os pressupostos legais do instituto, mencionando exclusivamente o artigo 847.° do CCiv., consideramos que a determinação da oponibilidade da compensação, em sede de insolvência, deverá ser sempre aferida tendo por bitola o instituto da compensação legal como um todo. Significa isto que as exclusões impostas pelo n.° 4 do artigo 99.° do CIRE, deverão ser sempre consideradas como um acréscimo relativamente às exclusões que resultam do regime jurídico da compensação legal vertidas no artigo 853.° do CCiv..

C36. A aplicação, conforme defendemos, do artigo 853.° do CCiv., *maxime* da primeira parte do n.° 2, não pode, contudo, ser interpretada no sentido de que, declarada a insolvência, esta exclusão sempre se aplicará, uma vez que a admissibilidade da compensação nesta fase acarreta sempre um prejuízo de direitos de terceiro, ao impor o afastamento da *par conditio creditorum*, permitindo a satisfação privilegiada daquele que a ela recorre. Tal interpretação deverá ser afastada por força do disposto na alínea *b*) do artigo 99.° do CIRE, ao admitir a oponibilidade da compensação mesmo nos casos em que a situação de compensabilidade se verifica depois da data da declaração de insolvência.

C37. A al. *b*) do n.° 1 do artigo 99.° do CIRE, se por um lado, impõe um raciocínio prospetivo – no sentido de avaliar se, caso não se tivesse verificado a perda do benefício do prazo ou não tivesse sido declarada a insolvência nem os respetivos efeitos sobre os negócios em curso, o crédito compensante preenchia, antes do compensado, os requisitos da compensação –, por outro lado, antecipa a situação de compensabilidade, passando a mesma a verificar-se na data da perda do benefício do prazo ou na data da declaração de insolvência, pelo que, declarada a compensação, será a uma daquelas datas, consoante o caso, que se reportarão os seus efeitos. É esta, segundo cremos, a solução que resulta da análise conjugada das alíneas *b*) do n.° 1 e *a*) e *b*) do n.° 2, do artigo 99.° do CIRE.

C38. As hipóteses em que a compensação é oponível em sede de insolvência não se encontram esgotadas no âmbito do artigo 99.° do CIRE, existindo situações que escapam à sua disciplina. É o que acontece quer relativamente aos sistemas de liquidação, por força do disposto no artigo 101.° do CIRE, quer nos casos em que estejamos perante contratos de garantia financeira, nos termos do Decreto-Lei n.º 105/2004, de 8 de maio, com as alterações do Decreto-Lei n.º 85/2011, de 29 de junho e do Decreto-Lei n.º 192/2012, de 23 de agosto, quer ainda quanto à oponibilidade à massa insolvente e aos credores dessa massa de estipulações bilaterais de compensação no âmbito de contratos sobre instrumentos financeiros, nos termos do Decreto-Lei n.º 70/97, de 3 de abril, ainda que com as limitações impostas pelo recente artigo 145.º-L do RGICSF.

C39. A aplicabilidade, no âmbito do processo de liquidação judicial das instituições de crédito, do artigo 99.º do CIRE, por força da remissão vertida nos artigos 20.º, n.º 2, al. *g*), 31.º e 9.º, n.º 3 do RLICSF, impõe, como princípio, o da admissibilidade da compensação em caso de insolvência das instituições de crédito. Para o efeito haverá, no entanto, que aferir da inexistência de qualquer das causas de exclusão vertidas quer no n.º 4 do artigo 99.º do CIRE quer no artigo 853.º do CCiv., com particular relevo para os casos em que, antes da verificação da situação de compensabilidade, se tenham constituído a favor de terceiros quaisquer direitos que, por via da compensação, sejam prejudicados.

C40. No âmbito da confirmação da verificação dos requisitos da compensação, apresenta-se com particular acuidade a verificação do requisito da exigibilidade do crédito compensante quando a revogação da autorização para o exercício da atividade pelo BdP tenha sido precedida de providência de dispensa temporária do cumprimento pontual das obrigações anteriormente contraídas, de acordo com a al. *b*) do n.º 11 do artigo 145.º e a al. *b*) do n.º 1 do artigo 145.º-J, ambos do RGICSF. Neste caso, entendemos que, uma vez revogada a autorização para o exercício da atividade bancária, a prévia existência de tal providência em nada afeta a verificação da exigibilidade do crédito compensante, pelo que os créditos que, durante a vigência da providência em análise, reunissem os demais requisitos da compensação, se deverão ter por compensáveis durante o referido período. Deste modo declarada a compensação, uma vez iniciado o processo de liquidação judicial, deve entender-se que a mesma retroage os seus efeitos à data em que se verificaram os respetivos requisitos, ainda que tal data coincida com a altura em que se encontrava em vigor a referida providência.

C41. Sem prejuízo do disposto na conclusão anterior, nos casos em que a providência de dispensa do cumprimento pontual das obrigações seja determinada pelo BdP a par da tomada de medidas de resolução – que se consubstanciam na alienação ou na transferência, total ou parcial, de ativos, passivos, elementos extrapatrimoniais e ativos sob gestão da instituição de crédito, respetivamente, para uma ou mais instituições de crédito ou para um banco de transição, determinando que a instituição cessionária passe a ser considerada, para todos os efeitos legais e contratuais, como sucessora nos direitos e obrigações cedidos – a oponibilidade da compensação dependerá de uma série de fatores, designadamente do facto de terem sido cedidos, ambos ou apenas um dos contracréditos (e, neste caso, ainda a eventualidade de o terem sido para a mesma entidade ou para entidades distintas) e ainda da circunstância da situação de compensabilidade se ter verificado antes ou depois da cessão. Assim, verificando-se a situação de compensabilidade em data anterior à da alienação ou da transferência, consideramos que se deverá fazer operar o disposto no artigo 585.° do CCiv., devendo, por conseguinte, considerar-se a compensação oponível e ser reconhecida pelos liquidatários, independentemente de, na pendência das medidas de resolução, a instituição de crédito agora insolvente, se ter encontrado dispensada do cumprimento pontual das obrigações anteriormente contraídas. Nas restantes situações em que, tendo sido adotadas medidas de resolução, a situação de compensabilidade não se tenha verificado antes da cessão, deixa de estar verificado um dos requisitos da compensação, a saber o *concursos debiti et crediti* (artigo 847.°, n.° 1 do CCiv.).

C42. No âmbito do processo judicial de liquidação, a declaração de compensação deverá ser realizada pelos credores, em sede de reclamação de créditos, no prazo para o efeito designado pelo tribunal, nos termos do artigo 36.°, n.° 1, al. *j*) do CIRE *ex vi* artigo 9.°, n.° 2 do RLICSF ou em sede de impugnação dos créditos reconhecidos, nos termos do artigo 130.° do CIRE.

C43. No caso de *contas diferentes do mesmo titular*, em que, na data da declaração de insolvência, uma vez encerradas, uma revele um saldo credor a favor da massa insolvente e a outra um saldo credor a favor do titular da conta, haverá que determinar a data em que se verificaram os requisitos da compensação, nos termos das als. *a*) e *b*) do n.° 1 do artigo 99.° do CIRE. Reunidos, por via de qualquer uma das referidas alíneas, os mencionados requisitos, e não se verificando, no caso concreto, qualquer das exclusões aplicáveis, o titular das contas estará sempre em condições de declarar a compensação, sendo a mesma oponível.

C44. No caso de *contas coletivas*, a reclamação de créditos, no âmbito do processo de liquidação judicial, em que se pretenda opor o direito de compensação por parte de algum(uns) dos contitulares, deverá ser subscrita, atenta a presunção do artigo 534.° do CCiv., devendo a eventual ilisão da mencionada presunção ser aí declarada.

C45. Caso apenas um dos contitulares se pretende fazer valer da compensação, dentro dos limites do valor que lhe cabe, por força da aplicação da presunção do artigo 534.° do CCiv., entendemos que a reclamação de créditos poderá ser individualmente subscrita, devendo a compensação ter-se por oponível, desde que se encontrem verificados os respetivos requisitos, conforme previstos no artigo 99.° do CIRE e não estejamos perante qualquer outra causa de exclusão prevista no artigo 853.° do CCiv.. Contudo, caso, por qualquer modo, os liquidatários tenham conhecimento da efetiva titularidade daquele crédito, nomeadamente porque, em sede de impugnação de créditos, a presunção do artigo 534.° do CCiv. tenha sido ilidida relativamente ao credor compensante, poderá dar-se o caso de a compensação não poder operar nos termos declarados (*v.g.*, porque, a final, o crédito compensante é inferior àquele que inicialmente havia sido declarado para efeitos de compensação) ou em absoluto, por falta de reciprocidade (*v.g.*, na hipótese em que se venha a concluir que não assiste ao credor putativo qualquer direito de crédito sobre o saldo em causa).

C46. Sempre que os credores reclamantes pretendam ilidir a presunção do artigo 534.° do CCiv., subscrevendo conjuntamente a reclamação de créditos nesse sentido, desse modo permitindo que um deles possa declarar a compensação do crédito *ex deposito* com um contra-crédito da massa, haverá que distinguir. Nos casos em que o crédito *ex deposito* pertencia efetivamente ao contitular compensante, a declaração de compensação será oponível, desde que verificados os requisitos do artigo 99.° do CIRE e não proceda qualquer das exclusões previstas no artigo 853.° do CCiv.. Nos casos em que tal crédito apenas tenha sido adquirido pelo contitular compensante após da data da declaração de insolvência, a declaração de compensação deverá ter-se por inoponível, relativamente à parte do crédito adquirida após tal data, por força do disposto na al. b) do n.° 4 do artigo 99.° do CIRE.

C47. Relativamente às *contas bancárias a prazo*, na medida em que, revogada a autorização para o exercício da atividade bancária e iniciado o processo de liquidação judicial, se vencem as obrigações da instituição insolvente (artigo 91.°, n.° 1 do CIRE), consideramos que nada obsta à declaração de compensação por parte do credor compensante fundada no direito de crédito sobre o respetivo saldo, uma vez verificados os requisitos estabelecidos no artigo 99.° do CIRE e não estando em causa qualquer das exclusões previstas no artigo 853.° do CCiv.. Caso, antes da revogação da autorização para o exercício da atividade bancária, o BdP tenha adotado alguma das medidas de resolução tendo por objeto o depósito a prazo em causa, e sendo este o crédito compensante, a regra mencionada já não se aplicará, uma vez que já não estaremos perante obrigações da instituição de crédito em liquidação.

C48. No caso de *contas com entregas fiduciárias*, em caso de insolvência da instituição de crédito onde se encontram depositadas as disponibilidades monetárias objeto do negócio fiduciário, não será possível ao fiduciante opor a compensação do seu crédito emergente do negócio fiduciário de modo a operar a extinção de uma dívida por que seja responsável perante a massa insolvente, por falta de reciprocidade.

C49. A conclusão referida no parágrafo anterior impõe-se também nos casos em que o negócio tenha sido simulado, na medida em que a simulação não será oponível ao banco insolvente de boa fé, nos termos do artigo 243.°, n.° 1 do CCiv.

C50. Nos casos em que o negócio tenha sido celebrado em fraude à lei, sendo tal negócio cominado com a nulidade e produzindo a declaração de nulidade efeitos retroativos, em sede de reconhecimento de créditos, o crédito *ex deposito* deverá ser reconhecido ao fiduciante. Neste caso, entendemos que, verificados os requisitos do artigo 99.° do CIRE e não procedendo qualquer causa de exclusão prevista no artigo 853.° do CCiv., o fiduciante poderá opor ao banco insolvente a compensação do seu crédito para extinguir um contra-crédito da massa insolvente.

C51. Relativamente a *contas caucionadas a favor da instituição de crédito insolvente*, nos casos em que a garantia tenha sido constituída sob a forma de penhor financeiro, a compensação será oponível à massa insolvente nos termos previstos no Decreto-Lei n.° 105/2004, de 8 de maio, com as alterações introduzidas pelo Decreto-Lei n.° 85/2011, de 29 de junho e pelo Decreto-Lei n.° 192/2012, de 23 de agosto. Nesta hipótese, caso após a compensação com vista à satisfação do credor pignoratício, se apure um saldo (remanescente) a favor do titular da conta e este pretenda utilizá-lo para compensar um outro contra-crédito da massa, entendemos que se deverá aferir com especial cautela a verificação do requisito da al. *b*) do n.° 1 do artigo 99.° do CIRE. Verificado o requisito ali referido e desde que não proceda qualquer das exclusões previstas no artigo 853.° do CCiv. a compensação será oponível.

C52. A conclusão referida no parágrafo anterior impõe-se também *mutatis mutandis* nos casos em que, no âmbito de um penhor comum, na data da declaração de insolvência, já se encontre cumprida a obrigação garantida, existindo na esfera jurídica do titular da conta um direito de crédito sobre o saldo. Nesta hipótese, caso o titular da conta pretenda utilizar o seu crédito *ex deposito* para, declarando a compensação, extinguir outras dívidas de que seja devedor face ao banco insolvente, tudo se passará normalmente, irrelevando o facto de a conta se ter anteriormente encontrado caucionada. Assim, desde que estejam reunidos os requisitos do artigo 99.° do CIRE e não se verifique qualquer das exclusões previstas no artigo 853.° do CCiv., a compensação será oponível.

C53. Não estando a obrigação garantida cumprida, na data da declaração de insolvência, não assistirá ao titular da conta qualquer direito de crédito *ex* *deposito.* Não obstante, entendemos que, relativamente à obrigação garantida, impende sobre os liquidatários a obrigação de deduzi-la contabilisticamente do saldo da conta, reconhecendo ao seu titular o eventual remanescente apurado, nos termos do artigo 129.º, n.º 1 *in fine* do CIRE. Na medida em que nestes casos não estamos perante contra-créditos recíprocos, tal operação redundará numa mera dedução contabilística.

C54. Relativamente a *contas caucionadas junto da instituição de crédito insolvente a favor de terceiros,* encontrando-se a obrigação garantida vencida e tendo havido cumprimento pelo devedor/depositante, assiste-lhe um direito de crédito *ex deposito.* Nesta medida, caso o titular da conta pretenda utilizar o seu crédito *ex deposito* para compensar um contra-crédito da massa insolvente poderá fazê-lo, desde que se encontrem verificados os requisitos do artigo 99.º do CIRE e não proceda qualquer das exceções previstas no artigo 853.º do CCiv., sendo a compensação oponível.

C55. No caso de incumprimento do devedor face ao credor garantido, o saldo da conta caucionada deverá ser reconhecido, em sede de processo de liquidação judicial, a favor de tal credor. Sempre que tal seja apreensível dos termos da conta, esse reconhecimento deverá fazer-se em cumprimento do disposto no artigo 129.º, n.º 1 *in fine* do CIRE. Tal crédito poderá ser utilizado pelo credor reconhecido para efeitos de compensação, desde que verificado o requisito da al. *b*) do artigo 99.º do CIRE, sendo a compensação oponível à massa, desde que não proceda qualquer das exclusões previstas no artigo 853.º do CCiv.

C56. Na hipótese de a obrigação garantida não se encontrar vencida não assiste nem ao depositante nem ao credor garantido qualquer crédito *ex deposito* relativamente à conta caucionada. Pelo exposto, a declaração de compensação, subscrita por qualquer deles, com fundamento no saldo de tal conta para, desse modo, extinguir um contra-crédito da massa não será oponível por falta de reciprocidade.

C57. Na hipótese de o credor *ex deposito* pretender compensar um contra-crédito que tenha sido cedido pela instituição de crédito insolvente no âmbito de uma operação de *titularização de créditos*, haverá que atentar no disposto no artigo 6.º, n.º 6 da LTC, nos termos do qual não são oponíveis ao cessionário os meios de defesa que provenham de facto posterior ao momento em que a cessão se tornou eficaz entre o cedente e o cessionário. Com efeito, após a cessão, o crédito cedido já não integra o património do cedente pelo que também não configurará um contra-crédito da massa insolvente. Assim sendo, não se encontra verificado o requisito da reciprocidade.

C58. Nos casos em que a situação de compensabilidade se tenha verificado antes da cessão vindo apenas a ser declarada no âmbito do processo judicial de liquidação, à compensação declarada pelo devedor cedido opõem-se quer o património autónomo perfeito criado nos termos do disposto no artigo 62.° da LTC quer o privilégio creditório especial que incide sobre o mesmo com precedência sobre direitos de terceiro, de acordo com o artigo 63.° da LTC.

C59. Uma vez declarada a insolvência da entidade emitente de obrigações hipotecárias, os devedores hipotecários que sejam credores da insolvência *ex deposito* não poderão utilizar o referido crédito para, por via da compensação, extinguir o crédito hipotecário integrado no património autónomo afeto à referida emissão, uma vez que, por um lado, o mesmo não integra a massa insolvente, não se encontrando, nessa medida, reunidos os requisitos de aplicação do artigo 99.° do CIRE, e, por outro lado, porque tal possibilidade se encontra vedada pelo artigo 4.° n.° 2, *in fine* da LOH.

C60. Porém, se por efeito da insolvência, vier a ser declarado o vencimento antecipado da emissão de obrigações hipotecárias, nos termos do artigo 5.° n.° 3 da LOH, e, uma vez satisfeitos os créditos dos credores obrigacionistas, se apurar um valor residual no património autónomo – o que é possível, atendendo a que, por força do regime prudencial associado a estas emissões, existe sempre uma sobregarantia associada ao património autónomo (artigo 19.° da LOH) –, passando o mesmo a integrar a massa insolvente, considerarmos que, na medida do possível, deverão ser acautelados os direitos dos devedores hipotecários relativamente aos quais se encontrem, a partir desse momento, reunidos os pressupostos do artigo 99.° do CIRE e não proceda qualquer causa de exclusão prevista no artigo 853.° do CCiv., sendo aqui fundamental o papel dos liquidatários, no âmbito do processo de liquidação judicial em curso, e, em última instância, do BdP.

C61. O modo como a compensação opera, *i.e.*, se mediante declaração ou *ipso iure*, se com eficácia *ex tunc* ou *ex nunc*, respeita à relação *inter partes*. Para aferir da função de garantia da compensação, teremos que olhar à eficácia (ou oponibilidade) da mesma face a terceiros, seja relativamente àqueles que adquiriram o direito de um dos credores recíprocos, seja relativamente ao modo como a mesma se impõe após a declaração de insolvência.

C62. No âmbito da relação *inter partes*, consideramos não ser possível sustentar a ideia da compensabilidade como uma garantia, no sentido de afetação preferencial de um determinado património à satisfação de um crédito, pois é apenas no momento da declaração que do património do devedor compensado "sai" o crédito recíproco, ou seja, até ao momento da declaração de compensação pelo credor compensante, todo o património do credor compensado está adstrito à satisfação daquele crédito. É o mecanismo extintivo da compensação que faz com que, uma vez declarada, se circunscrevam os limites dessa adstrição ao valor do crédito compensante (ou do compensado, caso aquele seja de maior valor). Assim, nestes exatos limites, consideramos que a compensação não é senão uma causa de extinção das obrigações, com carácter satisfativo, diferente do cumprimento.

C63. Os critérios para resolver a questão da oponibilidade da compensação face a terceiros não provém do modo como tenhamos configurado a compensação *inter partes*, mas dos princípios de política legislativa que o legislador quis fazer valer.

C64. No nosso ordenamento jurídico, a regra geral é a da não admissibilidade da compensação se houver *prejuízo de direitos de terceiro, constituídos antes de os créditos se tornarem compensáveis* (artigo 853.°, n.° 2 do CCiv.), sendo depois concretizada quer no regime da cessão quer no regime da al. *a*) do n.° 1 do artigo 99.° do CIRE. Tal princípio cede, porém, no caso da al. *b*) do n.° 1 do artigo 99.° do CIRE, bem como relativamente às operações de compensação operadas nos sistemas de liquidação (artigo 101.° do CIRE), nos contratos de garantia financeira (Decreto-Lei n.° 105/2004, de 8 de maio, alterado pelo Decreto-Lei n.° 85/2011, de 29 de junho e pelo Decreto-Lei n.° 192/2012, de 23 de agosto) e nos casos das convenções de compensação e de *netting* (Decreto-Lei n.° 70/97, de 3 de abril *ex vi* artigo 33.° do RLICSF) com as limitações impostas pelo recente artigo 145.°-L do RGICSF.

C65. A necessidade de declaração aliada ao facto de a adstrição do crédito compensado ao crédito compensante operar por força do mecanismo extintivo da compensação afastam a ideia da situação de compensabilidade como garantia real.

C66. Não obstante, enquanto causa de extinção de créditos recíprocos, o nosso ordenamento jurídico reconhece à compensação eficácia perante terceiros, quer nos casos de transferência de um dos créditos recíprocos quer na hipótese de insolvência, com a correspetiva limitação do princípio da *par conditio creditorum*, atribuindo, portanto, à compensação uma função de garantia.

Bibliografia

ABBADESSA, PIETRO – *Obbligio di far credito*, *in* Encliclopedia del Diritto, vol. XXIX, Milano, Giuffrè, pp. 529-538 [Mc: *Obbligio di far credito*].

ABUDO, JOSÉ IBRAIMO [Mc: Ibraimo Abudo] – *Do contrato de depósito bancário*, Instituto de Cooperação Jurídica da Faculdade de Direito da Universidade de Lisboa, Almedina, Coimbra, 2004 [Mc: *Do contrato de depósito bancário*]

ALVES, HUGO RAMOS [Mc: Ramos Alves] – *Do Penhor*, Almedina, Coimbra, 2010 [Mc: *Do penhor*];

___, *Sobre a função de garantia da compensação*, Sep. da Revista O Direito, Ano 142.°, V, Almedina, Coimbra, 2010 [Mc: *Sobre a função de garantia da compensação*].

ANDRADE, MANUEL DE – *Teoria geral da relação jurídica*, vol. II, Livraria Almedina, Coimbra, 1983 [Mc: *Teoria geral da relação jurídica*].

ANTUNES, JOÃO TIAGO MORAIS [Mc: Morais Antunes] – *Do contrato de depósito escrow*, Almedina, Coimbra, 2007 [Mc: *Do contrato de depósito escrow*].

ANTUNES, JOSÉ ENGRÁCIA [Mc: Engrácia Antunes] – *Os instrumentos financeiros*, Almedina, Coimbra, 2009 [*Os instrumentos financeiros*].

ASCENSÃO, JOSÉ DE OLIVEIRA [Mc: Oliveira Ascensão] – *Teoria geral do direito civil*, vol. I (*Direito civil. Teoria geral – Introdução. As pessoas. Os bens*), Coimbra Editora, Coimbra, 1997 [Mc: *Teoria geral do direito civil*, I];

___, *O Direito – Introdução e Teoria Geral*, Almedina, Coimbra, 2005;

___, *Insolvência: efeitos sobre os negócios em curso*, *in* DJ, 2005, vol. XIX, tomo 2, pp. 233 e ss. [Mc: *Insolvência*].

ATHAÍDE, AGUSTO/BRANCO, LUÍS [Mc: Augusto Athaíde/Luis Branco] – *Operações bancárias*, *in* "Direito das Empresas", INA, 1990 [Mc: *Operações bancárias*].

BARATA, CARLOS LACERDA [Mc: Lacerda Barata] – *Contrato de depósito bancário*, *in* "Estudos em Homenagem ao Professor Doutor Inocêncio Galvão Telles", vol. II, Direito Bancário, Almedina, 2002, pp. 7-66 [Mc: *Contrato de depósito bancário*].

BARATA, FILIPE MANUEL FARRÉU RAMA DOS SANTOS [Mc: Filipe Santos Barata] – *As Obrigações Hipotecárias*, Coimbra Editora, Coimbra, 2013 [Mc: "As obrigações hipotecárias"].

BASOZABAL ARRUE, XAVIER [Mc:Basozabal Arrue] – *Claves para entender la compensación en Europa*, *in* InDret, Barcelona, 2009, disponível em www.indret.com.

BLAUROCK, UWE – *Das Kontokorrent*, JA, 1980, pp. 691-696 [Mc: *Das Kontokorrent*].

CABRILLAC, MICHEL/RIVES-LANGE, JEAN-LOUIS [Mc: Cabrillac/Rives-Lange] – *Dépôt et compte en banque*, *in* Encyclopédie Dalloz, Droit Commercial [Mc: *Dépôt et compte en banque*].

Camanho, Paula Ponces [Mc: Paula Camanho] – *Do contrato de depósito bancário*, reimp. com atualização bibliográfica e de jurisprudência, Almedina, Coimbra, 2005 [Mc: *Do contrato de depósito bancário*].

___, *Contrato de depósito bancário. Descoberto em conta. Direito do banco que paga o cheque não provisionado. Conta solidária. (Comentário ao Acórdão do Tribunal da Relação de Coimbra de 12 de Maio de 1998), in* "Estudos em Homenagem ao Professor Doutor Inocêncio Galvão Telles", vol. II, Direito Bancário, Almedina, Coimbra, 2002, pp. 103-130 [Mc: *Contrato de depósito bancário*]

Câmara, Paulo – *A operação de titularização, in* "Titularização de Créditos", Instituto de Direito Bancário, Lisboa, 2000, p. 65-94 [Mc: *A operação de titularização*].

___, *Manual de Direito dos valores mobiliários*, Almedina, Coimbra, 2009 [*Manual de Direito dos valores mobiliários*].

Campos, Diogo Leite de [Mc: Diogo Leite de Campos] – *Anatocismo. Regras e usos particulares do comércio*, ROA, Ano 48, 1988, pp. 37-62 [Mc: *Anatocismo*].

Canaris, Claus-Wilhelm – *Bankvertragsrecht*, 3., neubearbeitete und erheblich erweiterte Auflage, Erster Teil, Berlin, 1988 [Mc: *Bankvertragsrecht*].

___, *Funktionen und Rechtsnatur des Kontokorrents*, FS Hämmerle, 1972 [Mc: *Funktionen und Rechtsnatur des Kontokorrents*].

Canotilho, J. J. Gomes/Castro, Paulo Canelas [Mc: Gomes Canotilho/Canelas Castro] – *Constitucionalidade do sistema de liquidação coactiva administrativa de estabelecimentos bancários previsto e regulado no Decreto-Lei n.º 30:689, de 27 de Agosto de 1940*, RB 23 (1992), pp. 57-87 [Mc: *Constitucionalidade do sistema de liquidação coactiva administrativa de estabelecimentos bancários*].

Carvalho, Carlos Manuel Ferreira de [Mc: Ferreira de Carvalho] – *Prontuário do Bancário, Enciclopédia Comercial/Bancária*, 5.ª ed.; Livraria Narciso, Castelo Branco, 1992. [Mc: *Prontuário do bancário*].

Chapoutot, Maurice – *Les dépôts de fonds en banque*, Paris, Librarie du Recueil Sirey, 1928 [Mc: *Les dépôts de fonds en banque*].

Chuliá, Francisco Vicent [Mc:Vicent Chuliá] – *Compendio Crítico de derecho mercantil*, Tomo II, 2.ª ed., Barcelona, 1986 [Mc: *Compendio crítico*].

___, *Introducción al derecho mercantil*, 21.ª ed., Tirant lo Blanch, Valência, 2008 [Mc: *Introducción al derecho mercantil*].

Clausen, Carsten [Mc: Clausen] – *Bank und Börsenrecht/Für studium und Praxis*, 3.ª ed., 2003 [Mc: *Bank und Börsenrecht*]

Cochat-Osório, Marta – *Depósitos bancários – compensação* (Compensação de créditos com depósitos bancários), RB, 13, janeiro-março 1990, pp. 85-89 [Mc: *Depósitos bancários*].

Coelho, José Gabriel Pinto [Mc: Pinto Coelho] – *Operações de banco*, RLJ, Ano 81.º, 1948, pp. 17-293 [Mc: *Operações de banco*].

COELHO, MARIA ÂNGELA – *vide* XAVIER, VASCO DA GAMA LOBO.

COLAGROSSO, ENRICO – *Deposito bancario, in* "Nuovo Digesto Italiano", 4.º [Mc: *Deposito bancario*].

CORDEIRO, ANTÓNIO MENEZES [Mc: Menezes Cordeiro] – *Concessão de crédito e responsabilidade bancária, in* BMJ 357 (1986), pp. 5-66 [MC: *Concessão de crédito e responsabilidade bancária*];

____, *Tratado de Direito Civil Português*, I, *Parte Geral*, Tomo II, 2.ª ed., Almedina, Coimbra, 2002 [Mc: *Tratado* I, Tomo II[2]];

____, *Banca, bolsa e crédito* (Estudos de Direito Comercial e de Direito da Economia), Vol. I, Almedina, Coimbra, 1990 [Mc: *Banca, bolsa e crédito*];

____, *Depósito bancário e compensação, in* "Estudos em Homenagem ao Professor Doutor Inocêncio Galvão Telles", vol. II, Direito Bancário, Almedina, Coimbra, 2002, pp. 89-102 [Mc: *Depósito bancário e compensação*];

____, *Da compensação no direito civil e no direito bancário*, Almedina, Coimbra, 2003 [Mc: *Da compensação*];

____, *A crise planetária de 2007-2010 e o governo das sociedades*, RDS, Ano I (2009), n.º 2, pp. 236-286 [Mc: *A crise planetário de 2007-2010 e o governo das sociedades*];

____, *Manual de direito bancário*, 4.ª ed., Almedina, Coimbra, 2010 [Mc: *Manual de direito bancário*].

COSTA, MÁRIO JÚLIO DE ALMEIDA [Mc: Almeida Costa] – *Direito das obrigações*, 10.ª ed. (rev. e at.), Almedina, Coimbra, 2005 [Mc: *Direito das obrigações*].

DUPOUY, CLAUDE – *Précis de droit commercial*, Tome 1, Paris, Dunod, 1976 [Mc: *Précis de droit commercial*].

ESCARRA, JEAN – *Principes de droit commercial*, Tome VI, Paris, Librairie du Recueil Sirey, 1937 [Mc: *Principes de droit commercial*].

FARIA, JORGE LEITE AREIA RIBEIRO DE [Mc. Ribeiro de Faria] – *Direito das obrigações*, 2 vols., Almedina, Coimbra, s/d mas 1990 [Mc: Obrigações I (ou II)].

FERNANDES, LUÍS CARVALHO [Mc: Carvalho Fernandes] – *Efeitos substantivos da declaração de falência, in* DJ, 1995, vol. IX, tomo 2, pp. 19 e ss. [Mc: *Efeitos substantivos da declaração de falência*];

____, *A admissibilidade do negócio fiduciário no direito português, in* "Estudos sobre a simulação, Quid Juris, Lisboa, 2004, pp. 242 e ss.;

____, *Efeitos substantivos privados da declaração de insolvência, in* "Colectânea de estudos sobre a insolvência", Quid Juris, Lisboa, 2009 [Mc: *Efeitos substantivos*].

FERNANDES, LUÍS CARVALHO/LABAREDA, JOÃO [Mc: Carvalho Fernandes/João Labareda] – *Código da insolvência e da recuperação de empresas anotado (actualizado de acordo com o Decreto-Lei n.º 282/2007)*, Quid Juris, Lisboa, 2008 [Mc: *CIRE anotado*].

FERREIRA, HUGO ROSA [Mc: Rosa Ferreira] – *Compensação e Insolvência*, in "Direito da Insolvência – Estudos", Coord. Rui Pinto, 1.ª ed., Coimbra Editora, Coimbra, 2011, pp. 9-64 [Mc: *Compensação e Insolvência*].

FERREIRA, MANUEL REQUICHA [Mc: Requicha Ferreira] – *Estado de insolvência, in* "Direito da Insolvência – Estudos", Coord. Rui Pinto, 1.ª ed., Coimbra Editora, Coimbra, 2011, pp. 131-386 [Mc: *Estado de insolvência*].

FERRI, GIUSEPPE – *Deposito bancario, in* Enciclopedia del Dritto, vol. XII, Milano, Giuffrè Editore, 1961, pp. 278-285 [Mc: *Deposito bancario*].

FIGUEIREDO, ANDRÉ – *A compensação de créditos: estudo comparativo (Direito Português e Inglês, Princípios Unidroit e Princípios de Direito Europeu dos Contratos), in* "Estudos em Homenagem ao Professor Doutor Carlos Ferreira de Almeida", vol. II, pp. 353-385 [Mc: *A compensação de créditos: estudo comparativo*].

FIGUEIREDO, ISABEL MOUSINHO DE [Mc: Isabel Figueiredo] – *A compensação como garantia de cumprimento das obrigações, in O Direito*, Ano 139.º (2007), II, pp. 380-437 [Mc: *A compensação como garantia de cumprimento*].

GARRIGUES, JOAQUIM – *Contratos bancarios*, 2.ª edición, Madrid, 1075 [Mc: *Contratos bancários*].

GAVALDA, CHRISTIAN/STOUFFLET, JEAN [Mc: Gavalda/Stoufflet] – *Droit bancaire. Institutions. Comptes. Opérations. Services*, 7.ª ed., Litec, Paris, 2008 [Mc: *Droit bancaire*].

GOMES, MANUEL JANUÁRIO DA COSTA [Mc: M. J. Costa Gomes] – *Assunção fidejussória de dívida. Sobre o sentido e âmbito da vinculação como fiador*, Almedina, Coimbra, 2000 [Mc: *Assunção fidejussória de dívida*];

___, *Penhora de direitos de crédito. Breves notas, in* "Estudos de Direito das Garantias", Almedina, Coimbra, 2004.

GONÇALVES, LUÍS DA CUNHA [Mc: Cunha Gonçalves] – *Tratado de direito bancário em comentário ao código civil português*, vol. VIII, Coimbra Editora, Coimbra, 1934 [Mc: *Tratado*]

GRECO, PAOLO – *Corso di diritto bancario*, vol. I, 2.ª ed., Padova, Cedam, 1936 [Mc: *Corso di diritto bancario*].

HOPT, KLAUS J./MÜLBERT, PETER O. [Mc: Hopt/Mülbert] – *Bankkreditrecht, in* "Staudingers kommentar zum BGB", Zweites Buch, § 607. ss, 12 ed. Auflage, Schweitzer, Berlin, 1989 [Mc: *Bankkreditrecht*].

JARDIM, ALEXANDRE – *Acordos de garantia financeira: o respectivo regime jurídico face ao Decreto-Lei n.º 105/2004, de 8 de Maio. Algumas questões, in* RB, n.º 62, julho/dezembro, 2006, pp. 141-169. [Mc: *Acordos de garantia financeira*].

JORGE, FERNANDO PESSOA [Mc: Pessoa Jorge] – *Lições de direito das obrigações*, AAFDL, Lisboa, 1967 [Mc: *Lições*].

JUGLART, MICHEL/IPPOLITO, BENJAMIN [Mc: Juglart/Ippolito] – *Banques et Bourses*, *in* Traité de Droit Commercial, Tome 7, 3ème ed., par Lucien M. Martin, Paris, Editions Montchrestien, 1991 [Mc: *Banques et Bourses*].

KÜMPEL, SIEGFRIED [Mc: Kümpel] – *Bank und Kapitalmarkrecht*, Otto Schimdt Verlag, Köln, 1995 [Mc: *Bank und Kapitalmarkrecht*].

LA LUMIA, ISIDORO – *Depositi bancari*, I, Torino, Unione Tipográfico, Editrice Torinense, 1913 [Mc: *Depositi bancari*].

LABAREDA, JOÃO – *Pressupostos subjectivos da insolvência: Regime particular das instituições de crédito e sociedades financeiras*, *in* "Colectânea de Estudos sobre a Insolvência", coord. Carvalho Fernandes/João Labareda, Quid Juris, Lisboa, 2009, pp. 103-141 [Mc: *Regime particular das instituições de crédito*].

LIMA, F. A. PIRES DE/VARELA, J. M. ANTUNES [Mc: Pires de Lima/Antunes Varela] – *Código civil anotado*, vol. I, 4.ª ed., Coimbra Editora, Coimbra, 1987 e vol. II, 4.ª ed., rev. e at., Coimbra Editora, Coimbra, 1997 [Mc: *Código civil anotado*, vol. I[4] (ou vol. II[4]].

LEITÃO, LUÍS MANUEL TELES DE MENEZES [Mc: Menezes Leitão] – *Direito das obrigações (Transmissão e extinção das obrigações. Não cumprimento e garantias de crédito)*, vol. II, 2.ª ed., Almedina, Coimbra, 2003 [Mc: *Direito das obrigações*, II[2]];

____, *Código da insolvência e da recuperação de empresas. Anotado*, Almedina, Coimbra, 2004 [Mc: *CIRE anotado*];

____, *Cessão de créditos*, Almedina, Coimbra, 2005 [Mc: *Cessão de créditos*];

____, *Direito da insolvência*, 3.ª ed., Almedina, Coimbra, 2011 [Mc: *Direito da insolvência*[3]].

LORDI – *Instituzioni di diritto commercialle*, II, Padova, Cedam, 1943 [Mc: *Instituzioni di diritto commercialle*].

LUIS, ALBERTO – *Direito bancário. Temas críticos e legislação conexa*, Almedina, Coimbra, 1985 [Mc: *Direito bancário*].

MATIAS, ARMINDO SARAIVA [Mc: Saraiva Matias] – *A insolvência no direito bancário*, *in* DJ, 2005, vol. XIX, tomo 2, pp. 291-302 [Mc: *A insolvência no direito bancário*];

____, *Obrigações hipotecárias e titularização de créditos hipotecários*, *in* ROA, Ano 69, janeiro/março-abril/junho 2009, pp. 109 e ss. [Mc: *Obrigações hipotecárias e titularização de créditos hipotecários*].

MARTINEZ, PEDRO ROMANO E FUZETA DA PONTE, PEDRO [Mc: Pedro Romano Martinez/Fuzeta da Ponte] – *Garantias de cumprimento*, 4.ª ed., Almedina, Coimbra, 2003 [Mc: *Garantias de cumprimento*].

MENDES, João de Castro [Mc: Castro Mendes] – *Comentários ao Código Civil – artigo 852.º (Compensação de obrigações com lugares diferentes de pagamento)*, colaboração de Nuno Espinosa Gomes da Silva e Luís Novais Lingnau da Silveira, Centro de Estudos de Direito Civil, Lisboa, 1973 [Mc: *Comentários ao artigo 852.º do código civil*].

MICCIO – *Dei singuli contratti e delle altre fonte delle obligazioni*, *in* "Commentario di Scialoja e Branca", Libro IV, Tomo IV, Torino, 1951 [Mc: *Dei singuli contratti e delle altre fonte delle obligazioni*].

MOLLE, GIACOMO – *Deposito bancario*, *in* "Novissimo Digesto Italiano", vol. V, Torino, Unione Tipográfico – Editrice Torinense, 1975 [*Deposito bancario*];

___, *I contrati bancari*, 4.ª ed., *in* "Trattato di diritto civile e commerciale", vol. XXXV, t. 1, Milano, Giuffrè, 1981 [Mc: *I contrati bancari*].

MONTEIRO, MANUEL – *O recente regime português da titularização de créditos*, *in* "Titularização de Créditos", Instituto de Direito Bancário, Lisboa, 2000, p. 193-233.

MUÑOZ-PLANAS, JOSE MARIA – *Titularidad y "propriedad" en las cuentas bancarias indistintas*, Rev. Der. Banc. Bur., Num. 45; Año XII, Enero-Marzo, 1992, pp. 7-34 [Mc: *Titularidad y "propriedad" en las cuentas bancarias indistintas*];

___, *Cuentas bancarias con varios titulares*, Civitas, Madrid, 1993 [Mc: *Cuentas bancarias con varios titulares*].

MÚRIAS, PEDRO – *Um conceito de atribuição para o direito do não cumprimento,* O Direito, ano 140.º/IV, 2008, também disponível em http://muriasjuridico.no.sapo.pt/yAtribuicaoNet.pdf .

MÚRIAS, PEDRO E PEREIRA, MARIA DE LURDES [Mc: Pedro Múrias/Maria de Lurdes Pereira] – *Sobre o conceito e a extensão do sinalagma*, *in* "Estudos em Honra do Professor Doutor José de Oliveira Ascensão , vol. I, Almedina, Coimbra, 2008.

NUNES, FERNANDO CONCEIÇÃO [Mc: Conceição Nunes] – *Depósito e conta*, *in* "Estudos em Homenagem ao Professor Doutor Inocêncio Galvão Telles", vol. II, Direito Bancário, Almedina, 2002, pp.67-88 [Mc: *Depósito e conta*];

___, *Direito Bancário*, Súmula das aulas dadas ao 5.º ano (menções de Ciências Jurídicas e de Ciências Económicas) da Fac. De Direito de Lisboa, no ano letivo de 1992/93, Lisboa, AAFDL, 1992 [Mc: *Direito Bancário*].

NUNES, FERNANDO CONCEIÇÃO/CÂMARA, PAULO [Mc: Conceição Nunes/Paulo Câmara] – *Direito bancário. Programa, bibliografia e textos de apoio*, AAFDL, 1994/1995 [Mc: *Direito bancário*].

PATRÍCIO, JOSÉ SIMÕES [Mc: Simões Patrício] – *Direito bancário privado*, Quid Juris, Lisboa, 2004 [Mc: *Direito bancário privado*];

___, *A operação bancária de depósito*, Ecla Editora, Porto, 1994 [Mc: *A operação bancária de depósito*].

PEREIRA, MARIA DE LURDES – *Conceito de prestação e contraprestação*, Almedina, Coimbra, 2001 [Mc: *Conceito*].

PERLINGIERI, PIETRO – *Dei modi di estinzione delle obbligazione diversi dall' adempimento* (Artt. 1230-1259), *in* "Comm. Cod. Civ. a cura di Scialoja-Branca", 1975 [Mc: *Dei modi di estinzione delle obbligazione diversi dall' adempime*].

PIRES, JOSÉ MARIA [Mc: José Maria Pires] – *Elucidário de direito bancário*, Coimbra Editora, Coimbra, 2002 [Mc: *Elucidário*].

PONT, MANUEL BROSETA [Mc: Broseta Pont] – *Manual de derecho mercantil*, 8.ª ed., Madrid, Tecnos, 1990 [Mc: *Manual de derecho mercantil*].

PRINCIPE, ANGELA – *La responsabilitá della banca nei contratti di custodia*, Quaderni di Banca Borsa i Titolli di Credito, 4, Milano, Guiffrè, 1983 [Mc: *La responsabilitá della banca nei contratti di custodia*].

QUELHAS, JOSÉ MANUEL – *Sobre a evolução recente do sistema financeiro (novos "produtos financeiros")*, Coimbra Editora, Coimbra, 1996 [*Sobre a evolução recente do sistema financeiro*].

ROJO AJURÍA, LUÍS [Mc: Rojo Ajuría] – *La compensación como garantia*, Civitas, Madrid, 1991 [Mc: *La compensación como garantía*];

___, *Comentario a la sentencia de 21 de Abril de 1988*, Cuadernos Civitas de Jurisprudencia Civil, 16, enero/marzo, 1988 [Mc: *Comentario*].

SÁ, FERNANDO AUGUSTO CUNHA DE [Mc: Cunha de Sá] – *Modos de extinção das obrigações*, *in* "Estudos em Homenagem ao Professor Doutor Inocêncio Galvão Telles, vol. I, Direito Privado e Vária, Almedina, Coimbra, 2002, pp. 171-262 [Mc: *Modos de extinção das obrigações*].

SCHINTOWSKI, HANS-PETER/SCHÄFER, FRANK A. [Mc: Schintowski/Schäfer] – *Bankrecht/Commercial Banking – Investment Banking*, 2.ª ed., Carl Heymanns, Köln/Berlin/Bonn/München, 2004 [Mc: *Bankrecht*].

SCHUMANN, HANS – *Handelsrecht*, II, Wiesbaden, 1954 [Mc: *Handelsrecht*].

SCORDINO, F. – *Il contratti bancari*, Napoli, 1965 [Mc: *Il contratti bancari*].

SERRA, ADRIANO PAIS DA SILVA VAZ [Mc: Vaz Serra] – *Compensação, Estudo de política legislativa*, *in* Sep. n.° 31 do BMJ, Lisboa, 1952 [Mc: *Compensação*];

___, *Cessão de créditos ou de outros direitos*, BFDUC, XXXI (1955), pp. 190-365 [Mc: *Cessão de créditos*, BFDUC XXXI];

___, *Penhor*, *in* BMJ 59 (outubro de 1956), pp. 13-269 [Mc: *Penhor*, BMJ 59].

SERRA, CATARINA – *A falência no quadro da tutela jurisdicional dos direitos de crédito – o problema da natureza jurídica do processo de liquidação aplicável à insolvência no Direito português*, Coimbra Editora, Coimbra, 2009 [Mc: *A falência no quadro da tutela jurisdicional dos direitos de crédito*];

___, *O novo regime português da insolvência. Uma introdução*, 4.ª ed., Almedina, Coimbra, 2010 [Mc: *O novo regime português da insolvência*].

SILVA, JOÃO CALVÃO DA [Mc: Calvão da Silva] – *Direito bancário*, Almedina, Coimbra, 2001 [Mc: *Direito bancário*];

___, *Titul[ariz]ação de créditos. Securitization*, 2.ª ed., Almedina, Coimbra, 2005 [Mc: *Titul[ariz]ação*];

___, *Banca, Bolsa e Seguros. Direito Europeu e Português*, Tomo I, Parte Geral, 2.ª ed., Almedina, Coimbra, 2007 [Mc: *BBS*].

Simonetto, Ernesto – *Los contratos de credito (trad.)*, Bosch, Barcelona, 1958 [Mc: *Los contratos de credito (trad.)*].

Sotgia, S. – *Dei contratti bancari*, *in* "Commentario del codice civile", a cura di D'Amelio, voce Obbligazioni, II, Libro Iv, Firenze, 1949 [Mc: *Dei contratti bancari*].

Sousa, Miguel Teixeira de [Mc: Teixeira de Sousa] – *Observações críticas sobre algumas alterações ao Código de Processo Civil*, *in* BMJ, n.º 328, julho, 1983 [Mc: *Observações críticas*];

___, *A verificação do passivo no processo de falência*, RFDUL, 1995, pp. 353 e ss. [Mc: *A verificação do passivo no processo de falência*].

Stolfi, Nicola – *Diritto Civile*, vol. IV, *I contratti speciali*, UTET, Torino, 1934 [Mc: *Dritto Civile*].

Telles, Inocêncio Galvão – *Contratos civis*, RFDUL, X, 1954, pp. 161-245 [Mc: *Contratos civis*].

Trimarchi, Pietro – *Instituzioni di diritto privatto*, 30.ª ed., Giuffrè, Milano, 2000 [Mc: *Instituzioni di diritto privatto*].

Uría, Rodrigo – *Derecho mercantil*, 18.ª ed., Madrid, Marcial Pons, 1991 [Mc: *Dereceho mercantil*].

Valpuesta Gastaminza, Eduardo M.ª [Mc: Valpuesta Gastaminza] – *Depositos bancarios de dinero*, *in Contratos Bancarios*, Madrid, Civitas, 1992 [Mc: *Depositos bancários de dinero*];

___, *El contrato de cuenta corriente*, *in* Valpuesta Gastaminza (coord.)/Cuesta Rute (dir.), "Contratos mercantiles. Contratos bancarios, del mercado de valores y de seguros", vol. III, Bosch, Madrid, 2007 [Mc: *El contrato de cuenta corriente*].

Varela, João de Matos Antunes [Mc: Antunes Varela] – *Depósito bancário*, RB, n.º 21, janeiro/março, Associação Portuguesa de Bancos, Lisboa, 1992, pp. 41-75 [Mc: *Depósito bancário*];

___, *Das obrigações em geral*, I, 9.ª ed. (1996) e II, 7.ª ed. (1997), Almedina, Coimbra [Mc: *Obrigações* I[9] (ou II[7]).

Vasconcelos, Luis Miguel Pestana de [Mc: Pestana de Vasconcelos] – *A cessão de créditos em garantia e a insolvência. Em particular da posição do cessionário na insolvência do cedente*, Coimbra Editora, Coimbra, 2007 [Mc: *A cessão de créditos em garantia*];

___, *Direito das Garantias*, Almedina, Coimbra, 2010 [Mc: *Direito das garantias*].

Vasseur, Michel/Marin, X. [Mc: Vasseur/Marin] – *Les comptes en banque*, *in* "Banque et opérations de banque", de Joseph Hamel, Tome I [Mc: *Les comptes en banque*].

Veiga, Vasco Soares da [Mc: Soares da Veiga] – *Direito Bancário*, Almedina, Coimbra, 1997

VENTURA, RAÚL – *O contrato de compra e venda no código civil*, *in* ROA 43 (1983), pp. 587-643 [Mc: *O contrato de compra e venda*].

XAVIER, VASCO DA GAMA LOBO/COELHO, MARIA ÂNGELA [Mc: Lobo Xavier/Ângela Coelho] – *Acórdão do Supremo Tribunal de Justiça, de 5 de Março de 1987 – Depósito bancário a prazo, levantamento antecipado – Anotação*, RDE, n.º 14, 1988, p. 304 [Mc: *Depósito bancário a prazo*].

A transferência a crédito – Notas caracterizadoras no contexto da SEPA e do Regime Jurídico dos Serviços de Pagamento

DR.ª RITA MAFALDA VERA-CRUZ PINTO BAIRROS*

Lista de abreviaturas

BIC – Código de Identificação Bancária
CA/ATM – Caixa Automático/*Automated Teller Machine*
CC – Código Civil
C.Com. – Código Comercial
CE/EC – Comissão Europeia/*European Commission*
CNUDCI/UNCITRAL – *Commission des Nations Unies pour le Droit Commercial International/United Nations Commission on International Trade Law*
DR – Diário da República
DSP/PSD – Diretiva dos Serviços de Pagamento/*Payment Services Directive*
EFT – *Electronic Funds Transfer*
EFTA – *Electronic Funds Transfer Act*
EFTS – *Electronic Funds Transfer System*
EPC – *European Payments Council*

* Jurista no Banco de Portugal.

IBAN – *International Bank Account Number*
IC – Instituição de Crédito
IP – Instituição de Pagamento
NIB – Número de Identificação Bancária
PIN – *Personal Identification Number*
RGICSF – Regime Geral das Instituições de Crédito e Sociedades Financeiras
RJSP – Regime Jurídico dos Serviços de Pagamento
SEPA – Área Única de Pagamentos em Euro/ *Single Euro Payments Area*
SIBS – SIBS Forward Payment Solutions, S.A.
SICOI – Sistema de Compensação Interbancária
SWIFT – *Society for Worldwide Interbank Financial Telecommunication*
TARGET2 – Sistema de Transferências Automáticas Transeuropeias de Liquidação por Bruto em Tempo Real/ *Transeuropean Automated Realtime Gross settlement Express Transfer system, 2nd generation*
TEI – Transferência Eletrónica Interbancária
TPA/POS – Terminal de Pagamento Automático/ *Point of Sale*
UE/EU – União Europeia/ *European Union*

1. Nota introdutória**

A transferência a crédito, objeto deste estudo, é vista como um instrumento de pagamento[1] indispensável no quotidiano, por meio do qual são realizados

** As opiniões expressas representam exclusivamente as posições da Autora e estão atualizadas com referência a abril de 2012.
As indicações bibliográficas de todas as obras referidas no texto encontram-se, de modo completo, no final do trabalho. Nas citações apenas se identificam sumariamente o autor, a obra em causa e a página, para referência. Para simplificação do texto são usadas algumas abreviaturas, que elencamos no início do estudo.
Todas as referências legislativas sem indicação de fonte reportam-se ao Regime Jurídico que regula o Acesso à Atividade das Instituições de Pagamento e a Prestação de Serviços de Pagamento, abreviadamente referido como RJSP (Regime Jurídico dos Serviços de Pagamento), aprovado pelo Decreto-Lei n.º 317/2009, de 30 de outubro, que transpôs para a ordem jurídica interna o novo enquadramento comunitário em matéria de serviços de pagamento – Diretiva 2007/64/CE do Parlamento Europeu e do Conselho, de 13 de novembro, abreviadamente referida como DSP (Diretiva dos Serviços de Pagamento).
Ter-se-á em conta a versão original e atual do diploma, pese embora exista um anteprojeto de alteração do mesmo, em consequência da transposição da Diretiva 2009/110/CE do Parlamento Europeu e do Conselho, de 16 de setembro de 2009, relativa ao acesso à atividade das instituições de moeda eletrónica, ao seu exercício e à sua supervisão prudencial (2.ª Diretiva da Moeda Eletrónica), uma vez que não altera de modo substancial as matérias aqui abordadas.
Sobre a moeda eletrónica, cf. o nosso Relatório de Mestrado Científico com o título "Moeda Eletrónica: algumas questões", apresentado no seminário de Regulação Económica, sob a regência do Professor Doutor José Renato Gonçalves.
Todos os sítios da Internet referidos ao longo do texto foram consultados pela última vez a 30 de abril de 2012.
Agradece-se a oportunidade para a presente publicação ao Senhor Professor Januário da Costa Gomes.

pagamentos de todo o género, sendo hoje um dos mais usuais tipos de operações bancárias que as instituições de crédito facultam aos seus clientes.

O senso comum representa a transferência a crédito como uma realidade necessariamente inserida no contexto bancário e tradicionalmente incluída no serviço de caixa prestado pelos bancos aos utilizadores de serviços de pagamento.

Atualmente, a transferência a crédito é realizada, em larga escala, de forma eletrónica, recorrendo aos caixas automáticos ou aos serviços de *homebanking* disponibilizados pelos bancos, pelo que é um modo privilegiado de realizar pagamentos, não só pela facilidade de acesso por parte dos utilizadores, mas também pela sua celeridade, eficácia e segurança.

Os utilizadores deste instrumento de pagamento, aqueles que a ele recorrem, tipicamente, para saldar as suas dívidas, concebem a transferência simplesmente como uma ordem dada ao seu banco para que este envie um determinado montante da sua conta bancária para outra conta bancária. O utilizador de serviços de pagamento interessa-se, sobretudo, pelos métodos e procedimentos à sua disposição para realizar a transferência a crédito, pelos custos que a sua execução poderá representar e pelos prazos de disponibilização de fundos ao seu credor, o beneficiário.

O Banco de Portugal, no âmbito das suas competências, nomeadamente ao nível da promoção do bom funcionamento dos sistemas de pagamentos[2], acompanha e promove o funcionamento transparente e eficiente dos mercados dos produtos financeiros a retalho.

Com o objetivo do desenvolvimento da literacia dos consumidores de serviços financeiros, o Banco de Portugal, adotando a perspetiva da relação entre o banco e o seu cliente, reconhece a transferência a crédito como um dos instrumentos de pagamento mais utilizados e avança com algumas noções e diretrizes, caracterizando-a, desde logo, como um "produto bancário" e defi-

[1] Cabe fazer, desde já, um reparo. Baseados na diferenciação, normalmente feita pelos economistas, entre meios e instrumentos de pagamento, utilizaremos, regularmente, a expressão "instrumento de pagamento" para designar a transferência a crédito, querendo com isto significar que a transferência a crédito é um dos instrumentos utilizados para movimentar moeda, designadamente, moeda escritural. Não obstante, o RJSP utiliza a mesma expressão num sentido diferente, como veremos adiante.
A respeito da dicotomia meios de pagamento/instrumentos de pagamento, cf. Simões Patrício, *Direito Bancário Privado*, 192-194.

[2] Cf. artigo 14.º da Lei Orgânica do Banco de Portugal, aprovada pela Lei n.º 5/98, de 31 de Janeiro, com as alterações introduzidas pelos Decretos-Leis n.os 118/2001, de 17 de abril, 50/2004, de 10 de março e 39/2007, de 20 de fevereiro.

nindo-a como uma operação bancária efetuada por iniciativa de um ordenante, através de uma instituição de crédito, destinada a colocar quantias em dinheiro à disposição de um beneficiário[3]. A transferência a crédito aparece, pois, como um instrumento de movimentação de fundos entre contas de depósito.

Na sua vertente eletrónica – transferência a crédito efetuada de forma eletrónica – e interbancária – em que são intervenientes duas instituições de crédito distintas – a transferência a crédito assume, em Portugal, a denominação de Transferência Eletrónica Interbancária (TEI) e reveste-se de especial importância no que respeita ao papel do banco central, pois que as TEI são processadas em subsistema próprio do Sistema de Compensação Interbancária (SICOI), regulado e gerido pelo Banco de Portugal[4].

Pela sua importância e predominância no panorama de utilização dos instrumentos de pagamento em Portugal[5], interessa aprofundar o conhecimento em relação ao instrumento de pagamento transferência a crédito, que, no nosso país, não tem sido objeto de individualizada investigação doutrinária[6].

E interessa particularmente no contexto em que atualmente se movem os sistemas de pagamentos e os instrumentos de pagamento de retalho: aquele criado pela recente aprovação do diploma que transpôs para a ordem jurídica interna a chamada Diretiva dos Serviços de Pagamento, o Decreto-Lei n.º 317/2009, de 30 de outubro, que aprovou o denominado Regime Jurídico dos Serviços de Pagamento (RJSP).

Este novo Regime Jurídico, ainda pouco estudado e dogmatizado, vem emprestar uma nova realidade à transferência bancária a crédito, até aqui quase desprovida de normativização, e enquadrá-la no âmbito da uniformização de

[3] Cf. "Caderno do Banco de Portugal n.º 2 – Transferências a Crédito" (2002), habitualmente constante da página do Banco de Portugal na Internet e no Portal do Cliente Bancário, mas atualmente indisponível e em atualização, devido à entrada em vigor do Decreto-Lei n.º 317/2009, de 30 de outubro. Cf., também, informação disponível em http://clientebancario.bportugal.pt.

[4] Subsistema das TEI – cf. Regulamento do Sistema de Compensação Interbancária (Instrução do Banco de Portugal n.º 3/2009, de 16 de fevereiro, publicada no Boletim Oficial n.º 2/2009).

[5] Cf. dados estatísticos relativos à utilização de instrumentos de pagamento constantes do Relatório dos Sistemas de Pagamentos (2010), publicado pelo Banco de Portugal e disponível em http://www.bportugal.pt/pt-PT/SistemasdePagamento/Publicacoes1/Biblioteca%20de%20Tumbnails/Relatório%20-%202010.pdf.

[6] Devemos, aqui, excecionar o laborioso, completo e muito interessante estudo de Catarina Gentil Anastácio, com o título *A Transferência Bancária*; bem como, de Beatriz Segorbe, *A Transferência Bancária, a Moeda Escritural e a Figura da Delegação*. Com referências mais ou menos sumárias ver, com interesse, Menezes Cordeiro, *Manual de Direito Bancário*, 525-533, e Simões Patrício, *Direito Bancário Privado*, 214-227.

regras relativas aos direitos e obrigações relativos à prestação e utilização de serviços de pagamento operada com vista à prossecução do objetivo europeísta da Área Única de Pagamentos em Euro (*Single Euro Payments Area* – SEPA).

Propomo-nos, portanto, questionar, à luz do novo enquadramento jurídico e das novas tendências europeias ao nível dos sistemas de pagamentos, a figura da transferência a crédito.

2. **Delimitação do tema e clarificação terminológica**

Antes de mais, cumpre delimitar o objeto do presente estudo. Ocupar-nos-emos da transferência a crédito e não, em geral, da transferência bancária de fundos. Entendida como «qualquer processo ou mecanismo através do qual se realiza a transmissão de determinando montante monetário de uma conta bancária para outra através de um duplo jogo de inscrições de conteúdo idêntico, mas com sentidos opostos – a débito e a crédito – nessas contas»[7], a transferência bancária de fundos é um fenómeno mais lato do que aquele que pretendemos estudar e no qual a transferência a crédito se inclui.

Acompanhamos Catarina Anastácio[8] na visão tripartida da realidade que a noção de transferência bancária pode abarcar: «transferência bancária enquanto meio de pagamento, a relação jurídica fundamental que lhe subjaz e o complexo de relações jusbancárias que se desenvolvem para lhe dar execução»[9].

O objeto de estudo é, então, a transferência a crédito, enquanto operação de pagamento autónoma, uma das formas de transferência de fundos entre contas bancárias. Na verdade, são também transferências de fundos as chamadas transferências a débito, as quais podem reconduzir-se a operações com cartões de pagamento, a cheques ou a débitos diretos.

A diferença entre transferências a crédito e a débito reside no papel ativo do ordenante e do beneficiário. Assim, nas transferências a crédito, cabe ao ordenante o papel ativo: é ele quem solicita ao banco a execução da transferência. É ele quem dá início à operação e solicita ao banco que credite a conta do beneficiário com determinado montante. Por isso, a transferência se diz a crédito. Nas transferências a débito, o papel ativo cabe ao beneficiário. É o beneficiário que tem o impulso de iniciar a operação, solicitando ao seu banco que

[7] Catarina Anastácio, *A Transferência Bancária*, 27.

[8] *A Transferência Bancária*, 19-20.

[9] Esta perspetiva é, também, adoptada por alguma jurisprudência (cf., por exemplo, Acórdão da Relação de Coimbra, de 14 de junho de 2005).

realize a transferência de fundos no sentido contrário: a ordem é de débito e não de crédito de determinada conta[10].

No fundo, trata-se, como afirma Simões Patrício, de uma distinção baseada no critério formal do sujeito ator da ordem para que se efetue a transferência: no caso da transferência a crédito, o autor é o titular dos fundos a transmitir; na transferência a débito, o autor é o próprio beneficiário da transferência. Há sempre uma conta bancária debitada e outra creditada, mas, na transferência a crédito, o ordenante, normalmente devedor, instrui o banco para que pague; ao contrário, na transferência a débito, o devedor autoriza o seu banco a pagar a determinado credor. «Num caso os fundos são "levados" ao credor, enquanto que no outro é este que os vai "buscar" ou levantar»[11].

Importa, também explicar que usaremos a expressão "transferência a crédito" e não "transferência de crédito", como, por exemplo, Maria Raquel Guimarães, Simões Patrício, ou Catarina Anastácio. Na verdade, como bem argumenta José António Veloso, a designação por nós preferida «tem a vantagem de evitar a sugestão de que os meios de pagamento considerados impliquem transmissão de posições jurídicas obrigacionais, v.g. cessão de créditos ou assunção de dívidas, que efetivamente não existe». Esta vantagem não é, no entanto, suficientemente forte para que o autor considere correta a utilização da expressão "transferência a crédito"[12].

Não obstante, a ela nos referiremos ao longo deste trabalho, especialmente porque o termo "transferência a crédito" foi aquele adotado tanto pelo Banco de Portugal, nos seus documentos oficiais[13], incluindo traduções de documentação europeia, como por toda a comunidade bancária, sendo, hoje, de utilização comum e relativamente uniforme.

Esclarecer também que, como veremos, nem só os bancos podem executar transferências a crédito, pelo que a expressão "transferência bancária", quando por nós utilizada, apesar de não ser a mais correta, por não permitir incluir a totalidade das entidades que podem executar transferências a crédito, pretende

[10] Sem prejuízo de que, para ordenar ao seu banco que debite a conta de terceira pessoa, o beneficiário, neste caso o credor da relação subjacente, tenha obtido a autorização do devedor para o efeito.

[11] Simões Patrício, *Direito Bancário Privado*, 217-218.

[12] José António Veloso, *A Desinstitucionalização dos Pagamentos Cashless*, 1194, nota 5. Adiante explicitaremos as referências aos institutos jurídicos mencionados. Cf. Capítulo 7.

[13] Cf. Relatórios dos Sistemas de Pagamentos, "Caderno do Banco de Portugal n.º 2 – Transferências a Crédito", Relatórios de Supervisão Comportamental. Cf. também informação disponível no site do Banco de Portugal e no Portal do Cliente Bancário, dirigida, especialmente, aos utilizadores de serviços bancários.

simplificar o texto e fazer referência a uma expressão que está, por enquanto, enraizada no vocabulário académico e na realidade bancária do nosso país.

A este respeito, importa fazer uma breve visita às versões em português de alguns dos instrumentos normativos europeus mais importantes a respeito da transferência a crédito e a que, mais tarde, nos referiremos com pormenor. Por ordem cronológica, verifica-se que:

- a Diretiva 97/5/CE do Parlamento Europeu e do Conselho, de 27 de janeiro de 1997, relativa às transferências transfronteiras, na sua versão portuguesa, traduzia *cross-border credit transfer* por *transferência transfronteiras*, definindo-a como *uma operação efetuada por iniciativa de um ordenante através de uma instituição, ou de uma sucursal, situada num Estado-Membro, destinada a colocar uma quantia de dinheiro à disposição de um beneficiário numa instituição, ou numa sua sucursal situada noutro Estado-Membro* [cf. alínea *f)* do artigo 2.º];
- o Regulamento (CE) n.º 2560/2001 do Parlamento Europeu e do Conselho, de 19 de dezembro de 2001, relativo aos pagamentos transfronteiras em euro, traduzia *cross-border credit transfers* para a expressão portuguesa *transferências bancárias transfronteiras*, definindo-as de forma idêntica à da Diretiva 97/5/CE;
- a Diretiva 2007/64/CE do Parlamento Europeu e do Conselho, de 13 de novembro de 2007, relativa aos serviços de pagamento no mercado interno, que revoga a Diretiva 97/5/CE, refere-se a *transferências bancárias*, quando a versão inglesa fala de *credit transfers*;
- o Regulamento (CE) n.º 924/2009 do Parlamento Europeu e do Conselho, de 16 de setembro de 2009, relativo aos pagamentos transfronteiriços na Comunidade e que revoga o Regulamento (CE) n.º 2560/2001, não se refere expressamente a transferências a crédito, mas, em geral, a *pagamentos transfronteiriços e a operações de pagamento*[14];
- o Regulamento (UE) n.º 260/2012 do Parlamento Europeu e do Conselho, de 14 de março de 2012, que estabelece requisitos técnicos e de negócio para as transferências a crédito e os débitos diretos em euros e que altera o Regulamento (CE) n.º 924/2009, emprega a expressão *transferência a crédito* traduzida do inglês *credit transfer*, definindo-a como *um serviço de pagamento nacional ou transfronteiriço que consiste em creditar na*

[14] Estando a figura da transferência a crédito incluída na definição de "operação de pagamento": o ato, iniciado pelo ordenante ou pelo beneficiário ou por intermédio deste último, de depositar, transferir ou levantar fundos, independentemente de quaisquer obrigações subjacentes entre o ordenante e o beneficiário [cf. número 7. do artigo 2.º Regulamento (CE) n.º 924/2009].

conta de pagamento de um beneficiário uma operação de pagamento ou uma série de operações de pagamento a partir da conta de pagamento de um ordenante, sendo o crédito efetuado pelo PSP [prestador de serviços de pagamento] *que detenha a conta de pagamento do ordenante com base em instruções deste*[15].

É possível retirar algumas conclusões desta breve análise. A opção pelo uso da expressão transferência bancária para significar *credit transfer* não parece, de todo, a mais correta. Apesar de, como vimos, a utilização do qualificativo "bancário" não implicar, necessariamente, a intervenção de um banco, a verdade é que, assim, omite-se o carácter "a crédito" da transferência, bem sabendo que também existem transferências a débito.

Depois, não podemos deixar de notar que a própria DSP, autora da importante estipulação de que outras instituições, que não instituições de crédito, possam prestar serviços de pagamento, entre os quais se inclui a execução de transferências a crédito, como veremos *infra*, refere-se a transferências bancárias. Neste âmbito, é de realçar que a versão francesa da mesma Diretiva se refere, expressamente, a *virement*, para traduzir *credit transfer*, e a *prélèvement*, para traduzir *direct debit*, não deixando qualquer dúvida ao intérprete.

Decifradas as nossas intenções, uma última nota para esclarecer que também as referências a "banco" ou "instituição bancária" e a "conta bancária" ao longo do texto deverão ser entendidas como facilitadoras da leitura, pelas razões aduzidas acima e que mais tarde explicitaremos ao abordar a complexidade dogmática e novidade terminológica do novo RJSP.

3. **Generalidades sobre a transferência a crédito**

3.1. ***Conceito e objeto***

Sem querer, para já, entrar nas discussões doutrinais sobre o que seja a transferência a crédito, podemos avançar com uma definição empírica da figura: a transferência a crédito é a operação bancária mediante a qual um ordenante, titular de uma conta num banco, dirige uma ordem a esse banco para que coloque fundos à disposição do titular de outra conta, o beneficiário, nesse ou noutro banco, onde o beneficiário tenha conta aberta.

[15] Fazemos, no entanto, notar que a proposta de Regulamento elaborada pela Comissão Europeia pugnava pela utilização da expressão *transferência de créditos*, intenção corrigida aquando da publicação do Regulamento.

Como já vimos, dizemos que a transferência é a crédito, porque a iniciativa é do ordenante, tipicamente, o devedor, e não do beneficiário credor.

É disto de que falamos quando falamos de transferência a crédito. A sua principal finalidade é «realizar de modo virtual, sem a circulação material de moeda com curso legal, uma deslocação de riqueza de um sujeito para outro»[16].

A transferência a crédito tem, as mais das vezes, como destinatária a conta de pessoa diferente do ordenante, caso em que, tipicamente, pretende desempenhar uma função de pagamento, de cumprimento de uma obrigação pré-existente à ordem de transferência.

No entanto, também pode ter como destinatária a conta do próprio ordenante, ainda que em instituições bancárias diferentes, caso em que a sua função já não será a de realizar um pagamento, antes, apenas, a de utilizar as características específicas da transferência a crédito, eliminando o transporte físico de notas e moedas.

Os fundos que o ordenante ordena ao seu banco que transfira a crédito estão depositados na sua conta junto desse banco[17], ao abrigo de um contrato prévio, a que se chama "contrato de provisão", no âmbito do qual o titular pode solicitar à instituição bancária o seu reembolso ou disponibilização. Este contrato de provisão consiste, tradicionalmente, num contrato de depósito bancário[18], definido, em sentido amplo, como «o contrato pelo qual uma pessoa (depositante) entrega a um banco (depositário) uma soma de dinheiro ou bens móveis e valor, para que este os guarde e restitua quando o depositante o solicitar»; em sentido estrito, o contrato de depósito abarca somente a entrega de numerário[19/20].

[16] Beatriz Segorbe, *A Transferência Bancária...*, 95.

[17] Fazemos notar que não serão objeto do nosso estudo, por só envolverem uma conta bancária, os casos em que a transferência ordenada tem como objeto fundos que o ordenante expressamente entrega ao seu banco com essa finalidade, ou seja, que não se encontravam previamente depositados na sua conta bancária; ou os casos em que, consoante a instituição bancária em causa aceitar prestar esse serviço, os fundos a transferir sejam entregues diretamente ao beneficiário da transferência, em numerário.
De todo o modo, o RJSP opera a distinção entre a figura da transferência a crédito e a do envio de fundos, como veremos, *infra* (cf. Capítulo 6.).

[18] No entanto, a relação de provisão pode também ser consubstanciada por um contrato de abertura de crédito, por meio do qual «o banco se obriga a ter uma determinada soma de dinheiro à disposição do cliente». Cf. Catarina Anastácio, *A Transferência Bancária*, 123, 127.

[19] Paula Ponces Camanho, *Do contrato de depósito bancário*, 69 e 72.

[20] Sobre a discussão doutrinária acerca da natureza jurídica do contrato de depósito, para concluir que se trata de verdadeiro mútuo, cf. Paula Ponces Camanho, *Do contrato de depósito bancário*, 145-210; 249-252.

Parece, pois, que, recorrendo às relações que pré-existem à execução da transferência, nomeadamente àquela que une a instituição bancária e o cliente que a ordena, o objeto da transferência se confunde com o objeto do contrato de depósito bancário.

Distinguindo o aspeto jurídico desta relação do aspeto contabilístico, Simões Patrício refere, com interesse, que por via do contrato, produz-se «um característico efeito de regularização ou pagamento. Qualquer inscrição a débito da conta duma ordem de pagamento (cheque, transferência, etc.) dada pelo cliente traduz a utilização por este dos fundos "depositados" e, portanto, corresponde do lado do banco à execução, em quantia igual, do seu dever de restituir»[21].

3.2. *Intervenientes*

Os principais intervenientes nas transferências a crédito são denominados de ordenante e beneficiário e correspondem geralmente, a devedor e credor de uma obrigação pré-existente, que se vê cumprida através da transferência. O ordenante é quem ordena a transferência, e o beneficiário a entidade à qual se destinam os fundos transferidos.

O ordenante é, portanto, o autor da ordem de transferência de fundos da sua conta para a conta do beneficiário; o beneficiário é o titular da conta creditada em virtude da transferência.

O RJSP disponibiliza uma definição tanto de ordenante, como de beneficiário[22]. Assim: ordenante é *uma pessoa singular ou coletiva que detém uma conta de pagamento e que autoriza uma ordem de pagamento a partir dessa conta, ou, na ausência de conta de pagamento, a pessoa singular ou coletiva que emite uma ordem de pagamento;* e beneficiário *uma pessoa singular ou coletiva que seja o destinatário previsto dos fundos que foram objeto de uma operação de pagamento*[23].

São também intervenientes na transferência a crédito as instituições bancárias, no exercício da sua função de intermediação ou interposição nos pagamentos, no âmbito da qual se destacam três elementos: a mensagem de

[21] *A operação bancária de depósito*, 37.

[22] Cf. alíneas *g)* e *h)* do artigo 2.°. Nota-se que a técnica das definições, incomum no nosso ordenamento jurídico, é cada vez mais frequente, por via da transposição de diplomas comunitários.

[23] Estas definições serão abordadas com detalhe *infra*, cf. Capítulos 4. e 6..

pagamento, os movimentos das contas do devedor e do credor, e a liquidação financeira global[24].

Até à publicação do RJSP, a função de intermediação nos pagamentos estava muito relacionada com os bancos, uma vez que, tradicionalmente, a prestação de serviços de pagamento se encontra interconetada com a existência de uma conta de depósitos, com o serviço de caixa assegurado pelos bancos, prerrogativa exclusiva desse tipo de instituições. Os bancos estavam, pois, autorizados a realizar operações de pagamento e a emitir e gerir meios de pagamento[25].

A promoção da segurança nos sistemas de pagamentos era, e é, nessa medida, uma preocupação e uma atribuição dos bancos centrais, dado o papel que podem desempenhar no agravamento do risco sistémico inerente à atividade bancária[26].

Até agora, transferência a crédito era, assim, tipicamente, a transferência *bancária* a crédito. Embora continue a ser uma expressão utilizada, a palavra "bancária", como já vimos, não pode, já, reduzir a realidade aos bancos e ao que a eles diz respeito.

Na verdade, o RJSP veio criar um novo tipo de instituição – a instituição de pagamento – que incluiu no conceito mais lato de prestador de serviços de pagamento.

Assim, as instituições de pagamento são as pessoas coletivas a quem tenha sido concedida autorização, nos termos do Regime, para prestar e executar serviços de pagamento, ao lado dos outros prestadores de serviços de pagamento, dos quais se destacam, claro, as instituições de crédito[27].

Agora, portanto, quando atentamos nos intervenientes nas transferências a crédito, a referência deve ser feita aos prestadores de serviços de pagamento, tal como definidos no artigo 7.° RJSP e não, já aos bancos[28].

Estamos, pois, perante uma mudança de paradigma e também da terminologia a que, tradicionalmente, se faz alusão. Resta saber se a nova categoria de prestador de serviços de pagamento introduzida pela disciplina do RJSP irá

[24] Sobre a função de intermediação nos pagamentos, cf. Simões Patrício, *Direito Bancário Privado*, 186 e ss.

[25] Cf. alíneas *c*) e *d*) do artigo 4.° RGICSF, na versão anterior à entrada em vigor do RJSP.

[26] Cf. número 2. do artigo 127.° do Tratado da União Europeia; número 1. do artigo 3.°dos Estatutos do Sistema Europeu de Bancos Centrais e do Banco Central Europeu; artigo 14.° Lei Orgânica do Banco de Portugal.

[27] Cf. artigo 7.° RJSP.

[28] Analisaremos *infra,* com detalhe, a nova realidade das instituições de pagamento (cf. Capítulo 4.).

contrariar o facto de que «são, primacialmente as instituições de crédito que asseguram, de forma direta ou indireta, os serviços de pagamento»[29].

3.3. *Finalidade e vantagens*

A transferência a crédito tem como finalidade primordial, como vimos, a de realizar um pagamento. É nesta medida, um instrumento de pagamento por meio do qual se pretende solver a obrigação pecuniária de um devedor, o ordenante, para com outra, o credor beneficiário[30].

O poder liberatório da transferência é, nesta medida, convencional, acordado entre as partes no âmbito da relação causal que os une.

A transferência permite a circulação de fundos, de moeda escritural entre os bancos. «Trata-se, na verdade, de operações de moeda bancária ou escritural que, diferentemente da moeda fiduciária, não carece de ser armazenada nem objeto de manuseio ou de remessa física, com os inerentes riscos de perecimento, tanto fortuito como criminoso»[31].

Fácil é, pois, perceber que, consubstanciada na possibilidade conferida aos clientes bancários de movimentação das suas contas, a transferência a crédito proporcione múltiplas vantagens. As transações efetuadas através de transferência a crédito são mais seguras, mais céleres e economicamente mais eficientes. Há, pois, um acréscimo de comodidade para o utilizador de serviços bancários, decorrente, desde logo, da eliminação física da circulação de notas e moedas.

Os movimentos, especialmente a nível interbancário ou transfronteiras, por definição portadores de maior risco para os intervenientes, alcançam um nível de fiabilidade mais elevado se efetuados mediante transferência conta a conta, na medida em que esta é mais fácil de registar e comprovar do que, por exemplo, uma transação em numerário.

Deste modo, a utilização da transferência a crédito nos pagamentos é incentivada pelo Banco de Portugal, no âmbito das suas funções de regulação, fiscalização e promoção do bom funcionamento dos sistemas de pagamentos[32].

[29] Simões Patrício, *Direito Bancário Privado*, 190.

[30] A este propósito, Catarina Anastácio lembra que a configuração da transferência a crédito como meio de pagamento deve ser entendida em sentido amplo, abrangendo não só a extinção de obrigações pecuniárias, mas, também, a transferência a crédito *credendi ou donati causa* (Cf. *A Transferência Bancária*, 54).

[31] Simões Patrício, *Direito Bancário Privado*, 217.

[32] Cf. artigo 14.º da Lei Orgânica do Banco de Portugal.

3.4. *Modalidades*[33]

As transferências a crédito podem ser alvo de inúmeras classificações. Assim:

3.4.1. *De acordo com o número de intervenientes*

Este critério classificativo relaciona-se, em primeiro lugar, com o número de entidades bancárias envolvidas na operação de transferência. Se a conta do ordenante, a debitar, e a conta do beneficiário, a creditar, estão sediadas no mesmo banco, falamos de transferências a crédito intrabancárias, ou internas. Se o ordenante e o beneficiário têm conta em bancos diferentes, então a transferência será interbancária, ou externa[34].

Como bem realça Catarina Anastácio, há quatro combinações possíveis de transferências, uma vez que, além de ter em linha de conta as entidades bancárias envolvidas, também é relevante pensar que o ordenante e o beneficiário podem ou não ser a mesma pessoa/entidade. De facto, podemos ter transferências a crédito intrabancárias entre contas do mesmo titular, transferências a crédito intrabancárias entre contas de titulares diferentes, transferências a crédito interbancárias entre contas do mesmo titular e transferências a crédito interbancárias entre contas de titulares diferentes.

De referir, ainda, que, numa transferência a crédito interbancária, consoante haja ou não a necessidade de recorrer a bancos intermediários, a mesma poderá ser indireta ou direta.

3.4.2. *De acordo com a forma de processamento*

Com base neste critério, traça-se a diferença entre transferências em papel e transferências eletrónicas, sendo estas últimas as mais frequentes hoje em dia.

[33] Aqui seguiremos de perto a qualificação de Catarina Anastácio em *A Transferência Bancária,* 47-51 e *A Transferência Bancária Internacional,* 243-248.

[34] Neste ponto é importante referir que as transferências interbancárias são, em Portugal, processadas através do Sistema de Compensação Interbancária (SICOI), regulamentado pela Instrução do Banco de Portugal n.º 3/2009, publicada no Boletim Oficial n.º 2/2009, de 16 de fevereiro, disponível em http://www.bportugal.pt/sibap/application/app1/instman.asp?PVer=P&PNum=3/2009.

De acordo com Simões Patrício, do «giro-papel», do qual o cheque é o principal elemento representativo, passou-se, de forma massiva, ao «giro eletrónico»[35].

A doutrina discute vários critérios para a atribuição da característica eletrónica a uma transferência, uma vez que o que seja a forma de processamento de uma transferência é algo também não completamente determinado. É de reconhecer, pelo menos, que o processamento da transferência se inicia com a ordem dada pelo ordenante ao banco, a qual depois é processada e executada por aquele, sendo isto traduzido no movimento a débito e a crédito das contas envolvidas. A questão que se coloca é a de saber se ambas ou apenas uma destas fases fundamentais tem de ser realizada de forma eletrónica para que a transferência seja classificada como tal.

De facto, a ordem de transferência pode ser transmitida por via do preenchimento de um impresso em papel ou através de meio eletrónico, utilizando, para o efeito um canal como um caixa automático, a Internet, ou, até, um telemóvel.

Por outro lado, os movimentos a crédito e a débito são sempre feitos sem que haja qualquer movimentação física de numerário, portanto, de forma eletrónica.

Referindo-se, de forma abrangente às transferências de fundos, João Nabais[36], fornece três definições diferentes para transferência eletrónica de fundos: «qualquer transferência de fundos em que as instruções dadas ao banco pelo cliente sejam transmitidas por meios eletrónicos»[37]; «transferência de fundos em que um ou mais passos do processo que eram anteriormente efetuados através de técnicas com suporte de papel são atualmente feitos com recurso a técnicas eletrónicas»[38]; «a transferência entre bancos com recurso a meios eletrónicos, independentemente da forma utilizada pelo cliente para dar instruções ao banco».

Assim, no EFTA, o critério é o do desaparecimento do papel aquando da emissão da ordem, não sendo dada qualquer importância às relações interbancárias. Exige-se, para que a transferência seja eletrónica, que a operação inicial

[35] Simões Patrício, *Direito Bancário Privado*, 216. Sobre o giro, cf., *infra*, Capítulo 7.

[36] *Transferências Electrónicas de Fundos*..., 74-75.

[37] Definição constante do *Electronic Funds Transfer Act*, de novembro de 1978 (Estados Unidos da América, disponível em http://www.fdic.gov/regulations/laws/rules/6500-1350.html.

[38] Definição constante do *Legal Guide on Electronic Funds Transfer* (United Nations Commission on International Trade Law, 1985), disponível em http://www.uncitral.org/pdf/english/texts/payments/transfers/LG_E-fundstransfer-e.pdf.

Após a publicação deste Guia Jurídico, a UNCITRAL elaborou uma Lei-tipo sobre transferências internacionais a crédito, em 1992, que analisaremos *infra*, cf. Capítulo 4.

seja feita por meios eletrónicos, independentemente da forma como os bancos comunicam entre si.

Por outro lado, a substituição do papel em qualquer fase da transferência é considerada como suficiente para alguma doutrina. José António Veloso, admitindo a amplitude da noção, considera que o adjetivo "eletrónico" evoca a «utilização, para o registro, transmissão e processamento de informações relativas a pagamentos e outras operações financeiras, de meios eletrónicos, em vez dos *media* clássicos – sobretudo o papel – e dos processos naturais de tratamento de dados»[39].

João Nabais opta, ao contrário, por conferir importância à execução da ordem, independentemente da forma pela qual a mesma é transmitida: «para efeitos de regulamentação no sistema bancário uma definição assente nos meios utilizados pelos bancos para transferirem fundos e comunicarem entre si seria, certamente, a mais apropriada».

A discussão doutrinária apresentada baseia-se numa realidade mais vasta do que aquela que pretendemos abranger neste texto: a da transferência de fundos. Na medida em que restringimos a nossa investigação apenas às transferências a crédito, consideramos que algumas das questões abordadas não se colocam.

Por nós, parece-nos que o fator a ter em conta na distinção entre transferência a crédito eletrónica e transferência a crédito em papel não poderá ser, hoje, o modo utilizado para a troca de informação entre os bancos.

Na verdade, se pensarmos numa típica transferência a crédito interbancária, é necessário, para a sua execução, que os valores sejam compensados entre os dois bancos envolvidos, por forma a ser gerado, de forma correta, o movimento a débito e a crédito das contas do ordenante e do beneficiário, respetivamente. É o fenómeno da compensação interbancária, de encontro de contas entre as instituições bancárias envolvidas na operação, regulada, em Portugal, pelo Banco Central, através do Regulamento do Sistema de Compensação Interbancária[40].

[39] *Electronic Banking...*, 7-8.

[40] O Regulamento do SICOI estipula, no seu número 2.3., que no subsistema de compensação de TEI são apresentadas para compensação as ordens de transferência interbancárias desmaterializadas, compreendendo as vertentes tradicional e SEPA, expressas em euros, pagáveis por qualquer participante neste subsistema.
As TEI, Transferências Eletrónicas Interbancárias, são definidas, pelo Banco de Portugal, como transferências a crédito, efetuadas por meios eletrónicos, em que o ordenante é cliente de uma determinada instituição de crédito e o beneficiário é cliente de outra instituição de crédito, processadas de forma eletrónica. Cf. "Caderno do Banco de Portugal n.º 2 – Transferências a Crédito", a que já aludimos no Capítulo 1.
Sobre as TEI ver, com interesse, Pedro Vilaça, *Prova comercial e prova fiscal...*, 264-266.

Esta compensação é feita, desde 2003, exclusivamente de forma eletrónica – é a telecompensação.

Mesmo as transferências intrabancárias são hoje processadas de forma eletrónica: o encontro de contas intrabancário é, também ele, eletrónico.

Assim, pensamos que a pedra de toque só poderá estar na forma de veicular a ordem.

De facto, atualmente, os clientes dos bancos têm ao seu dispor uma panóplia de meios eletrónicos para ordenar transferências a crédito, o que confere preponderância ao critério do meio utilizado para ordenar a transferência. Mas ainda subsiste a tradicional forma de ordenar transferências através do preenchimento de um impresso em papel, ao balcão.

Assim, será transferência a crédito eletrónica aquela que, independentemente da forma como é processada pelo banco, mas, muito provavelmente, de forma eletrónica, é ordenada pelo cliente mediante a utilização de qualquer meio informático, diferente do papel.

Importante é referir que o novo RJSP parece admitir como válido este critério, na medida em que se refere a "operações de pagamento emitidas em suporte papel", abrangendo-as na sua disciplina, mas concedendo-lhes, por exemplo, um prazo mais alargado de execução[41].

3.4.3. *De acordo com o âmbito espacial*

Segundo este critério, as transferências a crédito podem ser internas (ou domésticas) ou internacionais (ou transfronteiras, de acordo com a designação europeia).

Atendendo ao que acima ficou dito acerca das transferências a crédito, especialmente o facto de o movimento das contas a débito e a crédito ser feito de forma desmaterializada, não havendo circulação física de numerário, torna-se compreensível que a definição do carácter internacional de uma transferência se torne complicado.

A doutrina tem recorrido a critérios como a localização do ordenante e do beneficiário, a localização dos bancos envolvidos na transferência ou a utilização de moeda estrangeira. Seria, portanto, uma transferência a crédito internacional aquela em que o ordenante e o beneficiário estivessem em países diferentes, aquela em que os bancos do ordenante e do beneficiário estivessem em países diferentes, ou aquela em que fosse utilizada moeda estrangeira.

[41] Cf. número 3. do artigo 80.º.

Neste âmbito, podemos socorrer-nos do critério adotado pela legislação aplicável às transferências a crédito[42], o que, hoje, em Portugal, equivale a dizer

[42] A este respeito, uma breve retrospetiva comprova que a Diretiva 97/5/CE do Parlamento Europeu e do Conselho, de 27 de Janeiro de 1997, relativa às transferências transfronteiras, na sua versão portuguesa, definia transferência transfronteiras como *uma operação efetuada por iniciativa de um ordenante através de uma instituição, ou de uma sucursal, situada num Estado-membro, destinada a colocar uma quantia de dinheiro à disposição de um beneficiário numa instituição, ou numa sua sucursal situada noutro Estado-membro*. O ordenante e o beneficiário podiam ser a mesma pessoa [cf. alínea *f*) do artigo 2.º].

O critério era, portanto, o da localização das instituições de crédito do ordenante e do beneficiário, o mesmo utilizado pela Lei-tipo da UNCITRAL, que estabelecia que uma transferência seria internacional quando o banco emitente e o banco receptor estivessem em Estados diferentes, ainda que o ordenante e o beneficiário se situassem no mesmo Estado ou tivessem a mesma nacionalidade.

O Regulamento (CE) n.º 2560/2001 do Parlamento Europeu e do Conselho, de 19 de dezembro de 2001, relativo aos pagamentos transfronteiras em euro, definia transferências bancárias transfronteiras de forma idêntica à da Diretiva 97/5/CE [cf. subalínea *i*) da alínea *a*) do artigo 2.º].

A DSP, como melhor veremos adiante (cf. Capítulo 4.), é aplicável aos serviços de pagamento prestados na Comunidade. Os seus Títulos III e IV (com exceção do artigo 73.º), apenas são aplicáveis, no entanto, quando o prestador do serviço de pagamento do ordenante e o prestador do serviço de pagamento do beneficiário estejam ambos situados na Comunidade, ou quando o único prestador do serviço de pagamento envolvido na operação de pagamento aí esteja situado. Os mesmos Capítulos III e IV são aplicáveis aos serviços de pagamento realizados em euros ou na moeda de um Estado-Membro não pertencente à zona euro (cf. artigo 2.º/1 e 2).

O Regulamento (CE) n.º 924/2009 do Parlamento Europeu e do Conselho, de 16 de setembro de 2009, aplica-se aos pagamentos transfronteiriços na Comunidade, não se refere expressamente a transferências a crédito, mas, em geral, a pagamentos transfronteiriços e a operações de pagamento e utilizando o mesmo critério da localização das instituições bancárias (cf. artigo 1.º/1). Assim, serão "pagamentos transfronteiriços" *as operações de pagamento processadas eletronicamente e iniciadas por um ordenante, por um beneficiário ou por intermédio deste último, caso os prestadores de serviços de pagamento do ordenante e do beneficiário estejam situados em Estados-Membros distintos;* e "pagamentos nacionais" *as operações de pagamento processadas eletronicamente e iniciadas por um ordenante, por um beneficiário ou por intermédio deste último, caso os prestadores de serviços de pagamento do ordenante e do beneficiário estejam situados no mesmo Estado-Membro* (cf. números 1. e 2. do artigo 2.º).

O Regulamento (UE) n.º 260/2012 do Parlamento Europeu e do Conselho, de 14 de março de 2012, que estabelece requisitos técnicos e de negócio para as transferências a crédito e os débitos diretos em euros e que altera o Regulamento (CE) n.º 924/2009, estipula, no seu artigo 1.º, sob a epígrafe objeto e âmbito, que é aplicável às *operações de transferência a crédito e de débito direto expressas em euros na União nos casos em que o prestador de serviços de pagamento do ordenante e o prestador de serviços de pagamento do beneficiário estejam ambos situados na União, ou em que o único prestador de serviços de pagamento («PSP») envolvido na operação de pagamento esteja situado na União*. Assim serão nacionais as transferências em que ambos os prestadores estão situados dentro da União, e transfronteiras aquelas em que os prestadores estão localizados em Estados-Membros diferentes (cf. números 26. e 27. do artigo 2.º).

Sobre todas estas fontes normativas, especialmente a DSP, cf. Capítulo 4.

que a análise do RJSP nos trará a resposta, especialmente relevante, como veremos, na análise da matéria dos prazos de execução de data-valor e de disponibilização de fundos ao beneficiário.

Assim, antecipando um pouco a análise do RJSP, mas sem entrar nos pormenores da sua disciplina[43], podemos dizer que as tradicionais distinções por nós enunciadas a respeito da classificação da transferência de acordo com o âmbito espacial perdem a sua relevância no seio deste novo regime.

De facto, o RJSP é aplicável, apenas, aos serviços de pagamento prestados em Portugal pelos prestadores de serviços com sede em Portugal e respetivos agentes, bem como pelos agentes e sucursais de prestadores de serviços sediados noutro Estado-Membro; e, no que respeita aos deveres de informação pré-contratual e pós-contratual e às normas que conformam os direitos e as obrigações contratuais dos utilizadores e dos prestadores de serviços de pagamento (Título III do RJSP), apenas quando ambos os prestadores ou o prestador único estejam situados em Portugal ou quando um prestador esteja em Portugal e o outro noutro Estado-Membro da Comunidade[44].

O critério é, portanto, primeiro, o do local da prestação do serviço de pagamento e, para efeitos da aplicação do Título III do RJSP, com exceção da norma relativa a data-valor e disponibilidade de fundos, adicionalmente, o da localização do(s) prestador(es) de serviços de pagamento.

Deste modo, a transferência abrangida pelo Regime sempre será intracomunitária: tanto se ambos os prestadores estiverem situados em Portugal, caso em que transferência será, também nacional[45]; como se um dos prestadores estiver situado em Portugal e o outro noutro Estado-Membro da Comunidade.

Poder-se-á considerar que a transferência é transfronteiras se não for executada em Portugal por um prestador com sede em Portugal ou por um agente ou sucursal de um prestador sediado noutro Estado-Membro; ou se, para efeitos da aplicação do Título III do RJSP, com exceção da norma relativas a data-valor e disponibilidade de fundos, um dos prestadores estiver situado em Portugal e o outro fora da Comunidade, ou quando ambos estão situados fora da Comunidade.

[43] À qual nos referiremos, a este respeito, no Capítulo 4. deste trabalho, quanto ao âmbito de aplicação da DSP e do RJSP; e no Capítulo 6., quanto a prazos de execução de transferências a crédito, bem como a data-valor e de disponibilização de fundos ao beneficiário.

[44] Cf. artigo 3.º.

[45] Cf. artigo 83.º.

4. Fontes normativas

A transferência a crédito não é objeto, em Portugal, de tratamento normativo autónomo e, antes da publicação do RJSP, não se pode dizer que fosse uma figura muito regulamentada.

Sem esquecer o papel relevante que a autonomia privada, a auto-regulação e os usos desempenharam ao longo do tempo na construção deste instrumento de pagamento, a verdade é que as exposições doutrinais em torno da normativização da transferência a crédito passavam, frequentemente, pelas legislações norte-americana[46] e comunitária, pois que eram as únicas a abordar a transferência de crédito de forma sistemática.

Podem, portanto, encontrar-se algumas manifestações regulamentares relativas a transferências a crédito nas fontes normativas internacionais/europeias e nacionais relativas a transferências a crédito que, seguidamente, elencamos e brevemente descrevemos, com recurso às suas principais características, de forma que não pretendemos exaustiva.

4.1. ***Internacionais/europeias***

4.1.1. *Lei-tipo da UNCITRAL*

A 15 de maio de 1992, a *United Nations Commission on International Trade Law* (UNCITRAL)[47] publicou a "Lei-tipo sobre Transferências Internacionais de Crédito", cujo objetivo era a harmonização da regulamentação material das transferências bancárias internacionais[48].

[46] No âmbito da qual se destacam o *Uniform Commercial Code* (UCC), de 1972, uma coleção de leis aplicáveis a transações comerciais, que se desenvolveu de molde a incluir regras específicas relativas às transferências de fundos eletrónicas (EFTS) especialmente o seu artigo 4.ºA; e o *Electronic Funds Transfer Act*, de 1978 (EFTA, também conhecido como Regulamento E), que trata das transferências eletrónicas ordenadas por consumidores.
Ruth Wandhöfer refere, a este propósito, que, apesar de bastante antigas, curiosamente estas experiências regulatórias não foram tidas em conta pela Comissão aquando dos trabalhos preparatórios da DSP (cf. *EU Payments Integration...*, 83).

[47] Ou CNUDCI (Comission des Nations-Unies pour le Droit Commercial Internacional).

[48] Lei-tipo publicada no *Yearbook of the United Nations Commission on Internacional Trade Law* 1992 vol. XXIII, 413-417 [disponível em http://www.uncitral.org/pdf/english/texts/payments/transfers/ml-credittrans.pdf]. Para uma análise detalhada da Lei-tipo, cf. Lojendio Osborne, *Transferencia bancária...*; e Catarina Anastácio, *A Transferência Bancária*, 281-299; e *A Transferência Bancária Internacional*, 263-287.

De carácter não vinculativo, a sua vigência dependia da adoção por cada Estado, o que poderá ter sido uma forma de mais facilmente levar a que fosse aceite, uma vez que, a ter sido decidido optar pela celebração de uma convenção internacional, os Estados ter-se-iam visto coartados na sua liberdade de interpretação e adaptação do texto e, por isso, seriam, possivelmente, menos atreitos à vinculação.

No entanto, na visão de Catarina Anastácio, a solução não terá sido a mais proveitosa, resultando na estipulação de situações de compromisso que «não são as mais adequadas e resultam em contradições recíprocas»[49]. Um dos seus principais problemas, que redundou no seu fracasso, terá sido a incompatibilidade com aspetos fundamentais das ordens jurídicas dos diferentes Estados, designadamente no que respeita ao regime dos incidentes.

A autora adianta que os factos de nenhum Estado a ter adotado na sua totalidade e de ter sido, entretanto, aprovada legislação comunitária sobre a mesma matéria «retira praticamente todo o interesse prático às soluções consagradas na Lei-tipo», sem deixar de ressalvar que algumas das suas soluções sobreviveram na Diretiva 97/5/CE[50].

4.1.2. *Recomendações da Comissão Europeia*

Apesar de constituírem recomendações sem carácter vinculativo, as Recomendações da Comissão Europeia foram, até à publicação da primeira Diretiva sobre a matéria, a principal fonte normativa no seio da Comunidade, no que respeita aos pagamentos.

São de destacar, pela sua importância e contributo para a formação de uma consciência comunitária de que era necessário que fosse aprovada regulamentação tendencialmente uniforme que abrangesse, pelo menos, os instrumentos de pagamento eletrónicos, dado o seu potencial de utilização transfronteiras: i) a Recomendação 87/598/CEE da Comissão, de 8 de dezembro de 1987, relativa a um Código Europeu de Boa Conduta em matéria de Pagamento Eletrónico[51]; ii) a Recomendação 88/590/CEE da Comissão, 17 de novembro de 1988, relativa aos Sistemas de Pagamentos, em especial no que diz respeito às Relações entre o Titular e o Emissor de Cartões[52]; iii) a Recomendação

[49] Catarina Anastácio, *A Transferência Bancária*, 281, nota 738.
[50] Catarina Anastácio, *A Transferência Bancária*, 282.
[51] JO n.º L 365, de 24.12.1987, 72.
[52] JO n.º L 317, de 24.11.1988, 55.

90/109/CEE da Comissão, de 14 de fevereiro de 1990, relativa à Transparência das Condições Bancárias aplicáveis às Transações Financeiras Transfronteiras[53]; e iv) a Recomendação 97/489/CE da Comissão, de 30 de julho de 1997, relativa às Transações Realizadas através de um Instrumento de Pagamento Eletrónico, nomeadamente em relação às relações entre o emitente e o detentor[54].

Estas medidas eram, no entanto, insuficientes para resolver a situação de confusão e falta de segurança jurídica suscitada pela coexistência de disposições nacionais e de um enquadramento comunitário incompleto, tal como é admitido nos próprios considerandos da DSP[55].

4.1.3. *Diretiva 97/5/CE*

O panorama de regulamentação europeia relativa a pagamentos alterou-se profundamente com a publicação da Diretiva n.º 97/5/CE, do Parlamento Europeu e do Conselho, de 27 de janeiro de 1997[56], relativa às transferências transfronteiras, hoje revogada[57].

A Diretiva 97/5/CE surgiu numa altura em que havia sido criado o Mercado Único e em que a União Económica e Monetária era uma realidade cada vez menos distante. Fazia, pois, todo o sentido que, na sequência das preocupações demonstradas pela Comissão com os pagamentos dentro da União, fosse aprovada legislação comunitária sobre o assunto, com vista à uniformização das regras dispersas existentes a nível nacional.

As disposições da Diretiva eram aplicáveis às transferências transfronteiras efetuadas nas divisas dos Estados-Membros e em *ecus*, de montante inferior a 50.000 *ecus*, executadas por instituições de crédito e outras instituições e não ordenadas pelas mesmas.

Eram tratadas as matérias das informações prévias sobre as condições aplicáveis às transferências transfronteiras e informações posteriores à transferência que as instituições estavam obrigadas a fornecer e também as obrigações mínimas das instituições em matéria de transferências transfronteiras, como o estabelecimento de prazos de execução, o respeito pelas instruções do ordenante

[53] JO n.º L 67, de 15.3.1990, 39.
[54] JO L 208 de 2.8.1997, 52. Posterior à publicação da Diretiva 97/5/CE.
[55] Cf. considerando 3.
[56] JO L 43 de 14.2.1997, 25.
[57] Cf. artigo 93.º DSP.

ou a obrigação de reembolso imposta às instituições em caso de não execução das transferências.

Catarina Anastácio é de opinião de que as soluções consagradas pela Diretiva foram mais equilibradas do que aquelas defendidas na Lei-tipo, considerando que a primeira estabelece «um regime de equilibrada distribuição do risco e um sistema de responsabilidade dependente de culpa». No entanto, afirma que o seu alcance era limitado, não só pelo âmbito espacial apertado, como pelo objeto: apenas transferências de baixo montante. Também o próprio conteúdo se revelou fator dessa limitação, uma vez que deixou aos Estados-Membros uma grande margem de discricionariedade que, de resto, na opinião da autora, não foi aproveitada pela transposição portuguesa[58].

4.1.4. *Regulamento (CE) n.º 2560/2001 e Regulamento (CE) n.º 924/2009*

A referência ao Regulamento (CE) n.º 2560/2001, do Parlamento Europeu e do Conselho, de 19 de dezembro de 2001, relativo aos pagamentos transfronteiras em euro[59] é, hoje, histórica, na medida em que foi já revogado pelo Regulamento (CE) n.º 924/2009 do Parlamento Europeu e do Conselho, de 16 de setembro de 2009, relativo aos pagamentos transfronteiriços na Comunidade[60/61].

Não obstante, a sua essência continua válida no novo Regulamento e, dada a sua importância, não seria plausível deixar de o incluir no elenco de diplomas aplicáveis às transferências a crédito que estamos desenhando.

O Regulamento n.º 2560/2001 aplicava-se aos pagamentos transfronteiriços em euros e em coroas suecas até 50.000 euros, ou equivalente, e estabelecia o princípio da igualdade de encargos, considerado essencial para o correto funcionamento do mercado interno e para a facilitação do comércio transfronteiras no interior da Comunidade. Assim, os encargos dos pagamentos

[58] *A Transferência Bancária*, 314-315.

[59] JO L 344 de 28.12.2001, 13.

[60] JO L 266 de 09.10.2009, 11.

[61] E, como veremos adiante (cf. Capítulo 5.), foi, recentemente, publicado o Regulamento (UE) n.º 260/2012 do Parlamento Europeu e do Conselho, de 14 de março de 2012, que alterou o Regulamento n.º 924/2009 e estabeleceu os requisitos técnicos e de negócio para as transferências a crédito e os débitos diretos em euros (JO L 94 de 30.03.2012, 22).

transfronteiras em euros passaram a ser iguais aos dos pagamentos equivalentes no interior de cada Estado-Membro[62].

O Regulamento n.º 924/2009 tratou, essencialmente, de assegurar a coerência entre o Regulamento n.º 2560/2001 e a DSP, entretanto publicada, alargando o âmbito de aplicação do princípio da igualdade de encargos, no sentido de abranger as operações de débito direto[63].

4.1.5. *Regulamento (CE) n.º 1781/2006*

O Regulamento n.º 1781/2006 do Parlamento Europeu e do Conselho, de 15 de novembro de 2006[64], relativo às informações sobre o ordenante que acompanham as transferências de fundos, estabelece regras relativas às informações que devem acompanhar as transferências de fundos, no que diz respeito aos respetivos ordenantes, para efeitos de prevenção, investigação e deteção do branqueamento de capitais e do financiamento do terrorismo.

Aplica-se às transferências de fundos, qualquer que seja a moeda em que sejam efetuadas, recebidas ou enviadas por um prestador de serviços de pagamento estabelecido na Comunidade, e pretende impedir que entidades dedicadas ao branqueamento de capitais ou ao financiamento do terrorismo possam tirar proveito da liberdade de circulação dos capitais associada ao espaço financeiro integrado para levar a cabo as suas atividades criminosas.

[62] Nos termos do artigo 7.º do Regulamento, cabia a cada Estado-Membro definir as sanções aplicáveis ao incumprimento das obrigações nele impostas. Nesse sentido, foi publicado o Decreto-Lei n.º 132/2003, de 28 de junho (D.R. n.º 147, Série I-A de 2003-06-28).

[63] Outras duas estipulações importantes foram levadas a cabo com a publicação deste Regulamento, embora não muito relevantes para a matéria objeto deste estudo. Desde logo, foi regulada a matéria da taxa de intercâmbio para operações de débito direto transfronteiriço, no sentido de que, *na falta de um acordo bilateral entre os prestadores de serviços de pagamento do beneficiário e do ordenante, fosse aplicada a cada operação de débito direto transfronteiriço executada antes de 1 de novembro de 2012 uma taxa multilateral de intercâmbio de 0,088 EUR, a pagar pelo prestador de serviços de pagamento do beneficiário ao prestador de serviços de pagamento do ordenante* (cf. artigo 6.º). Foi também regulada a matéria da taxa de intercâmbio para operações de débito direto nacionais (cf. artigo 7.º).
Por outro lado, o Regulamento n.º 924/2009 veio prever que o prestador de serviços de pagamento de um ordenante que esteja disponível para uma operação nacional de débito direto expressa em euros sobre a conta de pagamento desse ordenante deve também estar disponível para as operações de débito direto expressas em euros iniciadas por um beneficiário por intermédio de um prestador de serviços de pagamento situado em qualquer Estado-Membro (cf. artigo 8.º – Princípio da acessibilidade para operações de débito direto).

[64] JO L 345 de 8.12.2006, 1.

O objetivo do Regulamento é, pois, permitir que a operação de transferência de fundos seja rastreável a todo o tempo e que a qualquer momento possa ser obtida informação completa sobre o ordenante. Prevê-se, por isso, «a criação de um sistema que impõe a obrigação de os prestadores de serviços de pagamento assegurarem o acompanhamento das transferências de fundos por informações exatas e relevantes sobre o ordenante»[65/66].

Em cumprimento do disposto no artigo 15.º do Regulamento foi publicado o Decreto-Lei n.º 125/2008, de 21 de julho[67], que estabelece as medidas nacionais necessárias à efetiva aplicação do normativo comunitário, introduzindo um regime de fiscalização e de sanção contra-ordenacional aplicável a infrações aos deveres previstos no mesmo.

4.2. *Nacionais*

4.2.1. *Decreto-Lei n.º 41/2000, de 17 de março*

Assim como a publicação da Diretiva n.º 97/5/CE, relativa às transferências transfronteiras, proporcionou uma revolução na regulamentação dos pagamentos a nível europeu, a sua transposição para o direito interno português foi, também, inovadora.

O Decreto-Lei n.º 41/2000, de 17 de março[68], que procedeu a essa transposição, não só importou as disposições relativas a transferências transfronteiras, criando um regime nacional aplicável à matéria, como pretendeu abranger, também, regulamentação sobre transferências internas.

Assim, limitando a sua aplicação às transferências de montante inferior a 50.000 euros, tal como a Diretiva, o Decreto-Lei continha um conjunto de

[65] Considerando 6.º do Regulamento n.º 1781/2006.

[66] É relevante notar que, no âmbito da DSP, uma entidade que queira levar a cabo a atividade de instituição de pagamento deve apresentar às autoridades competentes do seu Estado-Membro de origem um pedido para que lhe seja concedida a autorização do exercício dessa atividade. Esse pedido deve ser acompanhado, nomeadamente, de uma descrição dos mecanismos de controlo interno que a instituição requerente criou para dar cumprimento às obrigações em matéria de luta contra o branqueamento de capitais e o financiamento do terrorismo previstas na Diretiva 2005/60/CE e no Regulamento (CE) n.º 1781/2006 [cf. alínea *f)* do artigo 5.º DSP].

[67] D.R. n.º 139, Série I, de 2008-07-21.

[68] D.R. n.º 65, Série I-A de 2000-03-17. O Decreto-Lei n.º 41/2000 foi revogado pela alínea *c)* do artigo 9.º do Decreto-Lei n.º 317/2009.

regras em matéria de transparência e de execução de pagamentos transfronteiras, visando a proteção dos particulares e das pequenas e médias empresas.

O seu objetivo era «assegurar que os particulares e as empresas, nomeadamente as pequenas e médias empresas, pudessem efetuar transferências de forma expedita, fiável e pouco onerosa entre as diferentes zonas da Comunidade»[69]. Para tal, estabeleceu regras relativas a deveres de informação prévios e posteriores à execução da transferência, prazos de execução (consagrando um prazo mais curto para as transferências internas[70]) e normas sobre obrigações de indemnização e reembolso de despesas ilicitamente cobradas. Também ficou consagrada uma obrigação de reembolso, limitada a 12.500 euros, quando a transferência não fosse efetuada em determinado prazo, apenas não aplicável aos casos de força maior.

4.2.2. *Regulamentação do Banco de Portugal*

O Banco de Portugal, no âmbito das suas competências de promoção do bom funcionamento dos sistemas de pagamentos, tem aprovado diversos atos regulamentares nesse sentido. Especificamente abrangendo a matéria das transferências a crédito, destacamos o Aviso n.º 12/2007, de 25 de maio[71], que estabelece que as instituições de crédito devem permitir a visualização do nome associado ao NIB, ou, ao número de conta, indicado pelo ordenante nas transferências a crédito efetuadas através de terminais automáticos, em momento anterior à confirmação das operações; e o Aviso n.º 8/2009, de 12 de outubro[72], que estabelece os requisitos mínimos de informação que devem ser satisfeitos na divulgação das condições gerais com efeitos patrimoniais dos produtos e serviços financeiros disponibilizados ao público pelas instituições de crédito e sociedades financeiras com sede ou sucursal em território nacional.

Especialmente relevante é o Regulamento do Sistema de Compensação Interbancária, hoje constante da Instrução n.º 3/2009, de 16 de fevereiro, a que

[69] Cf. Preâmbulo do Decreto-Lei n.º 41/2000, de 17 de março.

[70] No que respeita a prazos de execução é relevante notar que o Decreto-Lei n.º 41/2000 veio a ser alterado pelo Decreto-Lei n.º 18/2007, de 22 de Janeiro, que estabeleceu a data-valor de qualquer movimento de depósitos à ordem e transferências efetuadas em euros, determinando qual o seu efeito no prazo para a disponibilização de fundos ao beneficiário (D.R. n.º 15, Série I de 2007-01-22). O Decreto-Lei n.º 18/2007 foi parcialmente revogado pela alínea *f)* do artigo 9.º do Decreto-Lei n.º 317/2009.

[71] DR 2 S, 101, Parte E.

[72] DR 2 S, 197, Parte E.

já fizemos referência[73]. No âmbito do SICOI, que gere e regulamenta, o Banco de Portugal realiza, por compensação, a liquidação financeira das operações processadas em cinco diferentes subsistemas, nos quais se inclui o subsistema de transferências eletrónicas interbancárias (TEI)[74/75].

No que respeita à matéria da compensação interbancária de transferências a crédito, avulta-se um outro ato regulamentar do Banco de Portugal que pretendeu antecipar-se à publicação do denominado "Regulamento da *end-date*", regulamentando acerca da acessibilidade para operações de transferência.

De facto, por meio da Instrução n.º 20/2011, de 15 de setembro, que alterou o Regulamento do SICOI, o Banco de Portugal veio estipular que, *a partir de 1 de março de 2012, a participação na vertente tradicional do subsistema TEI fica dependente da participação na vertente SEPA ou da demonstração de que o participante tem capacidade de receção, direta ou indireta, de transferências em formato SEPA*. Quer isto dizer que, os prestadores de serviços de pagamento de beneficiários que estejam disponíveis para executar transferências a crédito nacionais devem estar disponíveis, de acordo com as regras de um modelo de pagamentos à escala da União, para as transferências a crédito iniciadas por ordenantes por intermédio de prestadores situados em qualquer Estado-Membro[76].

[73] Cf. Capítulos 1. e 3..

[74] Para maior detalhe sobre o papel do Banco de Portugal na regulamentação e operação do SICOI, cf. http://www.bportugal.pt/pt-PT/SistemasdePagamento/PagamentosdeRetalho/Paginas/SICOI.aspx.

[75] No que se refere às particularidades relativas à compensação interbancária, deve também ser destacada a Diretiva 2009/44/CE do Parlamento Europeu e do Conselho, de 6 de maio de 2009, que altera a Diretiva 98/26/CE, relativa ao carácter definitivo da liquidação nos sistemas de pagamentos e de liquidação de valores mobiliários e a Diretiva 2002/47/CE, relativa aos acordos de garantia financeira, no que diz respeito a sistemas ligados e a créditos sobre terceiros, recentemente transposta para a ordem jurídica interna por meio do Decreto-Lei n.º 85/2011, de 29 de junho.
Este Decreto-Lei procede à republicação do Decreto-Lei n.º 221/2000, de 9 de setembro, por meio do qual havia sido transposta a primeira Diretiva relativa à definitividade dos pagamentos (Diretiva 98/26/CE) e regula o carácter definitivo da liquidação financeira realizada no âmbito dos sistemas de pagamentos, nomeadamente no caso de insolvência aplicada a um dos participantes. A principal preocupação do regime é diminuir o risco sistémico subjacente à realização de pagamentos transnacionais, procurando conferir maior eficácia à sua concretização, regulando a oponibilidade a terceiros da compensação e das ordens de transferência e a irrevogabilidade destas (cf. artigos 3.º e 4.º).
De notar que a Diretiva 98/26/CE foi novamente alterada pela denominada Diretiva Omnibus I (Diretiva 2010/78/UE do Parlamento Europeu e do Conselho, de 24 de novembro de 2010), ainda não transposta para a ordem jurídica nacional.

[76] Matéria que veio a ser objeto do número 1. do artigo 3.º do Regulamento n.º 260/2012.

No fundo, a publicação deste Regulamento revela-se (mais uma) das ações do Banco de Portugal para promover a SEPA e a utilização de modelos de pagamento europeus, ao invés de nacionais.

4.3. *A Diretiva dos Serviços de Pagamento*

Sendo a base da legislação nacional que pretendemos estudar, a Diretiva dos Serviços de Pagamento merece destaque especial, no elenco de legislação aplicável à transferência a crédito que fazemos neste Capítulo.

Ensina Malaguti que a DSP lida, essencialmente, com três matérias: i) a definição das instituições habilitadas a prestar serviços de pagamento, estabelecendo regras para acesso a essa atividade; ii) o estabelecimento de regras de transparência, para assegurar que os prestadores de serviços de pagamento fornecem aos seus clientes toda a informação necessária para a execução correta das operações de pagamento; e iii) a instituição de direitos e deveres tanto para os prestadores de serviços de pagamento, como para os utilizadores[77].

Seguidamente, caracterizamos a DSP nos seus aspetos fundamentais[78].

4.3.1. *Objetivo*

A Diretiva dos Serviços de Pagamento[79] é, como bem realça Wandhöfer, o resultado de um longo processo de criação legislativa europeia e de negociação política não só entre os Estados-Membros, como no seio das próprias instâncias europeias[80].

Como já tivemos oportunidade de verificar, a regulamentação existente a nível comunitário sobre a matéria dos pagamentos estava dispersa e não era suficientemente abrangente para que fosse atingido o almejado objetivo da concretização do mercado integrado de pagamentos, a realização efetiva do mercado interno. Para mais, as ordens jurídicas dos diferentes Estados-Membros

[77] Maria Chiara Malaguti, *The Payment Services Directive...*, 1.

[78] Com grande desenvolvimento sobre a Diretiva dos Serviços de Pagamento, ver Ruth Wandhöfer, *EU Payments Integration* e Despina Mavromati, *The Law of Payment Services in the EU...*.

[79] Diretiva 2007/64/CE do Parlamento Europeu e do Conselho, de 13 de novembro de 2007 relativa aos serviços de pagamento no mercado interno, que altera as Diretivas 97/7/CE, 2002/65/CE, 2005/60/CE e 2006/48/CE e revoga a Diretiva 97/5/CE (JO L 319 de 5.12.2007, 1).

[80] Ruth Wandhöfer, *EU Payments Integration...*, 77.

comportavam diferentes soluções para as questões dos pagamentos e não existia, apesar da publicação da Diretiva 97/5/CE, harmonização eficaz quanto aos problemas mais comuns[81]. Era necessário integrar «a peça que faltava no puzzle: os pagamentos de retalho»[82].

Desde as primeiras consultas aos Estados-Membros sobre uma possível criação de um quadro regulamentar harmonizado para os sistemas de pagamentos, a Comissão manifestou que os seus principais objetivos seriam a proteção do consumidor, o aumento da competitividade e a modernização da infra-estrutura dos pagamentos na Europa[83].

De facto, a DSP foi publicada declarando explicitamente ser vital «estabelecer um enquadramento legal moderno e coerente para os serviços de pagamento a nível comunitário, sejam eles compatíveis ou não com o sistema resultante da iniciativa do sector financeiro relativa a um espaço único de pagamentos em euros. O referido enquadramento é neutro, a fim de assegurar condições de concorrência equitativas para todos os sistemas de pagamento e preservar a escolha do consumidor, devendo constituir um avanço significativo em termos de custos para os consumidores, de segurança e de eficácia, em comparação com os atuais sistemas nacionais»[84].

No entanto, como bem refere Malaguti, a DSP, tal como foi adotada, difere, em alguns aspetos fundamentais, da proposta da Comissão para a definição de

[81] Não obstante ter sido afirmado que a transposição da Diretiva 97/5/CE foi «bastante satisfatória», a Comissão Europeia considerou que «no que diz respeito à situação que prevalece atualmente no domínio das transferências transfronteiras em cada Estado-Membro, contudo, a situação está longe de ser satisfatória. Muito embora os prazos de execução das transferências sejam aceitáveis (tratava-se de um fator que suscitava particular preocupação, sendo abordado no artigo 12.º), a prática persistente da dupla imputação de encargos, a ausência de qualquer informação ao cliente e a relutância de algumas instituições de crédito no sentido de indemnizar os clientes em caso de pagamentos em atraso ou de reembolsar os pagamentos "extraviados" ou objeto de deduções ilegais é alarmante» [cf. "Relatório da Comissão ao Parlamento Europeu e ao Conselho sobre a aplicação da Diretiva 97/5/CE do Parlamento Europeu e do Conselho, de 27 de Janeiro de 1997, relativa às transferências transfronteiras", COM(2002) 663 final, de 29.11.2002].

[82] Ruth Wandhöfer, *EU Payments Integration...*, 77.

[83] As primeiras comunicações da Comissão sobre a matéria datam de 2000 e 2003. Em 2004, o então denominado "New Legal Framework for Payments in the Internal Market" (NLF) começou a ganhar forma. A 1 de dezembro de 2005 foi publicada a versão final da proposta de Diretiva, na verdade, a versão 7 do NLF. Concluído o processo de co-decisão, a Diretiva veio a ser publicada a 5 de dezembro de 2007. Para uma análise detalhada e aturada de todo o processo conducente à publicação da DSP, ver Ruth Wandhöfer, *EU Payments Integration...*, 77-117.

[84] Cf. considerando 4.

um enquadramento legal para os serviços de pagamento no mercado interno[85], designadamente, i) na abolição do tratamento diferenciado que a Comissão propunha para as operações abaixo e acima de 50.000,00 euros; ii) na limitação do seu âmbito de aplicação aos serviços de pagamento em euro ou na moeda de um Estado-Membro fora da zona euro, ao invés de abranger as transferências de fundos em qualquer moeda; iii) na regulação de forma inovatória do papel das empresas de telecomunicações na prestação de serviços de pagamento; e iv) na introdução da categoria de "envio de fundos", como um tipo de serviço de pagamento que não exige a existência de uma conta de pagamento[86].

4.3.2. *Estrutura*

A DSP está dividida em seis grandes Títulos, por sua vez subdivididos em Capítulos e Secções. Assim, o Título I refere-se a Objeto, Âmbito de Aplicação e Definições; o Titulo II a Prestadores de Serviços de Pagamento; o Titulo III a Transparência das Condições e dos Requisitos de Informação aplicáveis aos Serviços de Pagamento; o Título IV a Direitos e Obrigações relativamente à Prestação e Utilização dos Serviços de Pagamento; o Título V a Medidas de Execução e Comité de Pagamentos; e o Título VI a Disposições Finais.

4.3.3. *Âmbito de aplicação*

A este respeito, Wandhöfer diz, com graça, que não contente com um âmbito de aplicação, a Diretiva tem quatro (para não mencionar alguns escondidos), todos se sobrepondo de alguma forma, o que, obviamente, contribui para a dura tarefa de interpretar o seu texto de forma clara[87].

A DSP estatui, logo no seu artigo 2.°, ser aplicável aos serviços de pagamento[88] prestados na Comunidade. Os Títulos III e IV, com exceção do artigo

[85] Cf. "Proposta de Diretiva do Parlamento Europeu e do Conselho relativa aos serviços de pagamento no mercado interno e que altera as Diretivas 97/7/CE, 2002/12/CE e 2002/65/EC", Comissão Europeia, Bruxelas, COM(2005) 603 final, de 1 de dezembro de 2005.

[86] Maria Chiara Malaguti, *The Payment Services Directive...*, 2.

[87] Ruth Wandhöfer, *EU Payments Integration...*, 89-90.

[88] As atividades comerciais consideradas serviços de pagamento para efeitos da DSP estão enumeradas no seu Anexo (cf. número 3. do artigo 4.°). A Diretiva apresenta, também um "âmbito de aplicação negativo", no seu artigo 3.°, no qual estatui os serviços e operações aos quais não é aplicável.

73.º (data-valor e disponibilidade dos fundos), no entanto, apenas são aplicáveis quando o(s) prestador(es) do serviço de pagamento envolvido(s) na operação de pagamento esteja(m) situado(s) na Comunidade.

Os Títulos III e IV da DSP, portanto, aplicam-se aos serviços de pagamento prestados nos 27 Estados-Membros da União Europeia e aos 3 membros do Espaço Económico Europeu (a Islândia, a Noruega, o Liechtenstein), mas apenas quando o(s) prestador(es) do serviço de pagamento envolvido(s) na operação de pagamento esteja(m) situado(s) na Comunidade. Isto é dizer que, para efeitos de transparência das condições e dos requisitos de informação aplicáveis aos serviços de pagamento e de estipulação de direitos e obrigações relativamente à prestação e utilização de serviços de pagamento, as operações que envolvam um prestador de serviços de pagamento dentro da Comunidade e um prestador fora da Comunidade (conhecidas como *one-leg* ou *leg-out transactions*) não são abrangidas pelas disposições da Diretiva (com exceção do disposto no artigo 73.º).

Os mesmos Títulos III e IV também têm o seu âmbito de aplicação restringido aos serviços de pagamento realizados em euros ou na moeda de um Estado-Membro não pertencente à zona euro. A limitação relativa à moeda pretende evitar conflitos de leis e ir de encontro à política do mercado único.

Já no que respeita aos prestadores de serviços de pagamento – Título II – não existe a limitação territorial, sendo as disposições da Diretiva aplicáveis aos serviços de pagamento aplicáveis na Comunidade, nem a limitação relativa à moeda, que não faria sentido, uma vez que, nesse Título, se trata de regras relativas ao regime prudencial das instituições de pagamento.

Esta distinção é de molde a gerar situações como a que destaca, criticando, Malaguti: um prestador de serviços de pagamento que deseje prestar serviços de uma localização fora da Comunidade para beneficiários localizados na Comunidade terá de se submeter ao processo de autorização e supervisão ínsito no Título II da DSP. No entanto, estando estabelecido fora da UE, não terá de cumprir as obrigações relativas a transparência das condições e dos requisitos de informação na prestação de serviços de pagamento, dispostas nos Títulos III e IV[89].

[89] Cf. Maria Chiara Malaguti, para uma crítica ao âmbito de aplicação territorial da DSP (*The Payment Services Directive*..., 20-23).
Não obstante, enfatizamos que, de acordo com o artigo 87.º DSP, um dos aspetos a constar do relatório sobre a aplicação e o impacto da Diretiva, a elaborar pela Comissão até 1 de novembro de 2012, será a eventual necessidade de alargar o âmbito de aplicação às operações de pagamento em todas as moedas e às operações de pagamento em que apenas um dos prestadores de serviços de pagamento está situado na Comunidade.

Uma nota importante, e que teve reflexo (como quase todos os aspetos da DSP) na transposição para o direito interno português, é a de que a Diretiva se organiza em torno de uma divisão baseada em questões chave do exercício da atividade das instituições, em problemas comuns aquando da execução de serviços de pagamento. Não há, portanto, qualquer organização baseada nos diferentes tipos de instrumentos de pagamento: a DSP aplica-se aos serviços de pagamento.

Alibrandi[90] refere-se a uma distinção incomum e inadequada entre duas "famílias" de serviços de pagamento: os serviços em que a ordem de pagamento é iniciada pelo ordenante e os serviços em que a ordem de pagamento é iniciada pelo beneficiário ou através dele. Wandhöfer designa esta opção, de fazer aplicar um só texto legislativo a todos os instrumentos de pagamento, uma abordagem «one-size-fits-all»[91].

Depois, é de enfatizar que não há qualquer limite monetário para os serviços de pagamento abrangidos pelas disposições da Diretiva, como existia, por exemplo, no Regulamento n.º 924/2009 e existia na Diretiva 97/5/CE. A ausência pode ser justificada com a multiplicidade de objetivos que a DSP pretende alcançar. Se, por um lado, pretende aplicar-se aos pagamentos de retalho e dar a máxima proteção ao consumidor e, nessa medida, faria sentido limitar as operações abrangidas a um montante reduzido (ou seja, suscetível de movimentação pelo consumidor médio); por outro, pretende também promover a adoção de meios de pagamento mais eficientes e dar suporte à SEPA, pelo que não poderia deixar de fora qualquer tipo de pagamento, apenas pelo seu valor[92].

Por último, é interessante verificar que, sob a epígrafe "âmbito de aplicação", encontramos no texto da Diretiva, além do já mencionado artigo 2.º, cinco artigos, todos integrados nos Títulos III e IV: artigos 30.º, 35.º, 40.º, 51.º e 68.º. Nenhum destes artigos trata do âmbito de aplicação espacial da Diretiva, à exceção do artigo 68.º, que inspirou o nosso 79.º, e que abordaremos aquando da análise dos prazos de execução e data-valor das operações de transferência[93].

[90] *Contractual regulations rights...*, 638.

[91] Ruth Wandhöfer, *EU Payments Integration...*, 90.

[92] Ruth Wandhöfer destaca, no entanto, que esta opção foi amenizada por cláusulas de "corporate opt-out", em que o texto da Diretiva foi no sentido de equiparar consumidores a não consumidores, mas é deixada às partes liberdade para estipular de forma contrária (cf. artigo 51.º DSP) (cf. *EU Payments Integration...*, 91). Também importante é a equiparação das microempresas a consumidores, deixada ao critério dos Estados-Membros (cf, por exemplo, número 3. do artigo 51.º DSP).

[93] Cf. Capítulo 6.

4.3.4. *Terminologia*

Senhora da sua própria terminologia, fruto de anos de pensamento europeu sobre a matéria dos pagamentos e de gestão de consensos no decorrer dos trabalhos preparatórios, a Diretiva dos Serviços de Pagamento contém, como todos os atos legislativos europeus, uma coleção de definições, cujo propósito é ajudar à interpretação do seu texto (cf. artigo 4.º).

No entanto, o conjunto de termos abordados pela Diretiva veio introduzir especificidades ao já complicado e particular léxico dos sistemas de pagamentos, por não apresentar muita correspondência com os conceitos a que, tradicionalmente, se alude neste âmbito.

Dificuldade adicional representa o facto de serem evidentes algumas diferenças entre as versões da Diretiva nas diversas línguas no seio da União, o que, certamente, não auxilia a tarefa interpretativa.

A questão que subjaz, adiantamos, é a de saber se este novo vocabulário é realmente novo, isto é, se cria figuras jurídicas novas, ou se representa apenas uma forma diferente de falar de institutos e agentes pré-existentes.

A título de exemplo, e porque serão conceitos abordados no próximo capítulo, faremos referência a certos aspetos da terminologia própria da Diretiva dos Serviços de Pagamento que se refletem de forma transversal no seu regime, sem prejuízo de alguns deles terem já sido objeto de discussão no capítulo anterior.

4.3.4.1. Serviços de pagamento

A DSP não define o conceito de serviço de pagamento. Opta por listar, no seu Anexo, as atividades comerciais consideradas como tal[94], deixando para o intérprete a árdua tarefa de, através da análise da listagem de atividades e, também, do (vasto) elenco de exclusões do seu âmbito de aplicação[95], poder identificar determinada serviço como serviço de pagamento[96].

[94] Cf. artigo 4.º/3 DSP.

[95] Cf. artigo 3.º DSP.

[96] Destacando este mesmo facto, Maria Chiara Malaguti realça que, na proposta da Comissão de 2005 [cf. artigo 2.º/1 da "Proposta de Diretiva do Parlamento Europeu e do Conselho relativa aos serviços de pagamento no mercado interno e que altera as Diretivas 97/7/CE, 2002/12/CE e 2002/65/EC", Comissão Europeia, Bruxelas, COM(2005) 603 final, de 1 de dezembro de 2005], era feita uma tentativa de definição de serviço de pagamento: *A presente diretiva aplicar-se-á exclusivamente às atividades comerciais enumeradas no Anexo, que consistem na execução de operações de pagamento por conta de uma pessoa singular ou coletiva, designadas seguidamente "serviços de pagamento",*

Assim, são serviços de pagamento para efeitos da DSP as atividades comerciais enumeradas no Anexo à Diretiva, que incluem serviços que permitam depositar e levantar numerário numa/duma conta de pagamento, bem como todas as operações necessárias para a gestão dessa conta; execução de operações de pagamento; emissão e/ou aquisição de instrumentos de pagamento e envio de fundos.

A inclusão da atividade de envio de fundos não é inconsequente e, como já evidenciámos, foi uma das principais notas dissonantes entre a proposta da Comissão e o texto final da DSP.

Como bem refere Malaguti, a Diretiva não estabelece a correlação normalmente existente entre a conta e a execução de serviços de pagamento. Na verdade, no mesmo texto legislativo, são abordadas, como serviços de pagamento, as matérias do envio de fundos – serviço de pagamento que não tem por base a existência de uma conta de pagamento[97] – e da transferência de fundos entre contas de pagamento, independentemente do instrumento de pagamento utilizado para ordenar essa transferência e da operação de pagamento ordenada[98].

A separação entre abertura de conta e prestação de serviços de pagamento potencia a possibilidade de aparecimento no mercado de novos prestadores não financeiros, como as empresas de telecomunicação que, cada vez mais, se perfilam como uma alternativa aos tradicionais bancos na prestação destes serviços.

4.3.4.2. Prestador de serviços de pagamento e utilizador de serviços de pagamento

No âmbito da DSP, como já explanámos no Capítulo anterior, a referência é feita ao prestador e ao utilizador de serviços de pagamento.

O prestador de serviços de pagamento é definido com referência a uma lista, ínsita no artigo 1.°, sendo que há a possibilidade de os Estados-Membros autorizarem também outro tipo de entidades a exercer a atividade de prestação de serviços de pagamento[99]. Dessa lista constam as novíssimas instituições de pagamento e as já-não-tão-novas instituições de crédito.

O utilizador de serviços de pagamento pode ser o ordenante ou o beneficiário, pode ser um consumidor ou não consumidor.

em que pelo menos um dos prestadores de serviços de pagamento se situa na Comunidade (cf. *The Payment Services Directive…*, i), 6.

[97] Cf. número 13. do artigo 4.° DSP.

[98] Maria Chiara Malaguti, *The Payment Services Directive…*, i).

[99] Cf. artigo 26.° DSP. Esta opção não foi exercida por Portugal.

É interessante notar que este é um dos aspetos em que é vantajoso ter em conta as diferenças entre o texto original da Diretiva, em inglês, e as suas sucessivas traduções. A Lei-tipo da UNCITRAL e a Diretiva 97/5/CE utilizavam as expressões "originator" e "beneficiary", que a DSP optou por não receber e substituir por "payer" e "payee"[100]. Em Portugal, não obstante, sempre a opção terminológica passou pela utilização de "ordenante" e "beneficiário", pelo que, aqui, não houve qualquer mudança com a adoção da DSP.

No entanto, como veremos adiante, num contexto de "one-size-fits-all", em que não é feita referência a instrumentos de pagamento específicos, mas a serviços de pagamento abrangentes, com base nos quais o regime jurídico é desenhado, há situações em que seria conveniente que estivesse claramente estatuído quem está a efetuar o pagamento e quem está a recebê-lo.

4.3.4.3. Instituições de pagamento

As instituições de pagamento são o mais recente tipo de prestador de serviços de pagamento criado pela DSP, a qual teve como preocupação, nomeadamente, garantir o acesso de novos atores ao mercado de serviços de pagamento.

O seu regime prudencial está definido na Diretiva, não sendo consideradas instituições de crédito, pelo que têm a possibilidade de exercer apenas um conjunto limitado de atividades para além da prestação de serviços de pagamento, nas quais não se inclui a receção de depósitos ou outros fundos reembolsáveis[101].

Poderão, no entanto, conceder crédito relativo a alguns serviços de pagamento, se este for acessório e concedido exclusivamente no âmbito da execução de operações de pagamento e reembolsado num prazo não superior a doze meses. O crédito não poderá, não obstante, ser concedido a partir dos fundos recebidos ou detidos para efeitos da execução de uma operação de pagamento[102/103].

[100] Despina Mavromati, *The Law of Payment Services in the EU*, 147.

[101] Cf. artigo 16.º/2 e 4 DSP.

[102] Cf. artigo 16.º/3 DSP.

[103] A concessão de crédito pelas IP é uma questão problemática, atendendo, especialmente, ao facto de não existir na legislação comunitária uma definição do que sejam "depósitos", ou "fundos reembolsáveis". Para uma discussão mais alargada sobre o tema, cf. Maria Chiara Malaguti, *The Payment Services Directive*..., 7.

4.3.4.4. Contrato-quadro e operação de pagamento de carácter isolado

A DSP traça uma distinção entre as operações de pagamento de carácter isolado, não abrangidas por um contrato-quadro, e as operações de pagamento abrangidas por um contrato-quadro: as operações de pagamento individuais.

Contrato-quadro é definido como um *contrato de prestação de serviços de pagamento que rege a execução futura de operações de pagamento individuais e sucessivas e que pode enunciar as obrigações e condições para a abertura de uma conta de pagamento* [cf. artigo 4.º/12].

De uma forma geral, os requisitos de informação e condições aplicáveis à execução das operações de pagamento de carácter isolado são mais exigentes do que os impostos para a execução de operações de pagamento individuais abrangidas por um contrato-quadro, uma vez que o próprio contrato-quadro, aquando da sua celebração, é alvo, também ele, de exigentes obrigações relativas à transparência das condições.

4.3.4.5. Conta de pagamento

A necessidade de definir o que seja uma conta de pagamento, como uma conta utilizada para a execução de operações de pagamento, é, à partida, estranha, não se percebendo imediatamente porque não optou a Diretiva por, simplesmente, fazer uma referência genérica a conta bancária, por exemplo, que, depois, seria interpretada em conformidade no seio de cada Estado-Membro.

No entanto, como bem realça Wandhöfer, a definição, e o seu rigor, podem explicar-se pela indispensabilidade de abranger na mesma não só as contas disponibilizadas pelas instituições de crédito, mas também as contas sediadas em entidades não bancárias, nomeadamente, nas instituições de pagamento; por outro lado a definição é bastante rigorosa, não permitindo margem à interpretação de que as instituições de pagamento podem receber depósitos[104].

Malaguti retira desta definição consequências relacionadas com a já mencionada característica intrínseca da DSP: o facto de a prestação de serviços de pagamento não depender de uma conta. Para a autora, a existência de uma definição de "conta de pagamento" teve o propósito claro de distanciar a Diretiva das conceções tradicionais de "conta de depósito" ou "conta bancária", que remetem para instituições financeiras. Adianta que a inclusão de tal definição parece pretender afirmar que, ainda que seja necessária a existência de uma

[104] Ruth Wandhöfer, *EU Payments Integration*..., 93.

conta para a prestação de serviços de pagamento, essa conta não terá de ser, necessariamente, uma conta de depósito[105]/[106].

4.3.5. *Harmonização plena*

A Diretiva dos Serviços de Pagamento foi publicada como Diretiva de harmonização plena, de acordo com o expressamente estatuído no seu artigo 86.º, querendo isto significar que os Estados-Membros não podem manter em vigor ou introduzir outras disposições além das previstas no seu texto, com exceção de algumas disposições em relação as quais lhes é dada margem para os termos da transposição.

Assim, não obstante a máxima harmonização desejada pela Diretiva, a mesma contém um conjunto de 23 normas em relação às quais é concedido espaço de discricionariedade aos Estados-Membros[107]. Portugal exerceu algumas dessas opções, como veremos *infra.*

A harmonização máxima foi um dos requisitos considerado fundamental para a correta e uniforme implementação das disposições da Diretiva e para a perfeita implementação da Área Única de Pagamentos em Euro. No entanto, como já tivemos oportunidade de fazer notar, para além dos aspetos em que expressamente concede possibilidade de derrogação, a DSP contém uma série de "buracos interpretativos", logo no âmbito de aplicação, que só dificultam a sua aplicação uniforme em todos os Estados-Membros.

Para mais, é ainda dada possibilidade aos prestadores de serviços de pagamento de concessão de condições mais favoráveis aos utilizadores de serviços de pagamento, o que também poderá originar diferenças de aplicação entre os Estados[108].

[105] Maria Chiara Malaguti, *The Payment Services Directive*...,6.

[106] Sem prejuízo das breves considerações tecidas a propósito da conta de pagamento, não queremos deixar de notar que a noção de conta de pagamento é, na nossa opinião, a que mais problemáticas levanta, por ser a mais abrangente e aquela que pretende marcar maior diferença em relação à prevalecente teoria da relação bancária. É matéria, contudo, que não cabe aqui abordar em extensão. Para maior desenvolvimento acerca de algumas das questões levantadas a propósito da conta de pagamento, cf. Maria Chiara Malaguti, *The Payment Services Directive*..., 6-11.

[107] A totalidade das disposições em relação às quais existe margem de discricionariedade é abordada por Wandhöfer, *EU Payments Integration*..., 128-132 e Mavromati, *The Law of Payment Services in the EU*, 120-122.

Para uma lista completa das opções dos Estados-Membros nesta matéria, ver http://ec.europa.eu/internal_market/payments/docs/framework/transposition/options_en.pdf.

[108] Cf. artigo 86.º/3 DSP.

Poder-se-á dizer que a DSP acabou por permitir um grau de flexibilidade maior do que seria de prever. Como avisa Malaguti, o número de derrogações existente na DSP e, consequentemente, a margem de discricionariedade deixada aos Estados-Membros, pode prejudicar a harmonização pretendida ao nível dos serviços de pagamento[109].

4.3.6. *Transposição para a ordem jurídica interna – o Regime Jurídico dos Serviços de Pagamento*

O anteprojeto de diploma de transposição foi preparado pelo Banco de Portugal, por mandato do Ministério das Finanças e da Administração Pública, e esteve em consulta pública entre os dias 2 de fevereiro e 3 de março de 2009.

A Diretiva dos Serviços de Pagamento veio a ser transposta para a ordem jurídica interna através do Decreto-Lei n.º 317/2009, de 30 de outubro, que aprova o regime jurídico relativo ao acesso à atividade das instituições de pagamento e à prestação de serviços de pagamento – o Regime Jurídico dos Serviços de Pagamento – que entrou em vigor a 1 de novembro de 2009, tal como manda a própria Diretiva (cf. artigo 94.º).

O seu objetivo declarado é do de *assegurar condições de concorrência equitativas entre todos os sistemas de pagamentos no espaço comunitário e preservar a escolha do consumidor em melhores condições de segurança, eficácia e eficiência de custos*[110].

O RJSP está dividido em seis Títulos: I – Disposições gerais e introdutórias, II – Prestadores de serviços de pagamento; III – Prestação e utilização de serviços de pagamento, IV – Resolução extrajudicial de litígios e procedimento de reclamação, V – Regime contra-ordenacional, VI – Disposições complementares, transitórias e finais.

Assim, os aspetos essenciais do regime comunitário foram transpostos para os Títulos II e III, em parcial sintonia com a divisão adotada pela própria Diretiva, sendo que o Título III, que abrange os artigos 40.º a 91.º e que especialmente interessa no contexto da nossa investigação, congrega os aspetos relacionados com a prestação e utilização de serviços de pagamento, presentes nos Títulos III e IV da Diretiva: Transparência das condições e dos requisitos

[109] Maria Chiara Malaguti, *The Payment Services Directive...*, i).
[110] Cf. Preâmbulo do RJSP.

de informação aplicáveis aos serviços de pagamento e Direitos e obrigações relativamente à prestação e utilização de serviços de pagamento[111].

Trata-se, no fundo, do tratamento das matérias dos deveres de informação pré-contratual e pós-contratual e, por outro lado, das normas que deverão conformar os direitos e obrigações contratuais dos utilizadores e prestadores de serviços de pagamento.

No que respeita ao seu âmbito de aplicação, o RJSP não pôde senão basear-se no disposto na DSP. Deste modo, estipula o número 1. do seu artigo 3.º que o regime jurídico é aplicável aos serviços de pagamento prestados em Portugal pelos prestadores de serviços com sede em Portugal e respetivos agentes, bem como pelos agentes e sucursais de prestadores de serviços sediados noutro Estado-Membro[112].

Depois, tal como na DSP, existem limitações de âmbito territorial no que respeita às normas do Título III, que, com exceção do artigo 84.º, apenas são aplicáveis quando ambos os prestadores de serviços de pagamento, ou o prestador único, estejam situados em Portugal ou quando um dos prestadores esteja situado em Portugal e o outro noutro Estado-Membro da Comunidade[113].

De igual modo bebendo da disciplina da DSP, o Título III do RJSP apenas é aplicável aos serviços de pagamento realizados em euros ou na moeda de um Estado-Membro não pertencente à zona euro.

No que respeita à matéria dos prestadores de serviços de pagamento, o RJSP não expressa a mesma novidade que já descobrimos na DSP: a inclusão das instituições de pagamento no seio dos prestadores de serviços de pagamento. E nessa medida, o RJSP operou alterações no Regime Geral das Instituições de Crédito e Sociedades Financeiras (RGICSF[114]).

[111] Para facilidade de análise, pode dizer-se que os Títulos III e IV da DSP correspondem aos Capítulos I e II do Título III do RJSP. Por sua vez, os Capítulos dos Títulos III e IV da DSP correspondem às Secções dos Capítulos do Título III do RJSP. Para maior detalhe, cf. Quadro de Correspondências entre a DSP e o Anteprojeto de transposição, disponível em http://www.bportugal.pt/pt-PT/OBancoeoEurosistema/ConsultasPublicas/Paginas/ConsultaPublica_BP_3_09.aspx.

[112] Esta norma encontra paralelo na do número 1. do artigo 2.º DSP.

[113] Esta norma encontra paralelo na do número 1. do artigo 2.º DSP, sendo que o artigo 84.º corresponde à transposição do artigo 73.º DSP, relativo a data-valor e disponibilidade dos fundos.

[114] Regime Geral das Instituições de Crédito e Sociedades Financeiras aprovado pelo Decreto-Lei n.º 298/92, de 31 de dezembro, com alterações introduzidas pelos Decretos-Leis n.º 246/95, de 14 de setembro, n.º 232/96, de 5 de dezembro, n.º 222/99, de 22 de junho, n.º 250/2000, de 13 de outubro, n.º 285/2001, de 3 de novembro, n.º 201/2002, de 26 de setembro, n.º 319/2002, de 28 de dezembro, n.º 252/2003, de 17 de outubro, n.º 145/2006, de 31 de julho, n.º 104/2007, de 3 de abril, n.º 357-A/2007, de 31 de outubro, n.º 1/2008, de 3 de Janeiro, n.º

De facto, de acordo com o RGICSF, na sua versão anterior à publicação do RJSP, eram instituições de crédito as empresas cuja atividade consistia em receber do público depósitos ou outros fundos reembolsáveis, a fim de os aplicarem por conta própria mediante a concessão de crédito (cf. número 1. do artigo 2.° RGICSF, antes de 1 de novembro de 2009). Desde logo, os bancos eram qualificados como instituições de crédito [cf. alínea *a*) do artigo 3.° RGICSF, antes de 1 de novembro de 2009] e, como tal, estavam habilitados a efetuar determinado tipo de operações, entre as quais se incluíam, nomeadamente, a receção de depósitos ou outros fundos reembolsáveis; as operações de pagamento; e a emissão e gestão de meios de pagamento, tais como cartões de crédito, cheques de viagem e cartas de crédito [cf. alíneas *a*), *c*) e *d*) do artigo 4.° RGICSF, antes de 1 de novembro de 2009].

As sociedades financeiras, por seu lado, apesar de não poderem receber do público depósitos ou outros fundos reembolsáveis (cf. artigo 5.° RGICSF, antes de 1 de novembro de 2009) podiam exercer a título principal, também, as atividades de execução de operações de pagamento e de emissão e gestão de meios de pagamento (cf. artigo 5.°, RGICSF antes de 1 de novembro de 2009).

Na verdade, a atividade de receção de depósitos ou outros fundos reembolsáveis estava vedada às instituições de crédito (cf. artigo 8.° RGICSF, antes de 1 de novembro de 2009 – princípio da exclusividade), portanto, apenas elas podiam deter contas de depósitos.

Agora, o RJSP estipula, sob a epígrafe "Prestadores de serviços de pagamento. Princípio da exclusividade" (cf. artigo 7.°), que apenas podem prestar serviços de pagamento as instituições de crédito, incluindo as instituições de moeda eletrónica; as instituições de pagamento; a entidade concessionária do serviço postal universal[115]; o Estado, as Regiões Autónomas e os serviços e organismos da administração direta e indireta do Estado, quando atuem despro-

126/2008, de 21 de julho, n.° 211-A/2008, de 3 de novembro, pela Lei n.° 28/2009, de 19 de junho, pelo Decreto-Lei n.° 162/2009, de 20 de julho, pela Lei n.° 94/2009, de 1 de setembro, pelos Decretos-Leis n.° 317/2009, de 30 de outubro, n.° 52/2010, de 26 de maio, n.° 71/2010, de 18 de junho, pela Lei n.° 36/2010, de 2 de setembro, pelo Decreto-Lei n.° 140-A/2010, de 30 de dezembro, pela Lei n.° 46/2011, de 24 de junho e pelos Decretos-Leis n.° 88/2011, de 20 de julho, n.° 119/2011, de 26 de dezembro e n.° 31-A/2012, de 10 de fevereiro.

[115] A "CTT — Correios de Portugal, S. A.", é, em território nacional, a prestadora do serviço postal universal, até 31 de dezembro de 2020, de acordo com o disposto no número 1. do artigo 57.° da Lei n.° 17/2012, de 26 de abril.

vidos de poderes de autoridade pública; ou o Banco de Portugal, quando não exerça poderes públicos de autoridade[116].

No entanto, o facto de estarem habilitadas a prestar serviços de pagamento não implicou a qualificação das instituições de pagamento como instituições de crédito, nem tão-pouco, que estejam autorizadas a receber do público depósitos e outros fundos reembolsáveis (cf. artigos 2.º e 3.º RGICSF e número 3. do artigo 8.º RJSP).

Os fundos recebidos pelas instituições de pagamento e provenientes dos utilizadores de serviços de pagamento só podem, portanto, ser utilizados para a execução de serviços de pagamento, não constituindo receção de depósitos ou outros fundos reembolsáveis na aceção do número 1. do artigo 2.º RGICSF.

Assim sendo, as contas de pagamento detidas junto de instituições de pagamento só podem ser utilizadas para a prestação de serviços de pagamento (cf. número 4. do artigo 8.º RJSP).

No que respeita à concessão de crédito, as IP poderão fazê-lo, mas apenas em situações específicas estritamente relacionadas com os serviços e pagamento que hajam de prestar (cf. artigo 9.º RJSP).

As instituições de crédito que, como vimos, já estavam habilitadas a prestar serviços de pagamento ao abrigo do anterior regime, continuam a poder fazê-lo, sendo certo que o artigo 4.º RGICSF foi alterado no sentido de fazer expressa referência à listagem de serviços de pagamento constante do artigo 4.º RJSP[117].

Assim, podemos dizer que se operou uma grande mudança com a criação das instituições de pagamento: onde dantes a intermediação nos pagamentos estava quase exclusivamente guardada para as instituições de crédito, mormente, aos bancos[118], hoje a situação alterou-se, na medida em que também as instituições de pagamento, que não são instituições de crédito, podem realizar trans-

[116] E ainda as instituições de crédito, incluindo as instituições de moeda eletrónica, e as instituições de pagamento com sede noutro Estado-Membro da Comunidade Europeia, nos termos do RJSP. Cf. artigo 7.º/1, *f*).

[117] No que respeita às sociedades financeiras, elas deixaram de estar habilitadas a prestar serviços de pagamento, de acordo com a alteração imposta pelo artigo 3.º do Decreto-Lei n.º 317/2009, de 30 de outubro, que implicou que o artigo 5.º RGICSF deixasse de incluir essa atividade. No entanto, não podemos deixar de notar que a prestação de serviços de pagamento continua a estar referida no número 2. do artigo 8.º RGICSF.

[118] Mas também às sociedades financeiras (cf. artigos 5.º e 8.º/2 RGICSF, na versão anterior à entrada em vigor do RJSP).

ferências a crédito, apesar de os fundos que recebem não constituírem receção de depósitos ou outros fundos reembolsáveis[119].

A DSP foi construída e qualificada como Diretiva de harmonização plena, mas, como vimos, contém uma série de normas em relação às quais os Estados-Membros podem exercer o seu direito de opção. O legislador português utilizou algumas dessas opções aquando da transposição, das quais destacamos a equiparação das microempresas aos consumidores, para efeitos da aplicação dos Capítulos I e II do Título III do RJSP (cf. artigos 40.°/2 e 62.°/1 RJSP e artigos 30.°/2 e 51.°/2 DSP); e a estipulação de que cabe ao prestador do serviço de pagamento provar que cumpriu os requisitos de informação estabelecidos no Título III (cf. artigo 44.° RJSP e artigo 33.° DSP)[120].

Não obstante as diferenças que possam vir a surgir por esta (e outras) vias quanto à aplicação do texto da Diretiva nos diferentes Estados-Membros, a verdade é que a DSP forneceu ao RJSP todos os conceitos que utiliza, introduzindo no panorama do Direito Bancário (especialmente dos Pagamentos) um léxico novo e inovatório, a que ainda falta habituar.

É este Regime, especificamente aplicado às transferências a crédito, que nos propomos analisar adiante.

5. **SEPA – Área Única de Pagamentos em Euro**

A Área Única de Pagamentos em Euro, vulgarmente referida como SEPA (acrónimo de "Single Euro Payments Area"), é uma iniciativa de integração europeia na área dos pagamentos e designa o objetivo, no âmbito da União Monetária, de uniformização de normas e regras de funcionamento dos sistemas de pagamentos dos Estados-Membros, permitindo que qualquer cidadão tenha no, espaço comunitário, as mesmas condições para efetuar pagamentos através das instituições autorizadas a prestar esse serviço[121].

A SEPA é, neste âmbito, vista como a evolução natural após a introdução do euro e como um passo para a concretização plena do potencial do mercado único europeu, estabelecendo o mercado integrado de pagamentos de

[119] Sobre este aspeto específico, cf. Capítulo 6.

[120] Está disponível uma lista das opções de Portugal em http://www.bportugal.pt/pt-PT/OBancoeoEurosistema/ConsultasPublicas/Documents/ConsultaPublica_BP_3_09_quadro_opcoes.pdf. Especificamente em relação à opção prevista no artigo 52.°/3 DSP, cf. *infra*, Capítulo 6.

[121] Para uma análise pormenorizada dos marcos mais importantes com vista à integração europeia na matéria dos pagamentos, cf. Despina Mavromati, *The Law of Payment Services in the EU...*, 13-24.

retalho na Europa. A iniciativa parte da já adquirida possibilidade de utilizar uma moeda única para fazer pagamentos em numerário dentro da área euro, para facultar a realização de pagamentos em moeda escritural a partir de uma única conta bancária, sob as mesmas condições básicas, independentemente da sua localização.

Com a Área Única de Pagamentos em Euro deverá haver, a breve trecho, um único conjunto de modelos de pagamento de retalho em euros – para transferências a crédito, débitos diretos e cartões de pagamento – que permita corporizar a visão que os governos dos Estados-Membros deixaram expressa na Agenda de Lisboa, de março de 2000, no sentido de tornar a Europa mais dinâmica e competitiva.

O projeto SEPA foi iniciado e é liderado pela indústria bancária europeia, que criou, em 2002, o Conselho Europeu de Pagamentos, mais conhecido pela sua denominação em inglês *European Payments Council* – EPC[122].

Não obstante a SEPA ter partido da ação da comunidade bancária, desde cedo as instâncias europeias mostraram interesse em participar ativamente na iniciativa e preocuparam-se em evidenciar preocupação com o seu bom desenvolvimento no sentido da integração financeira dos sistemas de pagamentos, o que resulta do papel, que lhes é atribuído pelo Tratado da União Europeia, de promover o bom funcionamento dos sistemas de pagamentos e de salvaguardar a estabilidade financeira.

De facto, o BCE e a Comissão Europeia uniram-se, logo em 2006, numa declaração conjunta na qual afirmavam partilhar uma visão comum para a Área Única de Pagamentos em Euro e para o processo conducente à sua criação[123/124].

[122] O EPC é o órgão de decisão e coordenação do sector bancário europeu para a matéria dos pagamentos, que definiu e desenvolveu as regras e procedimentos para que os pagamentos em euro se pudessem realizar de forma harmonizada na área euro. Sobre o nascimento e papel desempenhado pelo EPC no contexto de integração no mercado de pagamentos, ver Ruth Wandhöfer, *EU Payments Integration*..., 57-73.

[123] Cf. http://www.ecb.int/press/pr/date/2006/html/pr060504_1.pt.html .

[124] Ambas as instituições europeias publicam, periodicamente, relatórios de progresso relativos à SEPA. Cf. http://www.ecb.int/paym/sepa/stakeholders/eurosystem/html/index.en.html, para relatórios da autoria do BCE e http://ec.europa.eu/internal_market/payments/sepa/ec_en.htm#migration, para relatórios da autoria da Comissão Europeia.

O Banco de Portugal, por seu lado, está empenhado na promoção e divulgação da SEPA, disponibilizando, no seu sítio na Internet, uma página dedicada à Área Única de Pagamentos em Euro (http://www.bportugal.pt/pt-PT/SistemasdePagamento/PagamentosdeRetalho/Paginas/SEPA.aspx) onde divulga a *Newsletter SEPA* (http://www.bportugal.pt/pt-PT/Sistemasde

Sendo a SEPA a possibilidade de realizar pagamentos transnacionais em euro sem qualquer barreira técnica, legal ou comercial, não existindo distinções entre pagamentos a nível nacional e transfronteiras, a previsão do Eurosistema era de que, a longo prazo, os pagamentos dentro da área do euro passassem a ser considerados domésticos, atingindo um nível de segurança e eficiência pelo menos igual ao dos pagamentos nacionais.

A iniciativa da Comissão Europeia de propor um quadro regulamentar único para os serviços de pagamentos europeus foi, pois, um dos passos necessários para alcançar o objetivo, uma vez que, por esta via, definiu regras para os pagamentos e impôs aos Estados-Membros a implementação de disposições legislativas necessárias ao seu cumprimento[125].

A SEPA é, hoje, já, uma realidade para os 27 Estados-Membros da União Europeia, a Islândia, a Noruega, o Liechtenstein, a Suíça e o Mónaco, permitindo aos utilizadores de serviços bancários desses países realizar pagamentos eletrónicos sob as mesmas regras e *standards* técnicos[126].

Pagamento/PagamentosdeRetalho/Paginas/sepanewsletter.aspx), assim como documentação vária sobre o tema.

Desde o início do projeto foi reputado de muito importante o envolvimento do sector público na contribuição para a consecução da SEPA. Neste âmbito, em Portugal, é de destacar a adesão da Segurança Social Portuguesa à SEPA, quando, em abril de 2011, iniciou o pagamento de pensões a residentes no espaço SEPA utilizando os formatos de transferência a crédito compatíveis com o projeto.

[125] A Diretiva dos Serviços de Pagamento é, obviamente, o instrumento legislativo com maior destaque no âmbito do apoio que o Eurosistema pretendeu dar à SEPA, criando um quadro legal harmonizado para os pagamentos, mas o Regulamento CE n.º 924/2009, relativo aos pagamentos transfronteiriços na Comunidade e que revogou o anterior Regulamento CE n.º 2560/2001, é outro dos exemplos marcantes. Cf. *infra* Capítulo 4.

Não obstante ter sido a eficaz implementação da Área Única de Pagamentos em Euro a verdadeira razão de ser da DSP, autores há que consideram que o texto final da Diretiva acabou por se desviar do objetivo inicial, pretendendo abranger uma série de questões paralelas e deixando, ao fim e ao cabo, a ideia da SEPA um pouco de parte (cf. Ruth Wandhöfer, EU *Payments Integration*..., 115-117).

[126] De facto, com vista à transição dos atuais instrumentos de pagamento eletrónicos nacionais para os novos instrumentos SEPA, foi lançado, em Janeiro de 2008, o instrumento de pagamento SEPA para transferências a crédito (*SEPA Credit Transfer* – SCT) e, em novembro de 2009 (novembro de 2010, em Portugal), o instrumento de pagamento SEPA para débitos diretos (*SEPA Direct Debit* – SDD). As regras e os *standards* para a execução de operações de pagamento SEPA foram definidos pelo EPC e explanadas em manuais de instruções para a banca sobre como processar operações de pagamento SEPA (*rulebooks*).

(A documentação pode ser encontrada em http://www.europeanpaymentscouncil.eu/index.cfm).

Nesta medida, pode considerar-se que a banca europeia, por meio do EPC, alcançou sucesso no lançamento da SEPA, criando modelos de pagamento eletrónicos pan-europeus. O apoio das instâncias europeias foi fundamental não só na construção e promoção do projeto, incentivando os Estados-Membros a unir-se em torno da visão de um mercado integrado de pagamentos de retalho, mas também na criação do quadro regulamentar único para a prestação de serviços de pagamento a nível europeu, essencial para a verdadeira integração. A criação de instrumentos e procedimentos comuns e de formas uniformes de processamento das ordens de pagamento nunca teria impacto se não houvesse também normas jurídicas comuns entre os Estados-Membros com vista à execução dessas ordens.

No entanto, a migração dos modelos de pagamentos nacionais tradicionais para a SEPA não está a ser tão rápida quanto seria desejável, uma vez que existia a possibilidade de coexistência dos dois tipos de instrumentos, não havendo a obrigatoriedade de migrar para modelos SEPA.

Neste contexto, a Comissão Europeia preparou, em dezembro de 2010, uma proposta de Regulamento do Parlamento Europeu e do Conselho que visava fixar um calendário vinculativo de migração dos modelos de pagamento nacionais para modelos de pagamento SEPA, a partir do qual não seria mais possível a utilização dos modelos de pagamento nacionais existentes em cada país.

Esse diploma, conhecido como "Proposta de regulamento da end-date"[127] foi ansiosamente esperado pela comunidade bancária internacional, uma vez que era visto como a forma de, efetivamente, a SEPA se tornar operacional, reconhecendo a Comissão Europeia que «a plena integração do mercado de pagamentos só será alcançada quando os instrumentos de pagamento à escala da União tiverem completamente substituído os instrumentos nacionais inicialmente existentes», e que «a ausência de um horizonte temporal comum para termo de utilização das soluções de carácter estritamente nacional tem levado ao adiamento da adoção das medidas necessárias à migração para o 'formato

Para as operações com cartão de pagamento, não foi definido um *standard* único, dada a característica heterogeneidade e complexidade do processamento dos pagamentos nesta área, acentuada pela diversidade de intervenientes existente, mas um conjunto de requisitos de compatibilidade, com vista à harmonização de procedimentos: o *SEPA Cards Framework*, em vigor desde 1 de Janeiro de 2008.

[127] COM(2010)775, de 16.12.2010 – Proposta de Regulamento do Parlamento Europeu e do Conselho, que estabelece requisitos técnicos para as transferência de créditos e os débitos diretos em euros e que altera o Regulamento (CE) n.º 924/2009, disponível em http://eur-lex.europa.eu/LexUriServ/LexUriServ.do?uri=COM:2010:0775:FIN:PT:PDF.

SEPA', seja por parte dos utilizadores, seja por parte dos prestadores de serviços de pagamento»[128].

No seu parecer à proposta da Comissão[129], o BCE acolheu favoravelmente a proposta de impor, através de um Regulamento da União, datas-limite de migração para o sistema de transferências a crédito SEPA e para o sistema de débitos diretos SEPA, fazendo notar que a fixação de datas-limite ambiciosas, embora realistas, é fundamental para o sucesso do projeto que, deixado, como até à data, nas mãos do mercado, não pode considerar-se totalmente bem sucedido[130].

Nesta medida, era de prever que as instâncias europeias cedessem à pressão da indústria bancária para a publicação de um ato de alcance geral da União, obrigatório em todos os seus elementos e diretamente aplicável em todos os Estados-Membros, impondo a migração para instrumentos de pagamento SEPA.

De facto, assim aconteceu a 30 de março de 2012, quando foi publicado o Regulamento (UE) n.º 260/2012 do Parlamento Europeu e do Conselho, de 14 de março de 2012, que estabelece requisitos técnicos e de negócio para as transferências a crédito e os débitos diretos em euros e que altera o Regulamento (CE) n.º 924/2009, que entrou em vigor no dia seguinte ao da sua publicação.

O Regulamento veio, então, estipular que, a partir de 1 de fevereiro de 2014, tanto as operações de transferência a crédito, como as operações de débito direto, deverão ser efetuadas de acordo com os requisitos técnicos referidos no diploma (cf. artigo 6.º Regulamento). É essa, portanto, a data em que deixarão de coexistir modelos de pagamentos[131] nacionais e SEPA em Portugal e nos outros Estados-Membros.

[128] Cf. Proposta de Regulamento.

[129] Disponível em http://www.ecb.europa.eu/ecb/legal/pdf/c_15520110525pt00010009.pdf.

[130] De igual forma pensa RUTH WANDHÖFER: «Past examples from other major European projects (for example, the Euro changeover) have demonstrated that an end-date of some sort has always been necessary to achieve the required momentum. Certainly this is proving to be the case for SEPA as without an end-date for migration to the SEPA CT and DD schemes the bleak reality is that SEPA is unlikely to ever reach critical mass» (*EU Payments Integration...*, 197).

[131] É interessante verificar que, onde o legislador europeu utiliza a palavra "*scheme*", a tradução para português é "modelo de pagamentos", definido como *um conjunto único de regras, práticas, normas e orientações de execução acordadas entre prestadores de serviços de pagamento para a execução de operações de pagamento a nível da União e no interior dos Estados-Membros e que é separado da infraestrutura ou sistema de pagamentos que serve de base ao seu funcionamento* (cf. número 7. do artigo 2.º do Regulamento).

Para além do estabelecimento de datas-limite de migração para as transferências a crédito e os débitos diretos, e da introdução de um conjunto de normas comuns e de requisitos técnicos gerais[132], este diploma alarga às operações de transferência a crédito a garantia de acessibilidade dos prestadores de serviços de pagamento, à semelhança do que acontecia com a obrigação de acessibilidade para as operações de débito direto, explanada no n.º 1. do artigo 8.º do Regulamento (CE) n.º 924/2009.

Pretende-se, assim, assegurar que uma transferência a crédito em euros ou um débito direto em euros que sejam aceites a nível nacional serão igualmente aceites de e para uma conta em euros numa base transfronteiras (cf. artigo 3.º Regulamento).

Por via deste novo Regulamento, é também eliminado o limite de 50.000 euros para aplicação do princípio de igualdade de encargos, que estava expresso no número 1. do artigo 3.º do Regulamento (CE) n.º 924/2009[133].

Assim, apesar da relativa lentidão na progressão da SEPA, a verdade é que a iniciativa de integração do mercado de pagamentos de retalho na Europa viu na publicação da DSP um grande incentivo que, agora, pode transformar-se no seu motor. Se a esse esforço legislativo de uniformização juntarmos os requisitos técnicos exigidos pelo novíssimo Regulamento n.º 260/2012, não temos como não concluir que "there's no turning back now" e que, aprovado um regime jurídico comum para a prestação de serviços de pagamento e um

[132] Dos quais destacamos a obrigatoriedade da utilização do IBAN (*International Bank Account Number)* para ordenar as transferências a crédito em formato SEPA.
Hoje em dia, para as transferências a crédito internas, os bancos portugueses solicitam aos seus clientes o NIB (Número de Identificação Bancária), que é suficiente para identificar a conta do beneficiário em território nacional. Para os casos das transferências transfronteiras, os bancos solicitam o IBAN do beneficiário, acompanhado do BIC (Código de Identificação Bancária da SWIFT) da instituição do beneficiário. Para as transferências a crédito em formato SEPA, o IBAN substituirá o NIB, para as transferências a crédito nacionais e tornará desnecessário o BIC, para as transfronteiras (no limite, até 1 de fevereiro de 2016, cf. números 4. e 7. do artigo 5.º e número 6 do artigo 16.º do Regulamento n.º 206/2022).
Embora o objetivo seja a uniformização dos identificadores, uma vez que, entre os Estados-Membros da UE existe uma multiplicidade de identificadores, com diferentes graus de automatismo e, por isso, de segurança, a verdade é que, em Portugal, com a possibilidade de realizar transferências a crédito via caixas automáticos e serviços de *homebanking*, os utilizadores estão bastante habituados ao NIB, completamente eficaz em território nacional. A habituação ao IBAN, mais longo (34 caracteres, ao invés dos 21 algarismos do NIB), poderá ser um entrave à rápida migração para a SEPA no nosso país.
Para outros impactos do Regulamento n.º 260/2012 nos utilizadores de serviços de pagamento, cf. Dermot Turing/Maria Troullinou, *The time to act is now*....
[133] Cf. número 2. do artigo 17.º do Regulamento n.º 260/2012.

enquadramento temporal obrigatório para a prossecução desses serviços de forma uniforme, é inevitavelmente neste contexto de estandardização que os pagamentos vão mover-se no futuro, sendo essa perceção indispensável para a compreensão dos serviços de pagamento daqui em diante.

6. Transferência a crédito no contexto do regime jurídico dos serviços de pagamento – Principais aspetos

O RJSP, no seu Título III – Prestação e utilização de serviços de pagamento – ocupa-se do tratamento das matérias respeitantes à transparência das condições e dos requisitos de informação aplicáveis aos serviços de pagamento (Capítulo I) e aos direitos e obrigações relativamente à prestação e utilização desses serviços (Capítulo II).

Seguidamente, almejamos apresentar aqueles que são os principais aspetos de regime aplicáveis à transferência a crédito, baseando-nos do texto do RJSP e procurando localizar dentro do mesmo os institutos que vamos abordando, tentando escapar às armadilhas que artigos longos e muitas vezes confusos nos vão oferecendo.

6.1. *Conceção de transferência a crédito*

Como já tivemos oportunidade de fazer notar[134], o RJSP refere-se a *transferência bancária* e não a *transferência a crédito*, expressão também utilizada pela versão portuguesa da DSP para traduzir o inglês *credit transfer*. Explicitámos, então, as razões pelas quais não concordamos com a utilização desta locução.

No entanto, o RJSP não apresenta uma definição do que seja transferência bancária, pelo que apenas pelas manifestações de regime podemos chegar a uma conceção de transferência a crédito no âmbito deste diploma.

6.1.1. *Transferência a crédito como operação de pagamento*

O RJSP pretende aplicar-se aos serviços de pagamento, elencando-os no seu artigo 4.º, no qual se afirma, nomeadamente, que é serviço de pagamento *a execução de operações de pagamento, incluindo a transferência de fundos depositados*

[134] Cf. Capítulo 2..

numa conta de pagamento aberta junto do prestador de serviços de pagamento do utilizador ou de outro prestador de serviços de pagamento e... a execução de transferências bancárias, incluindo ordens de domiciliação[135]. Também é serviço de pagamento a *execução de operações de pagamento no âmbito das quais os fundos são cobertos por uma linha de crédito concedida a um utilizador de serviços de pagamento, tais como... a execução de transferências bancárias, incluindo ordens de domiciliação*[136].

Daqui se retira, em primeiro lugar, que as transferências de fundos estão abrangidas pela disciplina do RJSP, que as classifica como operações de pagamento.

Nas várias formas de transferência de fundos, o RJSP inclui a execução de transferências bancárias. Pelo que as transferências bancárias são, ao lado de outros tipos de transferência de fundos, operações de pagamento de transferência de fundos[137].

Ora, o que seja uma operação de pagamento está também definido no RJSP: *o ato, praticado pelo ordenante ou pelo beneficiário, de depositar, transferir ou levantar fundos, independentemente de quaisquer obrigações subjacentes entre o ordenante e o beneficiário*[138].

Adaptando a definição à realidade da transferência a crédito, teremos o ato, praticado pelo ordenante, de transferir fundos, independentemente de quaisquer obrigações subjacentes entre o ordenante e o beneficiário. O carácter abs-

[135] Cf. alínea *c*) do artigo 4.º e subalínea *iii*) da alínea *c*) do artigo 4.º.

[136] Cf. alínea *d*) do artigo 4.º e subalínea *iii*) da alínea *d*) do artigo 4.º.

[137] Uma advertência é devida, neste ponto. Admitimos que do texto do RJSP não seja tão fácil retirar a conclusão de que a transferência a crédito é uma operação de pagamento de transferência de fundos, especialmente pela introdução da locução "e" no final da alínea *c*) do artigo 4.º, que não existe na disposição que serviu de base a esta e onde se lê: *execução de operações de pagamento, incluindo a transferência de fundos depositados numa conta de pagamento aberta junto do prestador de serviços de pagamento do utilizador ou de outro prestador de serviços de pagamento:*
– execução de débitos diretos, nomeadamente de carácter pontual,
– execução de operações de pagamento através de um cartão de pagamento ou de um dispositivo semelhante,
– execução de transferências bancárias, incluindo ordens de domiciliação (cf. número 3. do Anexo à DSP).
De facto, a alínea *c*) do artigo 4.º RJSP parece querer significar que a execução de transferências bancárias não é um dos exemplos de execução de operações de pagamento. Isto porque acrescenta uma conjunção que indicia que a execução de débitos diretos, de operações de pagamento através de um cartão de pagamento ou a execução de transferências bancárias são outros exemplos de serviços de pagamentos e não concretizações do que diz o corpo da alínea *c*).
Pensamos que uma interpretação sistemática da disposição, no seio do próprio Regime, poderá comprovar que o nosso legislador transpôs a mesma de forma incorreta, não respeitando a enumeração que a DSP pretendia. Aliás, estranhamos, o legislador enfatizou a mesma enumeração na alínea seguinte, introduzindo a expressão "tais como" [cf. alínea *d*) do artigo 2.º].

[138] Cf. alínea *e*) do artigo 2.º.

trato da operação de pagamento surge, assim, expresso no texto legal, para que não restem dúvidas de que o prestador de serviços de pagamento, na execução da transferência, é completamente alheio à relação causal que pré-existe entre o ordenante e o beneficiário[139].

6.1.2. *Transferência a crédito* vs *envio de fundos*

Da descrição do serviço de pagamento que consiste na execução de operações de pagamento, entre as quais, a de transferência a crédito, retira-se outra conclusão: a de que os fundos transferidos podem estar depositados numa conta de pagamento, ou advir de uma linha de crédito concedida ao utilizador.

De acordo com José Maria Pires, quando não há conta do lado do ordenante ou do lado do beneficiário diz-se que a transferência de fundos não é inteiramente escritural[140].

Para o autor, pode ser feita a distinção entre transferência a crédito (ou bancária, como a designa) e ordem de pagamento. Esta última, ao contrário da primeira, não pressupõe o crédito em conta, pelo que o pagamento final pode traduzir-se tanto na entrega de numerário, como no crédito em conta, por iniciativa do beneficiário. Por outro lado, a ordem de pagamento também não exige que o montante a entregar ao beneficiário tenha origem no débito da conta do ordenante, pois que se admite que este último entregue numerário ao banco com vista à entrega ao beneficiário.

Assim, José Maria Pires chega a uma definição de ordem de pagamento: «operação através da qual um agente económico, mediante débito da sua conta ou entrega de numerário, requer a um banco que efetue a outro agente económico o pagamento de determinada importância»[141].

Permitimo-nos, com base na exposição sobre os fundamentos da figura feita pelo próprio autor, discordar da definição que nos apresenta. O banco, a nosso ver, não efetua um pagamento ao terceiro beneficiário. Antes entrega a este último o montante que o ordenante o mandatou para transferir. Ora, isso não configura um pagamento, mas uma entrega de fundos.

Optaríamos, ao invés, pela seguinte definição: operação através da qual um agente económico, mediante débito da sua conta ou entrega de numerá-

[139] Sobre a neutralidade funcional da operação de transferência a crédito, cf. Catarina Anastácio, *A Transferência Bancária*, 88-91.

[140] José Maria Pires, *Elucidário de Direito Bancário...*, 716.

[141] José Maria Pires, *Elucidário de Direito Bancário...*, 727.

rio, requer a um banco que entregue a outro agente económico determinada importância mediante crédito na sua conta, ou entrega de numerário.

Nesta sequência, aproveitamos para chamar à colação a operação de envio de fundos, definida no RJSP como um *serviço de pagamento que envolve a receção de fundos de um ordenante, sem a criação de quaisquer contas de pagamento em nome do ordenante ou do beneficiário, com a finalidade exclusiva de transferir o montante correspondente para um beneficiário ou para outro prestador de serviços de pagamento que atue por conta do beneficiário, e a receção desses fundos por conta do beneficiário e a respetiva disponibilização a este último*[142].

De facto, como já notámos, ao contrário daquela que é a perceção tradicional da atividade bancária, o RJSP não faz depender a prestação de serviços de pagamento à existência de uma conta. É, nessa perspetiva, qualificado como um serviço de pagamento o envio de fundos, que, manifestamente, não pressupõe que os fundos transferidos estejam depositados numa conta ou que o seu destino seja uma conta[143].

Deste modo, comparando a figura do envio de fundos com a da transferência a crédito temos que enquanto que no envio de fundos não é necessário que exista uma conta (de pagamento) nem do lado do ordenante, nem do lado do beneficiário; na transferência a crédito é indispensável que exista conta pelo menos do lado do beneficiário. Afinal, a transferência é a crédito de uma conta, a do beneficiário.

Do lado do ordenante pode ou não existir conta de pagamento: os fundos podem estar depositados numa conta de pagamento aberta junto do prestador de serviços de pagamento do utilizador ou podem estar cobertos por uma linha de crédito concedida ao utilizador.

Pensamos, todavia, que a transferência não abdica do seu carácter escritural devido à não existência de conta do lado do ordenante. Na verdade, ainda que os fundos estejam cobertos por uma linha de crédito concedida ao ordenante e não depositados numa conta por si titulada, a sua natureza sempre será escritural. Não é de transferência de numerário que falamos nestes casos.

[142] Cf. alínea *n*) artigo 2.º.

[143] «O envio de fundos é um serviço de pagamento simples que habitualmente consiste na entrega de numerário por um ordenante a um prestador de serviços de pagamento, o qual envia o montante correspondente, por exemplo através de uma rede de comunicações, a um beneficiário ou a outro prestador de serviços de pagamento que age por conta do beneficiário» (Cf. considerando 7. DSP).

6.1.3. *Ordem de pagamento e instrumento de pagamento*

Continuando a análise do diploma, encontramos uma definição de ordem de pagamento: *qualquer instrução dada por um ordenante ou um beneficiário ao seu prestador de serviços de pagamento requerendo a execução de uma operação de pagamento*[144].

O ordenante de uma transferência a crédito requer ao seu prestador de serviços de pagamento que a execute veiculando uma ordem de pagamento. É, pois, possível destrinçar, no seio da operação de transferência, uma ordem de pagamento e a execução dessa ordem.

Esta separação pode implicar uma determinada conceção da operação de transferência, denominada pelos autores de "americana", por ser aquela em voga na doutrina jurídica daquele país. É caracterizada por conceber a transferência como uma série de operações diferentes, bilaterais e sucessivas, à qual não é reconhecido um carácter unitário.

Do outro lado do pensamento (e do Mundo), a transferência enquanto operação é analisada como um todo, pese embora lógica e até juridicamente seja possível dividi-la em vários momentos distintos. É a conceção europeia e globalizante da transferência[145].

Por nós, pensamos que não é pelo facto de se poder descobrir na transferência a crédito uma ordem de pagamento e, depois, a execução dessa ordem, que a transferência deixa de ser encarada pelo RJSP como uma única operação de pagamento.

A ordem de pagamento é diferente, independente, necessária e prévia à execução da ordem, à operação de transferência em si, mas está sempre funcionalmente subordinada à execução da operação de pagamento. A ordem serve para requerer a execução de uma operação de pagamento.

Assim, apesar de o RJSP não apresentar uma definição do que seja transferência a crédito, consideramos que, pelas manifestações do regime, podemos chegar à conclusão de que aquele pretendeu conceber a transferência como uma operação unitária, apesar de, para efeitos de análise jurídica das suas várias fases, a decompor em diferentes segmentos[146].

[144] Cf. alínea *q)* do artigo 2.º.

[145] Acerca das duas teorias, cf. BEATRIZ SEGORBE, *A Transferência Bancária...*, 101. Cf., também, CATARINA ANASTÁCIO, *A Transferência Bancária*, 91.

[146] Veja-se que o RJSP regula a receção e a recusa da ordem de pagamento e a possibilidade da sua revogação, por um lado (cf. artigos 75.º, 76.º e 77.º); e os prazos de execução da ordem e a não execução ou execução deficiente da ordem (cf. artigos 79.º, 80.º, 85.º e 86.º), por outro.

Importante é notar que a ordem de pagamento é veiculada através de um instrumento de pagamento, definido como *qualquer dispositivo personalizado ou conjunto de procedimentos acordados entre o utilizador e o prestador do serviço de pagamento e a que o utilizador de serviços de pagamento recorra para emitir uma ordem de pagamento*[147].

O que seja um instrumento de pagamento para este Regime não coincide certamente com a noção de instrumento de pagamento enraizada no vocabulário dos estudiosos de Direito Bancário[148].

A construção teórica que, usualmente, é feita pelos economistas assenta na distinção entre meios de pagamento e instrumentos de pagamento, ou seja, entre aquilo que serve para pagar e o instrumento utilizado para movimentar aquilo com que se paga. A moeda legal (notas e moedas metálicas) e a moeda escritural (depósitos e fundos reembolsáveis) serão os meios de pagamento, enquanto o cartão de pagamento, o cheque ou a transferência bancária serão os instrumentos de pagamento.

Os juristas, no entanto, tendem a ver doutra forma, muitas vezes não fazendo a distinção entre meios e instrumentos de pagamento, mas querendo com essas expressões significar tudo o que não é numerário[149]: «os processos ou instrumentos a que recorre quem deseja satisfazer uma obrigação pecuniária, excluindo o dinheiro», nas palavras de Simões Patrício[150].

O autor, no entanto, distingue meios e instrumentos de pagamento, aproximando-se da orientação que o Direito Europeu acabou por tomar: serão meios de pagamento tanto a moeda legal, como a moeda escritural, com a diferença óbvia de que a segunda não tem curso legal e, por essa razão, goza apenas de poder liberatório *ex contractu*; por sua vez, serão instrumentos de pagamento as formas de movimentar os fundos, contribuindo, indiretamente, para a extinção da obrigação. Nessa medida, os instrumentos de pagamento «não constituem valores em si»[151].

Em resposta às dúvidas relativas à norma constante da DSP, a Comissão Europeia[152] confirmou que a definição de instrumento de pagamento da Diretiva pretende abarcar dispositivos físicos, como cartões de pagamento, mas também, procedimentos acordados entre o utilizador e o prestador do serviço

[147] Cf. alínea *z*) do artigo 2.º.

[148] E a que viemos fazendo referência.

[149] Tradução livre de Despina Mavromati, *The Law of Payment Services in the EU*, 146.

[150] Simões Patrício, *Direito Bancário Privado*, 192.

[151] Simões Patrício, *Direito Bancário Privado*, 193, 194.

[152] Cf. "Your questions on PSD – Payment Services Directive 2007/64/EC – Questions and answers", questão n.º 34, disponível em http://ec.europa.eu/internal_market/payments/docs/framework/transposition/faq_en.pdf.

de pagamento a que aquele possa recorrer para ordenar uma transferência a crédito, como, por exemplo, as credenciais de registo num determinado serviço de *homebanking*[153].

No âmbito do RJSP, portanto, não podemos falar da transferência a crédito como um instrumento de pagamento. Ela é uma operação de pagamento iniciada através de uma ordem, veiculada pelo ordenante ao seu prestador de serviços de pagamento mediante um determinado instrumento de pagamento.

6.1.4. *Operação de pagamento iniciada pelo ordenante*

A característica principal das transferências a crédito é, como já explanámos, o facto de o impulso ser do devedor ordenante e não do credor beneficiário, caso em que estaríamos perante uma transferência a débito.

Essa distinção é clara no RJSP, que distingue operações de pagamento iniciadas pelo ordenante de operações de pagamento iniciadas pelo beneficiário ou através deste[154].

À primeira vista, a referência a operações de pagamento iniciadas pelo ordenante pode parecer redundante. Afinal, uma operação de pagamento é sempre iniciada pelo ordenante! No entanto, num contexto em que coexistem operações em que o impulso de ordenar cabe ao devedor da relação subjacente (i.e., transferência a crédito) e operações em que o impulso de ordenar cabe ao credor (i.e., transferência a débito), faz sentido que o texto legal distinga as duas situações, enfatizando o segmento da operação de transferência relativo à ordem de pagamento.

Assim, a operação de pagamento diz-se iniciada pelo ordenante quando a ordem de pagamento é dada ao prestador de serviços pelo ordenante devedor. O RJSP isso mesmo deixa claro ao referir-se a "ordem de pagamento emitida pelo ordenante"[155].

Uma operação de pagamento será iniciada pelo beneficiário quando a ordem de pagamento é emitida pelo beneficiário, mas, sempre, com base no

[153] Se a ordem for dada em papel, no entanto, não se considera que o impresso preenchido pelo utilizador de serviços de pagamento consubstancie um instrumento de pagamento.

[154] Cf., desde logo, a definição de "débito direto": um serviço de pagamento que consiste em debitar a conta de pagamento de um ordenante, sendo a operação de pagamento iniciada pelo beneficiário com base no consentimento dado pelo ordenante ao beneficiário, ao prestador de serviços de pagamento do beneficiário ou ao prestador de serviços de pagamento do próprio ordenante [alínea *ae*) do artigo 2.º]; e artigos 57.º, 73.º, 74.º, 77.º e 78.º.

[155] Cf., por exemplo, artigo 86.º.

consentimento dado pelo ordenante/devedor ao beneficiário/credor. É, tipicamente, a operação de débito direto.

Uma operação de pagamento será iniciada através do beneficiário, quando, na verdade, ela é iniciada pelo ordenante/devedor, mas através do beneficiário, sendo exemplo as operações com cartão, em que o titular do cartão introduz o cartão e autoriza a operação num terminal de venda (POS) que liga o comerciante ao seu *acquirer*[156/157].

Assim, o enfoque está em quem emite a ordem: o ordenante/devedor ou o beneficiário/credor.

A referência a "ordenante", admitimos, pode revelar-se confusa: o ordenante é quem veicula a ordem de pagamento e afigura-se à partida desadequado estipular que, na operação de débito direto, por exemplo, o beneficiário emite a ordem de pagamento, com base no consentimento dado pelo ordenante! Quem é o ordenante no fim das contas?

É uma questão de palavras, porque, acreditamos, uma interpretação cuidada do Regime não deixa dúvidas sobre o papel de cada utilizador na operação de pagamento em causa. Para nós, no entanto, a distinção torna-se mais clara se atentarmos nos conceitos da versão inglesa da DSP: *payer* e *payee*. Teria sido mais esclarecedor, mas, porventura, menos adequado à terminologia jurídica do nosso país, ter utilizado as expressões "pagador" e "recebedor". Quem ordena a operação é sempre um ordenante, pode é estar na posição de credor ou de devedor, de recebedor ou de pagador, na relação subjacente[158].

6.1.5. *Objeto da transferência*

Uma nota para abordar o objeto da transferência a crédito. Como operação de pagamento, a transferência a crédito é o ato de transferir fundos. Os fundos são, então, o objeto da transferência a crédito.

[156] Cf. "Your questions on PSD – Payment Services Directive 2007/64/EC – Questions and answers", questão n.º 102, disponível em http://ec.europa.eu/internal_market/payments/docs/framework/transposition/faq_en.pdf.

[157] Cf. artigo 87.º, para ordens de pagamento emitidas pelo beneficiário ou através deste.

[158] Na Proposta de Diretiva da Comissão Europeia, foram utilizados conceitos que, sem ser tão estranhos à terminologia portuguesa como "pagador" e "recebedor", expressavam ideias semelhantes: "autor do pagamento" e "beneficiário do pagamento". Cf. "Proposta de Diretiva do Parlamento Europeu e do Conselho relativa aos serviços de pagamento no mercado interno e que altera as Diretivas 97/7/CE, 2002/12/CE e 2002/65/EC", Comissão Europeia, Bruxelas, COM(2005) 603 final, de 1 de dezembro de 2005.

O que se deve entender por fundos, no seio deste Regime, é-nos também informado por via da técnica das definições[159]: *notas de banco e moedas, moeda escritural e moeda eletrónica conforme definida na alínea b) do n.º 3 do artigo 1.º da Diretiva n.º 2000/46/CE, do Parlamento Europeu e do Conselho, de 18 de setembro*[160].

Novamente adaptando a definição à realidade da transferência a crédito, conclui-se que o RJSP não tem dúvidas em admitir como um tipo autónomo a moeda escritural, aquela que o ordenante de uma transferência requer ao seu prestador que transfira para o beneficiário.

Cabe aqui fazer referência à já abordada questão dos prestadores de serviços de pagamento. Agora, instituições não qualificadas como instituições de crédito (as únicas que, de acordo com o princípio da exclusividade expresso no artigo 8.º RGICSF, podem receber do público depósitos e outros fundos reembolsáveis) podem prestar serviços de pagamento, como é o caso das instituições de pagamento, apesar de não estarem autorizadas a receber do público depósitos e outros fundos reembolsáveis.

Por estarem habilitados a ter contas de pagamento, estes novos prestadores recebem, também eles, fundos com vista à execução de operações de pagamento, designadamente, de transferências a crédito. Esses fundos não são qualificáveis como depósitos ou outro tipo de fundos reembolsáveis, mas são transferíveis, sob a designação de moeda escritural, através de transferência a crédito.

6.2. *Deveres de informação pré-contratual e pós-contratual*

O Capítulo I do Título III do RJSP trata da transparência das condições e dos requisitos de informação aplicáveis às operações de pagamento de carácter

[159] Cf. alínea *p*) do artigo 2.º.

[160] «Moeda eletrónica», um valor monetário, representado por um crédito sobre o emitente, e que seja i) Armazenado num suporte eletrónico, ii) Emitido contra a receção de fundos de um valor não inferior ao valor monetário emitido, iii) Aceite como meio de pagamento por outras empresas que não a emitente.

Esta definição foi modificada por via da adoção da Diretiva 2009/110/CE do Parlamento Europeu e do Conselho, de 16 de setembro de 2009, relativa ao acesso à atividade das instituições de moeda eletrónica, ao seu exercício e à sua supervisão prudencial, que revogou a Diretiva n.º 2000/46/CE. De acordo com a 2.ª Diretiva da Moeda Eletrónica, ainda não transposta para o Direito nacional português, moeda eletrónica é *o valor monetário armazenado eletronicamente, inclusive de forma magnética, representado por um crédito sobre o emitente e emitido após receção de fundos para fazer operações de pagamento na aceção do ponto 5 do artigo 4. o da Diretiva 2007/64/CE e que seja aceite por uma pessoa singular ou coletiva diferente do emitente de moeda eletrónica* (cf. artigo 2.º/2).

isolado (Secção II) e aos contratos-quadro e às operações de pagamento por estes abrangidas (Secção III)[161/162].

Consequentemente, portanto, o Capítulo abarca no seu âmbito as transferências a crédito, quer consideradas como operações de carácter isolado, quer como operações de pagamento individuais abrangidas por um contrato-quadro.

Como disposição de carácter geral, o RJSP estipula que todas as informações e condições a prestar pelo prestador de serviços de pagamento ao utilizador de serviços de pagamento devem: i) ser transmitidas em língua portuguesa, exceto quando seja acordada entre as partes a utilização de outro idioma; ii) ser enunciadas em termos facilmente compreensíveis e de forma clara e inteligível; e iii) permitir a leitura fácil por um leitor de acuidade visual média, nos casos em que sejam prestadas através de suporte de papel ou de outro suporte duradouro (cf. artigo 42.º).

Pela prestação destas informações, o prestador de serviços de pagamento não pode cobrar encargos ao utilizador, a menos que este lhe solicite informação adicional ou mais frequente, caso em que os encargos deverão ser adequados e proporcionais à prestação do serviço (cf. artigo 43.º).

Duas notas importantes acerca da prestação de informação no âmbito do RJSP: i) o ónus da prova no que se refere ao cumprimento dos requisitos de informação cabe ao prestador de serviços de pagamento (cf. artigo 44.º)[163]; e ii) os requisitos de informação são aligeirados para instrumentos de pagamento de baixo valor e moeda eletrónica, ou seja instrumentos de pagamento que, de acordo com o contrato-quadro, digam respeito apenas a operações de pagamento individuais que não excedam 30 euros, que tenham um limite de despesas de 150 euros ou que permitam armazenar fundos cujo montante não exceda, em nenhuma situação, 150 euros (cf. artigo 45.º)[164]. Esta derrogação não é aplicável às transferências a crédito.

[161] Neste Capítulo do RJSP as microempresas são equiparadas a consumidores e, quando o utilizador do serviço de pagamento não seja um consumidor, as partes podem afastar as suas disposições (cf. artigo 40.º).

[162] É importante notar que a DSP expressamente refere que os Estados-Membros não deverão aprovar disposições em matéria de informações para além das previstas na Diretiva, para promover o bom funcionamento do mercado único dos serviços de pagamento e não distorcer a concorrência (cf. considerando 21. DSP).

[163] Como vimos (*supra*, capítulo 4.), esta era uma opção dada aos Estados-Membros (cf. artigo 33.º DSP).

[164] O artigo 34.º/2 da DSP permitia que, em relação às operações de pagamento de carácter nacional, os Estados-Membros reduzissem ou duplicassem os montantes referidos. Portugal não exerceu esta opção.

Assim, num momento prévio à vinculação do ordenante a um contrato ou proposta de prestação de serviço de pagamento de carácter isolado, neste caso, de transferência a crédito, o prestador de serviços do ordenante está obrigado a prestar-lhe um conjunto de informações, as quais, caso o utilizador assim solicite, deverão ser facultadas em papel ou em qualquer outro suporte duradouro, apresentadas de forma facilmente compreensível e que refiram, designadamente: i) as informações precisas que permitam identificar inequivocamente o beneficiário e a respetiva conta de pagamento; ii) o prazo máximo aplicável à execução da transferência; iii) todos os encargos a pagar pelo ordenante; iv) se for caso disso, a taxa de câmbio efetiva ou a taxa de câmbio de referência a aplicar à transferência; v) os procedimentos de reclamação e respetivas regras de acesso, bem como os meios disponíveis para a resolução extrajudicial de litígios (cf. artigo 48.°).

Já no caso de operações de pagamento individuais realizadas ao abrigo de um contrato-quadro, o prestador do ordenante apenas está obrigado a informar o ordenante, a seu pedido, do prazo máximo de execução da operação de pagamento individual e dos encargos que o ordenante deva suportar (cf. artigo 57.°).

As exigências de informação prévia são, aqui, diminuídas, uma vez que, antes da vinculação do ordenante a um contrato-quadro ou proposta de contrato-quadro, o prestador de serviços de pagamento está obrigado a, em papel ou qualquer outro suporte duradouro, prestar uma série de informações precisas e rigorosas sobre a sua própria entidade, o serviço de pagamento, os encargos, taxas de juro e de câmbio, a comunicação, as medidas preventivas e retificativas, as alterações e a denúncia do contrato e quanto à reparação (cf. artigo 52.° e 53.°)[165].

Não faria, pois, sentido que o prestador tivesse de prestar ao ordenante, de cada vez que este pretendesse ordenar uma transferência, um conjunto de informações tão alargado como para a execução de operações de carácter isolado.

Após a receção da ordem de pagamento de carácter isolado ou da ordem de pagamento individual ao abrigo do contrato-quadro, o prestador deve for-

[165] Atendendo a que as obrigações estabelecidas no número 1. do artigo 52.° podem também ser cumpridas mediante a entrega de uma cópia do projeto de contrato-quadro que inclua as informações e condições especificadas no artigo 53.° (cf. artigo 52.°/4), esta será, em princípio, a escolha mais óbvia dos prestadores para o cumprimento das suas obrigações de informação; sendo certo que, no decurso da relação contratual, o utilizador do serviço de pagamento tem o direito de receber, a seu pedido e em qualquer momento, os termos do contrato-quadro, bem como as informações e condições especificadas no artigo 53.°, em suporte de papel ou em qualquer outro suporte duradouro (cf. artigo 54.°).

necer ao ordenante informações que incluam, pelo menos: i) uma referência que permita identificar a transferência, incluindo, se for caso disso, informações respeitantes ao beneficiário; ii) o montante da transferência na moeda utilizada; iii) o montante de eventuais encargos a suportar pelo ordenante e respetiva discriminação; iv) a taxa de câmbio aplicada (se for o caso); v) a data de receção da ordem de transferência (cf. artigos 49.º e 58.º).

O que acontece é que, para as ordens de pagamento individuais ao abrigo do contrato-quadro, este último pode incluir uma cláusula estipulando que as informações referidas devem ser prestadas ou disponibilizadas periodicamente pelo menos uma vez por mês e segundo uma forma acordada, que permita ao ordenante armazenar e reproduzir informações inalteradas (cf. artigo 58.º/2).

O legislador português estipulou ainda que o contrato-quadro deve incluir uma cláusula estipulando que, por solicitação expressa do utilizador de serviços de pagamento, o prestador de serviços de pagamento fica obrigado a prestar gratuitamente as informações referidas, em suporte de papel, uma vez por mês (cf. artigo 58.º/3[166]).

O beneficiário da transferência, realizada ou não ao abrigo de um contrato-quadro, também é abrangido pelo direito à informação. De facto, o prestador de serviço do beneficiário deve, imediatamente após a execução da transferência, fornecer-lhe, ou pôr à sua disposição, as seguintes informações: i) uma referência que lhe permita identificar a transferência e, se for caso disso, o ordenante e eventuais informações transmitidas no âmbito da operação; ii) o montante transferido, na moeda em que os fundos são postos à sua disposição; iii) o montante de eventuais encargos da transferência que deva suportar e, se for caso disso, a respetiva discriminação; iv) se for caso disso, a taxa de câmbio aplicada à transferência pelo seu prestador de serviço, bem como o montante da transferência antes dessa conversão monetária; v) a data-valor do crédito (cf. artigos 50.º e 59.º).

Em relação às operações abrangidas por contrato-quadro, é dada a possibilidade de inserção de uma cláusula no contrato estipulando que a informação descrita será fornecida numa base periódica, tal como sucede para a prestação de informação ao ordenante (cf. artigo 59.º/2). Também a este respeito é válida a obrigatoriedade de prestação de informação gratuita, em papel, uma vez por mês, a requerimento do beneficiário[167].

[166] Esta era uma opção dada aos Estados-Membros, por via do artigo 47.º/3 DSP, que o legislador português veio a exercer e que, parece-nos, retira sentido ao artigo 58.º/2 RJSP.
[167] Cf. nota anterior.

6.3. *Alteração das condições contratuais e denúncia*

Como vimos, o RJSP distingue as operações de pagamento de carácter isolado das operações de pagamento abrangidas por um contrato-quadro, definindo contrato-quadro como *o contrato de prestação de serviços de pagamento que rege a execução futura de operações de pagamento individuais e sucessivas e que pode enunciar as obrigações e condições para a abertura de uma conta de pagamento*[168].

O RJSP é, pois, claro em concluir que a relação que une o ordenante e o seu prestador de serviços de pagamento pode ser enquadrada por um contrato de prestação de serviços de pagamento. Então, a operação de pagamento transferência a crédito, quando realizada ao abrigo de um contrato-quadro, é-o sob a égide de um contrato de prestação de serviços de pagamento.

No entanto, o legislador nada mais adianta sobre este contrato-quadro, no âmbito do qual são dadas ordens de pagamento e executadas operações de pagamento. É algo a que voltaremos mais tarde, aquando da análise da natureza jurídica da transferência a crédito[169].

Não obstante não existir qualquer disposição relativa à formação do contrato, inserido na Secção do Capítulo I do Título III relativa a contratos-quadro está o artigo 55.°, que regula o regime da alteração das condições do contrato-quadro e corresponde, com modificações, ao artigo 44.° da DSP.

Estipula que qualquer alteração do contrato-quadro[170] ou das informações e condições que devem ser fornecidas ao utilizador do serviço de pagamento deve ser proposta pelo prestador do serviço de pagamento, nos termos previstos para a prestação de informação pré-contratual (cf. artigo 52.°) e, o mais tardar, dois meses antes da data proposta para a sua aplicação.

Se tal tiver sido acordado entre o prestador e o ordenante da transferência, nos termos da subalínea *i*) da alínea *f*) do artigo 53.°, o prestador do serviço de pagamento pode considerar que o utilizador aceitou as alterações se este não tiver notificado aquele de que não as aceita antes da data proposta para a entrada em vigor das mesmas (cf. artigo 55.°/2).

O prestador deve também informar o utilizador do serviço de pagamento de que tem o direito de denunciar o contrato-quadro, imediatamente e sem

[168] Cf. alínea *m*) artigo 2.°.

[169] Cf. Capítulo 7.

[170] Pensamos que onde se lê "qualquer alteração do contrato-quadro" deve ler-se "qualquer alteração do contrato-quadro da iniciativa do prestador de serviços de pagamento", para que o artigo possa fazer sentido.

encargos, antes da data proposta para a aplicação das alterações (cf. artigo 55.°/3 e 56.°/5)[171].

Logo a seguir, no artigo 56.°, é tratada a denúncia do contrato-quadro e os termos em que pode operar-se: o utilizador pode denunciar o contrato-quadro em qualquer momento, apenas sendo obrigado a dar pré-aviso, de não mais de um mês, ao prestador, se tal tiver sido acordado (cf. artigo 56.°/1).

A denúncia do contrato poderá implicar o pagamento de encargos. Tal não acontecerá se o utilizador for um consumidor ou uma microempresa ou se se tratar de um contrato de duração indeterminada ou celebrado por um período fixo superior a 12 meses e a denúncia se verificar depois de decorrido esse prazo. Em todos os outros casos, os encargos da denúncia devem ser adequados e corresponder aos custos suportados (cf. artigo 56.°/2 e 3).

Se tal for acordado no contrato-quadro, também o prestador de serviços de pagamento pode denunciar um contrato-quadro de duração indeterminada mediante um pré-aviso de, pelo menos, dois meses (cf. artigo 56.°/4).

Por último, o artigo refere-se aos encargos regularmente faturados pela prestação de serviços de pagamento estipulando que são apenas devidos pelo utilizador de serviços de pagamento na parte proporcional ao período decorrido até à data de resolução do contrato, sendo que, se tais encargos forem pagos antecipadamente, devem ser restituídos na parte proporcional ao período ainda não decorrido.

Aqui, estranhamos. Há uma referência expressa a "resolução" do contrato-quadro, quando se tratava do regime da denúncia. De facto, se verificarmos o artigo da DSP que inspirou o nosso RJSP (artigo 45.°), vemos que a sua epígrafe é "resolução", assim como todas as referências posteriores[172]. Também o artigo 44.° DSP, relativo às alterações das condições do contrato-quadro dispõe que *o utilizador do serviço de pagamento tem o direito de* ***resolver*** *o contrato-quadro imediatamente e sem encargos antes da data proposta para a aplicação das alterações* (negrito nosso).

Parece poder concluir-se com algum grau de certeza que a referência feita a "resolução" no nosso artigo 56.°/6 resulta de um lapso. Mas, de que falamos afinal?

Parece-nos que, no caso de alteração das condições contratuais, se deveria falar de resolução do contrato. Na verdade, tal como ensina Menezes Leitão

[171] É um regime semelhante àquele proposto, já, pelas instituições de crédito aos seus clientes nas condições gerais de abertura de conta.

[172] Por sua vez, a versão inglesa da DSP refere-se a "termination".

[173], a resolução do contrato, prevista nos artigos 432.º e ss. do Código Civil, «consiste na extinção da relação contratual por declaração unilateral de um dos contraentes, baseada num fundamento ocorrido posteriormente à celebração do contrato», sendo que se caracteriza por ser de exercício vinculado e não discricionário, pelo que só pode ocorrer se existir fundamento legal ou convencional (cf. artigo 432.º/1 CC).

A resolução tem, em princípio, eficácia retroativa (cf. artigo 434.º CC), determinado a extinção para o futuro das obrigações das partes e o surgimento de obrigações de restituição, no sentido de colocar as partes no estado em que se encontravam antes da celebração do contrato. Essa retroatividade não operará, no entanto, se for contrária à vontade das partes ou se contrariar a finalidade da resolução. Este será o caso dos contratos de execução continuada, em que «seria contrário ao fim da resolução admitir a restituição das prestações já pagas, uma vez que estas tinham como contrapartida uma troca com outras prestações, já definitivamente realizadas»[174].

Pensamos que é este exatamente o regime que o RJSP quer implementar: o direito de resolução do contrato em consequência do conhecimento de alterações contratuais e a eficácia retroativa restrita dessa resolução, por estarmos perante um contrato de execução continuada, estabelecendo que os encargos pagos antecipadamente devem ser restituídos na parte proporcional ao período ainda não decorrido. A resolução poderá operar-se *imediatamente* e *antes da data proposta para a aplicação das alterações*, numa manifestação do estipulado no artigo 436.º/2 CC.

Já no que respeita ao artigo 56.º, pensamos que andou bem o legislador português quando o epigrafou de "denúncia". À exceção do já referido direito do utilizador do serviço de pagamento à resolução do contrato-quadro em consequência de alteração de condições contratuais comunicadas pelo prestador, é de verdadeira denúncia que aí se trata.

A denúncia, resulta, como a resolução, de um negócio unilateral, mas não se baseia em qualquer fundamento, sendo de exercício livre. A sua aplicação é limitada aos contratos de duração indeterminada ou duradoura, para que não se prolongue no tempo uma vinculação contratual que pode tornar-se indesejada. «A livre denunciabilidade decorre da tutela necessária da autonomia dos sujeitos, que fica comprometida com um vínculo demasiado longo»[175].

[173] *Direito das Obrigações*, II, 98-101.

[174] Menezes Leitão, *Direito das Obrigações, II*, 98-101.

[175] Almeida Costa, *Direito das Obrigações*, 322.

A denúncia não é retroativa, não permitindo a restituição de prestações já realizadas com base no contrato denunciado[176], pelo que o disposto no artigo 56.º/6 apenas faz sentido para o exercício do direito de resolução previsto nos artigos 55.º/3 e 56.º/5 e não para o direito do utilizador de, a todo o tempo e a qualquer momento, denunciar o contrato[177].

6.4. *Encargos aplicáveis*

Em relação aos encargos aplicáveis à prestação de serviços de pagamento, a principal disposição consta do artigo 63.º[178] e estipula que ao ordenante e ao beneficiário só podem ser exigidos os encargos faturados pelo respetivo prestador de serviços de pagamento, a menos que a operação de pagamento envolva a realização de operações de conversão monetária, e o ordenante e o beneficiário tiverem acordado numa repartição de encargos diferente.

Está proibida a cobrança pelo prestador de encargos inerentes ao cumprimento das suas obrigações de informação ou das medidas corretivas e preventivas previstas no Capítulo II do Título III, com as exceções previstas no número 4. do artigo 63.º.

O RJSP estabeleceu que o prestador de serviços de pagamento não deve impedir o beneficiário de, relativamente à utilização de um determinado instrumento de pagamento: i) oferecer uma redução pela sua utilização; ou ii) exigir um encargo pela sua utilização, salvo nos casos em que o beneficiário imponha ao ordenante a utilização de um instrumento de pagamento específico ou quando exista disposição legal que limite este direito no sentido de incentivar a concorrência ou de promover a utilização de instrumentos de pagamento eficazes (cf. artigo 63.º/6).

Esta estipulação pretendeu ilustrar uma tomada de posição pelo legislador português, em face da opção que lhe era dada pela DSP. O número 3. do artigo 52.º DSP prevê: *o prestador do serviço de pagamento não deve impedir o beneficiário de exigir ao ordenante um encargo ou de oferecer a este uma redução pela utilização de um determinado instrumento de pagamento. No entanto, os Estados-Membros podem*

[176] Menezes Leitão, *Direito das Obrigações, II*, 98-101.

[177] É interessante reparar que o artigo 45.º DSP, que inspirou o nosso 56.º, não contém qualquer referência ao direito de resolução por alteração das condições contratuais, que apenas aborda no artigo 44.º.

[178] Já inserido no Capítulo II do Título III do RJSP, que abordaremos de seguida.

proibir ou limitar o direito de cobrar encargos tendo em conta a necessidade de incentivar a concorrência e de promover a utilização de instrumentos de pagamento eficazes.

Inicialmente, a opção foi parcialmente exercida pelo Estado Português, no sentido em que o direito de cobrar encargos, pelo beneficiário ao ordenante, pela utilização de um determinado instrumento de pagamento, não foi proibido, mas foi limitado. É isso que consta da alínea *b*) do artigo 63.º/6 RJSP.

Assim, o beneficiário/credor poderia oferecer ao ordenante/devedor uma redução pela utilização de determinado instrumento de pagamento. Imaginemos que, pela utilização de cartão bancário no pagamento, o comerciante/beneficiário oferece um desconto no preço ao seu cliente/ordenante.

Por outro lado, o Regime também permitia que o beneficiário exigisse um encargo ao ordenante pela utilização de determinado instrumento de pagamento. Concebemos a situação em que o comerciante é um defensor acérrimo dos meios de pagamento eletrónicos e exige um encargo aos seus clientes que pretendam pagar os bens/serviços através de cheque.

Se, no entanto, o comerciante pretendesse impor ao seu cliente a utilização de um instrumento de pagamento específico ou se existisse disposição legal que limitasse o direito de exigir um encargo no sentido de incentivar a concorrência ou de promover a utilização de instrumentos de pagamento eficazes, já não seria permitido ao comerciante exigir esse encargo.

Era esta a *ratio* da norma do número 6. do artigo 63.º.

No entanto, por publicação do Decreto-Lei n.º 3/2010, de 5 de janeiro, em resposta a uma forte, mas desinformada, contestação social manifestada nos *media*, baseada no total repulsa pela cobrança de encargos pela utilização dos caixas automáticos Multibanco (que, manifestamente, não era objeto de disposição pela norma criticada), o Governo veio a cumprir dois objetivos: a) proibir a cobrança de encargos pelas instituições de crédito nas operações, designadamente de levantamento, de depósito ou de pagamento de serviços, em caixas automáticos; e b) proibir a cobrança de encargos pelos beneficiários de serviços de pagamento nas operações de pagamento através dos terminais de pagamento automáticos.

Determinou, pois, que *ao beneficiário do serviço de pagamento é vedado exigir ao ordenante qualquer encargo pela utilização de um determinado instrumento de pagamento, para os efeitos do disposto na parte final da alínea b) do n.º 6 do artigo 63.º do Decreto-Lei n.º 317/2009, de 30 de outubro*[179].

Dir-se-á, agora, que Portugal foi um dos Estados-Membros que exerceu a opção do número 3. do artigo 42.º DSP.

[179] Cf. artigo 3.º do Decreto-Lei n.º 3/2010, de 5 de Janeiro.

Os prestadores do ordenante/beneficiário/intermediário são obrigados a transferir o montante integral da operação e a abster-se de deduzir quaisquer encargos do montante transferido, sendo que o beneficiário e o respetivo prestador de serviços de pagamento podem acordar em que este último deduza os seus próprios encargos do montante objeto de transferência antes de o creditar ao beneficiário (cf. artigo 78.º).

Se vierem a ser deduzidos encargos não autorizados, o prestador de serviços do ordenante, no caso das transferências a crédito, deve assegurar que o beneficiário recebe o montante integral da operação [cf. alínea *a*) do número 4. do artigo 78.º][180].

6.5. *Direitos e obrigações relativamente à prestação e utilização de serviços de pagamento*

O Capítulo II do Título III do RJSP ocupa-se dos direitos e obrigações relativamente à prestação e utilização de serviços de pagamento, subdividindo-se em disposições aplicáveis à autorização de operações de pagamento (Secção II) e à execução de operações de pagamento (Secção III)[181]. Por razões de simplicidade, iremos organizar a exposição também deste modo.

6.5.1. *Autorização da operação de pagamento*

6.5.1.1. Consentimento

O RJSP exige, para a autorização de uma operação de pagamento, o consentimento por parte do ordenante (cf. artigo 65.º), é este o único e impres-

[180] Sobre a matéria dos encargos aplicáveis à execução de operações de pagamento, é, também, importante atender à disciplina do Regulamento n.º 924/2009 (que abordámos no Capítulo 4.).

[181] Neste Capítulo do RJSP as microempresas são equiparadas a consumidores e, quando o utilizador do serviço de pagamento não seja um consumidor, as partes podem afastar algumas das suas disposições.

As disposições do diploma sobre direitos e obrigações relativamente à prestação e utilização de serviços de pagamento são aplicáveis sem prejuízo do disposto no Decreto-Lei n.º 133/2009, de 2 de junho, que transpõe para a ordem jurídica interna a Diretiva n.º 2008/48/CE, do Parlamento e do Conselho, de 23 de abril, relativa a contratos de crédito aos consumidores; bem como do disposto na demais legislação respeitante às condições de concessão de crédito ao consumo (cf. artigo 62.º).

cindível elemento da autorização. Como já vimos, no caso das transferências a crédito, o consentimento é dado por aquele que, sendo ordenante, detém o papel de devedor na relação interna subjacente[182].

Este consentimento deverá ser transmitido ao prestador de serviços de pagamento anteriormente à execução da operação, na forma acordada entre ordenante e o seu prestador, sendo que a operação se considera não autorizada se não for cumprida a forma acordada (cf. artigo 65.°/3).

Temos, como realça Mavromati, uma definição indireta de consentimento: autorização explícita dada ao prestador de serviço de pagamento para executar uma operação ou uma série de operações de pagamento, antes ou, mediante acordo entre as partes, após a execução dessa ordem[183].

A respeito da forma, vale a pena verificar o texto do artigo 54.°/2 DSP, que inspirou o nosso artigo 65.°/3, com o intuito de descortinar se o legislador português foi ou não além do que dizia a Diretiva, ao estipular que a falta de forma resulta na falta de autorização para a execução da operação, o que, por sua vez, tem as consequências da execução de uma operação não autorizada, que veremos de seguida. O legislador europeu indica: *O consentimento para executar uma operação de pagamento ou um conjunto de operações de pagamento deve ser dado na forma acordada entre o ordenante e o respetivo prestador do serviço de pagamento.* ***Na falta desse consentimento, considera-se que a operação de pagamento não foi autorizada*** [negrito nosso].

Parece, pois, que a norma do artigo 54.°/2 DSP pretendia apenas estipular que o consentimento é obrigatório para que a ordem se considere autorizada pelo ordenante, nada estipulando sobre o incumprimento da forma acordada pelas partes para a expressão desse consentimento.

Afigura-se-nos, no entanto, que a expressão "desse consentimento" pode querer significar "o consentimento dado pela forma acordada entre o ordenante e o seu prestador de serviços de pagamento". Nessa medida, a norma do artigo 65.°/3 encontra-se corretamente enunciada, atendendo à norma que lhe corresponde no texto da Diretiva.

De qualquer modo, no nosso ordenamento jurídico vigora o princípio da liberdade de forma (cf. artigo 219.° CC), pelo que as exigências de forma têm

[182] Avançámos já que a utilização da expressão "ordenante" pode ser equívoca, especialmente quando pretendemos aplicá-la às operações de pagamento iniciadas pelo beneficiário ou através dele. Nessas operações, a ordem de pagamento é emitida pelo beneficiário, mas não deixa de ser necessário o consentimento do ordenante. Ordenante, neste contexto, pretende significar, na verdade, o "pagador", o devedor na relação subjacente.

[183] Despina Mavromati, *The Law of Payment Services in the EU*, 218.

carácter excecional. No entanto, as partes podem convencionar uma forma especial para a declaração (cf. artigo 223.° CC).

No caso, a lei exige que a forma deve ser aquela convencionada pelas partes. Consideramos, pois, que a exigência de forma é convencional e não legal. São as partes que estipulam qual a forma de prestação do consentimento. Opera, pois, a presunção do n.° 1. do artigo 223.° CC de que as partes se não querem vincular por outra forma senão pela convencionada. No entanto, tal como defendem Pires de Lima e Antunes Varela[184], em querendo, as partes podem fazê-lo, revogando a convenção anterior e estabelecendo uma nova.

Portanto, caso nada se dissesse sobre o incumprimento da forma acordada pelas partes para expressão do consentimento, em caso de inobservância da forma, e na falta de acordo posterior que estipulasse outra forma, sempre operaria a presunção de que as partes não queriam vincular-se por outra forma e a operação deveria considerar-se como não autorizada.

O consentimento pode ser retirado pelo ordenante, nos termos acordados com o prestador de serviços, em qualquer momento, até ao momento em que a ordem se torne irrevogável, nos termos do artigo 77.° (cf. artigo 65.°/4, 5 e 6)[185].

Como vimos, pode ser utilizado um instrumento de pagamento para ordenar uma transferência bancária, por exemplo, um cartão de pagamento (transferência ordenada via caixa automático) ou um conjunto de chaves de acesso (transferência ordenada via serviço de *homebanking*). Serão as hipóteses mais usuais e aquelas a que o diploma empresta maior destaque.

Neste âmbito, também são aplicáveis à operação de transferência os artigos 66.° a 68.°, relativos à comunicação do consentimento por via de um instrumento de pagamento. O regime constante destes artigos não se inclui, diretamente, no objeto do nosso estudo. No entanto, os pontos de interdependência são óbvios. Assim, sem nos queremos imiscuir demasiado na matéria dos instrumentos de pagamento (designadamente, dos cartões de pagamento[186]), teceremos breves considerações acerca dos mesmos.

[184] Cf. *Código Civil – Anotado – Volume I*, anotação ao artigo 223.°.

[185] Sobre a revogação da ordem de pagamento falaremos *infra*.

[186] No que se refere à matéria dos cartões de pagamento, destacamos, em Portugal, os estudos de Maria Raquel Guimarães, nomeadamente: *O contrato-quadro no âmbito da utilização de meios de pagamento electrónicos*, 2011; *Algumas considerações sobre o Aviso 11/2001 do Banco de Portugal, de 20 de Novembro, relativo aos cartões de débito e de crédito*, Revista da Faculdade de Direito da Universidade do Porto, I, 2004; *As transferências electrónicas de fundos e os cartões de débito. Alguns problemas jurídicos relacionados com as operações de levantamento de numerário e de pagamento por meios electrónicos*, 1999; e de Joana Vasconcelos, entre outros: *Emissão de Cartões de Crédito*, Estudos do

No caso de o consentimento relativo à execução de uma operação de transferência ser comunicado por via de um instrumento de pagamento, não só pode ser acordado entre o ordenante e o respetivo prestador um limite de despesas para as operações de pagamento executadas através do instrumento de pagamento em questão, como, mediante estipulação expressa no contrato, o prestador de serviços de pagamento pode reservar-se o direito de bloquear um instrumento de pagamento por motivos objetivamente fundamentados, previstos no número 2. do artigo 66.°. O prestador deve informar o ordenante do bloqueio do instrumento de pagamento e da respetiva justificação, o mais rapidamente possível.

Em relação ao instrumento de pagamento, tanto o ordenante, como o prestador têm obrigações, especificamente relacionadas com a segurança (cf. artigos 67.° e 68.°).

Assim, são obrigações do utilizador de serviços de pagamento a utilização do instrumento de pagamento de acordo com as condições que regem a sua emissão e utilização, tomando todas as medidas razoáveis para preservar a eficácia dos seus dispositivos de segurança personalizados[187]; e a comunicação, sem atrasos injustificados, ao prestador de serviços de pagamento ou à entidade designada por este último, logo que deles tenha conhecimento, da perda, roubo, apropriação abusiva ou qualquer utilização não autorizada do instrumento de pagamento.

No que respeita às obrigações do prestador de serviços de pagamento que emite o instrumento de pagamento, elas são abrangentes e implicam, designa-

IDC, 2002; *Sobre a repartição entre Titular e Emitente do risco da utilização abusiva do cartão de crédito no direito português*, Est. Prof. Doutor Inocêncio Galvão Telles, 2002; *O contrato de emissão de cartão de crédito*, Est. Prof. Doutor Mário Júlio Brito de Almeida Costa, 2002.

[187] Relativamente às normas da alínea *a*) do número 1. do artigo 67.° pronunciou-se Almeno de Sá, no sentido de que a utilização de um instrumento de pagamento de acordo com as condições que regem a sua emissão e utilização pode, em última análise, levar a um incumprimento do Regime das Cláusulas Contratuais Gerais, por via do cumprimento de uma cláusula do contrato de utilização do instrumento de pagamento que seja contrária àquele Regime. É pois, necessário, segundo o autor, interpretar restritivamente esta norma, no sentido em que o instrumento de pagamento deverá ser utilizado de acordo com as condições que regem a sua emissão e utilização, desde que estas não violem o disposto no Regime das Cláusulas Contratuais Gerais.
No que respeita à norma do número 2. do artigo 67.°, Almeno de Sá destaca aquilo que qualifica como um erro de tradução: a obrigação do utilizador deverá ser tomar todas as medidas razoáveis para preservar a segurança (e não a eficácia) dos seus dispositivos de segurança personalizados. Faz-se notar que as opiniões de Almeno de Sá aqui expostas resultam da sua intervenção na Ação de Formação sobre "Direito bancário – contratos bancários e meios de pagamento", no Centro de Estudos Judiciários, a 1 de março de 2012, a que tivemos oportunidade de assistir, mas não se encontram vertidas em texto.

damente, que aquele assegure que os dispositivos de segurança personalizados do instrumento de pagamento só sejam acessíveis ao utilizador de serviços de pagamento; que o prestador garanta a disponibilidade a todo o momento, de meios adequados para permitir ao utilizador de serviços de pagamento proceder à notificação relativa à perda, roubo, apropriação abusiva ou qualquer utilização não autorizada do instrumento de pagamento; e que o prestador impeça qualquer utilização do instrumento de pagamento logo que tenha sido efetuada essa notificação.

O prestador deve também abster-se de enviar instrumentos de pagamento não solicitados, salvo quando se trate de substituição de instrumento já entregue ao utilizador, sendo que risco do envio ao ordenante de um instrumento de pagamento ou dos respetivos dispositivos de segurança personalizados corre por conta do prestador do serviço de pagamento (cf. número 2. do artigo 68.º).

Neste ponto não podemos deixar de fazer o paralelo com o estipulado no Aviso n.º 11/2001, do Banco de Portugal relativo à emissão e utilização de cartões de débito e crédito[188].

Na verdade, já em 2001 o Banco de Portugal previa que, sem prejuízo de outras normas aplicáveis, nomeadamente quanto aos contratos que assumissem a forma de contrato de adesão, do regime jurídico aplicável às cláusulas contratuais gerais, os documentos contratuais deveriam estabelecer todos os direitos e obrigações das partes contratantes, designadamente que o titular do cartão é obrigado a *adotar todas as medidas adequadas a garantir a segurança do cartão, de modo a não permitir a sua utilização por terceiros e a notificar o emitente da perda, furto, roubo ou falsificação do cartão logo que de tais factos tome conhecimento*[189].

Também sobre as obrigações do emitente do cartão versa o Aviso n.º 11/2001, estipulando que *os emitentes não podem conceder cartões sem a aceitação expressa do* titular e que *a entrega aos titulares quer do cartão, quer do respetivo código, se for caso disso, deve ser rodeada de especial cuidado*, adotando-se as adequadas regras de segurança, com vista *ao impedimento da utilização do cartão por terceiros*[190]. Ao contrário do RJSP, portanto, o Aviso não toma partido no problema do ónus da prova da receção do cartão pelo utilizador. No entanto, a doutrina já considerava, face à redação das normas do Aviso, que recaía sobre o banco o risco de não entregar pessoalmente o cartão ao seu titular, desresponsabilizando o

[188] DR n.º 269, I Série-B, de 20-11-2001, 7443 e ss..
[189] Cf. artigos 6.º e 8.º/1 do Aviso do Banco de Portugal n.º 11/2001.
[190] Cf. artigos 10.º e 11.º do Aviso do Banco de Portugal n.º 11/2001.

utilizador por operações levadas a cabo com um cartão que o emitente não conseguia provar que aquele tivesse sido recebido[191].

O Aviso prevê igualmente que os contratos devem estipular que *o titular pode contactar o emitente, ou um seu representante, vinte e quatro horas por dia, pelo menos através de um número de telefone ou de um telefax a indicar no contrato*[192].

Consideramos, pois, que o Aviso n.º 11/2001 foi percursor do regime agora imposto pelo RJSP[193], apesar de ter sido alvo de críticas, designadamente, no que se refere à matéria da distribuição do risco de utilizações abusivas do cartão, que veremos de seguida[194].

Uma última nota é devida, para referir que, apesar de não ter havido qualquer ato expresso de revogação do Aviso n.º 11/2001, afigura-se-nos que o mesmo foi tacitamente revogado com a publicação do RJSP, que se sobrepõe àquele em muitas matérias, por vezes dispondo de forma diversa, nomeadamente, sobre as instituições autorizadas a emitir cartões de pagamento[195].

6.5.1.2. Responsabilidade por operação de pagamento não autorizada

A importância do consentimento e da sua manifestação reside nos casos em que o utilizador negue ter autorizado a operação, uma vez que o RJSP prevê que, se, após tomar conhecimento de uma operação não autorizada ou incorretamente executada, o utilizador do serviço de pagamento o comunicar ao respetivo prestador sem atraso injustificado e dentro de um prazo nunca

[191] Maria Raquel Guimarães considerava, inclusivamente, que só assim se percebia o facto de o Banco de Portugal ter estipulado que o contrato (de utilização de cartão) só se considera celebrado com a receção do cartão pelo titular. Cf. *Algumas considerações...*, 252, 253.

[192] Cf. artigo 8.º/5 do Aviso do Banco de Portugal n.º 11/2001.

[193] O que, aliás, seria de prever, uma vez que o Aviso n.º 11/2001 teve como fonte de inspiração, pelo menos em alguns aspetos, a Recomendação 97/489/CE da Comissão, de 30 de julho de 1997, relativa às Transações Realizadas através de um Instrumento de Pagamento Eletrónico, nomeadamente em relação às relações entre o emitente e o detentor, a qual também determinou o conteúdo da DSP.

[194] Para uma análise completa do Aviso n.º 11/2001, cf. Maria Raquel Guimarães, *Algumas considerações sobre o Aviso n.º 11/2001 do Banco de Portugal, de 20 de novembro, relativo aos cartões de débito e de crédito*. Cf., também, Menezes Cordeiro, *Manual de Direito Bancário*, 616-621.

[195] Cf. artigo 2.º do Aviso n.º 11/2001 e artigo 7.º RJSP. No mesmo sentido, Gisela Fonseca, *Utilização Abusiva de Cartão Bancário. A Repartição do Risco entre Emitente e Titular*, Dissertação de Mestrado Científico em Ciências Jurídico-Bancárias, Faculdade de Direito da Universidade de Lisboa (inédito), 2011.

superior a 13 meses a contar do débito na sua conta, tem direito de obter retificação, por parte do prestador (cf. número 1. do artigo 69.º).

Caberá, então, ao prestador de serviços de pagamento provar que a operação foi autorizada e corretamente executada, devidamente registada e contabilizada e que não foi afetada por avaria técnica ou qualquer outra deficiência, nos termos do número 1. do artigo 70.º. Se o prestador não conseguir reunir este mínimo de elementos, limitado que está o ónus da prova aos fatores sob o seu controlo[196], então a operação deverá considerar-se não autorizada.

Se, efetivamente, o prestador conseguir provar os elementos acima considerados e, ainda assim, o utilizador negar ter autorizado a operação, então este último terá de demonstrar que não poderia ter autorizado a operação e que não agiu fraudulentamente ou com negligência grosseira em relação ao dever de comunicar, sem atrasos injustificados, ao prestador de serviços de pagamento, logo que deles tenha tido conhecimento, a perda, o roubo, a apropriação abusiva ou qualquer utilização não autorizada do instrumento de pagamento [cf. alínea *b*) do número 1. do artigo 67.º].

Caso o prestador pretenda refutar as alegações do utilizador, deverá fornecer elementos adicionais. A este respeito é importante notar que a mera utilização do instrumento de pagamento registada pelo prestador de serviços de pagamento, por si só, não é necessariamente suficiente para provar que a operação de pagamento foi autorizada pelo ordenante, que este último agiu de forma fraudulenta ou que não cumpriu, deliberadamente ou por negligência grave, uma ou mais das suas obrigações (cf. número 2. do artigo 70.º). Por outras palavras, e concretizando com um exemplo, a mera utilização do cartão de pagamento com o PIN correto não é, por si só, suficiente para provar que a operação de transferência foi efetivamente autorizada pelo ordenante.

Sistematicamente, esta é uma presunção que se encontra estipulada nos contratos de utilização de cartão das instituições bancárias portuguesas: a de que a utilização do código pessoal atribuído ao utilizador para autorização de uma operação implica que essa operação tenha sido autorizada pelo titular do cartão, uma vez que este tem a obrigação de preservar a confidencialidade dos dispositivos de segurança personalizados associados ao instrumento de pagamento em causa. A inserção de cláusulas deste tipo nos contratos de utilização de cartões de pagamento é uma questão polémica, que tem inundado as salas dos nossos Tribunais, e dado origem a jurisprudência por vezes contraditória[197].

[196] Despina Mavromati, *The Law of Payment Services in the EU*, 220.

[197] Cf. por exemplo, Acórdão do Supremo Tribunal de Justiça, de 15 de outubro de 2009, processo: 29368/03.5TJLSB.S1 (Alberto Sobrinho), disponível em:http://www.dgsi.pt/jstj.nsf/95

Acreditamos que a aplicação do Direito seja facilitada pelas disposições constantes agora do RJSP.

Especificamente acerca da problemática das operações de pagamento não autorizadas, o RJSP prevê uma repartição do risco entre o prestador de serviços de pagamento do ordenante e o próprio ordenante[198].

Assim, em relação a uma operação não autorizada, o princípio geral é o de que prestador de serviços do ordenante deve reembolsá-lo imediatamente do montante dessa operação e, se for caso disso, repor a conta de pagamento debitada na situação em que estaria se a operação de pagamento não autorizada não tivesse sido executada. Sempre que o reembolso não ocorrer imediatamente, são devidos juros moratórios, sem prejuízo do direito à indemnização suplementar a que haja lugar (cf. artigo 71.º).

Este direito ao reembolso imediato deverá, no entanto, ser articulado com a conduta do ordenante, uma vez que só ocorrerá se o ordenante tiver comunicado ao prestador a ocorrência de uma operação não autorizada ou incorretamente executada sem atraso injustificado e dentro de um prazo nunca superior a 13 meses a contar do débito na sua conta (cf. artigos 71.º/1 e 69.º/1).

Não obstante, o ordenante será responsável por uma transferência a crédito não autorizada se a mesma resultar de *perda, roubo ou apropriação abusiva de instrumento de pagamento, com quebra da confidencialidade dos dispositivos de segurança personalizados, a si imputável*. Neste caso, o ordenante suportará as perdas relativas a essas operações dentro do limite do saldo disponível ou da linha de crédito associada à conta ou ao instrumento de pagamento, até ao máximo de 150 euros (cf. artigo 72.º/1).

Se a falta de autorização ficar a dever-se a *atuação fraudulenta do ordenante ou a incumprimento deliberado*[199] das obrigações de segurança em relação ao instrumento de paramento (nomeadamente a de comunicar, sem atraso injustificado,

4f0ce6ad9dd8b980256b5f003fa814/1837b53c4c54075080257651003 09b75?OpenDocument e Acórdão do Supremo Tribunal de Justiça, de 2 de março de 2010, processo: 29368/03.5TJLSB. S1 (Urbano Dias), disponível em: http://www.dgsi.pt/jstj.nsf/954f0ce6ad9dd8b980256b5f003fa814/62c3852f74054b03802576da005405a1?OpenDocument.

[198] Mais uma vez, não pretendemos aqui alongar-nos sobre esta matéria, especificamente relacionada, também, com os instrumentos de pagamento, mormente, com os cartões bancários. Para uma análise muito recente, cuidada, extensa e pormenorizada das problemáticas com ela relacionadas, com indicação de bibliografia cf. Gisela Fonseca, *Utilização Abusiva de Cartão Bancário. A Repartição do Risco entre Emitente e Titular*, Dissertação de Mestrado Científico em Ciências Jurídico-Bancárias, Faculdade de Direito da Universidade de Lisboa (inédito), 2011.

[199] Almeno de Sá é crítico desta distinção entre atuação fraudulenta e incumprimento deliberado. Para o autor, o legislador deveria ter optado por referir-se ao incumprimento doloso dos deveres consagrados no artigo 67.º, o que incluiria a atuação fraudulenta por parte do ordenante.

a perda, roubo, a apropriação abusiva ou qualquer utilização não autorizada do instrumento de pagamento assim que dela tenha conhecimento), o ordenante suporta todas as perdas resultantes de operações de pagamento não autorizadas, caso em que não é aplicável o limite referido (cf. artigo 72.º/2).

Se houver *negligência grave* da parte do ordenante, este suporta as perdas resultantes de operações de pagamento não autorizadas até ao limite do saldo disponível ou da linha de crédito associada à conta ou ao instrumento de pagamento, ainda que superiores a 150 euros, dependendo da natureza dos dispositivos de segurança personalizados do instrumento de pagamento e das circunstâncias da sua perda, roubo ou apropriação abusiva (cf. artigo 72.º/3).

No entanto, para os casos de atuação negligente, ou mesmo, para os casos de incumprimento deliberado das suas obrigações (uma vez que o artigo 72.º/4 *só exclui a atuação fraudulenta*), após ter notificado o prestador da vicissitude ocorrida com o instrumento de pagamento, o ordenante não suporta quaisquer consequências financeiras resultantes da utilização de um instrumento de pagamento perdido, roubado ou abusivamente apropriado[200].

Este é o regime imposto pelo RJSP, mas seria o pretendido pela DSP?

Vejamos, o artigo 61.º/3 DSP prevê que, caso o ordenante não tenha agido de modo fraudulento, nem tenha deliberadamente deixado de cumprir as suas obrigações decorrentes do artigo 56.º, os Estados-Membros podem reduzir a responsabilidade a que se referem os números 1 e 2 do artigo 61.º, tendo especialmente em conta a natureza dos dispositivos de segurança personalizados do instrumento de pagamento e as circunstâncias da sua perda, roubo ou apropriação abusiva. Portugal é referido como sendo um dos Estados que exerceu esta opção.

De facto, no número 3. do artigo 72.º, o legislador nacional previu que, para casos de negligência grave, o limite de responsabilidade é o saldo disponível ou a linha de crédito associada à conta ou ao instrumento de pagamento, ainda que superiores a 150 euros.

Faz-se notar que as opiniões de ALMENO DE SÁ aqui expostas resultam da sua intervenção na Ação de Formação sobre "Direito bancário – contratos bancários e meios de pagamento", no Centro de Estudos Judiciários, a 1 de março de 2012, a que tivemos oportunidade de assistir, mas não se encontram vertidas em texto.

[200] Importante é notar que se o prestador de serviços de pagamento não fornecer meios apropriados que permitam a notificação, a qualquer momento, da perda, do roubo ou da apropriação abusiva de um instrumento de pagamento, conforme lhe é requerido pela alínea *c*) do n.º 1 do artigo 68.º, o ordenante não fica obrigado a suportar as consequências financeiras resultantes da utilização desse instrumento de pagamento, salvo nos casos em que tenha agido de modo fraudulento (cf. artigo 72.º/5).

Como a responsabilidade a que se referem os n.º 1 e 2 do artigo 61.º abrange situações de atuação fraudulenta e de incumprimento deliberado ou negligência grave no cumprimento dos deveres do utilizador associados ao instrumento de pagamento, e o artigo 61.º/3 DSP permitia reduzir a responsabilidade em casos de não verificação de atuação fraudulenta ou de incumprimento deliberado, parece que a situação de exceção podia referir-se apenas aos casos de negligência grave. No entanto, o legislador nacional não especificou que o 72.º/3 se aplica aos casos de negligência grave no cumprimento dos deveres do utilizador associados ao instrumento de pagamento, previstos no artigo 67.º.

Parece-nos que o 72.º/2 e 3 têm de ser lidos em conjunto: o primeiro refere-se a atuação fraudulenta do utilizador ou ao seu incumprimento deliberado dos deveres que lhe são impostos pelo artigo 67.º; o segundo, aos casos em que há negligência grave no cumprimento desses mesmos deveres. Só assim pode entender-se o 72.º/3 como levando a cabo a derrogação que era permitida a Portugal pelo 61.º/3 DSP.

No entanto, outras pequenas alterações ao disposto no artigo 61.º DSP indiciam que o legislador português, provavelmente, disse mais do que queria (podia?) dizer.

O artigo 61.º/1 DSP abrange uma área que não era, inicialmente, prevista, mas cuja inserção resultou de discussões posteriores ao processo de consulta da Diretiva[201]: a da existência de uma operação não autorizada resultante não do roubo ou da perda do instrumento de pagamento, mas do facto de o utilizador não ter assegurado a confidencialidade dos dispositivos de segurança personalizados, resultando numa apropriação abusiva do instrumento, sem necessidade de desapossamento do mesmo. Aqui, o limite de 150 euros para a responsabilidade do utilizador também se aplicaria.

O legislador nacional, no entanto, estipulou que a limitação de responsabilidade aplicar-se-á *aos casos de operações de pagamento não autorizadas resultantes de perda, de roubo ou da apropriação abusiva de instrumento de pagamento,* ***com*** *quebra da confidencialidade dos dispositivos de segurança personalizados imputável ao ordenante* [negrito nosso]. Parece, pois, que este artigo deve ser interpretado no sentido de que só se aplicará quando, de uma situação de perda, roubo ou apropriação abusiva, resultar *também* a quebra de confidencialidade dos dispositivos de segurança imputável ao ordenante.

Esta interpretação deixa a situação de operações de pagamento não autorizadas sem perda ou roubo do instrumento de pagamento, ou seja sem

[201] Despina Mavromati, *The Law of Payment Services in the EU*, 223.

desapossamento do instrumento, sem qualquer cobertura de regime, ou, pelo menos, as situações em que haja quebra de confidencialidade por negligência do utilizador, uma vez que se, deliberadamente, o utilizador não preservar a eficácia dos dispositivos de segurança personalizados, as perdas daí resultantes serão abrangidas pelo disposto no artigo 72.°/2 (cf. artigo 67.°/2); e que se essa quebra de confidencialidade ocorrer por negligência grave do utilizador, será aplicável o disposto no 72.°/3.

Aproveitamos para referir que pensamos que os casos que o legislador português deixou de fora aquando da transposição do artigo 61.° DSP, poderão incluir a situação, bastante comum nos últimos tempos, em que os utilizadores de serviços de pagamento inserem, por solicitação fraudulenta no âmbito de uma sessão de um serviço de *homebanking*, as credenciais de acesso a esse serviço e os respetivos códigos de segurança numa página da *Internet*, possibilitando o acesso remoto à sua conta. Não se pode dizer que, deliberadamente, o utilizador tenha incumprido o dever de preservar a confidencialidade dos dispositivos de segurança, pois que a solicitação das credenciais de acesso se lhe apresenta como lícita e devida (até porque, as mais das vezes, surge como sendo da autoria do próprio prestador de serviços de pagamento). A discussão poderá, depois, fazer-se em relação à gravidade da negligência demonstrada pelo utilizador.

Certo é que não há, neste caso, furto ou roubo do instrumento de pagamento. O que existe é a apropriação abusiva de um instrumento de pagamento devido ao facto de o ordenante não ter assegurado a confidencialidade dos dispositivos de segurança personalizados. E esta situação não está abrangida, pensamos, pela norma do número 1. do artigo 72.°.

Acompanhamos, pois, Almeno de Sá, quando considera que o RJSP não vai de encontro ao pretendido pela DSP, para os casos de responsabilidade do ordenante antes de ocorrida a comunicação prevista no artigo 67.°.

Segundo o autor, o texto da Diretiva permite concretizar uma repartição do risco por operação de pagamento não autorizada entre ordenante e prestador com base no tipo de vicissitude ocorrida com o instrumento de pagamento. Assim, se o instrumento de pagamento foi perdido ou roubado, opera uma responsabilização objetiva do ordenante até ao limite de 150 euros. Neste caso há desapossamento do elemento corpóreo do instrumento de pagamento, pelo que se justifica que sobre o ordenante, que tem obrigação de o preservar, recaia o risco de uma operação não autorizada.

Nos casos em que não existe esse desapossamento e em que, portanto, estão em causa os elementos não corpóreos do instrumento, ou seja, os seus dispositivos de segurança personalizados, o ordenante só seria responsabilizado pelas operações de pagamento não autorizadas caso tivesse culpa, ainda que leve, na perda de confidencialidade desses elementos[202].

Para Almeno de Sá, o regime resultante da transposição portuguesa parece, sempre, exigir culpa por parte do ordenante para que seja ele a suportar o risco de uma operação de pagamento não autorizada, ainda que até ao limite de 150 euros. Embora benéfica para o ordenante, esta proteção desresponsabiliza-o, designadamente, no que se refere à sua obrigação de, sem demora, comunicar ao prestador a perda, roubo, apropriação ilegítima ou qualquer utilização não autorizada do instrumento de pagamento; e pode promover a auto-fraude[203].

Arriscamos dizer que a estipulação de um regime como o que acaba por resultar da interpretação do artigo 72.° foi muito influenciado pelo que, já em 2001, o Banco de Portugal havia estabelecido no Aviso n.° 11/2001. Na verdade, a doutrina reconhece que o Aviso não prevê qualquer solução para as situações em que «o cartão não é utilizado *fisicamente* por um terceiro, mas este se vale do conhecimento (legítimo ou ilegítimo) do seu número de série e da sua data de validade para realizar operações que não são imputáveis ao titular»[204/205].

[202] É esse o sentido dos considerandos da DSP: *A fim de incentivar o utilizador dos serviços de pagamento a comunicar, sem atraso injustificado, ao respetivo prestador qualquer furto ou perda de um instrumento de pagamento, reduzindo assim o risco de operações de pagamento não autorizadas, o utilizador deverá apenas ser responsável por um montante limitado, salvo no caso de atuação fraudulenta ou de negligência grave da sua parte. Além disso, a partir do momento em que tenha notificado o prestador do serviço de pagamento de que o seu instrumento de pagamento pode ser objeto de uma utilização fraudulenta, o utilizador não deverá ser obrigado a suportar quaisquer perdas adicionais resultantes da utilização não autorizada desse instrumento* (cf. considerando n.° 32 da DSP).

[203] Faz-se notar que as opiniões de Almeno de Sá aqui expostas resultam da sua intervenção na Ação de Formação sobre "Direito bancário – contratos bancários e meios de pagamento", no Centro de Estudos Judiciários, a 1 de março de 2012, a que tivemos oportunidade de assistir, mas não se encontram vertidas em texto.

[204] Cf. Maria Raquel Guimarães, *Algumas considerações...*, 267, 268.

[205] Sobre a apropriação dos dados inscritos no cartão (i.e. nome do titular, data de validade, número e código de segurança), Almeno de Sá defendeu a posição de que esses dados não são instrumento de pagamento, nem dispositivos de segurança personalizados, porque não são confidenciais: estão inscritos no cartão. Nesta medida, não recaem no âmbito do artigo 72.°, pelo que o ordenante não poderá ser responsabilizado pela sua utilização por terceiros a qualquer título. Justifica o autor a sua polémica opinião com o facto de os sistemas internacionais de pagamento exigirem o fornecimento destes dados para que o pagamento eletrónico à distância possa efetuar-se. Assim, quando o ordenante fornece estes dados não está a quebrar qualquer confidencialidade.
Faz-se notar que as opiniões de Almeno de Sá aqui expostas resultam da sua intervenção na Ação de Formação sobre "Direito bancário – contratos bancários e meios de pagamento", no

Em suma, este é um regime de responsabilidade assente numa lógica de repartição do risco estabelecido de modo muito intrincado e que, por ter fugido um pouco ao texto original da Diretiva, se torna ainda mais complicado na sua interpretação e, adivinhamos, aplicação[206].

Não obstante, pode dizer-se que é um regime no qual se denota uma grande preocupação com a proteção do consumidor. Desde logo, porque o prestador de serviços de pagamento está bastante onerado com a obrigação de, imediatamente após ser notificado pelo ordenante de uma operação não autorizada, reembolsar o ordenante do montante dessa operação e, se for caso disso, repor a conta de pagamento debitada na situação em que estaria se a operação de pagamento não autorizada não tivesse sido executada; também sob ele recai a prova de que a operação foi autorizada e corretamente executada.

A responsabilidade do ordenante, por seu lado, está muito limitada, quer pela válvula de escape do limite do saldo disponível ou da linha de crédito associada à conta ou ao instrumento de pagamento, até ao máximo de 150 euros; como pela diminuição da responsabilidade para casos de negligência grave, e ainda pela possibilidade de não ver o seu património afetado, caso cumpra de forma diligente o dever de comunicar ao prestador a perda ou roubo do instrumento de pagamento, apenas assim não acontecendo em casos de atuação fraudulenta (ou se o prestador não disponibilizar meios para que essa comunicação ocorra).

Parece, pois, que a responsabilidade do prestador de serviços de pagamento excede os limites do contrato estabelecido com o ordenante, quando, mesmo tendo demonstrado que não teve culpa na falta de autorização para a execução da operação, tem de assumir as perdas resultantes dessa falta de autorização, por via de o utilizador conseguir provar que não teve, também ele, culpa.

A culpa do prestador é, neste âmbito, apreciada em abstrato, segundo o critério do bom pai de família (cf. artigos 799.º/2 e 487.º/2 CC), mas recorrendo às circunstâncias concretas do caso, à diligência de profissional habilitado e dotado de meios técnicos e humanos especialmente adequados ao exercício da atividade bancária, proporcionados por recursos financeiros adequados.

Não se provando a culpa do prestador, nem a culpa do utilizador, o prestador é, não obstante, responsabilizado. Estar-se-á, parece, perante um caso de responsabilidade extracontratual objetiva imputável ao prestador independen-

Centro de Estudos Judiciários, a 1 de março de 2012, a que tivemos oportunidade de assistir, mas não se encontram vertidas em texto.

[206] A utilização de conceitos como o de "negligência grave", pouco comum no nosso ordenamento jurídico, também dificulta a interpretação. Cf. Menezes Leitão, *Direito das Obrigações, II*, 297-298, 303, para distinção entre dolo e negligência e diferentes graus de culpa em Direito Civil.

temente de culpa. A responsabilidade desloca-se para o sujeito que surge na relação jurídica como o titular mais forte, menos carecido de proteção – o prestador – que domina as fontes do risco de verificação da autorização e que retira vantagens da utilização do instrumento de pagamento pelo cliente[207].

6.5.2. *Execução de operações de pagamento*

6.5.2.1. Receção, recusa e revogabilidade da ordem de pagamento; prazos de execução

É importante estabelecer o momento da receção da ordem de pagamento, que será relevante para a determinação dos prazos de execução da transferência (cf. artigos 79.º e ss.) e para aferir da possibilidade de revogação da ordem (cf. artigo 77.º).

Assim, nos termos do artigo 75.º, o momento da receção da ordem de pagamento deve coincidir com o momento em que a ordem de pagamento transmitida diretamente pelo ordenante (para o caso das transferências a crédito) é recebida pelo prestador de serviços de pagamento do ordenante[208]. Se esse momento não for um dia útil para o prestador de serviços do ordenante, considera-se que a ordem foi recebida no dia útil seguinte[209].

Uma importante característica do Regime é a possibilidade de o prestador de serviços de pagamento estabelecer um momento limite no final do dia útil

[207] Acerca da responsabilidade baseada no risco profissional do banqueiro na ausência de culpa, cf. Paulo Olavo Cunha, *Cheque e Convenção de Cheque*, 680-689.

[208] Uma ordem de transferência a crédito em formato papel, por exemplo, deve considerar-se recebida no momento em que é entregue ao balcão do banco, independentemente das verificações relativas à correção da ordem que o balcão tenha de levar a cabo, designadamente, verificar a existência de saldo disponível na conta. De acordo com o considerando 37 da DSP, *os direitos e as obrigações produzem efeitos quando o prestador de serviços de pagamento recebe a ordem de pagamento, designadamente através dos meios de comunicação acordados no contrato de serviços de pagamento, não obstante qualquer participação anterior no processo conducente à criação e transmissão da ordem de pagamento, por exemplo no que diz respeito à confirmação da segurança e disponibilidade dos fundos, às informações sobre a utilização do número de identificação pessoal ou à emissão de uma promessa de pagamento.* (Cf. "Your questions on PSD – Payment Services Directive 2007/64/EC – Questions and answers", questão n.º 340, disponível em http://ec.europa.eu/internal_market/payments/docs/framework/transposition/faq_en.pdf .

[209] Dia útil: *dia em que o prestador do serviço de pagamento do ordenante ou o prestador do serviço de pagamento do beneficiário envolvido na execução de uma operação de pagamento se encontra aberto para a execução de uma operação de pagamento* [cf. alínea *ad*) do artigo 2.º].

para além do qual as ordens de pagamento recebidas são consideradas como tendo sido recebidas no dia útil seguinte (cf. artigo 75.º/3).

O momento de receção da ordem também pode ser objeto de acordo entre as partes (cf. número 4. do artigo 75.º), o que pode revelar-se de especial importância, por exemplo, nas operações de pagamento ordenadas por via de caixas automáticos, disponíveis 24h por dia.

A partir do momento da receção da ordem, os utilizadores de serviços de pagamento deverão poder confiar na execução adequada, completa e válida da mesma, a menos que o prestador tenha um motivo de recusa contratual ou legal, uma vez que, no caso de estarem reunidas todas as condições previstas no contrato-quadro celebrado com o ordenante, o prestador de serviços de pagamento do ordenante não pode recusar a execução de uma ordem de pagamento autorizada (cf. número 1. do artigo 76.º).

Caso exista motivo de recusa da ordem, a recusa e a sua justificação deverão ser comunicadas, o mais rapidamente possível, ao ordenante.

Para efeitos de responsabilidade, uma ordem de pagamento cuja execução tenha sido recusada, considera-se como não recebida (cf. número 5. do artigo 76.º).

Maria Raquel Guimarães encontra na possibilidade de o prestador recusar uma ordem de pagamento, uma manifestação da renovação da sua vontade de contratar, à semelhança do que sucede com o ordenante, a quem se exige que consinta na execução da operação[210].

Vasconcelos, qualificando a relação estabelecida entre o prestador de serviços de pagamento (o banco, no seu escrito) e o ordenante como um mandato mercantil bancário, considera que, não havendo obrigação geral de contratar, «o banqueiro tem a liberdade de recusar o mandato», recusa que deverá, no entanto, ser comunicada ao ordenante com a maior brevidade possível, nos termos no artigo 234.º C. Com.[211].

Em relação à revogação, cumpre explicitar que falamos, aqui, não da revogação do contrato de prestação de serviços de pagamento, mas da revogação de uma ordem de pagamento por parte do ordenante, manifestação unilateral e discricionária da sua vontade, não exigindo fundamentação.

[210] Faz-se notar que mencionada opinião de Maria Raquel Guimarães resulta da sua intervenção na Ação de Formação sobre "Direito bancário – contratos bancários e meios de pagamento", no Centro de Estudos Judiciários, a 1 de março de 2012, a que tivemos oportunidade de assistir.

[211] Cf. Vasconcelos, *Mandato Bancário*, 140.

Como bem afirma Catarina Anastácio, «uma revogação válida e eficaz faz cessar, não só a obrigação do banco em agir, mas a autorização para o fazer, pelo que este não poderá executar a ordem de transferência»[212].

O RJSP parece querer deixar bem claras as suas intenções: o artigo 77.º tem como epígrafe "carácter irrevogável de uma ordem de pagamento".

Na verdade, este artigo, no seu número 1., estabelece o carácter irrevogável da ordem após a sua receção pelo prestador de serviços de pagamento do ordenante, o que, na prática, corresponde ao estabelecimento da irrevogabilidade quase absoluta da ordem, uma vez que, como vimos, a ordem se considera recebida no momento em que é emitida pelo ordenante.

Em princípio, a ordem deveria poder ser revogada enquanto não fosse executada, considerando-se executada a ordem de transferência quando o ordenante já perdeu a disponibilidade dos fundos e o beneficiário adquiriu o direito sobre eles, ou seja, quando, nas transferências internas, o prestador credita a conta do beneficiário ou, nas transferências externas, o prestador de serviços de pagamento do ordenante credita a conta do prestador de serviços de pagamento do beneficiário[213].

O RJSP, ao estipular a irrevogabilidade da ordem, pressupõe um automatismo próprio, só, das ordens de pagamento eletrónicas. Caso contrário, é difícil compreender como pode uma ordem de transferência a crédito, por exemplo, ser considerada irrevogável a partir do momento em que é emitida pelo ordenante[214].

O regime da irrevogabilidade do RJSP admite, no entanto, exceções. Desde logo, caso a operação de pagamento seja iniciada pelo beneficiário ou através deste[215], e, depois, se o momento de receção da ordem tiver sido objeto de convenção entre as partes, nos termos dos números 4. e 5. do artigo 75.º, caso

[212] Catarina Anastácio, *A Transferência Bancária*, 337.

[213] Catarina Anastácio, *A Transferência Bancária*, 339.

[214] A DSP justifica-se: *tendo em vista o ritmo com que os serviços de pagamento modernos, completamente automatizados, permitem processar as operações de pagamento, o que significa que a partir de um determinado momento as ordens de pagamento não podem ser revogadas sem custos elevados de intervenção manual, é necessário fixar claramente um prazo para a eventual revogação de um pagamento* (cf. considerando 38.º DSP).

E Catarina Anastácio concorda: «Com a evolução das técnicas eletrónicas de pagamento, passam a ser cada vez mais raras as possibilidades reais de revogação de uma ordem de transferência, que ficarão limitadas às transferências realizadas com suporte em papel» (em *A Transferência Bancária*, 342).

[215] Caso a operação de pagamento seja iniciada pelo beneficiário ou através deste, o ordenante não pode revogar a ordem de pagamento depois de ter comunicado ao beneficiário essa ordem ou o seu consentimento à execução da operação de pagamento. No caso específico de débito

em que o ordenante pode revogar a ordem até ao final do dia útil anterior à data acordada[216].

Assim, caso o momento de receção da ordem não tenha sido objeto de convenção entre as partes, e seja aplicável, portanto, a regra geral de que o momento da receção da ordem de pagamento coincide com o momento em que a ordem transmitida diretamente pelo ordenante é recebida pelo prestador de serviços de pagamento do ordenante, à transferência a crédito, como operação de pagamento iniciada pelo ordenante, aplica-se a regra geral da irrevogabilidade após a receção da ordem pelo prestador de serviços do ordenante e não qualquer uma das exceções dos números 2., 3. ou 4. do artigo 77.°.

Fora deste caso, a revogação da ordem de transferência a crédito só é permitida com o acordo de ambas as partes (cf. número 5. do artigo 77.°)[217].

A matéria dos prazos de execução de transferências e, mais propriamente, de disponibilização dos fundos ao beneficiário, é cara tanto aos prestadores de serviços de pagamento, como aos utilizadores.

No que respeita a prazos de execução, a DSP prevê que os Estados-Membros devem exigir que o prestador de serviços de pagamento do ordenante garanta que, após o momento da receção nos termos do artigo 64.°, o montante objeto da operação de pagamento seja creditado na conta do prestador de serviços de pagamento do beneficiário até ao final do primeiro dia útil seguinte[218],

direto, no entanto, o ordenante pode revogar a ordem de pagamento até ao final do dia útil anterior ao dia acordado para o débito dos fundos (artigo 77.°/2 e 3).
Na prática, esta exceção pretende salvaguardar que, para as operações de pagamento iniciadas pelo beneficiário ou através deste (tipicamente, como vimos, as operações com cartão de pagamento), o "pagador"/devedor não possa revogar a ordem depois de a ter transmitido ou comunicado ao beneficiário o seu acordo à execução da operação. É, não obstante, deixada maior margem de manobra ao devedor no caso de ter autorizado um débito direto na sua conta, caso em que poderá revogar a ordem até ao final do dia útil anterior ao dia acordado para o débito dos fundos.

[216] «A revogação, neste contexto, é aplicável apenas à relação entre um utilizador de serviços de pagamento e o respetivo prestador, não prejudicando assim a irrevogabilidade nem o carácter definitivo das operações de pagamento nos sistemas de pagamento». Cf. considerando 38.° DSP. Como vimos (cf. *supra*, Capítulo 4.), estas regras são especificadas no Decreto-Lei n.° 85/2011, de 29 de junho, que transpôs para a ordem jurídica interna a Diretiva 2009/44/CE do Parlamento Europeu e do Conselho, de 6 de maio de 2009.

[217] Para grande detalhe sobre a revogação do mandato, cf. Januário Costa Gomes, *Em tema de revogação do mandato civil*, especialmente páginas 279 e ss., sobre regime de revogação do mandato comercial.

[218] Até 1 de Janeiro de 2012, foi, no entanto, dada a possibilidade ao ordenante e respetivo prestador de serviços de pagamento de convencionar um prazo mais longo, que não podia exceder três dias úteis.

prazo que pode ser prorrogado por mais um dia útil no caso das operações de pagamento emitidas em suporte de papel (cf. número 1. do artigo 69.° DSP).

Após a receção dos fundos, o prestador de serviços de pagamento do beneficiário deve estabelecer a data-valor e disponibilizar o montante da operação de pagamento na conta de pagamento do beneficiário (cf. número 2. do artigo 69.° DSP).

Em relação a operações de pagamento nacionais, a Diretiva permitia que os Estados-Membros previssem prazos de execução máximos mais reduzidos do que aqueles que estipulava (cf. artigo 72.° DSP).

No que respeita a data-valor e prazos de disponibilização, de acordo com o artigo 73.°[219], a data-valor do crédito na conta de pagamento do beneficiário será, no máximo, o dia útil em que o montante da operação de pagamento é creditado na conta do prestador de serviços de pagamento do beneficiário, sendo que o prestador de serviços de pagamento do beneficiário deve garantir que o montante da operação de pagamento fique à disposição do beneficiário imediatamente após ter sido creditado na sua conta de pagamento (cf. número 1. do artigo 73.° DSP).

A data-valor do débito na conta de pagamento do ordenante não poderá ser anterior ao momento em que o montante da operação de pagamento é debitado nessa conta de pagamento (cf. número 2. do artigo 73.° DSP).

Em face do exposto, o legislador nacional estabeleceu um regime de prazos de execução e data-valor marcado pela herança do Decreto-Lei n.° 41/2000, de 17 de março, no qual, antes da entrada em vigor do RJSP, se regulava a matéria[220], pelas razões que exporemos de seguida.

[219] O qual, lembramos, é aplicável a todos os serviços de pagamento prestados na Comunidade e não, apenas àqueles em que ambos os prestadores estão situados na Comunidade (cf. número 1. do artigo 2.° DSP).

[220] Anteriormente à entrada em vigor do RJSP, sobre prazos de execução relativos a transferências a crédito de montante inferior a 50 000 euros regulava o Decreto-Lei n.° 41/2000, de 17 de março, posteriormente alterado, no que respeita, exatamente a prazos de execução, pelo Decreto-Lei n.° 18/2007, de 22 de Janeiro, e hoje revogado pela alínea *c*) do artigo 9.° do Decreto-Lei n.° 317/2009, de 30 de outubro.

Nesse diploma dispunha-se que, nas transferências internas e na ausência de estipulação em contrário pelo cliente, a disponibilização dos fundos ao beneficiário deveria ocorrer no próprio dia, se a transferência se efetuasse entre contas sediadas na mesma instituição, e o mais tardar no dia útil seguinte, se a transferência fosse interbancária, sendo a data-valor e a data de disponibilização a do momento do crédito (cf. número 2. do artigo 5.° do Decreto-Lei n.° 41/2000).

Para as transferências transfronteiras (aquelas em que a instituição do ordenante e a do beneficiário se situam em Estados diferentes, dentro do Espaço Económico Europeu), e na ausência

Assim, da combinação das regras relativas a prazos de execução, com aquelas relativas a data-valor e disponibilidade dos fundos resulta que, no caso de transferências a crédito internas entre contas sediadas no mesmo prestador de serviços de pagamento (transferências internas intrabancárias), a conta do beneficiário deve ser creditada no próprio dia da receção da ordem, nos termos do artigo 75.°, com simultânea disponibilização dos fundos (cf. número 1. do artigo 83.°).

Nas transferências interbancárias (entre contas sediadas em diferentes prestadores de serviços) denominadas em euros, os fundos devem ser creditados na conta do prestador do beneficiário até ao final do dia útil seguinte ao da receção da ordem, nos termos do artigo 75.°, devendo de imediato ser creditada a conta do beneficiário e os fundos disponibilizados (cf. número 1. do artigo 80.° e números 1. e 2. do artigo 84.°).

Este prazo é aplicável quer a transferências interbancárias internas (em que ambos os prestadores estão estabelecidos em território nacional), quer a transferências transfronteiras intracomunitárias (entre prestadores localizados nos Estados-Membros da União Europeia) (cf. número 2. do artigo 80.°)[221].

No caso das transferências interbancárias ordenadas em suporte papel, admite-se a prorrogação deste prazo por mais um dia útil (cf. número 3. do artigo 80.°).

Nas transferências intracomunitárias realizadas nas moedas dos Estados-Membros não pertencentes à zona euro aplicam-se os mesmos prazos das transferências interbancárias em euros, salvo acordo em contrário (cf. número 2. do artigo 79.°). Em todo o caso, a conta do beneficiário tem de ser creditada no prazo máximo de quatro dias úteis (cf. número 3. do artigo 79.°).

Desvendamos agora a razão de se nos afigurar demasiado interligado este regime ao do Decreto-Lei n.° 41/2000, a qual se prende com o artigo 83.°. Aproveitando a margem de manobra do artigo 72.° DSP, o legislador português manteve (literalmente) a regra que constava daquele Decreto-Lei e determinou que as quantias em dinheiro devem ser creditadas na conta do beneficiário no

de estipulação em contrário, o crédito na conta da instituição do beneficiário deveria ocorrer dentro do prazo de cinco dias úteis (cf. número 3. do artigo 5.° do Decreto-Lei n.° 41/2000). Em ambos os casos, a instituição do beneficiário estava obrigada a creditar na conta deste e disponibilizar o respetivo saldo credor no mesmo dia em que a quantia fosse creditada na conta da instituição ou, tratando-se de transferências transfronteiras, no dia útil seguinte, sendo nos dois casos atribuída a data-valor do momento do crédito (cf. número 4. do artigo 5.° do Decreto-Lei n.° 41/2000).

[221] Na medida em que, a 1 de Janeiro de 2012, terminou a possibilidade de convenção de um prazo mais longo para a execução deste tipo de transferências (cf. número 2. do artigo 80.°).

próprio dia, se a transferência se efetuar entre contas sediadas no mesmo prestador de serviços de pagamento, sendo a data-valor e a data de disponibilização a do momento do crédito (cf. número 1. do artigo 83.º RJSP e número 2. do artigo 5.º do Decreto-Lei n.º 41/2000).

Elogiamos a opção do legislador, na medida em que não faria sentido degradar o nível de serviço já praticado pela banca aos utilizadores, adiando em um dia útil a disponibilização ao beneficiário de fundos relativos a transferência internas intrabancárias. Não obstante, não podemos senão criticar a forma como o antigo regime de prazos de execução foi vertido para o RJSP: não tem cabimento a referência a crédito das "quantias em dinheiro"[222] na conta do beneficiário, atendendo a que se trata de transferências de fundos, aqui entendidos como moeda escritural, como já vimos.

Depois, o regime do artigo 83.º não destrinça, como faz a DSP, prazo de execução da transferência e data-valor e de disponibilização de fundos. Mistura as duas realidades e, nessa senda, repete a disciplina do artigo 84.º, que sempre estipularia que, assim que o prestador de serviços do beneficiário visse a sua conta creditada, deveria imediatamente disponibilizar o montante transferido a este último, ou seja, que a data-valor e a data de disponibilização são a do momento do crédito.

Bastaria, portanto, que, no artigo 83.º, o legislador português tivesse estabelecido que o prazo de execução de transferências internas intrabancárias termina no final do próprio dia útil em que a ordem é recebida.

Outro reparo prende-se com a norma do número 2. do artigo 80.º que, ineditamente, se refere a "operações de pagamento transfronteiriças". Atendendo ao âmbito de aplicação do RJSP e, especificamente, do Título em que está inserido este artigo (cf. artigo 3.º), teria bastado a menção a "operações de pagamento intracomunitárias", uma vez que o RJSP não pretende regular as operações de pagamento que envolvam um prestador não estabelecido na Comunidade. É um claro "empréstimo" do Decreto-Lei n.º 41/2000, que opera a distinção entre transferências internas e transfronteiras.

Nesta perspetiva, é necessário ler com cuidado o número 3. do artigo 79.º, que dispõe que quando o utilizador e o respetivo prestador de serviços de pagamento acordem num prazo mais longo do que os fixados no artigo 80.º para as operações de pagamento intracomunitárias, esse prazo não pode ser superior a quatro dias úteis a contar do momento da receção nos termos do artigo 75.º.

[222] A palavra "dinheiro" só é referida uma vez no texto da DSP, na definição dos serviços de retirada de numerário oferecidos por prestadores através de caixas automáticos de pagamento, excluídos do seu âmbito de aplicação [cf. alínea *o)* do artigo 3.º DSP].

Sob pena de implicar o carácter dispositivo do artigo 80.°, o que seria claramente violador do disposto na Diretiva, o número 3. do artigo 79.° é, como já avançámos, aplicável apenas às transferências intracomunitárias realizadas nas moedas dos Estados-Membros não pertencentes à zona euro.

Tal interpretação resulta da leitura completa do artigo 79.°, que, sob a epígrafe "âmbito de aplicação", dispõe que as normas relativas a prazos de execução e data-valor são aplicáveis às operações de pagamento em euros (número 1. do artigo 79.°) e às operações de pagamento realizadas nas moedas dos Estados-Membros não pertencentes à zona euro, salvo acordo em contrário, que nunca pode, no entanto, afastar, como vimos, a aplicação do artigo 84.° (cf. número 2. do artigo 79.°). Ora, é exatamente em relação a estas últimas, só, que as partes têm a possibilidade de estipular prazos de execução mais alargados que não poderão, no entanto, ultrapassar os quatro dias úteis a contar do momento da receção da ordem[223].

Uma última nota é devida no que respeita à questão dos prazos de execução de transferências para enfatizar que, quando falamos do processamento de transferências interbancárias, é necessário ter em linha de conta os sistemas de compensação e de liquidação em que as operações são processadas.

Esses sistemas (em Portugal, o SICOI, para a vertente de compensação, e o TARGET2, para a liquidação financeira) são regulamentados e possuem um calendário de funcionamento que pode não ser compatível com o calendário civil/bancário do país em que a operação está a ser processada, especificamente se atentarmos nos sistemas supra-nacionais, como, aliás, é o caso do TARGET2, que opera a nível europeu.

Nesses casos, podem gerar-se problemas relacionados com a incapacidade do prestador de serviços do ordenante em garantir que a conta do prestador do beneficiário é creditada até ao final do 1.° dia útil seguinte ao momento da receção da ordem, o que, consequentemente, terá repercussão na capacidade do prestador do beneficiário em creditar na conta deste último o montante transferido. O prestador de serviços do beneficiário, no entanto, só está obrigado a disponibilizar o montante quando a sua conta é creditada pelo montante da transferência. Não o sendo, porque o sistema de liquidação não está em funcio-

[223] É esta, aliás, a pretensão do número 2. artigo 68.° DSP, que serviu de base aos nossos números 2. e 3. do artigo 79.°.
Esclarecemos que, em face do disposto no número 1. do artigo 68.° DSP e do âmbito de aplicação da DSP, previsto no seu artigo 2.°, a referência a "outras operações de pagamento" do número 2. do artigo 68.° DSP só poderia significar, no diploma de transposição português, exatamente, operações de pagamento realizadas nas moedas dos Estados-Membros não pertencentes à zona euro.

namento e a operação não foi processada, então a obrigação de disponibilização inexiste[224].

6.5.2.2. Responsabilidade por não execução ou execução deficiente da ordem de pagamento emitida pelo ordenante

Sobre o aspeto crucial da responsabilidade por não execução ou execução deficiente da ordem de pagamento transmitida pelo ordenante, rege o artigo 86.º[225], que apresenta a regra geral: a responsabilidade pela execução correta da operação de pagamento perante o ordenante cabe ao respetivo prestador de serviços de pagamento.

É esta a (grande) abrangência da responsabilidade do prestador de serviços do ordenante, sem prejuízo i) do que já atrás ficou dito sobre operações de pagamento não autorizadas ou incorretamente executadas e o co-respetivo direito de retificação do ordenante (cf. artigo 69.º); ii) dos casos em que o identificador único tenha sido mal informado pelo ordenante (cf. números 2. e 3. do artigo 85.º); ou iii) dos casos de força maior (cf. artigo 90.º).

De acordo com o RJSP, uma ordem de pagamento considera-se corretamente executada no que diz respeito ao beneficiário, se o for em conformidade com o identificador único, no qual o beneficiário vem especificado e cujo fornecimento ao prestador é da responsabilidade do ordenante (cf. artigo 85.º)[226].

[224] Bem assim, consideramos demasiado onerosa a norma do número 22. do Regulamento do SICOI, que obriga que a disponibilização de fundos ao beneficiário de ordens de transferência ocorra no máximo, até ao final do dia útil seguinte àquele em que a ordem de pagamento se considera recebida pelo prestador do ordenante ou, sem prejuízo, imediatamente após a liquidação financeira da ordem de transferência em causa. O cumprimento desta obrigação pode implicar, para o prestador do beneficiário, a disponibilização a este último de montantes que ainda não recebeu do prestador do ordenante.

[225] O legislador nacional pretendeu simplificar o complicado regime ditado pela Diretiva. Assim, subdividiu aquele que era um único artigo relativo a "não execução ou execução deficiente" (cf. artigo 75.º DSP, inserido na Secção relativa a "responsabilidade", do Capítulo "execução de operações de pagamento", do Título IV) em dois artigos: o artigo 86.º, relativo a "não execução ou execução deficiente de ordens de pagamento emitidas pelo ordenante"; e o artigo 87.º, relativo a "não execução ou execução deficiente de ordens de pagamento emitidas pelo beneficiário ou através deste".
Atendendo a que a transferência a crédito é uma operação de pagamento cuja ordem é emitida pelo ordenante, apenas atenderemos ao regime do artigo 86.º.

[226] «Identificador único» é a combinação de letras, números ou símbolos especificada ao utilizador do serviço de pagamento pelo prestador do serviço de pagamento, que o utilizador do serviço de pagamento deve fornecer para identificar inequivocamente o outro utilizador do serviço

No entanto, se o ordenante fornecer um identificador único incorreto ao seu prestador, este não será responsável pela não execução ou execução deficiente da transferência, nos termos do artigo 86.º, ainda que o utilizador tenha fornecido informação adicional sobre o beneficiário (cf. artigo 85.º/2 e 4).

Não obstante, o Regime indica que o prestador de serviços de pagamento do ordenante deve envidar esforços razoáveis para recuperar os fundos envolvidos na operação de pagamento, uma vez que o fornecimento de um identificador único incorreto poderá resultar no crédito dos fundos na conta do beneficiário errado, podendo cobrar ao utilizador do serviço de pagamento encargos por essa recuperação, caso tal seja acordado no contrato-quadro (cf. artigo 85.º/3).

Os casos de força maior, previstos no artigo 90.º, e caracterizados como *circunstâncias anormais e imprevisíveis alheias à vontade da parte que as invoca, se as respetivas consequências não tivessem podido ser evitadas apesar de todos os esforços desenvolvidos,* excluem a responsabilidade do prestador, assim como os casos em que *o prestador de serviços de pagamento esteja vinculado por outras obrigações legais, nomeadamente as relacionadas com a prevenção do branqueamento de capitais e de financiamento do terrorismo*[227].

de pagamento e a respetiva conta de pagamento, tendo em vista uma operação de pagamento [cf. alínea *v*) do artigo 2.º RJSP].

Wandhöfer (*EU Payments Integration*..., 108) refere que a inserção desta norma no texto da Diretiva pode considerar-se um caso de *lobbying* de sucesso, no sentido da mais rápida e eficaz migração para a SEPA. Na verdade, como já vimos supra (cf. Capítulo 5.), para as transferências a crédito em formato SEPA, o identificador único relevante será, o mais tardar a partir de 1 de fevereiro de 2016, o IBAN (*International Bank Account Number*), o que poderá vir a causar constrangimentos em Portugal.

[227] Uma nota importante é devida a este respeito. O artigo 78.º DSP, epigrafado "inexistência de responsabilidade", que inspirou o nosso artigo 90.º, refere-se a exclusão de responsabilidade em casos de força maior e em casos de vinculação do prestador por outras obrigações legais previstas pela legislação comunitária ou nacional para todo o Capítulo 2 e Capítulo 3. Ora, como vimos, os Capítulos 2 e 3 do Título IV da DSP correspondem às Secções II e III do Capítulo II do Título III do RJSP, ou seja, aos artigos 65.º a 90.º. O artigo 90.º, no entanto, só prevê a exclusão da responsabilidade prevista nos artigos 79.º a 89.º, deixando de fora, por exemplo, a responsabilidade por operações de pagamento não autorizadas do artigo 72.º. Equivaleria isto a dizer que o prestador de serviços de pagamento, sobre o qual recai o ónus da prova relativo à autenticação, registo e contabilização da operação não poderia escudar-se em circunstâncias anormais e imprevisíveis alheias à sua vontade para se eximir da sua responsabilidade.

Parece-nos demasiado gravoso que assim seja, mas fica a dúvida se esta "exclusão da exclusão" se trata de um lapso do nosso legislador (à semelhança de tantos outros que encontramos ao longo do texto) ou de algo propositado.

Uma breve consulta ao Anteprojeto de transposição da Diretiva n.º 2009/110/CE, relativa ao acesso à atividade das instituições de moeda eletrónica, ao seu exercício e à sua supervisão pru-

Quando, tendo em conta os casos de exceção enunciados acima, a responsabilidade for do prestador de serviços do ordenante, ele deverá reembolsar o ordenante, sem atrasos injustificados, do montante da operação de pagamento não executada ou incorretamente executada e, se for caso disso, repor a conta de pagamento debitada na situação em que estaria se não tivesse ocorrido a execução incorreta da operação de pagamento (cf. artigo 86.°/3).

Esta obrigação de reembolso ocorre independentemente de o prestador de serviços do ordenante estar na posse dos fundos objeto da transferência. E ocorre, também, sem estar sujeita a qualquer limite monetário, ao contrário do que acontecia no Decreto-Lei n.° 41/2000[228].

Se, no entanto, o prestador de serviços do ordenante conseguir provar que procedeu à correta execução da operação e ao respetivo crédito na conta do prestador de serviços do beneficiário nos termos estipulados pelo RJSP (i.e. no prazo designado), a responsabilidade caberá a esse último (cf. artigo 86.°/2).

Quando a responsabilidade for do prestador do beneficiário, este deve, imediatamente, creditar o montante correspondente na conta de pagamento do beneficiário ou pôr à disposição do beneficiário o montante da operação de pagamento (cf. artigo 86.°/4).

dencial, que irá, em princípio alterar o RJSP, acaba com a nossa incerteza: a proposta é de que o artigo 90.° seja alterado no sentido de incluir referência aos artigos 65.° a 89.°.

Cf. artigo 8.° do Anteprojeto, disponível em http://www.bportugal.pt/pt-PT/OBancoeoEurosistema/ConsultasPublicas/Documents/ConsultaPublica_BP_1_11_Anteprojecto_Diploma_Legal_Transposicao.pdf .

[228] De facto, como destaca Catarina Anastácio, o Decreto-Lei n.° 41/2000 dispunha, no seu artigo 11.°, que, quando o montante da transferência não for creditado na conta da instituição do beneficiário, e sem prejuízo de qualquer outra indemnização, a instituição do ordenante é obrigada a creditar a este, no prazo de 14 dias úteis a contar do pedido de transferência, o montante da transferência, até ao limite de 12 500 euros. De acordo com a autora, este limite para o direito ao reembolso do ordenante poderia funcionar como uma proteção do prestador do ordenante para as situações em que não lograva obter, ele próprio, o reembolso do montante; proteção essa que, na sua opinião, não deveria operar, caso, efetivamente, o prestador estivesse na posse da totalidade dos fundos objeto da transferência.

Anastácio refere, expressamente que, para transferências de montantes superiores ao montante máximo estabelecido pelo Decreto-Lei n.° 41/2000 (50.000 euros), o estabelecimento de limites para o reembolso tão baixos não seria compreensível, mas também não o seria o estabelecimento de limites tão elevados que pudessem perigar a estabilidade financeira do prestador do ordenante e do sistema, por efeito "dominó", caso o prestador tivesse de adiantar fundos que não possuísse (cf. *A Transferência Bancária*, 354).

Realçamos que o RJSP não limita a sua aplicabilidade a operações de determinado montante, nem, por outro lado, limita o direito de reembolso do ordenante.

Independentemente da sua responsabilidade pela não execução ou execução deficiente da operação, o prestador de serviços do ordenante deve, se tal lhe for solicitado, envidar imediatamente esforços para rastrear a operação de pagamento e notificar o ordenante dos resultados obtidos (cf. artigo 86.º/5)[229].

O número 6 do artigo 86.º prevê que, para além da responsabilidade prevista para ambos os prestadores de serviços de pagamento, estes são responsáveis perante os utilizadores dos respetivos serviços de pagamento por quaisquer encargos cuja responsabilidade lhes caiba e por quaisquer juros a que estejam sujeitos os utilizadores do serviço de pagamento em consequência da não execução ou da execução incorreta da operação de pagamento. Desta disposição parece resultar a intenção de abranger na responsabilidade dos prestadores não só os danos emergentes, mas também os lucros cessantes[230].

Não obstante, o artigo 88.º refere que o apuramento de responsabilidades descrito não prejudica o direito a indemnização suplementar nos termos da legislação aplicável ao contrato. Esta indemnização terá lugar, especificamente, nos casos em que exista um atraso na execução da transferência ou na disponibilização do seu montante ao beneficiário, incumbindo o seu pagamento ao prestador de serviços de pagamento do ordenante ou do beneficiário, respetivamente em relação aos seus utilizadores[231].

Parece, pois, claro que o RJSP pretende, com estas disposições, responder aos problemas que Catarina Anastácio qualifica como vicissitudes que podem atingir uma transferência a crédito, a mais grave das quais será a sua não conclusão[232], ou seja, quando o montante transferido não chega à conta do beneficiário (o que inclui as situações em que o montante é creditado na conta de um beneficiário errado). Depois, a autora identifica, também como vicissitudes, ou incidentes, o atraso na execução da transferência e a transferência de um montante errado (deficitário ou excessivo)[233].

[229] São, parece-nos, os casos em que é creditada, por erro do prestador do beneficiário, conta diferente da do beneficiário pretendido. Aqui, independentemente da sua responsabilidade pelo erro, o prestador do ordenante deve rastrear a operação e informar o ordenante dos resultados. Discute-se, a este propósito, a possibilidade de proceder ao estorno do montante, sendo o estorno o débito unilateralmente executado, por parte do prestador, da quantia indevidamente creditada. Se, quando a transferência é intrabancária e, portanto, o prestador do ordenante e o do beneficiário são, por exemplo, o mesmo banco, a operação de estorno pode ser admitida (ainda que alguma doutrina não a aceite); nas transferências interbancárias tal revela-se mais complicado. Cf. Catarina Anastácio, *A Transferência Bancária*, 357-359, para pormenores acerca do estorno.

[230] Menezes Leitão, *Direito das Obrigações*, I, 315.

[231] Tal como já estipulava o Decreto-Lei n.º 41/2000, nos seus artigos 6.º a 8.º.

[232] *A Transferência Bancária*, 344.

[233] *A Transferência Bancária*, 346..

Em qualquer dos casos, importa realçar que a transferência corretamente executada é aquela executada em cumprimento da ordem dada pelo ordenante, ou seja, nos termos do mandato deste último. O prestador do serviço de pagamento do ordenante assume, portanto, a responsabilidade pela execução da ordem em cumprimento do mandato do ordenante[234], em especial no tocante à totalidade do montante da operação de pagamento e ao prazo de execução.

Nesta perspetiva, a não execução da ordem de pagamento emitida pelo ordenante corresponderá à sua não conclusão, enquanto que a execução deficiente dessa ordem corresponderá aos casos em que a transferência não chegou pelo montante correto à conta do beneficiário, ou em que não foram cumpridos os prazos de execução e disponibilização estipulados no Regime.

A responsabilidade pela não execução ou execução deficiente de ordens de pagamento emitidas pelo ordenante, como é o caso das ordens de transferência a crédito, caberá, portanto, "por defeito", ao prestador de serviços de pagamento do ordenante, mas circunscreve-se, como vimos, à execução correta da operação de pagamento, de acordo com a ordem de pagamento emitida pelo utilizador[235].

Assim se justifica que se o identificador único, cuja função é a identificação inequívoca do beneficiário, fornecido pelo ordenante, for incorreto, o prestador de serviços de pagamento não será responsável pela não execução ou pela execução deficiente da operação de pagamento (cf. número 1. do artigo 85.º)[236].

Correspondem estas situações a erros imputáveis ao ordenante, nas palavras de Anastácio[237], sendo que, como vimos, ainda que o ordenante tenha comunicado um identificador único incorreto ao seu prestador, e este não seja responsabilizado pela não execução ou execução deficiente da ordem, deve envidar esforços razoáveis para recuperar os fundos envolvidos na operação de pagamento (cf. número 3. do artigo 85.º). Era já este o regime previsto no Decreto-Lei n.º 41/2000 (número 4. do artigo 11.º).

A correta execução da ordem emitida pelo ordenante pressupõe, também, que ele tenha fundos disponíveis para que o seu prestador esteja habilitado a transferi-los para o beneficiário. Na verdade, o prestador não poderá executar corretamente a ordem de transferência de fundos se os fundos não estiverem

[234] A respeito da qualificação jurídica da relação estabelecida entre o utilizador e o prestador, cf. Capítulo 7.

[235] Cf. considerando 48 de DSP e número 2. do artigo 85.º RJSP.

[236] Realçamos que é este o regime geral previsto para os casos em que o mandatário cumpre a sua obrigação ao executar, correta e atempadamente as instruções que o mandante lhe transmitiu (cf. artigo 1161.º CC).

[237] *A Transferência Bancária*, 363-366.

disponíveis (e não houver sido estipulada entre o prestador e o ordenante a execução de ordens de transferência no âmbito das quais os fundos são cobertos por uma linha de crédito).

O atraso que, eventualmente, se verifique nestas situações, ou, mesmo, a não execução da transferência não poderão ser imputados ao prestador. Pensamos que, nestes casos, o prestador tem legitimidade para recusar a execução da ordem de pagamento, com base no incumprimento das condições previstas no contrato-quadro que, certamente, preverá que a conta do ordenante deverá estar provisionada para a execução de ordens de pagamento. A ordem de transferência considerar-se-ia, pois, não recebida pelo prestador, para efeitos da responsabilidade do artigo 86.° (cf. artigo 76.°).

Fora dos casos em que o erro deva considerar-se do ordenante, o prestador de serviços deste último é o responsável pela correta execução da ordem, assumindo a plena responsabilidade por qualquer falha das outras partes na cadeia de pagamentos, até à conta do beneficiário[238]. Deste modo, o utilizador de serviços de pagamento, que não controla as relações que o seu prestador de serviços de pagamento desenvolva com outros prestadores (i.e. intermediários), não necessita de procurar responsabilidades na cadeia, que pode ser longa e sinuosa, da ordem de pagamento[239].

Assim, o prestador de serviços de pagamento do ordenante é responsável pela correta execução da ordem, mesmo que a incorreta execução ou não execução da mesma não fique a dever-se a culpa sua. Ao ordenante não é exigido que prove o erro, negligência ou culpa do prestador, para que o seu direito a reembolso imediato relativo à transferência mal executada se opere[240] e para que tenha também direito a compensação por lucros cessantes em consequência da execução deficiente da ordem.

Este regime de responsabilidade é baseado no pressuposto de que o prestador de serviços de pagamento do ordenante, que recebe a ordem, está em condições de avaliar os riscos inerentes à execução da operação e de que é ele que escolhe quais os intermediários que vão participar nessa execução. Por-

[238] Cf. considerando 47.° DSP.

[239] Despina Mavromati, *The Law of Payment Services in the EU*, 226. A autora comenta: «It seems therefore legitimate to put the liability directly on the payment service provider, as the direct contractor of the payment service user. Otherwise it would be extremely burdensome to let the payment service provider seep into the usually long chain of the payment service provider's subcontractors, so as to detect the responsible institution». Cf. *The Law of Payment Services in the EU*, 238.

[240] Também chamado de "money back guarantee". Cf. Despina Mavromati, *The Law of Payment Services in the EU*, 234.

tanto, «salvo em caso de circunstâncias anormais e imprevisíveis, considera-se totalmente adequado prever a responsabilidade do prestador de serviços de pagamento pela execução de uma operação de pagamento aceite junto do utilizador, exceto no que diz respeito aos atos e omissões do prestador do serviço de pagamento do beneficiário»[241].

No entanto, para que o ordenante não fique desprotegido nos casos em que não seja possível apurar se, efetivamente, o montante transferido foi creditado na conta do prestador do beneficiário, impende sobre o prestador do ordenante o ónus da prova desse facto.

A responsabilidade só caberá ao prestador de serviços de pagamento do beneficiário se o prestador do ordenante conseguir provar ao ordenante e, eventualmente, ao prestador do beneficiário que, após o momento da receção da ordem de pagamento nos termos do artigo 75.°, o montante objeto da operação foi creditado na conta deste último até ao final do 1.° dia útil seguinte (cf. número 1. do artigo 80.°). A partir daí, a responsabilidade pela execução deficiente ou não execução da ordem será do prestador do beneficiário, mas apenas perante o beneficiário.

Resulta deste Regime, portanto, que cada prestador de serviços de pagamento é responsável perante o respetivo utilizador. O prestador do ordenante não responde perante o beneficiário, assim como o prestador do beneficiário também não responde perante o ordenante[242].

O prestador de serviços do ordenante desonera-se no momento em que a conta do prestador de serviços do beneficiário é creditada; responsabiliza-se pela operação de pagamento desde o momento em que a ordem é veiculada pelo ordenante até ao momento desse crédito. Do mesmo modo, a transferência considera-se executada também nesse momento, extinguindo-se a obrigação do ordenante para com o beneficiário no momento em que é «efetuada uma atribuição patrimonial a favor do beneficiário/credor através do respetivo mandatário»[243].

Se, não obstante, se provar que a responsabilidade de um prestador de serviços de pagamento é imputável a outro, ou a um intermediário, o RJSP prevê, como não podia deixar de ser, um mecanismo que qualificou como "direito de regresso" (cf. artigo 89.°), que determina que esse prestador deve indemnizar o primeiro por quaisquer perdas sofridas ou montantes pagos por força do dis-

[241] Cf. considerando 46 DSP.

[242] Para uma análise da prática judicial portuguesa no que respeita à responsabilidade bancária, cf. Menezes Cordeiro, *Manual de Direito Bancário*, 404-409.

[243] Catarina Anastácio, *A Transferência Bancária*, 367.

posto nos artigos 86.º (e 87.º, relativo a "não execução ou execução deficiente de ordens de pagamento emitidas pelo beneficiário ou através deste").

7. Natureza jurídica

Caracterizada a figura da transferência a crédito, especialmente tendo em conta a sua nova roupagem no âmbito do RJSP, cabe agora tentar decifrar a sua natureza.

Neste sentido, podemos encontrar duas doutrinas claramente diferenciadas: a doutrina unitária e a doutrina desagregadora[244].

7.1. *Doutrina unitária*

Os adeptos da doutrina unitária tentam enquadrar num único regime jurídico a complexa e dinâmica transferência a crédito, com o objetivo de explicar a intervenção de cada uma das partes na transferência com recurso a apenas uma figura.

Os autores discutem, a este propósito, a possibilidade do enquadramento da transferência a crédito nas figuras da cessão de créditos, do contrato a favor de terceiro ou da delegação. Importante é dizer que pressuposto das conceções enunciadas é a estrutura inevitavelmente triangular das configurações defendidas, pois que, sempre, temos como intervenientes numa transferência a crédito, pelo menos, o ordenante, o seu banco e o beneficiário[245].

7.1.1. *Cessão de créditos*

A cessão de créditos é, nas palavras de Menezes Leitão, «uma forma de transmissão do crédito que opera por virtude de um negócio jurídico, normalmente um contrato celebrado entre o credor e o terceiro»[246]. Não é, por isso, um tipo negocial autónomo, mas uma disciplina de efeitos jurídicos[247].

[244] Romero Fernández, *De nuevo sobre la transferencia bancaria*, 111.

[245] Na verdade, as transferências entre contas do mesmo titular ou as transferências interbancárias, não são abordadas por estas teorias.

[246] Menezes Leitão, *Direito das Obrigações*, II, 15.

[247] Menezes Leitão, *Direito das Obrigações*, II, 15. Posição contrária à defendida por Antunes Varela, que configura a cessão de créditos como um tipo negocial autónomo.

Partido do princípio de que o saldo de uma conta bancária configura crédito do titular para com o seu banco, e sendo o crédito uma «situação jurídica suscetível de transmissão negocial, sem que o devedor tenha de outorgar ou de alguma forma colaborar no negócio transmissivo»[248], então o que ocorre na transferência a crédito, seria a circulação de créditos entre dois titulares de contas bancárias.

Assim, alguma doutrina pretende configurar a transferência a crédito como uma cessão de créditos, em que o ordenante, titular de uma conta bancária, é o titular do direito de crédito face ao banco e, por isso, é o cedente; o banco é o devedor cedido; e o beneficiário é o cessionário, aquele a quem é transmitido o direito de crédito.

A cessão de créditos produz efeitos em relação ao devedor desde que lhe seja notificada, ou desde que ele a aceite (artigo 583.°/1 CC). A ordem de transferência dada pelo ordenante ao seu banco funcionaria, aqui, como essa notificação[249].

Esta conceção tem por base a existência de um contrato celebrado entre o credor e o terceiro cedido, pois que um dos requisitos da cessão de créditos é a existência de um negócio jurídico a estabelecer a transmissão da totalidade ou de parte do crédito[250]. Esse contrato será necessariamente causal, o que não permite a transmissão abstrata do crédito[251]. De facto, uma das decorrências da cessão de créditos é a possibilidade de o devedor poder opor ao cessionário todos os meios de defesa que lhe seria lícito invocar contra o cedente (artigo 585.° CC).

Ora, parece claro que isto não acontece na transferência a crédito. Não existe entre o ordenante e o beneficiário de uma transferência um negócio jurídico que estabeleça a transmissão de um crédito.

A ordem de transferência também não nos parece que possa ser enquadrada apenas como notificação ao banco. Ela é mais que isso e confere ao banco um papel ativo na execução da transferência[252].

[248] Menezes Leitão, *Direito das Obrigações*, II, 16.

[249] José Maria Pires caracteriza a situação de forma diversa: porque a cessão de créditos é independente da vontade do devedor (cf. número 1 do artigo 577.° CC) a figura não poderá definir a transferência a crédito que, sempre, necessita da intervenção do banco do devedor ordenante, dependendo, pois, da sua vontade. Cf. *Elucidário de Direito Bancário...*, 721.

[250] Menezes Leitão, *Direito das Obrigações*, II, 16.

[251] Menezes Leitão, *Direito das Obrigações*, II, 19, baseando-se na disciplina dos artigos 578.°/1 e 585.° CC.

[252] Catarina Anastácio, *A Transferência Bancária*, 58. Não obstante concordarmos com a posição da autora, não deixamos de nos questionar sobre se a execução da ordem de transferência não

O banco não pode, depois, opor contra o beneficiário da transferência os meios de defesa que poderia invocar contra o ordenante, seu cliente. A relação fundamental entre ordenante e beneficiário, que dá causa à transferência, não pode ser objeto de ingerência por parte do(s) banco(s) interveniente(s) na execução da operação. Seria violar um dos princípios básicos do Direito Bancário[253].

Acompanhamos, por isso, Catarina Anastácio, quando afirma que, na transferência a crédito não existe a transmissão de um crédito, «mas o nascimento de um crédito novo, decorrente da relação prévia que une o beneficiário à instituição bancária onde tem conta»[254], querendo isto dizer que o que o beneficiário adquire não é o crédito que o ordenante da transferência tinha relativamente ao seu banco, é um direito de crédito novo, face ao banco onde está domiciliada a conta destinatária da transferência (ainda que a instituição bancária do ordenante e do beneficiário sejam uma só), autónomo e independente do direito de crédito do ordenante para com o seu banco[255].

Consistindo a figura da cessão de créditos, como faz notar Almeida Costa, «na substituição do credor originário por outra pessoa, mantendo-se inalterados os restantes elementos da relação obrigacional»[256], estamos em crer que na transferência a crédito ocorre algo mais que a simples modificação subjetiva da mesma obrigação.

7.1.2. *Contrato a favor de terceiro*

Também baseada numa estrutura triangular, a figura do contrato a favor de terceiro pode servir de base à transferência a crédito, na visão de alguns autores.

Plasmado no artigo 443.º CC, o contrato a favor de terceiro é aquele por meio do qual uma das partes assume perante outra, que tenha na promessa um interesse digno de proteção legal, a obrigação de efetuar uma prestação a favor de terceiro, estranho ao negócio. Será promitente a parte que assume a

poderia desempenhar a função de aceitação, para efeitos do disposto no artigo 583.º/1 CC. Embora não resolvesse a questão da natureza jurídica da transferência a crédito, uma vez que dizer que a cessão produz efeitos em relação ao banco a partir do momento em que ele a aceita, executando-a, é já qualificar a transferência como cessão de créditos, poderia, todavia, contribuir para a densificação da figura.

[253] Catarina Anastácio, *A Transferência Bancária*, 59.

[254] Catarina Anastácio, *A Transferência Bancária*, 59.

[255] Romero Fernández, *De nuevo sobre la transferencia bancaria*, 111.

[256] Almeida Costa, *Direito das Obrigações*, 813.

obrigação – o banco, numa transferência – e promissário o contraente a quem a promessa é feita – o ordenante, portanto.

Caracterizando-o como uma «manifesta exceção ao princípio da relatividade dos contratos», Almeida Costa refere que o contrato a favor de terceiro se caracteriza pelo facto de o «o promissário agir em nome próprio; e também pelo facto de o terceiro não ser um simples destinatário da prestação, antes adquirir um direito de crédito ou um direito real autónomo»[257].

O beneficiário, que não é contraente, tem direito à prestação prometida, o que equivale a dizer que, numa transferência, o banco promissário se obrigaria perante o beneficiário, o que não acontece, ainda que o banco do ordenante seja também o banco do beneficiário, como já vimos *supra*. O banco não intervém nunca na relação que se estabelece entre o ordenante e o beneficiário, sendo, porém, essa intromissão pressuposto do regime do contrato a favor de terceiro.

Apesar de o terceiro beneficiário adquirir o direito à prestação independentemente da sua aceitação (artigo 444.°/1 CC)[258], a verdade é que ele pode aderir à promessa (artigo 447.°/1 CC), sendo que a mesma é revogável enquanto o terceiro não manifestar a sua adesão (artigo 448.°/1 CC). Como bem refere Catarina Anastácio[259], o facto de a revogação da ordem de transferência ficar dependente da manifestação da vontade do terceiro beneficiário não é, certamente, compatível com a função desempenhada pela transferência a crédito[260].

7.1.3. *Delegação*

Apesar de ter sido proposta por Vaz Serra[261], a figura da delegação não ganhou lugar no nosso Código Civil[262]. No entanto, face à aparente inabilidade da cessão de créditos e do contrato a favor de terceiro para explicar a trans-

[257] Almeida Costa, *Direito das Obrigações*, 349 e 351.

[258] José Maria Pires enfatiza que, na transferência a crédito, o beneficiário só adquire o direito à prestação após inscrição do respetivo montante na sua conta. Cf. *Elucidário de Direito Bancário...*, 721

[259] *A Transferência Bancária*, 60.

[260] Sobre a revogação da ordem de transferência, cf. Capítulo 6.

[261] Cf. *Boletim do Ministério da Justiça*, n.° 72, Janeiro de 1958.

[262] Embora, como faz notar José Maria Pires, seja admissível por via da aplicação do corolário da liberdade contratual (cf. artigo 405.° CC).

ferência a crédito, a verdade é que a delegação, com a sua estrutura também trilateral, parece resolver alguns problemas.

Na delegação, temos o delegante a incumbir o delegado de realizar uma prestação a favor de um terceiro delegatário, de modo a que o delegante fique liberado, uma vez que a prestação é feita por sua conta. É, pois, de considerar a "relação de valuta", estabelecida entre delegante e delegatário; a "relação de cobertura ou de provisão", entre o delegante e o delegado; e a "relação direta", entre o delegado e o delegatário[263].

Como afirmam Catarina Anastácio e Beatriz Segorbe, existindo várias modalidades de delegação, e parecendo que, de entre as conceções que pretendem reconduzir a transferência a uma única figura jurídica, a delegação é a mais acertada, resta saber se falamos de *delegatio promitendi* (delegação de débito) ou de *delegatio solvendi* (delegação de pagamento), para abordar a distinção mais importante, sendo certo que em nenhuma delas o delegado pode opor ao delegatário as exceções que poderia ter oposto ao delegante, o que constitui, portanto, uma mais-valia em relação às teorias anteriores[264].

Na delegação de débito, a obrigação face ao terceiro delegatário surge como própria do delegado: «o encargo assumido pelo delegado é de se obrigar em face do delegatário, passando a existir uma verdadeira vinculação do delegado em face do delegatário»[265]. Sem avançar mais, é já possível identificar aqui problema semelhante ao encontrado nas teorias da cessão de créditos e do contrato a favor de terceiro: na transferência a crédito, o banco, que seria o delegado, não se obriga em relação ao terceiro beneficiário; o terceiro não passa a ser o novo credor do banco.

A vontade das partes não é a de efetivar uma novação subjetiva, apenas a de efetuar um pagamento[266]. Como explica Beatriz Segorbe, numa transferência a crédito, o banco debita uma conta e credita outra; apenas após esse momento, apenas após executar a transferência, nasce a obrigação do banco para com o beneficiário de «conversão da moeda escritural em moeda fisicamente palpável, no momento em que ele o solicitar»[267].

José Maria Pires junta-se às vozes críticas desta solução que qualifica como «sedutora», mas em relação à qual identifica alguns problemas. Desde logo, a substituição do ordenante pelo banco na relação causal, que é, e deve ser, estra-

[263] Sobre a delegação e a recondução da transferência a crédito a esta figura, cf. Beatriz Segorbe, *A Transferência Bancária...*.

[264] Catarina Anastácio, *A Transferência Bancária*, 62.

[265] Beatriz Segorbe, *A Transferência Bancária...*, 105.

[266] Catarina Anastácio, *A Transferência Bancária*, 62.

[267] Beatriz Segorbe, *A Transferência Bancária...*, 119.

nha a este último. O facto de se operar uma novação subjetiva, caracterizada pela substituição do devedor original, que passa a ser o banco, teria aliás, na opinião do autor, de ser validada pela manifestação de vontade do banco em contrair nova obrigação, o que não acontece[268].

Na delegação de pagamento, o delegado é encarregue pelo delegante de pagar ao delegatário; o delegado não se obriga perante o delegatário, paga ao delegatário por conta do delegante. Parece, pois, que a vontade do ordenante da transferência a crédito seria cumprida se olhássemos para a mesma como uma delegação de pagamento, em que o banco se limita a executar a ordem que lhe foi dirigida.

Não obstante, Catarina Anastácio considera que a figura peca por defeito: apenas explica a relação do ordenante com o seu banco, não contribuindo para uma visão global do fenómeno da transferência.

Romero Fernández afirma que a *delegatio promitendi* acaba por não conseguir explicar porque é que existe uma substituição do direito de crédito do ordenante pelo direito de crédito do delegatário, beneficiário da transferência, em relação ao banco delegado e não a criação de uma nova situação de disponibilidade de saldo em relação ao banco delegado, em virtude da existência prévia de um contrato de conta corrente.

Mais afirma que a *delegatio solvendi*, por seu lado, não explica porque é que a transferência se conclui com uma anotação contabilística e não com a entrega de numerário[269].

Separando os planos e atribuindo diferentes papéis ao banco – como delegado de pagamento, que executa a ordem de transferência, creditando a conta do beneficiário, e como devedor do beneficiário da quantia inscrita no seu saldo, no quadro da relação subjacente que os une independentemente (e previamente) à transferência – Beatriz Segorbe conclui pela recondução da transferência bancária à figura da delegação de pagamento: «o que temos numa transferência bancária é uma delegação de pagamento efetuada através de moeda escritural, o que quer dizer que as particularidades que para alguns constituem obstáculo advêm apenas do facto de não se aceitar que a moeda bancária seja verdadeira moeda, gozando de efeito liberatório, na medida em que com ela se realizam pagamentos»[270].

[268] José Maria Pires, *Elucidário de Direito Bancário*..., 721

[269] Romero Fernández, *De nuevo sobre la transferencia bancaria*, 112.

[270] *A Transferência Bancária*..., 120.

Beatriz Segorbe toca num aspeto para nós fulcral: «só a aceitação incondicional da moeda escritural como moeda permite compreender e explicar que a transferência bancária possa ter os

7.2. *Crítica e posição adotada*

As críticas às conceções unitárias de explicação da realidade da transferência a crédito passam, parece-nos, pela dificuldade em explicar o facto de a transferência ser «um mecanismo através do qual se produz uma modificação nos saldos das contas do ordenante, por um lado, e do beneficiário, por outro»[271]; a produção, como consequência da inscrição a crédito, de uma modificação no saldo da conta do beneficiário.

A verdade é que a transferência a crédito tem, tipicamente, a função de pagamento e nenhuma destas teorias parece explicar o efeito de pagamento que se produz pela «alteração, no mesmo montante mas em sentidos diversos, dos saldos de duas contas bancárias, por virtude de um duplo jogo registral, simbolizando, cada um desses saldos, um crédito diferente do anterior»[272]. A não ser se, como Segorbe, atribuirmos verdadeiro valor à moeda escritural, o que, parece-nos, é inevitável.

Ora, é legítimo concluir que a progressiva desmaterialização da moeda, sem lhe retirar o carácter monetário, levou à desmaterialização também dos seus suportes, ou meios de transmissão. Numa passagem que consideramos especialmente esclarecedora desta realidade complexa, Segorbe traça a distinção entre o saldo bancário, reconduzindo-o a moeda (escritural); a conta corrente, como suporte dessa moeda; e a transferência, como o meio de pagamento através do qual se movimenta a moeda[273].

Também deste modo "desenha" José Maria Pires aquilo que designa de "circulação escritural". Para o autor, «ao lado da circulação monetária propriamente dita (notas+moedas) existe uma circulação escritural, formada,

efeitos de verdadeiro pagamento. Já para quem não aceita que a moeda escritural seja verdadeira moeda se torna necessário recorrer a figuras clássicas do direito civil».
E é porque a autora defende a moeda escritural como verdadeira moeda que consegue, sem dificuldade, reconduzir a transferência a crédito à figura da delegação de pagamento. Onde outros veem uma impossibilidade da delegação em explicar que o pagamento se faça pelo duplo jogo de inscrições contabilísticas, Segorbe vê que «a única particularidade [desta delegação de pagamento específica] é o modo de realizar o pagamento, que em vez de ser efetuado com deslocação física de numerário, é efetuado através de moeda bancária». E conclui: «só a aceitação incondicional da moeda escritural como moeda possibilita uma recondução da transferência bancária à figura da delegação. Pelo que, apenas aceitando-se que a inscrição em conta tem eficácia liberatória é que se pode qualificar a relação estabelecida entre os três sujeitos intervenientes como uma verdadeira delegação de pagamento». Cf. *A Transferência Bancária*..., 81, 120, 121.

[271] Beatriz Segorbe, *A Transferência Bancária*..., 118.

[272] Catarina Anastácio, *A Transferência Bancária*, 65.

[273] *A Transferência Bancária*..., 87.

essencialmente, [...], pelos saldos credores das contas à ordem»[274]. A base da circulação escritural seria a conta corrente bancária; os seus instrumentos, os meios de pagamento; e o sistema que lhe confere segurança e fluidez, o sistema de compensação[275].

Portanto, o que circula através da transferência a crédito são as disponibilidades monetárias e não os créditos, ao contrário do que pretendem os defensores das conceções unitárias. Por isso, a doutrina desagregadora tem vindo a admitir, como faz Catarina Anastácio, que a transferência «mais não é do que um novo instrumento – de cariz estritamente bancário, de execução contabilística, de efeitos primordialmente económicos – de transmissão de moeda escritural, moeda que consiste em saldos bancários, e transmissão que se realiza mediante um duplo jogo escritural de crédito e débito»[276].

Como bem destaca José Maria Pires, «a moeda escritural gira de forma análoga à moeda legal, ainda que esta gire de *mão em mão*, enquanto aquela, de *conta em conta*»[277].

A transferência é, pois, uma operação bancária[278]/[279], ou, mais propriamente, como vimos, uma operação de pagamento, que não pode ser abrangida por uma única conceção jurídica[280], ordenada em consequência da relação subjacente e pré-existente entre o ordenante e o beneficiário, e por meio da qual se estabelecem diferentes relações jurídicas entre os vários intervenientes: relação entre o ordenante e o seu prestador de serviços de pagamento; relação entre o beneficiário e o seu prestador de serviços de pagamento (que pode,

[274] *Elucidário de Direito Bancário...*, 711. José Maria Pires é, inclusivamente, da opinião de que é a esta circulação escritural que se refere Menezes Cordeiro sobre a designação "giro bancário".

[275] José Maria Pires, *Elucidário de Direito Bancário...*, 711 e 712.

[276] *A Transferência Bancária*, 82.

[277] Cf. *Elucidário de Direito Bancário...*, 722.

[278] Acerca dos múltiplos significados que podem atribuir-se à expressão "operação", especialmente no domínio do Direito Bancário, Catarina Anastácio faz uma aturada descrição. Cf. *A Transferência Bancária*, 82-86.

[279] Paula Ponces Camanho faz coincidir os conceitos de operação bancária e contrato bancário: «Deste modo, aqueles termos podem ser indiferentemente utilizados, já que as operações bancárias dão lugar a relações contratuais entre o banco e o cliente, relações essas que justamente entroncam em contratos legal ou socialmente tipificados». A autora define contrato bancário como «o acordo de vontades entre o banco e uma pessoa (singular ou coletiva), que permite àquele a realização da atividade de intermediação creditícia (ou porque recebe disponibilidades monetárias – depósito – ou porque concede crédito ou é ancilar do desenvolvimento dessa atividade». Cf. *Do Contrato de Depósito Bancário*, 44, 59.

[280] Assim o defendem Sequeira Martín, *La Transferencia Bancaria de Credito*, 2542, e Vázquez Pena, *La transferencia bancaria de crédito*, 172-174. Por cá, também, José Maria Pires, *Elucidário de Direito Bancário...*, 720.

ou não, ser o mesmo do ordenante); e relações interbancárias (relação entre os diferentes prestadores de serviços de pagamento e eventuais intermediários, se for o caso)[281].

7.3. *Relação estabelecida entre o ordenante e o seu prestador de serviços de pagamento*

Teceremos breves considerações sobre a relação estabelecida entre o ordenante e o seu prestador de serviços de pagamento, por ser aquela que mais nos interessa abordar, em face do que estipula o RJSP.

Tradicionalmente, a execução de uma transferência a crédito pressupõe a existência de uma relação jurídica entre o ordenante e o prestador de serviços de pagamento[282]. Esta relação é normalmente iniciada com a abertura de uma conta[283].

O processo de abertura de conta junto de uma instituição é relativamente desprovido de formalidade e não possui regime legal específico[284], dando origem ao contrato de abertura de conta, definido como «o contrato celebrado entre o banqueiro e o seu cliente, pelo qual ambos assumem deveres recíprocos relativos a diversas práticas bancárias»[285]. Este é um contrato nuclear, no âmbito do qual se irá desenvolver a complexa e duradoura relação futura entre o utilizador e o prestador, que servirá de base à execução de diversos atos bancários.

De acordo com Menezes Cordeiro, a abertura de conta regula dois aspetos: a conta-corrente bancária e o giro bancário[286]. Se a conta-corrente bancária é o conjunto de regras atinente à conta-corrente, os termos em que a conta é

[281] Romero Fernández, *De nuevo sobre la transferencia bancaria*, 112-117; Catarina Anastácio, *A Transferência Bancária*, 102.

[282] Seguiremos de perto, aqui, a terminologia adoptada por Menezes Cordeiro, com a noção de que os conceitos utilizados pelo autor não são unívocos, nem desprovidos de interpretações diversas por outra doutrina.

[283] Hoje, a conta é a "conta de pagamento": *uma conta detida em nome de um ou mais utilizadores de serviços de pagamento, que seja utilizada para a execução de operações de pagamento* [cf. alínea *o*) do artigo 2.° RJSP].

[284] Sobre as formalidades requeridas para a abertura de conta de depósito bancário, cf. Aviso do Banco de Portugal n.° 11/2005, publicado no DR 1 S-B, 139, de 21 de julho de 2005. Cf. também, a crítica de Menezes Cordeiro à terminologia utilizada no Aviso, uma vez que, para o autor, "contrato de abertura de conta" e "depósito bancário" são figuras distintas, em Menezes Cordeiro, *Manual de Direito Bancário*, 510.

[285] Menezes Cordeiro, *Manual de Direito Bancário*, 505.

[286] Menezes Cordeiro, *Manual de Direito Bancário*, 505.

movimentada, a débito e a crédito; o giro é «o conjunto das operações escriturais de transferência de fundos, realizadas por um banqueiro, a pedido do seu cliente ou a favor dele»[287], e traduz a ideia de que o dinheiro circula sem que, na verdade, haja qualquer movimento material.

No fundo, poder-se-ia dizer que o giro bancário é o plasma onde "circulam" os diversos atos e contratos bancários; é, como avança Menezes Cordeiro, um contrato-quadro, nesse sentido, que «deriva do contrato de abertura de conta, cujo conteúdo integra, como elemento necessário». É, pois, a convenção de giro que faculta ao ordenante a possibilidade de realizar transferências bancárias a crédito.

Na tentativa de dogmatizar o giro, Menezes Cordeiro refere que há uma «convenção de giro implícita na abertura de conta», por meio da qual o cliente «tem acesso imediato» a diversos produtos, sendo que as ordens concretas de transferência de fundos são «atos de execução do contrato de giro bancário», não sendo negociadas caso a caso.

À luz da disciplina implementada pelo RJSP, encontramos uma oportunidade para, com o devido respeito, emprestar alguma atualização às considerações de Menezes Cordeiro sobre o giro bancário e a sua ligação intrínseca ao contrato de abertura de conta.

De facto, o novo Regime, como vimos, não faz depender a prestação de serviços de pagamento da existência de uma conta e, portanto, da celebração de um contrato de abertura de conta. Refere-se, isso sim, à celebração, necessária, de um contrato de prestação de serviços de pagamento. Contrato esse que poderá assumir a forma de contrato-quadro, caso em que é definido pelo próprio RJSP como *um contrato de prestação de serviços de pagamento que rege a execução futura de operações de pagamento individuais e sucessivas e que pode enunciar as obrigações e condições para a abertura de uma conta de pagamento*[288]; ou de contrato para a prestação de um serviço de pagamento de carácter isolado[289].

Parece, pois, que a possibilidade conferida ao ordenante de transmitir ao seu prestador ordens de pagamento, designadamente, de transferência a crédito, advém da celebração deste contrato e não do contrato de abertura de conta e dos elementos que contenha, designadamente, a convenção de giro bancário[290].

[287] Menezes Cordeiro, *Manual de Direito Bancário*, 525.

[288] Cf. alínea *m*) do artigo 2.°.

[289] Cf, por exemplo, artigo 47.°, no qual é referido o contrato de prestação de serviço de pagamento de carácter isolado.

[290] Sem prejuízo da necessidade de existência de um contrato de provisão.

O RJSP inverte até o raciocínio ao dispor que o contrato-quadro de prestação de serviços de pagamento *pode enunciar as obrigações e condições para a abertura de uma conta de pagamento.*

Resta saber se o contrato de prestação de serviços de pagamento pode ser celebrado sem que antes tenha sido celebrado um contrato de abertura de conta (de pagamento), isto é, se o contrato de prestação de serviços de pagamento tem autonomia face ao contrato de abertura de conta. Parece-nos que o RJSP pretendeu conferir-lhe autonomia.

O contrato de prestação de serviços de pagamento no âmbito do RJSP pode assumir duas formas: a de contrato-quadro de prestação de serviços de pagamento e a de contrato para prestação de serviço de pagamento de carácter isolado. Ambos estes contratos podem ser celebrados entre o prestador e o utilizador sem necessidade de prévia celebração de contrato de abertura de conta.

Desde logo, nas disposições relativas a operações de pagamento de carácter isolado não é feita qualquer referência a conta de pagamento[291]; depois, o próprio contrato-quadro de prestação de serviços de pagamento aparece como independente face à existência de conta de pagamento.

O RJSP admite-o, desde logo, definindo "ordenante" como *uma pessoa singular ou coletiva que detém uma conta de pagamento e que autoriza uma ordem de pagamento a partir dessa conta,* ***ou, na ausência de conta de pagamento, a pessoa singular ou coletiva que emite uma ordem de pagamento*** [cf. alínea *g*) artigo 2.º, negrito nosso]; e ao admitir que é serviço de pagamento *a execução de operações de pagamento, incluindo transferências a crédito,* ***no âmbito das quais os fundos são cobertos por uma linha de crédito concedida a um utilizador de serviços de pagamento*** [cf. subalínea *iii*) da alínea *d*) do artigo 4.º, negrito nosso][292].

Na verdade, a execução de uma transferência a crédito não pressupõe a existência de conta de pagamento do lado do ordenante e do lado do beneficiário, apenas o exigindo em relação a este último.

Nos casos em que não existe conta de pagamento do lado do ordenante, os fundos, ao invés de estarem depositados em conta, são cobertos por uma linha de crédito concedida ao ordenante. O contrato de provisão assume, pois, a natureza de contrato de crédito e não de contrato de depósito.

[291] Cf. Secção II, do Capítulo I do Título III (artigos 46.º a 50.º).

[292] O raciocínio apresentado tem como objetivo a sua aplicabilidade a transferências a crédito. Ao abrigo do RJSP existem serviços de pagamento em que, por definição, não estão envolvidas contas de pagamento nem do lado do ordenante, nem do lado do beneficiário. Referimo-nos ao serviço de pagamento de envio de fundos, específico e diferente da execução de operações de pagamento, entre as quais, a transferência a crédito, como tivemos oportunidade de descrever (cf. Capítulo 6.).

Assim, parece-nos que a tentativa de Menezes Cordeiro de dogmatizar o giro estaria, agora, facilitada: o contrato-quadro de prestação de serviços de pagamento pode ser visto como uma manifestação da convenção de giro bancário. Pelo menos se considerarmos o caso específico das transferências a crédito executadas ao abrigo de um contrato-quadro de prestação de serviços de pagamento, em que o ordenante tem conta de pagamento junto do prestador[293].

Nos casos em que não existe conta de pagamento do lado do ordenante, o contrato de prestação de serviços de pagamento pode, ainda assim, existir (ou antes, tem, necessariamente, de existir, para que o ordenante tenha legitimidade para ordenar operações de pagamento junto do prestador), mas a relação necessária que o autor descortina entre contrato de abertura de conta e a convenção de giro não poderá, já, operar.

Menezes Cordeiro afirma também: «parece-nos ficcioso vir descobrir, numa ordem de transferência dada ao banqueiro, um contrato»[294]. Aqui, concordamos.

De facto, afigura-se-nos que à luz do RJSP, as operações de pagamento, como a transferência a crédito, podem ser executadas ao abrigo de um contrato para prestação de um serviço de pagamento de carácter isolado ou de um contrato-quadro, sendo que, neste último caso, as operações de pagamento individuais executadas serão meros atos de execução desse contrato.

Maria Raquel Guimarães, que, no seu recente estudo, pretende provar que o contrato de utilização de cartão de débito ou de crédito e o contrato de admissão dos cartões referidos são contratos-quadro, reconhece a importância da transposição da DSP nesse sentido, afirmando que «com a adoção da figura do "contrato-quadro" de "prestação de serviços de pagamento" que aí se consagra, a tarefa do intérprete no sentido por nós [por si] defendido passará a ter um suporte, um "ponto de apoio" legal que facilitará uma nova conceção das operações de pagamento eletrónico»[295].

Para a autora, é nítido que o contrato-quadro pressupõe a celebração de contratos posteriores em sua aplicação ou execução, sendo imprescindível a

[293] Sabemos que esta afirmação é demasiado abrangente. Basta pensar que o giro bancário é uma figura que pressupõe uma realidade em que só as instituições de crédito podem prestar serviços de pagamento, o que, hoje, já não corresponde à verdade, pelo que o giro já não seria "bancário"; ou que os serviços de pagamento não abrangem apenas a execução de operações de pagamento, mas, também, por exemplo, a emissão ou aquisição de serviços de pagamento, área à qual a convenção de giro é completamente estranha.

[294] Menezes Cordeiro, *Manual de Direito Bancário*, 529.

[295] Maria Raquel Guimarães, *O Contrato-quadro*..., 618.

existência de um duplo consentimento: é a «especial relação que une a estrutura contratual contrato-quadro/contratos de aplicação ou de execução»[296].

Maria Raquel Guimarães critica, por isso, a Diretiva, na medida em que aquela contrapõe o contrato-quadro a operações de pagamento individuais, não autonomizando as operações de pagamento como verdadeiros contratos separados e distintos do contrato base. E conclui: «a utilização da designação "contrato-quadro" para identificar o contrato fundacional da relação que se estabelece entre o emissor de um instrumento de pagamento e o seu utilizador não é, por si só, suficiente para denunciar um certo entendimento das coisas no sentido da perceção de uma estrutura contratual complexa com as características que apontámos ao longo deste estudo [as do contrato-quadro]»[297].

De qualquer das formas, Maria Raquel Guimarães reconhece que não era ao legislador europeu que cabia qualificar a relação contratual que sustenta as operações de pagamento, mas ao legislador nacional[298]. Algo que, como vimos, não veio a acontecer, pelo menos não expressamente.

No entanto, parece que as regras de autorização e execução de operações veiculadas pelo RJSP nos remetem para o regime da prestação de serviços. Bem sabendo que a qualificação legal não vincula o intérprete, recebemos a indicação com agrado, lembrando que o mandato é «o tipo-padrão dos contratos atípicos de prestação de serviços»[299] Na verdade, as considerações que fomos tecendo ao longo do Capítulo 6., especialmente as relacionadas com as vicissitudes na transmissão da ordem de transferência e na execução da mesma, são de molde a evidenciar esta nossa convicção.

Para Anastácio, o contrato que une o ordenante ao seu banco é o contrato de transferência, que a autora autonomiza, também, mas não só, do contrato de provisão (indispensável para a execução da transferência, mas não unicamente necessário): «Esse universo comum de direitos e deveres constitui um núcleo contratual autónomo distinto, quer da abertura de conta, quer do contrato de conta corrente, quer ainda de todos os serviços de outra natureza prestados

[296] Maria Raquel Guimarães, *O Contrato-quadro...*, 556 e 561.

[297] Maria Raquel Guimarães, *O Contrato-quadro...*, 555.

[298] Mavromati reconhece o mesmo e deixa um aviso: «What is more, the EC legislator does not enter into the fragile issue of legal qualification, nor does the PSD contain provisions on the formation of the "framework contract" and thus leaves this task to the national legislator: this could lead to discrepancies across the Member States when implementing the PSD. Beyond the ideal of simplification, the need for coherence between the existing legal texts in areas other than payment sector as well as the need for a common terminology is more pertinent than ever», Mavromati, *The Law of Payment Services in the EU*, 214.

[299] Cf. Vasconcelos, *Mandato Bancário,* 131.

pelo banco... A esse núcleo chamaríamos *contrato de transferência* ou *convenção de transferência*, pela qual *o banco se obriga a executar as ordens de transferência que são emitidas pelo cliente*, por um lado, *a receber as que em nome deste lhe são dirigidas*, por outro»[300].

Na discussão sobre a natureza jurídica deste contrato de transferência, Anastácio, reconhecendo-lhe características de «clara colaboração remunerada no âmbito da qual o banco leva a cabo determinados atos tendentes a satisfazer um interesse do cliente e que se desenvolve dentro dos limites traçados pelas instruções que aquele lhe deu», conclui pela sua natureza de contrato de prestação de serviços e, dentro deste tipo de contratos, de contrato de mandato, sendo esse, de todo o modo, o entendimento dominante na doutrina[301].

O contrato estabelecido entre o prestador e o ordenante é, portanto, um mandato para que o prestador execute uma operação de pagamento, de acordo com as instruções que lhe foram transmitidas pelo ordenante. O contrato de prestação de serviços de pagamento é um contrato de mandato.

O contrato de mandato está previsto no Código Civil, nos artigos 1157.° e seguintes, e é o contrato pelo qual uma das partes – o mandatário – se obriga a praticar um ou mais atos jurídicos por conta de outra – o mandante. O contrato de prestação de serviços de pagamento (ou de transferência, para Anastácio) é, pois, o contrato por meio do qual o prestador de serviços de pagamento se obriga perante o seu cliente ordenante, a praticar, por conta deste, operações de pagamento. O banco age no interesse e por conta do ordenante. As operações executadas serão, no caso específico por nós estudado, operações de transferência a crédito.

Mais concretamente, trata-se de um contrato de mandato sem representação, porque o prestador de serviços de pagamento age em nome próprio, adquirindo os direitos e assumindo as obrigações decorrentes dos atos que celebra (cf. artigo 1180.° CC).

Podemos também qualificar este contrato de prestação de serviços de pagamento como um contrato de mandato comercial, na medida em que o prestador se obriga a praticar atos de comércio por mandato de outrem (cf. artigo 231.° C. Com.).

Na verdade, as operações de transferência a crédito podem ser configuradas como atos de comércio, considerados como tais *todos aqueles que se acharem especialmente regulados neste Código, e, além deles, todos os contratos e obrigações dos*

[300] *A Transferência Bancária*, 141-143.

[301] Cf. Catarina Anastácio, *A Transferência Bancária*, 155. Cf., também, José Maria Pires, *Elucidário de Direito Bancário...*, 720.

comerciantes, que não forem de natureza exclusivamente civil, se o contrário do próprio ato não resultar (artigo 2.º C.Com.); uma vez que o artigo 13.º C. Com. acrescenta depois que *são comerciantes: 1.º as pessoas, que, tendo capacidade para praticar atos de comércio, fazem deste profissão; e 2.º as sociedades comerciais.*

A propósito, especificamente, da natureza comercial das operações de banco, o mesmo Código Comercial, no seu artigo 362.º, estipula que são comerciais *todas as operações de bancos tendentes a realizar lucros sobre numerário, fundos públicos ou títulos negociáveis, e em especial as de câmbio, os arbítrios, empréstimos, descontos, cobranças, aberturas de créditos, emissão e circulação de notas ou títulos fiduciários pagáveis à vista e ao portador.*

Procedendo à comparação entre o artigo 1157.º CC e o artigo 231.º C. Com., constata-se que, para além da distinção baseada no tipo de atos em causa[302], a diferença entre os dois tipos de mandatos verifica-se no facto de o mandato civil ser um mandato sem representação, enquanto que o mandato comercial, previsto no já citado artigo 231.º C. Com, é sempre um mandato com representação, em que o mandatário pratica os atos, em nome, no interesse e por conta do mandante.

Em Direito Comercial, não obstante, ao mandato civil sem representação corresponde o contrato de comissão, a que alude o artigo 266.º C.Com.: *dá-se contrato de comissão quando o mandatário executa o mandato mercantil sem menção ou alusão alguma ao mandante, contratando por si e em seu nome, como principal e único contraente.*

Deste modo, eis-nos chegados à conclusão de que o contrato de prestação de serviços de pagamento, celebrado entre o ordenante e o prestador, quer sob a forma de um contrato-quadro, quer sob a forma de contrato para a prestação de um serviço de execução de uma operação de transferência a crédito de carácter isolado é, na sua natureza jurídica, um contrato de comissão, pelo que nas omissões do RJSP, deverá operar o regime da comissão mercantil e, subsidiariamente, do mandato civil.

8. **Conclusões**

Em jeito de conclusão, poder-se-á dizer que a transferência a crédito, operação de pagamento hoje regulada pelo Regime Jurídico dos Serviços de

[302] Como nota VASCONCELOS: «A primeira e mais clara das diferenças reside no objeto: o mandato comercial tem por objeto a prática de atos de comércio e é essa a característica determinante da sua qualificação. O objeto – prática de um ou mais atos de comércio – como índice do tipo tem virtualidade distintiva do mandato mercantil perante o civil» (Cf. *Mandato Bancário*, 131).

Pagamento, ganhou um enquadramento normativo que não tinha, mas de que, claramente, necessitava.

Na verdade, os instrumentos jurídicos existentes não abrangiam muitas das questões mais prementes, especialmente quando consideradas na relação utilizador-prestador de serviços de pagamento. Não estavam suficientemente reguladas, de molde a promover a certeza e a segurança jurídicas, matérias como a dos requisitos de informação aplicáveis aos serviços de pagamento, dos direitos e deveres relativos à execução das transferências a crédito (i.e. prazos de execução e cobrança de encargos), bem como da responsabilidade dos prestadores intervenientes relativamente às vicissitudes ocorridas.

E esta ausência de enquadramento era tão mais grave quanto era clara a opção de cada vez mais utilizadores de serviços de pagamento pela execução de transferências a crédito, em detrimento da escolha de outros meios de pagamento.

A indispensabilidade de regular as transferências a crédito surgiu, antes de mais, a nível comunitário, por vontade institucional de consolidar o Mercado Único e as potencialidades da Moeda Única, através da possibilidade de efetivar um mercado integrado de pagamentos de retalho na Europa – uma Área Única de Pagamentos em Euro (SEPA).

O RJSP, resultado da transposição da inovadora Diretiva dos Serviços de Pagamento, é a expressão desse desígnio europeu entre nós e, hoje, o inultrapassável diploma quanto à matéria da prestação de serviços de pagamento. Aí se regulam as matérias inerentes à transparência das condições e dos requisitos de informação aplicáveis aos serviços de pagamento e aos direitos e obrigações relativamente à prestação e utilização de serviços de pagamento, com bastante detalhe e exaustividade, pretendendo abarcar a operação de pagamento desde o momento em que é autorizada, até que é, finalmente, executada, emprestando uma proteção (quiçá exacerbada) ao utilizador, por via das regras de responsabilidade.

O novo enquadramento jurídico para os pagamentos é construído em volta da noção de pagamento eletrónico, embora não exclua totalmente as operações emitidas em suporte papel, pretendendo, assim, que os Estados-Membros caminhem no sentido da modernização dos seus sistemas de pagamentos, deixando de parte os instrumentos que não farão parte do universo SEPA e, portanto, não terão um enquadramento normativo uniformizado.

Em si, a SEPA é um projeto pouco permeável aos utilizadores comuns dos serviços de pagamento, no sentido em que é mais determinante no *back-office* da execução das operações de pagamento do que, propriamente, nas relações entre os prestadores e os utilizadores.

Não obstante, sendo uma ideia arregimentada junto das instâncias europeias, o caminho foi o da uniformização de regras e imposição da migração para modelos de pagamento SEPA, por via da recente publicação do Regulamento (UE) n.º 260/2012 do Parlamento Europeu e do Conselho, de 14 de março de 2012.

Não nos parece, contudo, que os objetivos do RJSP venham a ser as suas vitórias: é um Regime exaustivo e complexo, de difícil compreensão, repleto de "armadilhas interpretativas" e que necessita ainda de ser estudado pela doutrina e analisado pela jurisprudência. Pretende, com uma só disciplina, abranger operações e serviços completamente distintos, denotando clara dificuldade em fazê-lo, o que só comprova que, talvez, não tenha sido a solução mais feliz[303].

Não obstante, o RJSP permite-nos agora estudar a figura da transferência a crédito com o auxílio de um direito positivo mais abrangente e densificado. A transferência a crédito surge como uma operação bancária, abstrata e independente da relação subjacente entre ordenante e beneficiário; uma operação de pagamento iniciada pelo ordenante. Continua a ser uma operação de transferência de fundos, que permite a movimentação escritural de fundos da conta de pagamento do ordenante para a conta de pagamento do beneficiário, na sua estrutura mais comum.

No entanto, afigura-se-nos que o Regime permite a autonomização do contrato de serviços de pagamento (quer seja contrato-quadro de prestação de serviços de pagamento, quer seja contrato para prestação de serviços de pagamento de carácter isolado) do contrato de abertura de conta (a que, neste âmbito, se deve chamar de contrato de abertura de conta de pagamento), o que abre caminho para a configuração de emissão de ordens de pagamento de transferência a crédito, enquadradas por este Regime, em que o ordenante não tem, necessariamente, uma conta de pagamento junto do seu prestador.

No que respeita à natureza jurídica da transferência a crédito, é para nós ponto assente que não existe qualquer transmissão de créditos[304]; o crédito do ordenante para com o seu prestador de serviços não se transmite para o bene-

[303] A DSP possui uma cláusula de revisão (cf. artigo 87.º), que estipula que, até 1 de novembro de 2012, a Comissão apresentará ao Parlamento Europeu, ao Conselho, ao Comité Económico e Social Europeu e ao Banco Central Europeu um relatório sobre a aplicação e o impacto da mesma, acompanhado, se for caso disso, de propostas de revisão.
Por cá, o RJSP será, provavelmente, alterado em breve, com vista à unificação dos regimes dos serviços de pagamento e da moeda eletrónica e, a julgar pelo Anteprojeto a que já fizemos referência, alguns dos erros e omissões do legislador nacional serão corrigidos.

[304] E por isso, também, usamos a expressão "transferência a crédito" e não "transferência de crédito".

ficiário, ainda que o prestador seja o mesmo. O saldo de cada um dos intervenientes na operação de transferência consubstancia-se no crédito de cada um deles para com o respetivo prestador. O prestador não interfere na relação que dá causa à transferência – a transferência é um negócio abstrato. E, por isso, não somos partidários de qualquer das conceções unitárias de explicação da realidade da transferência a crédito, que a espartilham em conceitos que dela não são próprios.

A transferência a crédito é uma operação bancária abstrata, totalmente independente da relação entre ordenante e beneficiário que lhe deu causa. Sendo neutra face à relação subjacente, a transferência não permite ao prestador de serviços de pagamento que a executa que se imiscua nessa mesma relação, possibilitando, assim, a prossecução do seu objetivo de execução de pagamentos de forma célere, eficaz e simplificada.

Ela dá origem a relações jurídicas entre os seus intervenientes, e só com recurso ao estudo de cada uma dessas relações é possível explicar o fenómeno global. Verificámos, assim, que a relação que se estabelece entre o prestador de serviços do ordenante e este último é, hoje, também, enquadrada pelo RJSP, e chamada de contrato de prestação de serviços de pagamento. Este contrato, que poderá ser contrato-quadro ou contrato para a prestação de serviços de pagamento de carácter isolado, pode ser reconduzido à figura do contrato de mandato: mandato para que o prestador execute uma operação de pagamento, de acordo com as instruções que lhe foram transmitidas pelo ordenante.

Pese embora todas as suas falhas, o RJSP, reconhecemos, veio contribuir para a densificação de vários fenómenos que, como bem afirma Catarina Anastácio, escapavam aos quadros clássicos do Direito Civil[305]. Resta saber se o RJSP trouxe as operações e os serviços de pagamento para o Direito Civil ou se, ao invés, mais os afastou, dando substância a um novíssimo Direito dos Pagamentos, que já se deixava adivinhar, dentro do (ainda novo) Direito Bancário.

[305] Catarina Anastácio, *A Transferência Bancária*, 82.

Bibliografia

Alibrandi, Antonella Sciarrone – *Contractual regulations rights and obligations of users and providers of payment services, Euredia – Revue Européenne de Droit bancaire & financier/European Banking & Financial Law Journal*, 2009/4, 635-638.

Alvarado Herrera, Lucía – *La transferencia bancaria*, Consejo Economico y Social, Madrid, 1999.

Anastácio, Catarina Gentil – *A Transferência Bancária Internacional*, Separata da *Revista da Ordem dos Advogados*, Ano 58, I, 1998, 235-316;

___, *A Transferência Bancária*, Almedina, Coimbra, 2004.

Antunes, José Engrácia – *Os Contratos Bancários*, em *Estudos em Homenagem ao Professor Doutor Carlos Ferreira de Almeida – Volume II*, Almedina, Coimbra, 2011, 71-155.

Arora, Anu – *Electronic Banking and the Law*, 3rd edition, United Kingdom, 1997.

Bairros, Rita Vera-Cruz Pinto – *Moeda Electrónica: Algumas questões*, Relatório de Mestrado Científico em Ciências Jurídicas – Direito Bancário e dos Seguros, lecionado na Faculdade de Direito da Universidade de Lisboa (2010/2011), apresentado no seminário de Regulação Económica, sob a regência do Professor Doutor José Renato Gonçalves, FDL (inédito) Lisboa, 2011.

Barata, Carlos Lacerda – Contrato de Depósito Bancário, em *Estudos em Homenagem ao Professor Doutor Inocêncio Galvão Telles, II, Direito Bancário,* Almedina, Coimbra, 2002, 7-52.

Bollen, Rhys – *European Regulation of Payment Services – The Story So Far, Journal of International Banking Law and Regulation*, Volume 22, Issue 9, 2007, 451-468;

___, European Regulation of Payment Services: Recent developments and the proposed Payment Services *Directive – part 2, Journal of International Banking Law and Regulation*, Volume 22, Issue 10, 2007, 532-548.

Camanho, Paula Ponces – *Do contrato de depósito bancário. Natureza jurídica e alguns problemas de regime*, Almedina, Coimbra, 1998.

Cordeiro, António Menezes – *O "Contrato Bancário Geral"*, em *Estudos de Direito Bancário*, Coimbra Editora, Coimbra, 1999, 11-19;

___, *Depósito Bancário e Compensação*, em *Estudos em Homenagem ao Professor Doutor Inocêncio Galvão Telles, II, Direito Bancário*, Almedina, Coimbra, 2002, 89-102;

___, *Manual de Direito Bancário*, 4ª edição, Almedina, Coimbra, 2010.

Costa, Mário Júlio De Almeida – *Direito das Obrigações*, 12ª edição, Almedina, Coimbra, 2009.

Cunha, Paulo Olavo – *Cheque e Convenção de Cheque*, Almedina, Coimbra, 2009.

Favre-Bulle, Xavier – *Le droit communautaire du paiement électronique, vol. 2*, Schulthess Polygraphischer Verlag, Zurich 1992.

Ferreira, António Pedro – *Direito Bancário*, Quid Juris, Lisboa, 2005.

FONSECA, GISELA JORGE – *Utilização Abusiva de Cartão Bancário. A Repartição do Risco entre Emitente e Titular*, Dissertação de Mestrado Científico em Ciências Jurídico-Bancárias, Faculdade de Direito da Universidade de Lisboa (inédito), 2011.

GEVA, BENJAMIN – *The harmonization of payment services law in Europe and uniform and federal funds transfer legislation in the USA: which is a better model for reform?, Euredia – Revue Européenne de Droit bancaire & financier/European Banking & Financial Law Journal*, 2009/4, 699-733.

GOMES, MANUEL JANUÁRIO COSTA – *Em tema de revogação do mandato civil*, Almedina, Coimbra, 1989.

GUIMARÃES, MARIA RAQUEL – *As transferências electrónicas de fundos e os cartões de débito. Alguns problemas jurídicos relacionados com as operações de levantamento de numerário e de pagamento por meios electrónicos*, Almedina, Coimbra, 1999;

___, *Algumas considerações sobre o Aviso n.º 11/2001 do Banco de Portugal, de 20 de Novembro, relativo aos cartões de débito e de crédito*, *Revista da Faculdade de Direito da Universidade do Porto*, I, Porto, 2004;

___, *O Contrato-Quadro no âmbito da Utilização de Meios de Pagamento Electrónicos*, Coimbra Editora, Coimbra, 2011.

LEITÃO, LUÍS M.T. MENEZES – Direito *das Obrigações, vol. I*, 2ª edição, Almedina, Coimbra, 2002;

___, *Direito das Obrigações, vol. II,* 2ª edição, Almedina, Coimbra, 2002.

LIMA, PIRES DE/VARELA, JOÃO DE MATOS ANTUNES – *Código Civil – Anotado – Volume I*, 4ª edição, Almedina, Coimbra, 1987.

LOJENDIO OSBORNE, IGNACIO – *Transferencia bancaria. Ley Modelo sobre Transferencias Internacionales de Crédito*, em *Estudios de Derecho Bancario y Bursatil. Homenaje a Evelio Verdera y Tuells, Tomo II,* Madrid, 1994, 1473-1491.

MALAGUTI, MARIA CHIARA – *The Payment Services Directive. Pitfalls between the Acquis Communautaire and National Implementation*, European Credit Research Institute Research Report, No.9, ECRI, Brussels, 2009.

MANCINI, MARCO – *The duties entrusted to the Bank of Italy under the latest reforms in the legal framework governing payment services and systems, Euredia – Revue Européenne de Droit bancaire & financier/European Banking & Financial Law Journal*, 2009/4, 643-652.

MAVROMATI, DESPINA – *The Law of Payment Services in the EU. The EC Directive on Payment Services in the Internal Market*, Kluwer Law, Alphen aan den Rijn, 2008.

MATEUS, ABEL/SANTOS, FILIPE (Org.) – *O Futuro dos Sistemas de Pagamentos*, Banco de Portugal, Lisboa, 1997.

MECATTI, IRENE – *Payment Services Directive – potential implications of the new category of payment services providers in the United Kingdom, Euredia – Revue Européenne de Droit bancaire & financier/European Banking & Financial Law Journal*, 2009/4, 675-698.

Nabais, João – *Transferências Electrónicas de Fundos: Problemas Jurídicos, Revista da Banca*, n.º 2 abril-junho, 1987, 71-85.

Neves, João Luís César das – *Introdução à Economia*, 5ª edição, Editorial Verbo, Lisboa, 2000.

Nunes, Fernando Conceição – *Depósito e Conta*, em *Estudos em Homenagem ao Professor Doutor Inocêncio Galvão Telles, II, Direito Bancário*, Almedina, Coimbra, 2002, 67-88.

Patrício, José Simões – *A operação bancária de depósito*, ELCLA Editora, Porto, 1994;

___, *Direito Bancário Privado*, Quid Juris, Lisboa, 2004.

Pereira, Patrícia da Guia – *Nótula sobre Tipologia do Incumprimento*, em *Estudos em Homenagem ao Professor Doutor Carlos Ferreira de Almeida – Volume II*, Almedina, Coimbra, 2011, 637-679.

Pires, José Maria – *Direito Bancário – As operações bancárias*, 2.º vol., Rei dos Livros, Lisboa, 1994;

___, *Elucidário de Direito Bancário: as Instituições Bancárias. A Actividade Bancária*, Coimbra Editora, Coimbra, 2002.

Romero Fernández, Jesús A. – *De nuevo sobre la transferencia bancaria, Revista de Derecho Patrimonial*, Navarra, n.11 (2003), 107-118.

Sá, Almeno de – *Responsabilidade Bancária*, Coimbra Editora, Coimbra, 1998;

___, *Cláusulas Contratuais Gerais e Directiva sobre Cláusulas Abusivas*, 2ª edição, Almedina, Coimbra, 2001.

Sánchez-Calero Guilarte, Juan – La *Cuenta Corriente y la Transferencia Bancaria. Observaciones a sus aspectos más discutidos, Revista de Derecho Bancario y Bursátil*, n.º 86, 2002, 103-137;

___, *Transposition into Spanish law of the Payment Services Directive, Euredia – Revue Européenne de Droit bancaire & financier/European Banking & Financial Law Journal*, 2009/4, 667-673.

Santo, Luís Filipe Espírito – *Contratos Comerciais, Direito Bancário e Insolvência (C.I.R.E.): Jurisprudência 2000-2009*, Almedina, Coimbra, 2010.

Santoro, Vittorio – *Payment institutions and the Italian legal framework, Euredia – Revue Européenne de Droit bancaire & financier/European Banking & Financial Law Journal*, 2009/4, 639-641.

Segorbe, Beatriz – *A Transferência Bancária, a Moeda Escritural e a Figura da Delegação, Revista da Banca*, n.º 52 julho-dezembro, 2001.

Sequeira Martín, Adolfo – *La Transferencia Bancaria de Credito*, em *Estudios de Derecho Bancario y Bursatil. Homenaje a Evelio Verdera y Tuells, Tomo III*, La Ley, Madrid, 1994, 2531-2562.

Seyad, Sideek M. – *A Critical Assessment of the Payment Services Directive, Journal of International Banking Law and Regulation*, Volume 23, Issue 4, 2008, 218-230.

SOUSI, BLANCHE – *La transposition en France de la Directive sur les services de paiement. Ce qu'on voit et ce qu'on ne voit pas, Euredia – Revue Européenne de Droit bancaire & financier/European Banking & Financial Law Journal*, 2009/4, 653-665.

TROIANO, ONOFRIO – *Contratti di Pagamento e Disciplina Privatistica Comunitaria (Proposte Riconstruttive con Particolare Riferimento al Linguaggio ed alle Generalizzazioni Legislative), Banca, Borsa, Titoli de Credito*, Vol. LXII, Nuova Serie – Settembre-Ottobre, 5, 2009, 520-552.

TURING, DERMOT/TROULLINOU, MARIA – *The time to act is now: impact of the SEPA Regulation on payment service users*, EPC Newsletter Issue 14 – April 2012, disponível em http://www.europeanpaymentscouncil.eu/article.cfm?articles_uuid=E351A924-5056-B741-DB8381ADAFAF1494&utm_source=em_epc_newsletter&utm_medium=email&utm_campaign=issue14.

VAN EMPEL, MARTIJN – *Retail Payments – The Lisbon Agenda and SEPA, Euredia – Revue Européenne de Droit bancaire & financier/European Banking & Financial Law Journal*, 2006/1, 51-68;

___, *Retail Payments and the Arduous Road to SEPA, Common Market Law Review*, Volume 46, Number 3, 2009, 921-940.

VASCONCELOS, PEDRO PAIS DE – *Mandato Bancário*, em *Estudos em Homenagem ao Professor Doutor Inocêncio Galvão Telles, II, Direito Bancário*, Almedina, Coimbra, 2002, 131-155.

VÁZQUEZ PENA, MANUEL JOSÉ – *La transferencia bancaria de crédito*, Marcial Pons, Madrid, 1998.

VELOSO, JOSÉ ANTÓNIO – *"Electronic Banking": uma introdução ao EFTS, Parte I*, Separata da Revista *Scientia Ivridica*, tomo XXXVI, n.º 208-210 agosto-setembro, 1987;

___, *Regulamentação dos Sistemas de Pagamentos: Aspectos Gerais, Revista da Banca*, n.º 36 outubro-dezembro, 1995, 83-125;

___, *A Desinstitucionalização dos Pagamentos Cashless nas Redes Electrónicas e os seus Efeitos de Deslocação e Redistribuição do Risco: Algumas Notas para uma Análise de Regulamentação*, em *Estudos em Homenagem ao Professor Doutor Manuel Gomes da Silva*, Coimbra Editora, Coimbra, 2001, 1189-1286.

VILAÇA, PEDRO M. M. DA CRUZ – *Prova comercial e prova fiscal. A propósito da eliminação de recibos de facturas liquidadas por TEI – transferência electrónica interbancária*, em *Estudos em Homenagem ao Banco de Portugal*. 150.º Aniversário (1846-1996), Banco de Portugal, Lisboa, 1998, 261-284.

WANDHÖFER, RUTH – *EU Payments Integration. The tale of SEPA, PSD and other milestones along the road*, Palgrave Macmillan, Great Britain, 2010.